Lingua Italiana

Grammatica e letture di cultura

JOSEPH GARIOLO

LOGAR EDITOR - BUFFALO

17-21 elm street
buffalo, ny 14203
www.batesjackson.com/digital

Table of contents

Preface

Lingua italiana is an Italian Language textbook that seeks to combine elements of the modern methodology with an innovative traditional emphasis in grammar, drills, exercises in pairs and groups and readings about Italian culture.

Its main purpose is twofold: to present basic rules of grammar in a reasoned, logic and clear way, and many times comparing them with English grammatical structures, in order to enable students to read, write, understand and speak Italian.

The secondary aim is to introduce students to cultural information about Italy and the Italian people through readings like *dialogo, minidialogo, lettura di vita e costume, lettura di cultura* and many cultural notes. For this reason, each chapter focuses on a different topic of Italian culture, such as: family, house, education, art, sport, etc.

Lingua italiana is designed for people who want to learn Italian by attending a language course in college or in an institution or even by studying it by themselves.

It could also be useful for the general public. We all know that there is a lot of interest in traveling to Italy, and, many times, people would like to consult a good, clear, and complete Italian grammar. We also know that there are thousands of Italian descendants living in English speaking countries as United States, Canada and Australia, who would be interested in learning the language and culture of their forefathers.

Textbook organization

I   **The table of contents** lists the grammatical structures, the readings and other components of the book in order to allow students to find them easily in the text for reference and overview of the material.

II   **The introductory chapter** deals with the pronunciation of vowels and consonants all together in a practical and non-linguistic manner, intended for students to acquire a proper pronunciation and to provide them with a phonetic reference source during the reading, in class and in the language laboratory.

III   **The chapters.** The textbook is comprised of twenty chapters covering a period of two semesters with five weekly meetings, or three quarter semesters, if it is used by students who attend a college.

Components of each chapter:

Prospetto. This is an overview of all of the items included in the chapter. It is an useful reminder for the students of all points of grammar and culture that have to be learned in that chapter.

A   **Dialogo.** The content of dialogo introduces the theme of the entire chapter in an authentic Italian environment. The theme of the first three chapters deals with the Italian school systems at all levels. The themes of other chapters deal with basic traditional aspects of culture of any people, that is: family, house, food, government, art, sport, etc.

The *dialogo* also introduces the grammatical structures, to be studied in the chapter, in a contextual situation. It helps develop reading confidence, listening skills, vocabulary building, comprehension of the passage and, most importantly, it encourages students to use the language in a variety of ways, including communicative activities.

Each chapter is illustrated with pictures and images regarding the specific topic dealt with in that chapter.

Minidialogo introduces one specific point of grammar in context both structurally and functionally. Some students prefer to learn phrases and expressions inductively, that is, as they appear in a text, with little regard to formal grammar. Others prefer rationale - a deductive explanation - of the given structure. Still others prefer a combination of both methodologies. We believe that this text provides students with this combination.

B   **Grammatica e pratica.** The uniqueness of this textbook is the way it presents the grammar. Being a Romance language, Italian inherits many rules and exceptions from Latin grammar which are rather difficult for English speakers. To allay such fears, all these rules and exceptions are assembled into three groups:

1) The first group deals thoroughly with the more essential grammatical structures used by natives in everyday speech: <u>verbs</u> (present, past, future tenses), imperative and subjunctive moods; <u>nouns and their modifiers</u> (articles, adjectives and pronouns), which present some difficulty about their agreement, in gender and number.

2) The second group includes structures not as important as those in number one. These rules and exceptions are grouped under the title of NOTA BENE, and can be covered or skipped, partially or totally, at the discretion of the instructor and the response of the class.

3) The third group includes rules and exceptions very seldom used. They are listed in <u>Notes</u> only for recognition.

Throughout all the text, emphasis is centered on the basic and essential structures of grammar listed under the first point. Each essential structure of grammar is followed by a group of activities, which includes: a)first mere drills, in order to let students familiarize themselves with the structures; b) then communicative exercises, encouraging students to interact among themselves and with the instructor, asking and answering a great variety of questions, referring to the specific point of grammar or to personal interest. In each chapter, there is a large number of exercises, maybe more than any instructor can cover. This was done purposely to give students flexibility and freedom to choose according to his/her style and methodology, and also according to the pace and response of the class, if the book is used in a classroom.

C   **Pratica riassuntiva**
This is a review of the basic points of grammar with practical and contextual exercises rather than theoretical summary. During these exercises, students are urged to glance briefly at the specific point of grammar to which each exercise refers to.
     Some of these exercises can be used by the instructor as short quizzes at the end of each chapter.

D   **Lettura di vita e costume**
This is an authentic reading, similar to the initial dialogue, which deals with the main theme of the chapter, but in a different setting. Its purpose is fourfold: 1) to acquire reading skill and correct pronunciation, 2)to use and reinforce the points of grammar in a contextual situation, 3)to increase the vocabulary, especially the cognates, and 4)to provide the instructor and students with the same cultural material as that of the theme of the chapter, for discussion in the classroom.

E   **Lettura di cultura**

This reading constitutes the last part of the chapter and integrates all the components studied in it: vocabulary, grammar and culture. It deals with the theme of the chapter in a more general and elaborate way. Its purpose is threefold: 1)to give students an authentic example of how an educated Italian writes for his/her audience; 2)to offer the students and instructor more material for a free and guided conversation about Italian culture on the select theme; and 3)to give students a greater opportunity to acquire skills in reading, comprehension and pronunciation.

Since it is longer and more difficult than other readings, it is left as an optional activity at the discretion of the instructor, and it is not intended for translation word for word.

F   **Vocabolario utile**

This includes words and phrases used in the readings of the chapter: *dialogo, minidialogo, lettura di vita e costumi* and *lettura di cultura*. Its purpose is that of any dictionary, that is, to allow students to find out the meaning of unfamiliar words and to help them comprehend the readings material.

Nouns are preceeded by the appropriate definite article, adjectives appear in the masculine singular form and verbs in the infinitive; past participles of irregular verbs are written in parentheses.

Note that not all the words used in the **exercises** are included in the *Vocabolario utile*; many of these words may be translated by the instructor upon doing the exercises.

Conclusion

In short, the logical and clear presentation of the grammar and the authentic and interesting readings form the substantial part of this textbook. It is not overloaded with a variety of information and unrelated materials which the students of an elementary course cannot absorb.

It is very manageable and easy to understand. Each chapter can be covered in five hours of lessons, more or less.

Each topic can be found quickly and easily in the text. Its content progresses smoothly right to the end of the semester.

During the three years I have been using this texbook, my students have expressed their satisfaction for the clear explanation of the points of grammar (especially the summarizing charts) and for the interesting approach to a great variety of cultural material of Italy and of the Italian people.

P. S.   To order the book, you may contact: **Bates-Jackson**, 12 Elm St., Buffalo, NY 14203. Phone: (716) 854 -3000. Fax: (716) 847-1965.

Lezione preliminare sulla pronuncia
(Introductory Lesson on Pronunciation)

Alfabeto italiano *(Italian Alphabet)*

Italian, like French, Spanish, Portuguese and Romanian, is a Romance language derived from Latin. The pronunciation of Italian vowels and consonants corresponds to the alphabetic sounds of the letters, that is, one sound for each letter. Although Italian has fewer sounds than English, a number of Italian sounds have their correspondents in English.

Both vowels and consonants of the Italian language, represented by respective alphabetic symbols, maintain, for the most part, their basic sound value. Italian vowels preserve their pure sound throughout their pronunciation. Likewise, the consonants, appearing singly or in combination, are pronounced distinctly and without any aspiration, as in the case of some English consonants.

The Italian alphabet consists of **five vowels** and **sixteen consonants**. In addition there are five consonants which appear only in some foreign words:

a	a	**h**	acca	**q**	cu
b	bi	**i**	i	**r**	erre
c	ci	**l**	elle	**s**	esse
d	di	**m**	emme	**t**	ti
e	e	**n**	enne	**u**	u
f	effe	**o**	o	**v**	vi (vu)
g	gi	**p**	pi	**z**	zeta

The following letters do not belong to the Italian alphabet; they are found in foreign words.

j	i lunga	**k**	cappa	**w**	vu doppia
x	ics	**y**	ipsilon		

Vocali *(Vowels)*

Italian vowels are pronounced very clearly, in a crisp manner, regardless of their position, that is, at the beginning, the middle or at the end of a word. They never change their basic value whether stressed or unstressed. For example, Italian "a" retains its basic sound value "ah" consistently, whereas the same vowel in the English language can have several different sounds. Consider and compare the "a" sound in the following English words: *father, hate* and *hat.* This variety of "a" sound does not exist in Italian. Hence, the sound of Italian "a" always corresponds to the English "a" as in the word *father.* Similarly, other Italian vowels retain their alphabetic sound value. For better comprehension and acquisition of specific characteristics and nuances of Italian vowels, one must listen carefully and distinguish them from similar English vowels.

The instructor should read first the words in this section, while the students listen attentively. Then, the students should repeat together after the instructor. Finally, each student should be asked to read several words aloud. The instructor will emphasize the correct pronunciation.

Pronuncia

a is pronounced as **a** in the English word *father:*

amare	*to love*	casa	*house*	abita	*he/she/it lives*
andare	*to go*	fama	*fame*	parla	*he speaks*
cantare	*to sing*	banana	*banana*	papa	*pope*

e is usually open and pronounced as **e** in the English word *met:*

bene	*well*	treno	*train*	vento	*wind*
festa	*party*	bello	*beautiful*	dente	*tooth*

Sometimes **e** is closed and pronounced as the **e** in *they*

venti	*twenty*	verde	*green*	pena	*pain*

i is pronounced as the **i** in *machine, cheese:*

ideali	*ideals*	dividere	*to divide*	italiani	*Italians*
imitare	*to imitate*	libri	*books*	vestiti	*clothes*
finire	*to finish*	vini	*wines*	infiniti	*infinite*

o is usually open and pronounced as the **o** in *or:*

cosa	*thing*	nove	*nine*	rosa	*rose*
brodo	*broth*	olio	*oil*	volare	*to fly*
nome	*name*	porta	*door*	buono	*good*

Sometimes **o** is closed and pronounced as *o* in the word *low*

molto	*much*	mondo	*world*	rosso	*red*

u is pronounced as the **u** in the word *rude, pool:*

Arturo	*Arthur*	gusto	*taste*	russo	*Russian*
bruno	*dark/brown*	luna	*moon*	uno	*one*
futuro	*future*	rumore	*noise*	utile	*useful*

Consonanti (*Consonants*)

In Italian, consonants can appear singly, in a double and triple fashion, forming a distinct and separate sound value. They should be pronounced clearly and without aspiration.

The consonants **b**, **f**, **m**, **n**, **v**, are pronounced more or less as in English:

bambino	*baby/child*	farfalla	*butterfly*	matematica	*mathematics*
nono	*ninth*	vivere	*to live*	viva!	*hurrah!*

c + a, o, u, is pronounced as the **c** in *car, company, cool:*

cane	*dog*	cosa	*thing*	cucina	*kitchen*
caffè	*coffee*	così	*so/thus*	cugino	*cousin*
come	*how, as*	ecco	*here is*	cultura	*culture*

Pronuncia

c + e, i, is pronounced as **ch** in *chair*, *cheese*.

cento	*one hundred*	voce	*voice*	facile	*easy*
cercare	*to look for*	cibo	*food*	dodici	*twelve*
Cesare	*Caesar*	cipolla	*onion*	circa	*about*

ch + e, i, (**ch** can only be followed by these two vowels) is pronounced as **k** in English words like *kept, keep*:

anche	*also*	forchetta	*fork*	chimica	*chemistry*
banche	*banks*	perché	*why*	chitarra	*guitar*
che?	*what?*	chilo	*kilogram*	pochi	*few*

d is pronounced similar to the English **d**:

Dante	*Dante*	dopo	*after*	grande	*big/great*
dente	*tooth*	dove	*where*	lunedì	*Monday*
dodici	*twelve*	due	*two*	mondo	*world*

g + a, o, u, is pronounced as the English **g** in *gallery, golf, goose*:

galleria	*gallery*	golfo	*gulf*	angustia	*distress*
gamba	*leg*	gomito	*elbow*	agosto	*August*
gatto	*cat*	governo	*government*	gusto	*taste*

g + e, i, is pronounced as the English **g** in *general* and *genious*:

Angela	*Angela*	gente	*people*	giocare	*to play*
generale	*general*	ginnasio	*gymnasium*	gita	*excursion*
gennaio	*January*	ginocchio	*knee*	pagina	*page*

gh + e, i, is pronounced as the English **g** in *get* and *gear*:

ghetto	*ghetto*	streghe	*witches*	ghiro	*doormouse*
lunghe	*long*	alberghi	*hotels*	laghi	*lakes*
righe	*lines*	funghi	*mushrooms*	maghi	*magicians*

gl + a, e, o, u, is pronounced as in English *glad, glory, glue*:

gladiatore	*gladiator*	gloria	*glory*	glutinoso	*glutinous*

gli **g** is silent and **li** is pronounced more or less like double L in the English word *million*:

agli	*garlic*	bottiglia	*bottle*	egli	*he*
battaglia	*battle*	famiglia	*family*	meglio	*better*
biglietto	*ticket*	figlie	*daughters*	mogli	*wives*

Notice that there are a few words in **gli** which are pronounced as *gl* when followed by *a, o, u*:

anglicano	*Anglican*	glicerina	*glycerine*	negligente	*negligent*

Pronuncia

gn   **g** is silent and **n** is pronounced as **ny** in the English word *canyon* or the Spanish **ñ.**

bagno	*bath*	cognome	*last name*	segno	*sign*
Bologna	*Bologna*	giugno	*June*	signore	*Mr. Sir*
bisogno	*need*	lasagne	*lasagne*	sogno	*dream*

h   is always silent with any vowel in any position:

ha	*she has*	ho	*I have*	humus	*humus*
hanno	*they have*	hotel	*hotel*	hurrà	*hurrah*

l   is pronounced more or less as the English **l**, but with the tongue more forward:

bello	*beautiful*	lavagna	*blackboard*	olio	*oil*
della	*of the*	libro	*book*	quello	*that*
luce	*light*	sale	*salt*		

p   is pronounced as the English **p** in *pocket, pet, peace,*

pagare	*to pay*	papa	*pope*	piccolo	*small*
pane	*bread*	pappagallo	*parrot*	poco	*little*
papà	*dad*	pepe	*pepper*	povero	*poor*

qu   (**q** is always followed by "u") is pronounced as **kw** in the words like *qualified, question, queen, quota:*

cinque	*five*	qualunque	*whatever*	quinto	*fifth*
quaderno	*notebook*	quando	*when*	quotare	*to quote*
quadro	*picture*	questo	*this*	quotidiano	*daily*

r   is pronounced with the tongue against the upper teeth, more or less as in the English word *record.* When it is double or at the beginning of a word, it is rolled. This sound must be learned by imitating the instructor:

aprile	*April*	ragione	*reason*	arrivare	*to arrive*
armare	*to arm*	ramo	*branch*	arrivederci	*goodbye*
arte	*art*	Roma	*Rome*	carro	*cart*

s   1) is pronounced as **s** in the word *rozar* when it is between vowels or at the beginning of a word followed by the letters **b, d, l, m, r, v**

cosa	*thing*	rosa	*rose*	smarrirsi	*to be lost*
esame	*exam*	sbagliare	*to be wrong*	svedese	*Swedish*
esile	*thin*	sdegnarsi	*to be angry*	svenire	*to faint*

2) in all other cases **s** is pronounced as in the English word *sea* :

arrosto	*roasted*	rosso	*red*	signorina	*Miss*
pasta	*pasta*	russo	*Russian*	sospiro	*sigh*
posta	*mail*	sabato	*Saturday*	spesso	*often*

sc + a, o, u, is pronounced as the words *scarf, Scottish, school.*

scala	*stairway*	disco	*record*	discutere	*to discuss*
scarpe	*shoes*	scoprire	*to discover*	scudo	*shield*
scatola	*box*	scorrere	*to run, flow*	scusa	*excuse*

Pronuncia

sc + e, i, is pronounced as in the pronoun *she* in English:

scegliere	*to choose*	conoscere	*to know*	scienza	*science*
scena	*scene*	scimmia	*monkey*	uscire	*to go out*
scendere	*to descend*	sciare	*to ski*	uscita	*exit*

sch + e, i. is pronounced as in the English words *sketch*, *ski*.

scherzo	*joke*	schermo	*screen*	dischi	*records*
scheda	*record*	pesche	*peaches*	schizzo	*sketch*
scheletro	*skeleton*	tasche	*pockets*	schivo	*bashful*

t   is pronounced as the English **t** but without aspiration:

tanto	*so much*	tempo	*time*	tormento	*torment*
tavola	*table*	tetto	*roof*	tu	*you*
telefono	*telephone*	titolo	*title*	tutto	*all, whole*

z   1)   in the initial position and after **n** it is pronounced as **dz** in *beds*:

zaino	*backpak*	zero	*zero*	pranzo	*lunch/dinner*
zampillo	*gush/jet*	zitto	*quiet, silence*	romanzo	*novel*
zanzara	*mosquito*	zucchero	*sugar*	scienza	*science*

2)   Before *ia, ie, io*, or when the **z** is double, or in all other positions, it is pronounced as *ts* in *pets*:

giustizia	*justice*	piazza	*square*	azzurro	*blue*
Grazia	*Grace*	azione	*action*	pizza	*pizza*
grazie	*thanks*	lezione	*lesson*	ragazza	*girl*

Note: a)   **gua, gue, gui**, are pronounced as **gw** in the word **Guelph, Gwendolen**.

guadagnare	*to gain, earn*	guerra	*war*	guidare	*to guide,drive*
guardare	*to look at*	guida	*guide*	guinzaglio	*leash*

b)   **ci, gi, sci**: in this combination the sound **i** is not pronounced; it only indicates the softness of *c* , *g* , and *sc* when followed by *a, o, u* :

arancia	*orange*	valigia	*suitcase*	Giovanni	*John*
camicia	*shirt*	scienza	*science*	Giuseppe	*Joseph*
lasciare	*to leave/let*	giocare	*to play*	guscio	*shell*

Consonanti doppie *(double consonants)*

All consonants, except **h** which is always silent, can be doubled. They are pronounced with greater emphasis and slightly longer than a single consonant:

ecco	*here is*	mamma	*mom*	espresso	*express*
bello	*beautiful*	nonno	*grandfather*	spaghetti	*spaghetti*
affetto	*affection*	cappuccino	*cappuccino*	fettuccine	*noodles*
oggi	*today*	birra	*beer*	ragazzo	*boy*

Note: Many words are spelled with one or two identical consonants; their pronunciation and meaning however is completely different:

caro	*dear*	carro	*cart*
casa	*house*	cassa	*box*
capello	*hair*	cappello	*hat*
pala	*shovel*	palla	*ball*
nono	*nineth*	nonno	*grandfather*

Dittonghi *(Diphthongs)*

A diphthong is a combination of two vowels - usually **i** or **u** - followed by a stressed **a, e** or **o**. The combination is articulated as one syllable and pronounced with one puff of voice. Notice that if **i**, or **u** are stressed, there is no diphthong: Lu-ci-a, A-i-da, ba-u-le. If the diphthong is represented by **iu** or **ui** the second vowel is stressed: chi**u**-de-re, q**u**i.

aria	*air*	bicchiere	*glass*	studio	*study*
bianco	*white*	piede	*foot*	vecchio	*old*
italiano	*Italian*	viene	*he comes*	buono	*good*
aurora	*dawn*	questo	*this*	uomo	*man*
fiume	*river*	piuma	*feather*	guida	*guide*

Notice that in Italian there are also **triphthongs** (not as many as diphthongs) which consist of three vowels pronounced as one syllable:

buoi	*oxen*	figliuolo	*son*	miei	*mine*
tuoi	*yours*	suoi	*his/hers*		

Accento *(Stress)*

a) Most of the Italian words are *stressed* on the second last syllable:

abitare	*to live*	cantare	*to sing*	Margherita	*Margaret*
Antonio	*Anthony*	Carolina	*Caroline*	professore	*professor*
bambino	*child*	Giuseppe	*Joseph*	sorella	*sister*
biglietto	*ticket*	imparare	*to learn*	studente	*student*

b) Many words *stress* the *third syllable from the last*. These words must be learned by listening to the instructor:

brindisi	*toast*	facile	*easy*	stomaco	*stomach*
cantano	*they sing*	fiammifero	*match*	unico	*unique*
comodo	*confortable*	piccolo	*small*	zucchero	*sugar*

c) Some Italian words are stressed on the *last syllable*. These words bear a grave accent (`) on the last vowel:

arrivò	*he arrived*	così	*so, like this*	è	*it is*
caffè	*coffee*	lunedì	*Monday*	però	*but*
città	*city*	papà	*dad*	università	*university*

Notice. The stress mark can change the meaning of a word:

è =*it is*   **e**=*and*   **là** =*there*   **la** =*the* **sì** =*yes*   **si** =*himself/herself*

Apostrofo *(Apostrophe)*

The apostrophe is widely used in Italian to indicate the omission of a vowel (usually from articles, adjectives, adverbs and prepositions):

	instead of	
un'amica	un*a* amica	*a friend (f)*
dell'amico	dell*o* amico	*of the friend (m)*
l'altra	l*a* altra	*the other*
d'inverno	d*i* inverno	*in winter*
c'è	c*i* è	*there is*
dov'è?	dov*e* è?	*where is it?*

Punteggiatura *(Punctuation)*

.	punto
,	virgola
;	punto e virgola
:	due punti
?	punto interrogativo
!	punto esclamativo
'	apostrofo

Orthographic marks

( )	parentesi tonde
[ ]	parentesi quadre
. . .	puntini di sospensione
' '	virgolette
/	sbarretta
_	lineetta

Pronuncia

Pratica

I	Il professore chiede a uno studente:	Il tuo nome, per piacere?
	Studente:	Roberto.
	Professore:	Pronuncia il tuo nome lettera per lettera.
	Studente	Erre, o, bi, e, erre, ti, o.
	Professore:	E adesso il tuo cognome.
	Studente:	Costantini.
	Professore:	Pronuncia il tuo cognome lettera per lettera.
	Studente:	Ci, o, esse, ti, a, enne, ti, i, enne, i.

II   Adesso Roberto Costantini chiede a tre compagni di classe di pronunciare lettera per lettera il loro nome e cognome.

III   Leggi ad alta voce e poi pronuncia lettera per lettera le seguenti parole:

Pisa, Arturo, Cesare, Roma, Napoli, Milano, Firenze.

IV   Ripassa la regola **c+ a, o, u** *(a pag.3)*, poi leggi ad alta voce le seguenti parole:

Casa, cosa, cubo, cascata, costa, cupola, cadetto, cuna, Capri, tacco.

V   Ripassa la regola c + **e, i**, *(a pag. 3)*, poi leggi le seguenti parole:

Cena, Cina, voce, ceci, cielo, dieci, cento, amici, Carlucci, Gucci, Pucci, Cesare, Cecilia, duecento, cinquecento, cinema, Cipro.

VI   Ripassa la regola su **ch+ e, i**, *(a pag. 3)*, poi leggi le seguenti parole:

Che, perché, poche, chi, chilo, pochi, banche, anche, chimica, chiesa, chiave.

VII   Ripassa la regola su **g+ a, o, u**, *(a pag. 3)*, poi leggi le seguenti parole:

Golfo, gamba, Gustavo, gallo, gomma, gusto, gatto, lungo, lugubre.

VIII   Ripassa la regola su **g+ e, i**, sempre *(a pag. 3)*, poi leggi le seguenti frasi:

1) I genitori sono sempre generosi.
2) Nel mese di gennaio molta gente resta in casa a leggere il giornale.
3) Giuseppe e Giovanni sono due fratelli. Giocano sempre insieme e fanno molte gite in campagna.

IX   Ripassa la regola su **gh +e, i** *(a pag.3)* e poi leggi le seguenti frasi:

1) Alcuni laghi sono pieni di funghi marini.
2) Nei boschi ci sono alcuni alberghi rustici dove si dice che abitano molti maghi e alcune streghe.

CAPITOLO I

Il primo giorno di scuola

In this first chapter you will learn the following common phrases: how <u>to greet people</u> and how <u>to say good-bye</u>; how to get acquainted with your classmates by introducing yourself, by asking their first and last names, as well as asking where they come from. You will also learn about the Italian school system *(scuola dell'obbligo),* which includes children from first to eighth grade.

From a grammatical point of view, you will learn how to distinguish <u>genders</u> and <u>noun number</u> (masculine and feminine, singular and plural) referring to persons, animals and things. <u>Articles, definite and indefinite,</u> used as first qualifiers of nouns, will also be introduced.

Prospetto

A   Dialogo   *Incontro tra vecchi amici di scuola*

                          1) Domande sul dialogo
                          2) Note di cultura
                          3) Vocabolario attivo:
                               a) How to greet people   *b) How to respond*
                               c) How to say good-bye   *d) First and last Italian names*
                          4) Attività sul *vocabolario attivo*

B   Grammatica e pratica
                 I   **Nouns**: gender and number.
                 II   **Articles**: definite and indefinite
                 III   **Cardinal numbers**: *0-29*

C   Pratica riassuntiva: *(Summary of all grammar points)*

D   Lettura di cultura: ***La scuola dell'obbligo in Italia***

E   Vocabolario utile

In Italia il diritto all'istruzione è garantito dallo Stato, che gestisce direttamente il sistema scolastico comprendente le scuole di tutti i livelli.

Il primo giorno di scuola di una prima media inferiore.
Una classe come quella di Lisa e Marco.

A   **Dialogo**   *Incontro tra vecchi amici di scuola*

Quest'anno, Marco, un ragazzo di dodici anni, frequenta la prima media. Il primo giorno di scuola saluta alcuni vecchi amici della scuola elementare.

Marco:	**Ciao, Lisa. Come stai?**
Lisa:	**Ciao, Marco. Bene, grazie. E tu?**
Marco:	**Anch'io[1] sto bene. Lisa, ti presento[2] il mio amico.[3]**
Lisa:	**Piacere,[4] mi chiamo Lisa.**
Carlo:	**Ciao, mi chiamo Carlo.[5]**
Marco:	**Ragazzi,[6] ecco,[7] arriva[8] il nuovo professore di matematica.**
Ragazzi:	**Buon giorno, professore.**
Professore:	**Buon giorno, ragazzi.**
	(*In the classroom*)
	Io sono il professore di matematica e mi chiamo Giorgio Padovani. Tu, giovanotto,[9] come ti chiami?
Marco:	**Marco Paolini.**
Professore:	**Bene! E. . . di dove sei?[10]**
Marco:	**Sono di Pisa.**
Professore:	**E Lei, signorina,[11] come si chiama?**
Lisa:	**Lisa Castello.**

Keys words 1) Me too 2) I introduce you 3) my friend 4) my pleasure 5) my name is Charles 6) guys 7) there is 8) arrives 9) young man 10) where are you from 11) young lady.

1) Domande sul dialogo:

1) Come sta Marco?   2) Come si chiama l'amico di Marco?
3) Come si chiama il professore? 4) Che cosa insegna?
5) Di dov'è Marco?   6) Qual è il cognome * di Lisa? (*Last name*)

2) Note sulla lingua e sulla cultura

1) Ciao (*Hi*) is derived from the Venetian dialect "*s-ciao*" (*your slave*). It is used to greet and say good-bye to friends and people you address informally.
2) Buona sera *(good evening)* is used in the late afternoon and in the evening.
3) Buona notte (*good night*) is always used late at night, especially when leaving.
4) Arrivederci (lit. *until we see each other again*) is used to say good-bye to one or more people in an informal way.
5) Arrivederla (lit. *until I see you*) is used to say good-bye in a formal way, that is, to people you address with "Lei"(*we'll see this later*).
6) In Italy, unacquainted people, both males and females shake hands when they meet. If they are relatives or close friends, men hug each other and women kiss each other on both cheeks.

Ciao Gigi

a) How to greet people

Salve	*Hello*
Ciao, Marco.	*Hi, Mark.*
Ciao, Lisa.	*Hi, Lisa.*
Come stai?	*How are you?*
Come va?	*How is it going?*
Buon giorno, signora.	*Good day, Madam.*

Buona sera, dottore.	*Good evening, Doctor.*
Salve, Pina.	*Hi, Pina.*
Come ti chiami?	*What is your name?*
Mi chiamo.	*My name is.*
Di dove sei?	*Where are you from?*

Ciao Bepi

b) How to say goodbye

Ciao.	*Bye/So long.*
A domani	*I'll see you tomorrow.*
A presto.	*See you soon.*
Arrivederci, amici.	*Good-bye, friends*
Arrivederla, professore.	*Good-bye, Professor.*
Buon giorno, signore.	*Good morning, Sir.*
Buon giorno, signor Roselli.	*Good morning, Mr. Roselli.*
Buona sera, signora,	*Good evening, Madam.*
Buona notte a tutti.	*Good night to everybody.*
Ci vediamo	*I'll see you soon.*
Addio	*Farewell.*

I   To the question: "Come ti chiami"? (*familiar*), "Come si chiama"? (*polite*), [*what's your name*] in both cases, one must answer: *Mi chiamo + the first name + the last name* (*cognome*): Mi chiamo Marco Paolini. Mi chiamo Lisa Castello.

Q) Come si chiama il professore?   A) Il professore si chiama Giorgio Padovani.

II   **Some Italian names**

Male		Female
Angelo		Angela
Antonio		Anna
Carlo		Claudia
Claudio		Antonia
Emilio		Carla
Enrico		Caterina
Franco	**Vittorio Calvetti, Vittorino Colombo,**	Cristina
Giovanni		Elisabetta
Giuseppe	**Tina Anselmi, Loris Fortuna**	Giovanna
Luciano		Giulia
Marcello		Giuseppina
Mario		Luciana
Marco		Marcella
Patrizio		Maria
Pietro		Marta
Riccardo		Patrizia
Roberto		Silvia
Salvatore		Susanna
Tommaso		Teresa
Vincenzo		Valeria

Nota di cultura

1) Many Italian first names are those of family members; others are taken from saint recognition days on which they are born. Nowadays, however, many young couples no longer follow this custom.
2) Many masculine names ending in *o* have a correspondent feminine name ending in *a*: Antonio/Antonia; Marcello/Marcella; Luciano/Luciana; Carlo/ Carla; Francesco/Francesca; Emilio/Emilia. Maria is the most popular female name in Italy. It has many variations: Marietta, Mariuccia, Mariella, Mirella, Marina, etc.

III   **Italian last names** (*cognomi*).

As in the case of Italian first names, *last names* also have several origins which can be readily noticed. Many Italian *last names* are derived from:

1) The *place* where people were born: Romano *(from Roma)*, Pisani *(Pisa)*, Padovani *(Padua)*, Lombardo *(Lombardy)*,Germano*(Germany)*, Genovese *(Genoa)*.
2) From *names of animals*: Leone *(lion)*, Gallo *(rooster)*, Agnelli *(lamb)*, Pastore *(Sheperd)*, Colombo *(dove)*, Leopardi *(leopard)*, Volpe *(fox)*.
3) Some from *profession*s. Pecoraro *(sheperd)*, Ferraro*(blacksmith)*, Muratore*(brick- layer)*.
4) Others from *first names*: Paolini *(Paolo)*, Anselmini *(Anselmo)*, Guglielmini *(Guglielmo)*, Francesconi *(Francesco)*, Tommasini *(Tommaso)*.
5) Still others from *common names:* Fiore *(flower)*, Battaglia *(battle)*, Castello*(castle)*, D'Amico, *(friend)*, Farina *(flour)*.
    6)Finally, *cognomi* based on father's first name: Di Giacomo, Di Giovanni, Di Pietro.

(*Additional Italian last names can be obtained from telephone books and Italian newspapers.*)

IV   To the question: Ciao, Lisa. Come stai? (*famil.*); buon giorno, professor Padovani. Come sta? (*polite*) [*how are you*] In both cases one may answer:

(Sto)				
	bene	*(I am) fine*	**abbastanza bene**	*quite well*
	benissimo	*very well*	**così, così**	*so so*
	molto bene	*very well*	**non tanto bene**	*not very well*
	benone	*great*	**non c'è male**	*not too bad*

V   To the question: "di dove sei"? (*famil.*), "di dov'è Lei"?(*pol.*) [*Where are you from*], one must answer in both cases: *sono di + place.* Example: Marco, di dove sei? Sono di Pisa. Professore, di dov'è Lei? Sono di Firenze.

Mensa in una scuola materna

Maria Montessori

Pratica

I   Get acquainted with Lisa (your classmate) by asking: <u>What's your name"</u>?
Come ti chiami? (Use the familiar form.) One can use his/her name and
surname or those listed above. Follow the Model:

You	Come ti chiami?
Lisa	Mi chiamo Lisa Castello.
You	Piacere. Marco Paolini.
Lisa	Piacere.

II   Ask her how she feels. Follow this model:

You	Ciao, Lisa, come stai?
Lisa	Bene, grazie. E tu?
You	Abbastanza bene, grazie.
	(Use different answers listed above.)

III   Ask her where she comes from. Follow this model:

You	Scusa, Lisa, di dove sei?
Lisa	Sono di Siena. E tu?
You	Io sono di Pisa.

IV   Get acquainted with other students in your class following the models I, II, III.
One can use his/her name and surname or those listed above.

The verb <u>To be</u> *[sono, sei, è] will be studied in the next chapter).*

V   Ask professor Padovani his name, how he feels and where he is from, using the polite form.

a)	You	Scusi, è Lei il professor Padovani?
	Prof.	Sì, sono io.
	You	Molto lieto. Marco Paolini.
	Prof.	Piacere.
b)	You	Buon giorno, professor Padovani, come sta?
	Prof.	Molto bene, grazie, e Lei?
	You	Abbastanza bene, grazie.
c)	You	Scusi, professor Padovani, di dov'è Lei?
	Prof.	Sono di Firenze. E Lei?
	You	Io sono di Pisa.

Note: Nouns denoting profession or title ending in **-re** drop the final "**e**" before the last name as you have
noticed in the example above: "Buon giorno, professor Padovani". Other common titles ending in -<u>re</u> are:
<u>dottore</u>, <u>professore</u>, <u>ingegnere</u>, <u>ragioniere</u>, <u>signore</u>.

Grammatica e pratica

I   Nouns *(I nomi)*

Minilettura

Vocabolario

alberi	*trees*	bambini	*children*
case	*houses*	donne	*women*
macchine	*cars*	persone	*people*
ragazzi	*boys and girls*	strade	*streets*

Dall'aula di Lisa si vedono (*From Lisa's classroom they can see*) alcune (*some*) persone: <u>ragazzi</u>, <u>donne</u>, <u>bambini</u>; e molte cose (*and many things*): <u>alberi</u>, <u>case</u>, <u>strade</u>, <u>macchine</u>, <u>autobus</u>, <u>biciclette</u>.

A.   Gender of nouns *(Genere dei nomi):* **Masculine - feminine**

I   **Nouns** (also called *substantives*) are words indicating <u>persons, places</u>, <u>animals</u> or <u>things</u>. Nouns are either masculine or feminine. A noun indicating person or animal is *masculine* if it refers specifically to men or male animals (Carlo, cameriere, signore, gatto, orso); it is *feminine* if it refers specifically to women or female animals. (Carla, cameriera, signora, gatta, orsa).

II   **Nouns** denoting ***things,*** real or abstract, have gender as well (*contrary to English*). They can be masculine or feminine, depending on the final vowel of the nouns. They are usually:

   1) *Masculine.*   Nouns ending in **O:** giorno, libro, quaderno, cestino, pensiero.

   2) *Feminine:*   a) *Most* of the nouns ending in **a:** lavagna, sedia, porta, finestra.

                          b) *All* nouns ending in **-zione** (*corresponding to English -<u>tion</u>*): attenzione, azione, costituzione, intenzione, stazione.

Note: 1) The words *masculine* and *feminine* are used only as a grammatical terminology and have no reference to biological gender.
   2) There are a few names of animals of common gender, that is, they refer to both sex. To distinguish them, one must use the words "*maschio*" or "*femmina*". Ex. Il gorilla maschio *(the male gorilla),* il gorilla femmina *(the female gorilla);* la giraffa maschio, la giraffa femmina.
   3) There are many nouns denoting **objects** and ending in **e** which could be masculine *(il caffè, il giornale, il nome)* or feminine *(la classe, la frase, la notte).* There is no specific rule to indicate the gender of the nouns above. One must learn their gender from the article or the adjective or by consulting the dictionary.

   Nota bene (*In this text, it will appear as* **N. B.**)

The following are also *masculine*:

   a)   Any <u>foreign</u> noun ending in a **consonant:** album, autobus, bar, computer, film.

   b)   Some nouns ending in **-ma:** clima, dramma, poema, programma, sistema, tema.
                     or in **ta:** pianeta, pilota, pirata, poeta.
   c)   All nouns ending in **-tore** are masculine: amore, fiore, colore, scalpore.

B   Noun Number (*Numero dei nomi*): **Singular - Plural**

1)   There are two numbers: the **singular**, indicating *one* person, animal or thing, and the **plural** indicating *two* or *more*.

2)   To form a plural one must change the final vowel of the singular noun.
      <u>Nouns</u> ending in o form the plural by changing this final o to i; nouns ending in a change the a to e; and nouns ending in e change the e to i.

Summary chart

	Singular		Plural	
Masculine	o	libro	i	libri
		panino		panini
Feminine	a	casa	e	case
		sedia		sedie
M/F	e	ponte, piede	i	ponti, piedi
		classe, notte		classi, notti

1)   Nouns ending in io with unstressed i form the plural by dropping the final **o**:
      negozio – negozi;   vecchio – vecchi;   occhio - occhi.

      There are a few nouns with stressed **i** which form the plural by regularly changing the final "o" to "i"; hence the plural ending consists of two **ii**:
      zio-zii *(uncle)*;   addio-addii *(farewell)*;   pendio-pendii *(slope)*.

2)   Nouns ending in unstressed *a* form the plural by changing the a to i:
      clima - climi   programma - programmi, -   poeta - poeti.

3)   Nouns that do not change in the plural :

      a)Nouns bearing an **accented vowel** in the last syllable:
      la città - le città,   l'università - le università,   il caffè - i caffè.

      b)*Foreign nouns* ending in a **consonant:**
      il bar - i bar,   l'autobus - gli autobus,   il computer - i computer

      As you may observe in the examples above, the plural number is indicated by the plural form of their definite article *(To be studied later in this same chapter).*

      c)   A few nouns ending in **-o:**
      la foto - le foto;   la moto - le moto;   la dinamo - le dinamo

      but **la mano - le mani.**

Summary chart of the rules under **N.B.**

		Singular		Plural	
Nouns in	**io**	il negozio l'occhio	**i**	i negozi gli occhi	
	but	lo zio	**ii**	gli zii	
Nouns in	**ma** and **–ta**	il clima il poeta	**i**	i climi i poeti	
Nouns in	**stressed** vowel	la città l'università	*same*	le città le università	
Nouns in	**consonant**	il bar	*same*	i bar	

Note. Some nouns and adjectives ending in *co, go, cia, gia* present us with some difficulty in remembering their plural forms; they will be studied in chapter XVI and XIX respectively. For the present, the instructor should give the plural forms when need arises:

amico - amici;   parco - parchi;   lago - laghi;   bugia - bugie;   spiaggia - spiagge.

Pratica

Drill

I   Give the plural form of the following nouns:

   1) maestro 2) porta 3) cancellino 4) libro 5) casa 6) professoressa
   7) sedia 8) esame 9) gesso 10) matita 11) autore 12) notte 13) ragazza
   14) lezione 15) classe

II   Change the following nouns to the singular form:

   1) ragazze, 2) americani, 3) numeri, 4) pizze, 5) italiani, 6) finestre,
   7) studenti, 8) studentesse, 9) porte, 10) professori.

III   Give the plural form of the following nouns listed under *N. B.*

1)	clima	2)	ufficio	3)	film	4)	poeta	5)	zio
6)	programma	7)	bar	8)	pilota	9)	bazar	10)	città

Communication

IV   This weekend you went to the zoo and saw many animals.
         Tell your friend what kind of animals you saw. Use the plural form.
         Model: elefante, leone. . . Ho visto *(I saw):* elefanti, leoni. . .

1)	lupo	2)	bufalo	3)	gazzella	4)	scimmia	5)	orso
6)	serpente	7)	leopardo	8)	giraffa	9)	uccello	10)	tigre

II   Indefinite articles. *(Articoli indeterminativi)*

There are four indefinite articles in Italian: **un, uno, una, un'**. All of them correspond to the English *a/an* . Their use depends on the <u>gender</u> (*masculine, feminine*) and on the <u>first letter</u> of the nouns or adjectives they precede.

Un   is used before <u>masculine</u> nouns and adjectives beginning with:

1) a *consonant*: un professore, un cane, un libro, un giornale, un bar, un bel fiore
2) or a *vowel* : un ospedale, un orologio, un uomo, un uccello, un ultimo esempio.

Uno   is used before <u>masculine</u> nouns or adjectives beginning with *z*, or with *s, plus a consonant*: uno zio, uno zaino, uno studente, uno stadio.

Una   is used before <u>feminine</u> nouns or adjectives beginning with <u>any consonant</u>: una ragazza, una zia, una sedia, una strada, una bella giornata.

Un'   is used before <u>feminine</u> nouns and adjectives beginning with a vowel: un'amica, un'ora, un'altra ragazza.

Summary Chart:

M	un	<u>before a consonant</u>: un signore, un libro, un bel fiore. or a <u>vowel</u>: un uomo, un ospedale, un albero.
	uno	Before <u>z, or s + consonant</u>: uno zio, uno stadio, uno spumone.
F	una	<u>before any consonant</u>: una ragazza, una strada, una penna.
	un'	<u>before a vowel</u>: un'amica, un'aranciata, un'altra volta.

<u>Note</u>:

1)   There are a few words beginning with *ps* and *gn* which are preceded by **uno**: uno psichiatra, uno gnomo, uno gnostico.

2)   There are no plural forms for indefinite articles. When a plural is needed the partitive is used *(to be studied later)* Prendo <u>un</u> panino; prendo <u>dei</u> panini.

3)   The indefinite article is used as in English. However, it is omitted when it precedes an unmodifed noun indicating occupation or nationality.
Il signor Padovani è professore *Mr. Padovani is a professor*.
Marco è italiano *Mark is an Italian*;
but Il signor Padovani è *un* professore simpatico. Marco è *un* italiano di Pisa.

Pratica

Drills

I   Supply the indefinite article to the following nouns:

1) libro	2) quaderno	3) casa	4) aranciata
5) ragazzo	6) ragazza	7) aula	8) ospedale
9) studente	10) professore	11) zio	12) alunno

II   Imagine that you are going shopping at Standa (*a popular department store in Italy*) to buy the following items. Supply the indefinite article to each one of them. Example: compro *(I buy) una* matita:

1) quaderno	2) libro	3) vocabolario	4) penna
5) specchio	6) gomma	7) camicia	8) album

III   Point out to Lisa some of the items in her classroom with the word "ecco" *here is* (*we will study this later*) plus the indefinite article. Example: Cancellino. - Ecco *un* cancellino.

l) lavagna	2) gesso	3) cattedra	4) professore	5) alunna
6) sedia	7) studente	8) ragazza	9) quaderno	10) computer

IV   Complete the following sentences with the appropriate indefinite article.
        Model: Mia madre scrive <u>una</u> lettera.

       1) Marco legge —————— libro interessante.
       2) Il professore preferisce ——————- aranciata.
       3) La professoressa preferisce ——————- caffè.
       4) I ragazzi scrivono ——————-composizione.
       5) Lisa ha ——————- bicicletta nuova.
       6) Marco beve (*drinks*) ——————- bicchiere di vino (*a glass of wine*).

Communication

V   Ask the student sitting near you the following questions.
        Follow the model: caffè o gelato? Che cosa preferisci? (*what do you prefer?*) un caffè o un gelato?
        Preferisco <u>un</u> gelato.

    1) cappuccino o aranciata   2) espresso o coca-cola?
    3) Martini o acqua minerale?   4) panino o tramezzino?
    5) gelato o aperitivo   6) mela o pera?

         (Some new material, like "preferisce" is introduced here solely to carry on the exercise
         and will be dealt with fully in a later chapter).

III   Definite articles   *(Articoli determinativi)*

There are eight forms of definite articles in Italian. They agree with the <u>gender</u> (*masculine, feminine*), and the <u>number</u> (*singular, plural*) of the noun they modify and, in spelling, they change according to the <u>first letter</u> of the noun or the word they precede. All definite articles correspond to the English: **the.**

The <u>definite articles</u> are:

Singular

il   precedes <u>masculine singular nouns</u> and words beginning with
      a **consonant:** il signore, il ragazzo, il cane, il libro, il cestino.

lo   precedes <u>masculine singular nouns</u> and words beginning with a
      z or *s* plus consonant: lo zio, lo studente, lo straniero, lo stadio.

l'   precedes <u>masculine singular nouns</u> and words beginning with
      a **vowel:** l'ospedale, l'elefante, l'articolo.

la   precedes <u>feminine singular nouns</u> and words beginning with
      any consonant: la sedia, la casa, la strada, la bella ragazza.

l'   precedes <u>feminine singular nouns</u> and words beginning with a
      vowel: l'amica, l'aranciata, l'isola, l'altra ragazza.

Plural

i   is the <u>plural</u> of *il:* i signori, i ragazzi, i cani, i libri, i cestini.

gli   is the <u>plural</u> of *lo* and *l'* of masculine nouns.
      gli zii, gli studenti, gli stadi, gli ospedali, gli amici.

le   is the <u>plural</u> of feminine articles both (*la* and *l'*) of feminine nouns.

le sedie, le strade, le case, le isole, le altre ragazze.

Summary chart

		Singular		Plural
Masculine	**il**	before consonant:		**i**
		il ragazzo		i ragazzi
	lo	before z & s+consonant:		**gli**
		lo zio, lo stadio		gli zii, gli stadi
	l'	before vowel:		**gli**
		l'ospedale		gli ospedali
Feminine	**la**	before any consonant:		**le**
		la casa, la strada		le case, le strade
	l'	before a vowel:		**le**
		l'isola		le isole

N. B.

Definite articles are used much more frequently in Italian than in English. They are used mostly:

1)   With *abstract nouns* or nouns used in a *general sense.*

La pazienza è necessaria.	*Patience is necessary.*
L'oro è prezioso.	*Gold is precious.*
I gatti sono animali domestici.	*Cats are domestic animals.*

2)   With *titles* before a last name when <u>talking about</u> someone. However, the article is <u>omitted</u> when <u>we</u> <u>address</u> someone.

Il dottor Padovani abita a Firenze.	*Dr. Padovani lives in Florence.*
La signora Bonini è italiana.	*Mrs. Bonini is Italian.*
But: Buon giorno, dottor Padovani.	Arrivederla, signora Bonini.

3)   With *languages*:

L'italiano e il francese sono due lingue romanze. *Italian and French are two Romance languages.*

The article is not used, however, when the language immediately follows the verb <u>parlare</u> and when it is preceded by the prepositions <u>di</u> or <u>in</u>.

Il professore parla italiano e spagnolo.	*The professor speaks Italian and Spanish.*
Ho due libri di francese.	*I have two French books.*
L'articolo è scritto in tedesco.	*The article is written in German.*

4)   With *continents, countries, regions, large islands, mountains, rivers.*

L'Italia è piccola	*Italy is small.*
La Sicilia è italiana.	*Sicily is Italian.*
La California è ricca	*California is rich.*
Il Tevere passa per Roma.	*The river Tiber passes through Rome.*

Note. Definite articles are also used with: possessive adjectives and pronouns, with days of the week, with parts of the body and personal clothes.
(All these topics will be studied in other chapters.)

Pratica

Drill

I   Supply the definite article to the following nouns. Example: gatto - il gatto.

1) bambino	2) ragazzo	3) ragazza	4) sedia
5) porta	6) lavagna	7) regalo	8) pizza
9) ora	10) telefono	11) articolo	12) libro

II   Change the previous exercise to the plural form, both articles and nouns.

III   Supply the definite article for the following nouns and then form the plural of both.
         Example: quaderno - il quaderno/i quaderni:

1) giorno	2) anno	3) settimana	4) cielo
5) studente	6) classe	7) ospedale	8) vocabolario

IV   Supply the definite article for the nouns which are listed under *Nota bene,* then form the plural of both.
         Example: bar - il bar/i bar.

1) orario	2) virtù	3) autobus	4) proprietario
5) tassì	6) università	7) film	8) computer

V   Replace the indefinite article with the definite article.

1) un professore	2) una professoressa	3) uno studente
4) un albero	5) uno stadio	6) una lezione
7) un'aranciata	8) uno specchio	9) un'idea

VI   Supply the correct form of the definite article:

1) Vado a comprare.	carne(f) e . . . pesce(m)
2) Mi piacciono	spaghetti con. . . vino bianco
3) Non mi piacciono	pizzette con . . . birra
4) Conosco . . .	signor Losi, non conosco . . . signora Losi
5) Dottor Arnaldi è partito	con treno delle due e mezzo.
6) Signora Almi è partita	con aereo
7) Ingegner Ricci è partito	con auto

Communication

VII   Answer another student the question: <u>com' è, come sono?</u> (<u>how is, how are</u>) the following people and items.
         Example: . . . libro d'italiano/interessante. Com'è il libro d'Italiano? Il libro d'italiano è interessante.

1). . . . . .professore / intelligente.	2)——-alunni/ bravi.
3). . . . . .ragazze / alte	4)——-il tuo amico Marco/ simpatico
5). . . . . .lavagna/ nera	6)——-gesso / bianco

VIII   Imagine that you are in a supermarket buying several items for some of your relatives or friends. Indicate or point out to your friend what items you are giving him/her.
Follow the model: Vino - nonni /il vino è per *((is for)* i nonni.

1)	coca-cola	cugina
2)	aranciata	madre di Lisa
3)	caffè	professore
4)	zucchero	famiglia
5)	latte (m)	studentesse
6)	acqua minerale	professoressa
7)	giornale	padre di Marco
8)	birra	studenti

IX   Ask your classmate where the following items are located. Example: Penna - Dov'è *(where is)* la penna? La penna è qui *(here)* or è là *(there)*.

1)	gesso	qui
2)	orologio	qua
3)	entrata	lì
4)	stadio	là
5)	caffè	qui
6)	zucchero	qui
7)	autobus	là

X   Imagine that you are in the hospital. Tell the receptionist *(the student next to you)* that you want to talk to the following people. Give the name of the profession, with the appropriate article and the first and last name of the individual. *(You can use the names listed on the* **vocabolario attivo***, p. 11)*
Example: Vorrei parlare con *(I would like to talk with)* il cassiere Bruni.

1)	ammalato		2)	dottore		3)	infermiere
4)	dentista		5)	oculista		6)	psicologo
7)	infermiera		8)	portiere		9)	amministratore

XI   Leaving the hospital with your friend Lisa, you will meet some people. Tell her who they are and then greet them accordingly.
Follow the model: Ecco il professor Landi. Buon giorno, professor Landi.

1) Signora Landi
2) Ingegner Locatelli
3) Signorina Colangelo
4) Signor Fusco
5) Professor Armando
6) Dottor Bianchi

Nota di cultura.

In Italy, there are fewer chains of supermarkets than in the United States. Therefore, many housewives visit several small and specific stores every morning: dalla *(from)* panetteria *(bakery)* alla *(to the)* macelleria *(butcher shop)*, dalla latteria *(dairy)* alla frutteria*(fruit store)*. In small towns, especially, some of these shops are located at walking distance. Some of the well known department stores in Italy, similar to those in the United States, are: *Rinascente, UPIM* and *Standa.*

IV   Cardinal numbers *(Numeri cardinali)* from **0** to **29**

> *Minidialogo*
>
> Vocabolario: Dove abiti?   *Where do you live?*
>   In via Galileo, 15.   *15 Galileo street.*
>   Qual è il tuo numero di telefono*?*   *What's your telephone number?*
>   E il tuo?   *And yours?*
>
> . . . .
>
> Marco: Lisa, dove abiti?
> Lisa: In via Galileo, l5. E tu?
> Marco: In via Dante, 27. Qual è il tuo numero di telefono?
> Lisa: 22-15-170. E il tuo?
> Marco: 23-18-265
> _____
>
> *Domande*: 1) Dove abita Lisa? 2) In che via abita Marco? 3) Qual è il numero di telefono di Lisa?
> 4) Qual è il tuo numero di telefono?

1)   Cardinal numerals are invariable in Italian, except *zero* and *uno.*
      Numeral *uno* follows the pattern of the indefinite article (*un, uno, una, un'*).

0	zero	10	dieci	20	venti
1	uno	11	undici	21	ventuno
2	due	12	dodici	22	ventidue
3	tre	13	tredici	23	ventitré
4	quattro	14	quattordici	24	ventiquattro
5	cinque	15	quindici	25	venticinque
6	sei	16	sedici	26	ventisei
7	sette	17	diciassette	27	ventisette
8	otto	18	diciotto	28	ventotto
9	nove	19	diciannove	29	ventinove

2)   The number venti drops the final **i** before *uno* and *otto*, because they begin with a vowel (vent-uno, vent-otto).

3)   The numeral *tre* attached to *venti* and the rest of the tens takes a written accent (ventitré, trentatré...).

4)   The final vowel of ventuno is dropped when it is followed by a noun:
      Angela ha ventun anni, Roberto ha ventun dollari.

Pratica

Drills

I   Read the following numerals aloud:

     2; 5; 7; 0; 10; l4; 21; 28; 15; l7; 26; 11; 8; 18; 29.

II   Read also the weather in the following chart:

IN ITALIA			ALL'ESTERO		
BOLZANO	0	13	HELSINKI	−5	−1
VERONA	0	15	OSLO	−3	3
TRIESTE	9	16	STOCCOLMA	−5	4
VENEZIA	5	13	COPENAGHEN	1	7
MILANO	2	17	MOSCA	−4	−1
TORINO	1	15	BERLINO	5	6
GENOVA	9	18	VARSAVIA	−2	4
BOLOGNA	5	17	LONDRA	6	10
FIRENZE	4	11	BRUXELLES	5	11
PISA	7	17	BONN	6	10
FALCONARA	8	18	PARIGI	12	12
PERUGIA	5	12	VIENNA	3	14
PESCARA	6	21	MONACO	1	8
L'AQUILA	1	12	ZURIGO	0	7
ROMA URBE	7	17	GINEVRA	4	10
FIUMICINO	8	20	BELGRADO	5	18
CAMPOBASSO	6	14	NIZZA	12	22
BARI	11	21	BARCELLONA	11	20
NAPOLI	8	20	ISTANBUL	17	20
POTENZA	5	12	MADRID	11	17
S.M.LEUCA	13	19	LISBONA	17	19
REGGIO C.	18	23	ATENE	17	23
MESSINA	18	21	MALTA	16	24
PALERMO	18	22	GERUSALEMME	11	23
CATANIA	14	25	IL CAIRO	19	27
ALGHERO	15	21	BUCAREST	5	19
CAGLIARI	12	21	AMSTERDAM	5	12

III   Write the numbers of exercise I, in Italian.

IV   Complete the following computations, writing the numbers and the results in Italian. Example: 3+4=7
          Tre più quattro è uguale a sette or tre più quattro fa sette:

          Note. This sign + is called <u>più</u>; the sign - is called <u>meno</u>; the sign = is called <u>uguale</u>; the sign **x** is called <u>per</u>. So: 5+4=9,
          you can say "cinque più quattro fa nove; 10-2=8, dieci meno due fa otto.

          1) 3+2= ——   2) 15+4= ——   3) 20+5= ——   4) 7+3= ——   5) 21-9= ——
          6) 18-9= ——   7) 19+8= ——   8) 27-11= ——   9) 25-10= ——

V   Ask your classmate how many items there are in your classroom.
          Example: (2) lavagna. Quante lavagne ci sono (*are there*) nell'aula? / Ci sono
          due lavagne.

          1) (1) professore   2) (3) cancellini   3) (25) banchi
          4) (14) alunne,   5) (9) alumni   6) (8) matite
          7) (2) carte geografiche, 8) (2) scrivanie,   9) (2) cestini

C.   Pratica riassuntiva   *(Reviewing all grammar points)*

Drills

I   Greet Professor Lisi by saying:

> Buon giorno, professor Lisi. Come sta?
> Bene, grazie. E tu?
> Molto bene, grazie.
> Arrivederla, professore.
> Arrivederci, Giorgio.   *(Exercises I and II refer to the section A, p. 10).*

II   You meet your friend Lisa. Say *Hi!* to her and ask her how she feels.

> ———, Lisa. Come ———-?
> Benissimo, grazie. E ——-?
> ——————, grazie.
> Ho fretta, vado al supermercato. ———.

III   You are in a supermarket and buy the following items. Supply the indefinite article. *(Refer to gram. pag.17)*

1) ——-litro di latte	2) ——- bottiglia d'olio,	3) ——-aranciata
4) —— chilo di frutta.	5) —— pezzo di formaggio	6) ——-pesce

IV   Supply the correct form of the definite article: *(See gram.pags.18-19)*

1) Non conosco.*(I do not know)*————   signora Fusco
2) Conosco molto bene ————   signor Fusco
3) Vado a comprare *(I am going to buy)* . . carne(f) e. . . . pesce (m)
4) Mi piacciono *(I like)* ——-   spaghetti con . . . .polpette
5) Non mi piacciono ————   aragoste con . . . . birra
6) Il professor Giambelli parte *(leaves)*   con———— treno
     con ——-aereo, con————battello,   con —— auto,
7) Devo parlare con ————dottore,   con —— infermiera,
     con——ammalato,   con —— studenti di medicina.
8) Dov'è —— studio del dottor Costa?——   università di Padova?
     —— casa di Marco? ——-padre di Marco? ——   zio di Lisa?—— amico di Lisa?

V   Lisa's mother goes to a department store in Pisa and buys many items for the family. Supply the definite article: *(Refer to gram. pp. 17-18).*

> Compra ——- cappotto, —— camicia e —— cravatta per ——-
> marito; —— impermeabile per Lisa; ——- maglione, ——- guanti,
> —— spazzolino da denti per Pino, ——- suo figlio minore, ——-stivali,
> —— sciarpa *(scarf)* e—— calze per se stessa.

Communication

VI   Ask one of your friends the following questions regarding the previous exercise.
         (In the answer, use the verbs as they are expressed in the question).

1) In quale città è il negozio *(store)*?   2) Che cosa compra per il marito?
3) Che cosa compra per Pino?   4) Che cosa compra per se stessa?

VII   Ask your classmate which of the following items he/she prefers. Give the correct definite article.
       Example: Latte o vino? - Preferisco il latte.

        1) coca cola o aranciata?   2) acqua o birra?
        3) aperitivo o limonata?   4) caffè o tè?
        5) carne o pesce?   6) agnello o pollo?
        7) gamberi o aragosta?   8) arance o pesche

SCUOLA
DELL'OBBLIGO,
SCUOLA
PER TUTTI

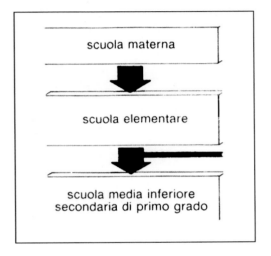

SCUOLE ELEMENTARI

Una classe di bambini dell'elementare

Bambini della prima elementare, vestiti
con grembiulino bianco, giocano al girotondo.

Una classe di ragazzi della quinta elementare

D   Lettura di cultura   *La scuola dell'obbligo in Italia*

La scuola dell'obbligo[1] in Italia comprende la scuola elementare e la scuola media inferiore. La scuola elementare dura[2] cinque anni e la frequentano i bambini[3] dai sei agli undici anni; ma, secondo la nuova riforma, i
bambini potranno isriversi a scuola anche all'età di cinque anni. E' completamente gratuita[4] e lo Stato fornisce[5]
ai ragazzi[6] anche[7] i libri. La scuola media inferiore invece[8] dura tre anni e la frequentano[9] i ragazzi dagli undici
ai tredici anni. Anche questa è gratuita, però i ragazzi devono[10] comprare i libri. Ci sono anche molte scuole private, ma queste sono a pagamento.[11] Nel 2003, il governo italiano ha approvato una legge che stanzia aiuti economici anche alle scuole pareggiate, cioè che hanno lo stesso valore legale delle scuole statali.

I   *Key words*:

1) Scuola dell'obbligo - *mandatory school*;   2) dura - *lasts*   3) bambini - *children*
4) gratuita - *free of charge*   5) fornisce - *supply*   6) ragazzi - *boys and girls*   7) anche - *also*
8) invece - *instead*   9) frequentano - *attend*   10) devono - *they have to*   11) a pagamento - *paid - school*

II   *Complete the following sentences with the words of the reading:*

1)   La scuola dell'obbligo in Italia comprende————————
2)   La scuola elementare dura———————— 3) Lo Stato fornisce————————-
4)   La scuola media dura————————   5) Ci sono anche ————————

III   *Rispondi in italiano alla domanda esatta:*

1.   La scuola dell'obbligo comprende: a) l'università; b) la scuola commerciale;
c) la scuola elementare e la scuola media?

2.   La scuola elementare la frequentano: a) i militari; b) i bambini dai sei agli undici anni; c) gli
operai della FIAT?

3.   Lo Stato fornisce ai ragazzi: a) il pranzo; b) una casa; c) i libri?

4.   La scuola media inferiore dura: a) un semestre; b) sei mesi; c) tre anni?

5.   Quanti anni dura la scuola elementare?

6.   Quale scuola è completamente gratuita?

7.   Quali scuole sono a pagamento?

IV   *Vero o falso?*

If the sentence is <u>true</u> write *vero,* if it is <u>false</u> rewrite the sentence in Italian o make it true.

1)   La scuola dell'obbligo in Italia comprende la scuola media.
2)   I giovani dai diciotto ai vent'anni frequentano la scuola media.
3)   La scuola gestita dallo Stato è a pagamento.
4)   Le scuole pubbliche sono gratuite.
5)   Le scuole private sono a pagamento.

V   *Indicate and underline all the nouns and their article in this passage.*
Model: <u>la scuola, i bambini</u>. *(As a homework exercise)*

VI   *Conversation*   *(Optional)*

Answer questions related to the reading, in an imaginary way:

1) Che scuola frequenti adesso? *What kind of school do you attend now*?
2) Nella tua famiglia chi frequenta la scuola elementare? *Who attends elementary school in your family?* Imagine *(John and Christine.)*
3) Come si chiama la maestra? *(teacher)* di John? E la maestra di Christine?
4) Quante scuole elementari ci sono nel tuo quartiere? *How many elementary schools are there in your neighborhood? Be creative.*
5) Ci sono scuole private nella tua città?

Una classe di ragazzi della scuola media inferiore..

Il Sig. Sinisgallo, professore
di una scuola media.

Un gruppo di ragazzi della scuola media inferiore alle prese con il pallone.

Preliminary note.   *After each chapter, a vocabulary is provided for the words of the dialogue and*
                           the first reading only; for, the second reading needs not to be translated word
                           for word.
                           In addition, a double list is given of words related to the theme of the chapter,
                           and of cognates (parole analoghe) *which students schould familiarize them-*
                           selves with and make a great deal of them.

F   # Vocabolario attivo

Review of useful expression

Come salutare *(How to greet people)*

buona sera	*good afternoon, good evening*
buon giorno	*good morning*
ciao	*Hi, Bye*
che c'è di nuovo?	*what's new*
come sta *(pol.)*?	*how are you*
come stai *(fam.)*?	*how are you*
come va?	*how is it going*

Come rispondere *(How to respond)*

abbastanza bene	*rather well*
bene	*well*
benissimo	*very well*
benone	*great*
così così	*so so*
male	*not well,*
male	*badly*
molto bene	*very well*
molto male	*very badly*
non c'è male	*not too bad*
non tanto bene	*not very well*

Come congedarsi *(How to say good bye)*

a domani	*I'll see you tomorrow*
a presto	*I'll see you soon*
arrivederci *(fam.)*	*good-bye*
arrivederla *(pol.)*	*good bye*
buona notte	*good night*
ci vediamo *(fam.)*	*I'll see you*

Words of courtesy

per favore	*please*
per piacere	*please*
piacere	*my pleasure*
prego	*you're welcome*
grazie	*thank you*
scusa	*excuse me*

Altre espressioni

come si chiama? *(pol.)*	*what's your name*
come ti chiami? *(fam)*	*what's your name*
di dov'è Lei? *(pol.)*	*where are you from*
di dove sei *(fam.)*	*where are you from*
ti presento	*I introduce you*
Le presento	*I introduce you*

Parole analoghe *(cognates)*

Please pay special attention to the spelling of all the cognates used in this book, and use them in the conversation and communication practice. Cognates form great part of the English dictionary and you should make the most of them.

l'articolo	*article*	il motivo	*motive*
l'attenzione	*attention*	obbligatorio	*obligatory*
l'azione	*action*	il/la oculista	*oculist*
il caffè	*coffee*	l'ospedale	*hospital*
la classe	*class (of students)*	la penna	*pen*
il/la dentista	*dentist*	il pianeta	*planet*
il dramma	*drama*	il pilota	*pilot*
elementare	*elementary*	il pirata	*pirate*
l'entrata	*entrance*	il poeta	*poet*

Capitolo II

La scuola media superiore

Chapter two will deal with Italian High School, namely: <u>Lyceums and professional Institutes</u>. You will be able to distinguish between different professional schools and familiarize yourself with an array of academic subjects studied in various institutions.

In the area of grammar, <u>personal subject pronouns</u> will be introduced, exemplifying the difference between the formal and informal way of addressing people. The second grammatical item will include basic features of the Italian verbal system and the conjugation of the auxiliary verbs: <u>to be</u> *(essere)* and <u>to have</u> *(avere)*.

Prospetto

A	Dialogo	Quale materia preferisci?

1) Vocabolario sul dialogo
2) Note di cultura
3) Domande sul dialogo
4) Vocabolario attivo: a) *Tipi di scuola*
                                    b) *Materie scolastiche*
5) Attività sul *vocabolario attivo*

B	Grammatica e pratica	
	I	**Subjects pronouns** and *you* polite forms: **Lei, Loro**
	II	The verb **to be** : *(essere)*
	III	**There is, there are**: *(C'è, Ci sono)*
	IV	**Present** tense of the verb *to have*: **Avere**
	V	**Idioms** with **avere**
C	Pratica riassuntiva	
D	Lettura di vita e costumi:	**La scuola di Lisa**
E	Lettura di cultura:	**Licei e Istituti**

DOPO LA SCUOLA
DELL'OBBLIGO

scuola media superiore
secondaria di secondo grado

scuole e istituti tecnici
e istituto magistrale
liceo artistico
liceo linguistico
liceo scientifico
liceo classico

A   Dialogo   Quale materia preferisci?

Dopo avere terminato la scuola media inferiore, Marco e Lisa si iscrivono alla scuola media superiore.

Marco:	**Lisa, anche quest'anno[1] il professor Padovani è con noi.[2]**
Lisa:	**Lo so, lo so. Purtroppo! [3]**
Marco	**Come "Purtroppo". Non ti piace?[4]**
Lisa:	**Il professor Padovani mi piace, è simpatico,[5] è cordiale. E' la matematica che non mi piace.**
Marco:	**Quali materie preferisci?[6]**
Lisa:	**Le lingue moderne[7]: il francese e l'inglese. Tu invece[8] preferisci la matematica, Non è vero?[9]**
Marco:	**Sì, è vero. Voglio iscrivermi alla facoltà[10] di architettura a Milano. Voglio diventare[11] architetto.**

I   Key words

1) Also this year 2) is with us; 3) unfortunately; 4) don't you like; 5) nice; 6) which subjects do you prefer;
7) modern languages: French and English; 8) instead; 9) isn't that true; 10) I want to apply to the school of architecture;
11) I want to become.

II   Domande sul dialogo:

1) Piace a Lisa il professor Padovani?
2) Che cosa non piace a Lisa?
3) Quali materie preferisce Lisa?
4) Quale materia preferisce Marco?
5) A quale facoltà vuole iscriversi Marco?
6) Che cosa vuole diventare Marco?

III   Note di cultura

1) Only recently public schools in Italy have begun to offer English courses as a second language. Traditionally, French was the only modern language studied in Italian high schools.
2) "Facoltà" in Italian doesn't mean a member of a department, but the department itself, that is, the school (school of medicine, school of architecture, etc...).
3) Milan is not only the industrial and financial capital of Italy, but also the center of the best schools of technology.

Un gruppo di alunni del liceo Genovesi.

Vocabolario attivo

Classroom items

l'aula	*classroom*		
il banco	*desk*	la matita	*pencil*
il cancellino	*eraser*	l'orologio	*watch*
la cattedra	*desk*	la penna	*pen*
il cestino	*waste basket*	la porta	*door*
la finestra	*window*	il quaderno	*notebook*
il gesso	*chalk*	lo scaffale	*bookshelf*
la lavagna	*blackboard*	la sedia	*chair*

Espressioni utili

1) Buon giorno ragazzi.   *Good morning, boys and girls/guys.*
2) Per favore, aprite il libro.   *Please, open the book.*
3) Lisa, leggi il dialogo.   *Lisa, read the dialogue.*
4) Per piacere, leggi a voce alta.   *Please, read aloud.*
5) Marco, va' (vai) alla lavagna.   *Mark, go to the board.*
6) Scrivi la parola "chimica".   *Write the word "chimica".*
7) La lezione è finita.   *The lesson is finished.*
8) A domani.   *I'll see you tomorrow.*
9) Finché c' è vita c' è speranza Prov. Lit: *Where there is life there is hope.*

Pratica

I   Imagine that you meet a group of Italian high school students. Ask each one of them in what institution does he/she study: Dove studi? The answer could be:

Studio al liceo artistico.   Studio al liceo classico.
Studio al liceo scientifico.   Studio all'istituto agrario.
Studio all'istituto magistrale.   Studio all'istituto di ragioneria.
Studio all'istituto tecnico.   Studio al conservatorio.

II   Ask him/her what does he/she study: Che cosa studi? The answer could be:
Studio:

Chimica e scienze naturali.
Informatica.
Lingua e letteratura latina.
Lingua e letteratura greca.
Lingua e letteratura francese.
Letteratura italiana da Dante a Montale
Matematica e fisica.
Storia e geografia italiana.
Storia dell' arte.
Storia della filosofia.

III   *Nota di cultura*

       These are some of the subjects that comprise the *curriculum* of an Italian "Liceo classico". This type of school is regarded as the best high school in Italy because of the variety of subjects taught and for the inclusion of additional material pertaining to human knowledge. After graduation from a Liceo, the students continue their studies at the university, because at this point they lack specialization for immediate employment. On the contrary, the students who attend Institutes to earn their diploma as book keepers, secretaries, nurses, technicians, etc., can enter the work force directly. The most popular institute in Italy is the *Istituto Magistrale*. Until recently in Italy, to teach in Elementary Schools only a high school degree from an *Istituto Magistrale* was required, but because of the on-going quest for quality education and Uniform European Standards this is no longer the case. Prospective Elementary School teachers must first complete five years in an *Istituto Magistrale* to earn a diploma, then continue on to university where a university degree (laurea) in Education must be obtained. To teach in a high school (*Licei or Istituti)* a "laurea", a degree from a university, was always required.

Un gruppo di alunni dell' Istituto Tecnico.

B.   Grammatica e pratica

I   **Subject pronouns**   *(Pronomi personali)*

Minidialogo			
Vocabolario			
scusi	*excuse me*	sono di Siena	*I am from Siena*
perché	*why*	Lei non è italiano?	*Aren't you Italian?*

John: Scusi, signorina, <u>Lei è</u> italiana?

Gina: Sì, <u>sono</u> di Siena. Perché, <u>Lei non è</u> italiano?

John: No. <u>Sono</u> americano. <u>Sono</u> del Massachussetts.

Notice that *Lei* is used for the masculine and feminine polite form for "*you*" and also that it is used in verbal form of the third person, not the second, that is, the one you are talking about, not the one you are talking to.

       Domande: 1) Di dov' <u>è</u> Gina? 2) <u>E'</u> italiano John? 3) Di che stato <u>è</u> John?

Reminder: *The* minidialogo *present the basic points of grammar, both structurally and functionally, in a practical and conversational method. Some persons prefer to learn phrases and expressions inductively, that is, as they appear in a text with little regard for formal grammar. Others prefer rationale - a deductive explanation - for the given structure. Still others prefer a combination of both approaches. This text deals with the third method.*

The subject pronouns are words used in place of nouns as subjects of a sentence.

Notes: a) In an active sentence, the person or thing that performs the action is called the subject. To find the subject of a sentence, look for the verb and ask: **Who** or **What**? before the verb. The answer is the subject. Ex: Lisa reads the book. Who reads the book? Answer: Lisa. Lisa is the subject.

b) The subject pronouns are used less frequently in Italian than in English, since the ending of the verb indicates the subject it refers to. Ex: Parlo italiano. The ending "o" indicate that the subject is "**io**".

Chart of the subject pronouns

			Singular		*Plural*	
1st person	*(who is speaking)*		**io**	*I*	**noi**	*we*
2nd person	*(to whom we speak)*		**tu**	*you (fam.)*	**voi**	*you (fam.)*
			Lei	*you (pol.)*	**Loro**	*you (pol.)*
3rd person	*(about whom*	**(egli)**	**lui**	*he*	**loro**	*they*
	we speak)	**(ella)**	**lei**	*she*		

In Italian there are two ways of addressing people: the *familiar* and the *formal.*

1) tu *(you, familiar).* It is used to address:

       a) members of one's family
       b) close friends
       c) children
       d) pets

2) Lei *(you formal).* It is used to address:

       a) people of some social status or with title: mayor, doctor, lawyer, professor, "big shots".
       b) elderly people.
       c) people we meet for the first time.

3) Loro *(you, formal* for two or more people). It is the plural of <u>Lei</u>.

Notes: 1) *Lei* and *Loro* are singular and plural polite pronouns respectively used to address people in a formal way. They are pronouns of the 2nd person - to whom one speaks - but require the verbal form of the 3rd person singular and plural respectively.

             2) In English the above Italian forms are expressed by the pronoun you which is singular, plural, familiar and polite. YOU = tu, voi, Lei, Loro.

N. B.   1) In written Italian he and she, referring to persons only, are translated by *egli, ella* respectively. In colloquial speech, however, **lui** and **lei** predominate and they will be used in this text.

        2) The pronouns *esso* (it) and *essa* (it) refer to animals and things.

       -Vedendo il gatto da vicino mi accorsi che <u>esso</u> era cieco.
       Observing the cat closely, I noticed that <u>it</u> was blind.
       -Ho comprato una macchina nuova. <u>Essa</u> è molto comoda.
       I bought a new car. <u>It</u> is very comfortable.

The plural forms *essi* and *esse*, obviously, refer to two or more animals and things, as well as persons.
-Vedo i soldati che marciano nel fango. <u>Essi</u> sono tutti giovani.
I see the soldiers who are marching in the mud. <u>They</u> are all young.

In many instances, subject pronouns referred to animals or things, are omitted, because they are not necessary.
-Ha un nuovo computer; è molto utile.
He has a new computer, it is very useful.

3) In modern Italian, *Lei* and *Loro* are written in small letters, but in this text they will appear in capital letters in order to be recognized more easily.

Notice that the combination of two pronouns or a pronoun and a noun is the same as in English, e.g.,
tu ed *io* = **noi**;   *lui/lei* ed *io* = **noi**;   *Carlo* ed *io* = **noi**;   *lui/lei* e *tu* = **voi**;   *Lisa* e *tu* = **voi**.

Un gruppo di alunni dell'Istituto Caselli.

II   To be *(Essere)*

The verb **to be** is translated in Italian as **essere** and **stare.**

A)   **Essere** serves both as a <u>main verb</u> and <u>auxiliary verb</u>:

a) As *a main verb* it is used especially:

1) With <u>nouns, adjectives, pronouns,</u> etc.

Marco è studente;   Lisa è italiana;   il libro è mio.

2) With the preposition **di** indicating:

a) <u>Origin</u>:   Lisa è di Siena.   *Lisa is from Siena.*
b) <u>Possession</u>:   L'auto è di Marco.   *The car belongs to Mark.*
c) <u>Material</u> what it is made of: La casa è di legno   *The house is made of wood.*

b) As an *auxiliary verb* it is used to form the compound tenses of:

      1) <u>Intransitive</u> verbs: Lisa è partita alle due.   *Lisa left at 2:00.*

      2) <u>Reflexive</u> verbs: Lisa si è lavata la faccia.   *Lisa washed her face.*

      3) To form the <u>passive voice</u>:   Il professore scrive il libro - Il libro è scritto dal professore.
          (We will study these three topics later).

B)   **Stare** is used especially:

1) with reference to a person's **health**:

      Carlo, come stai?   *Charles, how are you?*
      Io sto benone.   *I am great.*
      Mio nonno sta male.   *My grandfather is sick.*

2) It is also used to form the **progressive tense.**

      Mio nonno sta dormendo.   *My grandfather is sleeping.*
          (We will study this topic in chapter XX.)

Chart of the verb **essere**

Persons		Singular				Plural		
1st	**io**	**sono**	*I am*		**noi**	**siamo**	*we are*	
2nd	**tu**, *(fam.)*	**sei**	*you are, (fam.)*		**voi**	**siete**	*you are,*	
3rd	**lui -lei**	**è**	*he/ she is*		**loro**	**sono**	*they are*	
	Lei	**è**	*he/she is (pol.)*		**Loro**	**sono**	*you are (pol.)*	

Pratica

Drills

I   Which subject pronoun would you use to refer to the following people?

    1) The professor (f)   2) The student (m)   3) The student (f)
    4) Robert and I.   5) Ann and you (*fam.pl.*)   7) Christine and Albert

II   Which pronoun would you use if you had to address the following people?

    1) Your professor   2) Your brother   3) A policeman
    4) I signori Castello   5) A stranger   6) Children
    7) Your mother   9) A doctor   10) Your old uncle

III   Replace the subjects of the following sentences with those in parentheses and make the necessary changes:

    1) Paolo è professore (Io, Paolo ed io, tu, Graziella e tu, Giorgio e Tina).
    2) Tu sei italiano (Enrico, Marco e tu, Lisa ed io, Lisa e i suoi fratelli).
    3) Io sono di Roma (Gina, Gina e tu, Luigi e Carlo, Lisa ed io, tu).
    4) La casa è di mio padre (i libri, l'auto, gli occhiali).
    5) I libri sono di carta (il giocattolo, i giornali, il manifesto).

IV   Rewrite the following sentences by translating the English words in parentheses and making the necessary changes:

1) *(He is)* studente
2) *(I am)* professore
3) *you,* (fam.sing.) *are* studentessa
4) *you,* (form.sing.) *are a* dottore
5) *they are* Italiani
6) *you,* (fam plur.) *are* simpatici
7) *they and I are* turisti.

V   Complete the following sentences with the correct form of *essere*:

1) Mio padre . . .un buon professore; . . . di Torino, però abita a Genova.
2) Io . . . di Cleveland e mio cugino Giuseppe . . . di Toronto
3) Marisa ed io . . .cugini; . . di Houston e studiamo a Miami
4) Tu. . . . . di Los Angeles; quindi . . . americano e studi in Italia
5) Giorgio e Franco . . . fratelli, . . . di Pittsburg.
6) Roberto e tu . . .italiani;...studenti.

Communication

VI   Ask another student about the items in the classroom.
Example: E' una finestra? (porta) - No, non è una finestra, è una porta.

1) E un libro? (quaderno).
2) E' un computer? (televisore).
3) E' un una matita? (penna).
4) E' una sedia? (cattedra).
5) E' un giornale? (rivista).
6) E' un cancellino? (gesso).

VII   Make up two questions about the places of origin of the given names, then let
another student answer with a contrary statement. Follow the model closely:
Marco/Siena/Pisa/ St.1: Di dov'è Marco? E' di Siena? St.2: No, Marco è di Pisa.

1) Il professore/Padova/Venezia
2) I signori Ferrari/Modena/Ferrara
3) Tu/Napoli/Palermo
4) Tua sorella e tu/Pisa/Firenze
5) Mio padre ed io Palermo/Siracusa
6) Io/Miami/Filadelfia.

VIII Tell the class where you are from, then ask your classmate where he/she comes from and then report your
findings to the class. Follow the model. *You:* Sono di Michigan. Caterina, di dove sei? *Caterina:* Sono di
Chicago. *You:* Caterina è di Chicago.

1) Io/Los Angeles/Anna/Boston.
2) Io/ Los Angeles/Teresa /Miami.
3) Io/Los Angeles/Alfredo/Filadelfia.
4) Io/Los Angeles/Toni/Nuova York.
5) Io/Los Angeles/professore?/Roma.

III   **There is, there are** *(C'è, ci sono)*

Minidialogo

Vocabolario	biglietto	*ticket*	mezzo	*means of transportation*
	edicolista	*bookstall keeper*	piazza	*square*
	scusa	*excuse me*	tante grazie	*many thanks*
	va	*it goes*		

Turista: Scusi, c'è un mezzo che va a piazza San Pietro?
Edicolista: Sì, c'è l'autobus 64.
Turista: Per piacere, un biglietto per l'autobus.
Edicolista: Ecco a Lei
Turista :   Tante grazie.

Domande sul minidialogo: C'è un mezzo di trasporto che va a piazza San Pietro? 2) Che autobus c'è?

1)   **C'è** *(there is)*, **ci sono** *(there are)* indicate the location of someone or something in a certain place.

C'è un professore nell'aula.   *There is a professor in the classroom.*
Ci sono tre leoni nella gabbia.   *There are three lions in the cage.*
Ci sono cinque libri sulla scrivania. *There are five books on the desk.*

2)   To make these expressions negative *non* must be placed before *c'è, ci sono.*

C'è una torre pendente a Siena. *Non* c'è una torre pendente a Siena.

Notice that *c'è* is the contracted form of ci *(there)* and è *(is)*: ci+è becomes *c'è.*
The apostrophe indicates that the-*i* has been dropped.

IV   **Ecco** is used to point out the presence of somebody or something in view of the person speaking.
It is equivalent to the English: *here is, here are, look*, etc. It is invariable and appears only in one form; it can
be followed by either singular or plural, masculine or feminine nouns.

Ecco il libro.   *Here is the book.*   Ecco i libri.   *Here are the books.*
Ecco la casa.   *There is the house.*   Ecco le case. *There are the houses.*

Notice that *Ecco* is often used in an exclamatory context. Ecco, la statua della Libertà! *Look, the Statue of Liberty!*

Pratica

Drill

I   Pluralize the following sentences.
               Example: C'è il professore?- Ci sono i professori?

               1) C'è il libro d'italiano?   2) C'è la carta geografica?
               3) C'è il computer?   4) C'è il televisore?
               5) C'è la porta?   6) C'è il gesso?

Communication

II   Ask your friend Lisa if the following things are in her school.
                Example: museo. - C'è un museo? Sì, c'è un museo.

               1) biblioteca   2) infermeria   3) stadio   4) bar   5) piazza   6) strade.

III   Ask several students how many people or things there are in the classroom.
               Example: Porta /Quante porte ci sono nell'aula? - C'è una porta.

               1) finestre   2) studenti 3) professori   4) ragazze   5) ragazzi
               6) scrivanie 7) lavagne   8) cancellini   9) carte geografiche   10) quadri.

IV   Suppose that you are a freshman; ask a sophomore if the following things are in your college.
               Example: museo. - C'è un museo? Sì, c'è un museo.

               1) biblioteca   2) infermeria   3) stadio   4) bar   5) piazza   6) strade.

V   Point out the following people and things that are on campus to your freshman classmate. Use "ecco"
               with the article corresponding to the noun. Example: giornale. - Ecco il giornale:

               1) stadio 2) presidente 3) stazione televisiva 4) professore 5) piscina
               6) dormitorio 7) segretaria 8) ufficio del direttore 9) palestra 10) bar
               11) biblioteca   12) infermeria 15) piazza   16) strade.

V   Present indicative of to have *(Pres. Indicat. del verbo **avere**)*

		Minidialogo		
Vocabolario	quanti anni hai?	*how old are you?*	posso	*I can*
	ho diciott'anni	*I am eighteen years old*	ancora	*still*
	scusa	*excuse me*	dire	*to tell*
	donna	*woman*	appena	*only*
	hai ragione	*You are right*		

. . . .

Prof.	Marco, quanti anni <u>hai</u>?
Marco	<u>Ho</u> diciott'anni.
Prof.	E tu, Lisa, quanti anni <u>hai</u>?
Lisa	Mi scusi, a una donna non si chiede l'età *(one does not ask a person's age)*. <u>Ho</u> appena
	diciassette anni. Io non la nascondo *(I do not hide it)*.
Prof.	<u>Hai ragione</u>, sei ancora molto giovane.

. . . .

               Domande: 1) Quanti anni <u>ha</u> Marco? 2) Quanti anni <u>ha</u> Lisa? 3) Quanti anni <u>hai</u> tu?

The verb **avere** *(to have)* is quite irregular and is frequently used in the Italian language. For this reason, you must familiarize yourself with the following forms:

	Singular			*Plural*	
io	**h-o**	*I have*	noi	**abb-iamo**	*we have*
tu	**h-ai**	*you have*	voi	**av-ete**	*you have*
lui/lei/Lei	**h-a**	*he/she/you have*	loro/Loro	**h-anno**	*they, you have*

The verb **avere** is mostly used to indicate:

1) <u>Possession</u>:   Lisa ha tre fratelli.   *Lisa has three brothers.*

2) <u>Age</u>:   Lisa ha diciassette anni.   *Lisa is seventeen years old.*

3) <u>Auxiliary</u>, that is, it is used to form compound tenses with transitive verbs.
   Lisa ed io abbiamo comprato molti libri. *Lisa and I have bought many books.*
   [We will study this topic later].

Esempi modelli:

Lisa e Marco hanno una sorella.   *Lisa and Mark have a sister.*
Hai una macchina Fiat?   *Do you have a Fiat car?*
Quanti anni ha tuo padre?   *How old is your father?*
Ho un computer Macintosh.   *I have a Macintosh computer.*

Pratica

Drills

I   Replace the subjects of the following sentences with the subjects in parenthesis:

1) Marco ha una sorella (Io, mia madre, Lisa ed io, Marco e tu, loro).
2) Lisa ed io abbiamo una lezione alle 9:00 (Marco, tu, io, gli studenti, noi).
3) Ho una Ferrari (Tu, mio fratello, i signori Capalbi, voi, noi).

II   Complete the following sentences with the appropriate forms of the verb *avere* .
Example: Lisa——- una bicicletta nuova - Lisa ha una bicicletta nuova.

1) Marco ————————— un 'automobile usata
2) Roberto ed io ———————— una motocicletta italiana.
3) Lisa e tu ———————— un nuovo computer.
4) Il professore ————————trentacinque anni.
5) I fratelli di Lisa ——————— una bella voce.

Communication

III   Ask your classmate whether he/she has the following things:
Example: Una casa in Florida - Hai una casa in Florida?

1) computer   2) radio   3) auto nuova,   4) macchina da scrivere
5) enciclopedia 6) registratore 7) una sorella

IV   Using polite forms, ask your professor how many of the following relatives he/she has.
            Example: Fratelli - Quanti fratelli ha, professore? - (Ho un fratello).

            1) sorelle   2) cugini   3) zii   4) zie   5) cognati,   6) nipoti   7) nonni.

V   Ask a classmate the same questions using the familiar form.

VI   **To have** with <u>idiomatic expressions</u> (*Avere* con espressioni idiomatiche).

      1)   Many idiomatic expressions - especially those conveying physical sensations - are formed with the verb
            avere.

            Avete caldo?   *Are you warm?*   No. Abbiamo sete.   *No. We are thirsty.*

            Hai ragione: *fagiolini* si scrive con una "g".   *You are right:* stringbeans *is written with one "g".*

      2)   In Italian these expressions are formed with *avere* followed by a *noun*, whereas in English they are
            formed with *to be* followed by an *adjective*. Consequently, in Italian expressions, the noun is modified
            by an adjective (usually, *molto, troppo, poco*), which agrees with the noun in gender and number;
            whereas in English expressions, the adjective is modified by an *adverb* (usually, *very, too*).
            Observe the following examples.

            Lisa ha <u>molta</u> sete (f.).   *Lisa is <u>very</u> thirsty.*
            I bambini hanno <u>troppo</u> sonno.   *The children are <u>very</u> sleepy.*

      <u>3)</u>   Here are some of the most commonly used *idiomatic expressions with* **avere:**

Avere pazienza *to be patient*	Mia madre ha pazienza.	*My mother is patient.*
Avere caldo *to be warm*	Marco ha caldo.	*Mark is warm.*
Avere fame *to be hungry*	Lisa ha fame.	*Lisa is hungry.*
Avere freddo *to be cold*	Ho freddo.	*I am cold.*
Avere fretta *to be in a hurry*	Hai fretta?	*Are you in a hurry?*
Avere paura *to be afraid*	I bambini hanno paura.	*The children are afraid.*
Avere ragione *to be right*	Mio padre ha ragione.	*My father is right.*
Avere sete *to be thirsty*	Il cane ha sete.	*The dog is thirsty.*
Avere sonno *to be sleepy*	I miei zii hanno sonno.	*My uncles are sleepy.*
Avere torto *to be wrong*	Mio fratello ha torto.	*My brother is wrong.*
Avere . . . anni *to be . . . years old*	Marco ha 18 anni.	*Mark is 18 years old.*

Pratica

Drills

I   Complete the following sentences with the appropriate forms of *avere:*

            1) (Io) . . . . molta fame adesso.
            2) I miei nonni . . . . troppo sonno.
            3) Il professore . . . . sempre ragione?
            4) Marco ed io . . . . fretta in questo momento.
            5) D'estate tu . . . . sempre sete?
            6) D'inverno i miei amici . . . . molto freddo.
            7) Il fratello di Lisa . . . . 10 anni.

II   Translate the following sentences in Italian:

        1) I am thirsty.   2) Are you right?
        3) My sister is 12 years old.   4) Is your classmate sleepy?
        5) Are you always wrong?   6) We are afraid of difficult exams.
        7) She is very hungry.   8) We are very cold.

Communication

III   Ask several students in the class how old they are.
        Model. *You*: Bob, quanti anni hai? *Bob*: Ho vent'anni.

IV   Ask the following questions of several students in your class. They may answer affirmatively or nega-
        tively and must use one of rhese adjectives: *molto, troppo, poco*. Model: Freddo. *You*: Joe, hai freddo
        adesso? *Joe*: Sì, ho molto freddo or no, non ho troppo freddo.

        1) fame   2) sonno   3) paura   4) fretta   5)sete   6) caldo

VII   How to make a sentence negative

To make a sentence negative in Italian, one must place the negative adverb **non** (*not*) before the verb.

Cristina è americana.   *Neg.* Cristina *non* è americana.
Gino ha una macchina italiana.   *Neg.* Gino *non* ha una macchina italiana.
Marco parla bene l'italiano.   *Neg.* Marco *non* parla bene l'italiano.

Note. To answer a question negatively, it is first necessary to use the negative particle *no* followed by a comma or a pause, then place *non* before the verb. E' americano il professore? No, il professore non è americano. The first *no* negates the entire question, while *non* makes the verb negative.

Pratica

Drill

Rewrite the following sentences in the negative:

        1) Studio il francese.   2) Franco parla italiano.   3) La signora Fudoli è italiana
        4) Mi chiamo Antonio.   7) Marco studia lingue moderne. 8) Lisa studia fisica.

Communication

II   Ask the student sitting next to you the following questions. He/she may answer negatively or affirmatively.

        1) Sei di Siena?   2) Sei studente/studentessa?   3) Stai bene?
        4) Sei americano?   5) Hai freddo adesso?   6) Tuo padre ha sempre ragione?
        7) Hai diciannove anni? 8) Hai sonno? 9) Hai fame? 10) Hai sempre pazienza?

VIII   How to make a sentence interrogative

There are two ways to make a sentence interrogative in Italian:

1) The word order is the same as that of the statement, but the pitch of the voice is raised at the end of the question.
Lisa è di Pisa. *Lisa is from Pisa.* Lisa è di Pisa? *Is Lisa from Pisa?*

N. B.   When an interrogative sentence has the same word order as that of the statement one can add a question
tag at the end of the statement: *no? vero? non è vero?*

Mirella studia in Italia, non è vero?   *Mirella is studying in Italy, isn't she?*
Lavori molto, vero?   *You work hard, don't you?*
Oggi è venerdì non è vero?   *Today is Friday, isn't it?*

2) The subject of the sentence is placed after the verb.

Marco studia.   *Inter.*   Studia Marco?
Marco studia medicina.   *Inter.*   Studia medicina Marco?

Notice that when a statement consists of a subject, a verb and other words, these words are usually placed between
the verb and the subject:

Giovanni studia inglese.   Studia inglese Giovanni?
La casa è grande e bella.   E' grande e bella la casa?

Un'aula di terza liceo

Pratica

Drill

I   Rewrite the following sentences in the interrogative:

1) Lisa è di Siena.   2) Marco studia architettura.
3) Lisa parla inglese e francese.   4) Il professore Padovani è di Firenze.
5) Lisa e Marco sono buoni amici.   6) Lisa e Marco sono studenti.

Communication

II   Ask your classmates questions: the answer can be affirmative or negative.
            Example: Sei cinese? No, non sono cinese. Hai vent'anni? Sì, ho vent'anni.

1) Sei spagnolo?	2) Sei italiano?	3) Sei francese
4) Sei professore?	5) Hai un fratello?	6) Hai diciott'anni?
7) Hai una Ferrari?	8) Hai una casa nuova?	9) Hai freddo adesso?

IX   Interrogative words

For specific questions the following interrogative words are used:

Chi?	*Who?*	**Perché?**	*Why*
Che cosa?	*What?*	**Qual,quale, quali?**	*Which, What*
Come?	*How?*	**Quando?**	*When*
Dove?	*Where?*	**Quanto,a?**	*How much*
		Quanti, e?	*How many*

N. B.

1)   The verb comes immediately after these interrogative words.

Di dove sei?	*Where are you from?*
Che cosa leggi?	*What are you reading?*
Perché corrono?	*Why are they running?*

2)   **Chi** is used only with *people* and is *invariable*, that is, it is used for singular, plural, masculine and
     feminine nouns.
     Chi è quel ragazzo? Chi è quella ragazza? Chi sono quei ragazzi? Chi sono quelle ragazze?

     Chi can be used *alone*, as in the examples above or with *prepositions*:

A chi parli?	*To whom are you speaking?*
Con chi parli?	*With whom are you speaking?*
Di chi parli?	*About whom are you speaking?*

3)   **Che cosa?** (*what*) can also be used separately: **che**? (*what*), **cosa**? (*what*).

4)   **Che** is invariable. It functions as a <u>pronoun</u> when followed immediately by a verb.

     Che fai?   *What are you doing?*   Che pensi?   *What do you think?*

     It is an <u>adjective</u> when followed by a noun.

Che libro leggi	*What book are you reading?*
Che vestito preferisci?	*What dress do you prefer?*

5)   **Quale** could be an adjective or pronoun. In both cases, it agrees with the noun it accompanies or that
     which it replaces. Usually, *quale* asks for a selection from a list of several possibilities.
     Quale macchina ti piace di più, la Ferrari o la Maserati? *Which car do you like most, a Ferrari or a Maserati?*
     Quali giornali preferisci leggere? *Which newspapers do you prefer to read?*

Notice that *che* and *quale* ask for information about *quality*: Che libro leggi? *What book are you reading?*
Quali sono i tuoi libri? *Which ones are your books?* Whereas **quanto** asks for information about *quantity*:
Quanti libri leggi all'anno? *How many books do you read per year?*

Pratica

I   Complete the following sentences with the appriopriate form of*:*
chi? che cosa? perché? dove? quanto? quale?

1)   . . . . è il presidente degli Stati Uniti?
2)   . . . . fa il professore adesso?
3)   . . . . abiti? (*where do you live*)
4)   . . . . si chiama la professoressa?
5)   . . . . costa il tuo libro d'italiano?
6)   . . . . è il tuo indirizzo?

II   Ask a classmate the following questions:

1)   Di dove sei?
2)   Quanti anni hai?
3)   Qual è la capitale degli Stati Uniti?
4)   Come si chiama la città dove abiti adesso?
5)   Quanti sono i giorni della settimana?
6)   Qual è la tua bibita preferita?
7)   Com'è la tua automobile, nuova o vecchia?

III   For each of the following statements ask two students at least two questions based on that statement.
Follow the model: <u>Marco studia fisica all'università di Bologna.</u>
Chi studia fisica? Che cosa studia Marco? Dove studia Marco?
(Use the verb form as it is expressed in the question).

1)   Questa sera Marco va a Siena. *(Chi?. . . Dove? . . . Quando?. . .)*.
2)   Pina studia l'inglese all'accademia americana.
3)   Tutte le sere Marco parla con Lisa.
4)   Marco legge molti libri sulla fisica atomica.
5)   I libri di Marco costano molto denaro.
6)   La professoressa d'inglese di Lisa è di Boston.
7)   La torre di Pisa è pendente.
8)   Pisa è importante per la storia e per l'arte.

C.   Pratica riassuntiva

I   Which pronoun would you use - *tu, voi, Lei, Loro* - in addressing the following persons:

1)Dottore, come. . . . . (stare)?   2) Gianni, come. . . . (stare)?
3) Ragazzi, ... (essere) italiani o americani?   4) Avvocato,. . . . . .(essere) americano?
5) Signori, ... (essere) turisti?   6) Lisa, ... (essere) di Siena o di Pisa?

II   Answer the following questions affirmatively using the corresponding pronoun. Example: E' studente
Marco?- Sì, lui è studente.

1) Sei studente?   2) E' di Pisa Lisa?
3) E' italiano il professore?   4) Sono bravi gli studenti del corso d'italiano?
5) Siete americani tu e tua sorella? 6) Lisa e Marco studiano a Bologna?

III   Answer the questions in exercise II negatively.

IV   Answer the following questions affirmatively or negatively as the case may be:

1) Sei il professore d'italiano?   2) E' di Roma il professore?
3) C'è oggi il professore?   4) Ci sono venticinque studenti in classe oggi?
5) C'è un televisore nell'aula?   6) Ci sono cinque finestre nell'aula?

V   Make the following sentences negative:

1) La filosofia è difficile.   2) La matematica è facile.
3) La storia d'Italia è interessante.   4) L'italiano è una bella lingua.
5) L'avvocato è molto eloquente.   6) I diplomati trovano subito lavoro.

VI   Complete the following sentences with the verb *avere*:

1) (Io) ——— due fratelli.   2) Marco ——— una sorella.
3) I genitori di Lisa——cinque figli.   4) (Tu)——— una macchina sportiva?
5) Maria ed io——-gli occhi verdi.   6) Giorgio e tu ——— molto da fare?

VII   Answer the following questions:

1) Hai un fratello?   2) Come si chiama?
3) Quanti anni ha?   4) Ha gli occhi azzurri ?
5) Hai una macchina nuova?   6) Quante porte ha ?
7) Di che colore è la tua macchina?   8) E` molto cara la tua macchina?

VIII   Also answer these questions:

1) Hai molta fame adesso?   2) Quando hai molta sete?
3) Quando hai troppa fame?   4) Quanti anni hanno Marco e Lisa?
5) I tuoi genitori hanno sempre ragione?   6) Gli studenti quando hanno freddo.

IX   Translate the following sentences in Italian:

1) Carlo is thirsty and I am hungry.   2) Lisa is right and I am wrong.
3) Christine is sleepy, not hungry.   4) Prof. Padovani is always in a hurry.
5) Children are afraid of fireworks *(fuochi artificiali).*
6) Mark is 18 years old, Lisa is 17 years old.

X   Read the following statements, and then ask the students all the possible questions.
             Example: Marco Paolini è uno studente di Pisa e studia al liceo scientifico Galileo.
             a) Chi è Marco?   b) Di dov'è Marco?   c) Dove studia Marco?

1) Lisa Castello ha 17 anni; è molto intelligente; parla bene l'inglese e il francese; è l'amica di Marco;
studia all'istituto magistrale di Pisa.
2) Pisa è una città italiana molto famosa per la storia e per l'arte. L'attrazione più famosa è la torre
pendente. Molti turisti stranieri la visitano ogni anno.

XI   Personal questions.

1) Sei studente o professore?   2) Sei di New York o di Chicago?
3) Hai un orologio d'oro o d'argento?   4) E' facile la matematica?
5) E' difficile o facile l'italiano?   6) Sei sempre puntuale a scuola?

L'educazione, l'istruzione
e la cultura non si arrestano
alla fase della scuola
dell'obbligo. Esse
proseguono con gli studi
successivi, di cui vedremo
fra poco le varie tappe
possibili; ma proseguono
anche oltre la scuola,

Una classe dell'Istituto Tecnico Superiore

D. Lettura di vita e costumi   *La scuola di Lisa*

La scuola di Lisa è moderna e grande. Ha tre piani[1] e un cortile spazioso.[2] L'aula di Lisa è al secondo piano ed è abbastanza ampia[3], pulita[4] e luminosa[5]: ha due finestre, la cattedra[6], i banchi, le sedie e un armadio[7] dove si conservano i libri che formano la biblioteca di classe. I ragazzi[8] hanno un accento toscano[9], difatti[10] sono tutti di Pisa. Anche[11] il professore Padovani ha un puro accento fiorentino ed è piacevole ascoltarlo[12] perché è simpatico,[13] cordiale e spiritoso.[14] Ha una vasta[15] cultura e ha un buon metodo di insegnamento[16].

I   *Key words*
1) floors 2) huge patio 3) quite roomy 4) clean 5) bright 6) desk 7) closet in which books are kept 8) boys and girls 9) Tuscan 10) as a matter of fact 11) also 12) pleasant to listen to 13) nice 14) witty 15) large 16) teaching.

II   *Domande per la comprensione della lettura:*

1) Com' è la scuola di Lisa?
2) A che piano è l'aula di Lisa?
3) Di dove sono i ragazzi?
4) Com'è il professore Padovani?
5)   Ha molta o poca cultura il professor Padovani?

III   *Vero o falso ?*

1) La scuola di Lisa è piccola.
2) L'aula di Lisa è al secondo piano.
3) L'aula di Lisa ha quattro finestre.
4) Il professore Padovani ha un accento pugliese.
5) Il professor Padovani ha un buon metodo di insegnamento.

IV   *Underline all the forms of the verbs* **avere** *and* **essere** *in the reading.*

V   *Personal questions:*

1) Com'è la tua scuola grande o piccola?
2) Dov'è la tua scuola in città o fuori?
3) Com'è la tua aula luminosa o scura?
4) Quante finestre ha la tua aula?
5) Hai un compagno molto spiritoso?
6) Come si chiama?

E   Lettura di cultura   *Licei e Istituti*

Dopo la scuola dell'obbligo i ragazzi italiani possono continuare gli studi o interromperli e cercare un lavoro. Quelli che decidono di continuare hanno varie possibilità: possono sciegliere un liceo (classico o scientifico) o un istituto tecnico commerciale o un istituto professionale per l'industria e l'artigianato. In Italia il liceo classico è il più prestigioso perché è il più completo e il più formativo.

All'istituto magistrale si iscrivono i ragazzi che vogliono diventare maestri e insegnare nelle scuole elementari. Alla fine della scuola media superiore, che dura cinque anni, gli studenti devono sostenere un esame di "maturità". Quelli che superano gli esami ricevono un diploma. I diplomi rilasciati dagli istituti tecnici o industriali permettono di entrare nel mondo del lavoro: commercio, uffici, banche, industrie.

Nelle scuole italiane si è abbandonato un po' l'insegnamento tradizionale teorico e sono entrate le nuove tecnologiche come, per esempio, l'informatica. In quasi tutte le scuole c'è il laboratorio informatico, dove gli allievi apprendono l'uso del computer. Anche le lingue straniere vengonoo insegnate fin dalle prime classi della scuola elementare.

Il governo attuale ha in progetto una grande riforma dell'ordinamento scolastico.

Key words:

1) artigianato- *handicraft;*	2) cercare- *to search for/look for;*	3) diventare- *to become;*
4) durare-*to last;*	5) insegnare- *to teach;*	6) lavorare- *to work;*
7) mondo del lavoro- *work force;*	8)rilasciare- *to issue/give;*	9) sciegliere- *to choose;*
10) scuola media superiore-*Junior High School;*	11) sostenere-*to sustain/take;*	12) superare-*to surpass/to pass (exam).*

I   Choose one of the three possibilities, in the following sentences:

1)   Dopo la scuola dell'obbligo i ragazzi italiani possono:
a) Andare a lavorare   b) Continuare gli studi   c) Andare all'estero.

2)   Quelli che decidono di continuare gli studi possono:
a) Sciegliere un liceo   b) Comprarsi una Ferrari   c) Insegnare all'università.

3)   All'istituto magistrale si iscrivono i ragazzi che vogliono:

a) Studiare informatica   b) Diventare professoric)   c) Diventare maestri.

4)   I ragazzi che superano gli esami ricevono:

a) Un regalo   b) Un diploma   c) Una lettera dal presidente

II   Complete the following sentences of the reading:

1)   Dopo la scuola d'obbligo i ragazzi italiani possono. . . . .
2)   In Italia, il liceo classico è il più prestigioso perchè. . . . . . .
3)   All'istituto magistrale si iscrivono i ragazzi che vogliono. . .
4)   Gli studenti devono sostenere. . . .
5)   I diplomi rilasciati dagli istituti tecnici o industriali permettono. . . .

III   Vero o falso.

If the sentence is true, write *vero,* if it is false, rewrite the sentence to make it true.

1)   Dopo la scuola d'obbligo i ragazzi possono continuare gli studi.
2)   In Italia c'è un solo tipo di liceo?
3)   Vanno agli istituti i professori universitari?
4)   Gli istituti magistrali preparano i maestri per le scuole elementari.
5)   Gli studenti che superano gli esami ricevono un diploma.

IV   *Negate the following sentences:*

1) I ragazzi italiani possono continuare gli studi.
2) In Italia ci sono vari tipi di liceo.
3) Il liceo dura cinque anni.
4) Gli studenti devono sostenere un esame di stato orale e scritto.
5) Gli istituti magistrali preparano i maestri per le scuole elementari.

V   *Rewrite the following sentences in the interrogative:*

1) I ragazzi italiani possono terminare gli studi.
2) L'istituto magistrale dura cinque anni.
3) I giovani con diploma iniziano a lavorare.
4) Gli istituti magistrali sono i più popolari in Italia.

Vocabolario utile

Nomi

il cortile	*court-yard/patio*
il diploma	*diploma/degree*
la finestra	*window*
il francese	*French*
l' inglese	*English*
il libro	*book*
la matematica	*mathematics*
la materia	*subject*
il metodo	*method*
il mondo	*world*
il professore	*professor*
i ragazzi	*boys and girls*
la scuola	*school*
l' ufficio	*office*

Verbi

entrare	*to enter*
formare	*to form*
inscriversi	*to enroll*
mi piace	*I like*
terminare	*to finish*
permettere	*to allow*
potere	*to be able to/can*
sciegliere	*to choose*
terminare	*to finish*

Altre parole delle letture

abbastanza	*enough*
alla fine	*at the end*
dopo	*after*
grande	*big, large*
piacevole	*pleasant*
subito	*at once*

adesso	*now*
anche	*also*
formativo	*formative*
scuola media	*middle school*
quest'anno	*this year*
verso	*toward*

Scuole medie superiori *(high schools)*

il liceo artistico	*for Arts*
il liceo classico	*for classics*
il liceo scientifico	*for science*
l'istituto magistrale	*for teachers*
l'istituto di ragioneria	*for accounting*
l'istituto tecnico	*for technical studies*

Materie/liceo/istituti

la biologia	*biology*
la botanica	*botany*
la chimica	*chemistry*
la geografia	*geography*
la letteratura francese	*French literature*
la letteratura italiana	*Italian literature*
la matematica	*mathematics*
la storia dell'arte	*art history*
la storia della filosofia	*history of phylosophy*
la storia italiana	*Italian history*
la storia mondiale	*world history*

Professioni

(professions from institutes)

il contabile	*book-keeping*
il geometra	*land-surveyor*
l'infermiera	*nurse*
il maestro	*teacher (for elem school)*
il ragioniere	*accountant*
il perito	*expert (in different fields)*
il diplomato	*graduate*

Espressioni interrogative

chi?	*who?*
da chi?	*from whom?*
di chi?	*of whom, whose?*
con chi?	*with whom?*
per chi?	*for whom?*
come?	*how?*
dove?	*where?*
perché?	*why?*
quale *(m/f.sing)*	*what, which?*
quali *(m/f.pl)*	*what, which?*
quando	*when?*
quanto, a,	*how much?*

Parole analoghe

agrario	*agrarian*	la città	*city*
il commercio	*commerce*	continuare	*to continue*
decidere	*to decide*	il direttore	*director*
l'esame	*exam*	inferiore	*inferior*
interrompere	*to interrupt*	fiorentino	*Florentine*
formare	*to form*	il diploma	*diploma*
l'industria	*industry*	l'istituto	*institute*
il liceo	*lyceum, high school*	la matematica	*mathematics*
la maturità	*maturity*	preferire	*to prefer*
prestigioso	*prestigious*	il metodo	*method*
il museo	*museum*	permettere	*to permit*
la piazza	*plaza, square*	il presidente	*president*
la radio	*radio*	ricevere	*to receive*
la segretaria	*secretary*	il semestre	*semester*
studiare	*to study*	secondo	*second*
visitare	*to visit*	superiore	*superior*
toscano	*Tuscan*	l'ufficio	*office*

Capitolo III

All'università

In this chapter you will learn about Italian <u>Universities</u>; how they differ from the American system of higher learning, the academic subjects and the titles of corresponding degrees.

The grammar section will feature three conjugations of verbs (*-are, -ere, -ire*) of the Italian verbal system. The regular and irregular forms of the <u>first conjugation (*-are*)</u> will be presented.

Prospetto

A   Dialogo: *Vuoi diventare Dottore?*

1) Note sul dialogo

2) Note di cultura

3) Domande sul dialogo

4) Vocabolario attivo: a) *Nomi* b) *Cognomi*

B   Grammatica e pratica
- I   **Conjugation of verbs**
- II   **Present indicative** of **regular verbs** in -ARE
- III   **Present** of **irregular verbs** in -ARE
       ANDARE - DARE - FARE - STARE
- IV   Idiomatic expressions with *fare*
- V   Idiomatic expressions with *stare*

C   Pratica riassuntiva

D   Lettura di vita e costumi: **Vita universitaria**

E   Lettura di cultura: **Le università italiane**

A   Dialogo   *Vuoi diventare Dottore*

Marco incontra Lisa al bar "Le torri".

Marco: Ma guarda chi si vede![1] Lisa, ma veramente sei tu?[2]

Lisa: Sì, Marco, sono io, in carne e ossa.[3] Che bella sorpresa![4]

Marco: Hai ragione,[5] è proprio una bella sorpresa! Ma, come mai ti trovi[6] a Bologna?

Lisa: Mi trovo qui perché studio lingue[7] all'università. Ma, anche tu che ci fai[8] a Bologna?

Marco: Voglio cambiare facoltà,[9] voglio prendere medicina[10] e laurearmi[11] in una prestigiosa università come quella di Bologna.

Lisa: E così, vuoi diventare[12] un dottore famoso?

Marco: Per diventare un dottore famoso bisogna[13] studiare molto e poi andare in America a specializzarsi; però per andare in America uno deve conoscere[14] bene l'inglese. Questo è il problema![15] Oh. . . il mio povero inglese!

Lisa: Non ti disperare.[16] Ti aiuto io.[17] A che ora hai l'ultima lezione?[18]

Marco: All'una e mezzo del pomeriggio.[19] E tu?

Lisa: All'una. Okey. Allora ci vediamo[20] qui al bar alle tre e mezzo per la prima lezione[21] d'inglese. Ma ora ho sete[22] ed ho voglia di un rinfresco.[23]

Marco: Offro io,[24] professoressa Castello.

I   *Key words:*

1) Look who's here; 2) is it really you? 3) in flesh and blood; 4) what a beautiful surprise; 5) you're right; 6) what are you doing in Bologna? 7) I want to graduate in languages; 8) what are you doing; 9) I want to change my major; 10) I want to register in the medical school; 11) to graduate; 12) you want to become; 13) it is necessary; 14) one must know; 15) this is the problem; 16) do not lose hope; 17) I will help you; 18) at what time do you have your last lesson? 19) at one o'clock, P.M.; 20) well then, we will meet here; 21) for the first lesson; 22) but now I am thirsty; 23) I want something refreshing; 24) It's on me.

II   *Domande per la comprensione:*

1) Dove s'incontrano Marco e Lisa?

2) Che cosa studia Lisa?

3) Dove vuole laurearsi Marco?

4) Che cosa bisogna fare per diventare un dottore famoso?

5) Conosce bene l'inglese Marco?

6) Dove e quando s'incontrano per la prima lezione?

III   *Note di cultura*

1) Bologna is located at the crossroads between the North and the Center of Italy. It is famous for its university and cuisine. The university of Bologna, founded in 1067, is the oldest in Europe. Bologna has the nickname "la grassa" (*the fat*), because of its delicious and celebrated culinary arts. La "mortadella"(*Bologna sausage*) and "spaghetti alla bolognese" (*with Bologna sauce*) are known worldwide.

2) In the second reading, (*ch. 2*), you have learned that Mark graduated from a Liceo. As a result, he has only one option, namely to register in an Italian university. Lisa, who was "diplomata" from an *Istituto Magistrale*, also has only one option, to register in an Italian University in order to become a "professoressa" or "maestra" and then she can teach in a secondary school or elementary school. In Italy, a bar is more or less a "caffè" where people go for an espresso, an aperitive or a sandwich. Usually, Italians go to a bar or "caffè" for their breakfast. It is also a place where friends or students get together to chat about sports, politics and scholastic subjects.

università

I corsi di laurea e la loro durata in anni

Agraria	4	Farmacia	4	Matematica	4	Scienze naturali	4
Architettura	5	Filosofia	4	Medicina		Scienze nautiche	5
Astronomia	4	Fisica	4	e chirurgia	6	Scienze politiche	4
Biologia	4	Geologia	4	Odontoiatria	5	Scienze statistiche	
Chimica	5	Giurisprudenza	4	Psicologia	4	e demografiche	4
Arti, musica,		Informatica	4	Scienza		Scienze statistiche	
spettacolo	4	Ingegneria	5	della produzione		ed economiche	4
Economia		Isef	3	animale	4	Sociologia	4
e commercio	4	Lettere	4	Scienze		Storia	4
Economia		Lingue straniere	4	economiche		Urbanistica	5
marittima	4	Magistero	4	e bancarie	4	Veterinaria	5
				Scienze forestali	4		

Vocabolario attivo

I   Ask nine classmates the question: *dove studi?* He/she may answer: *Studio* all'università di Torino:

1) di Genova   2) di Milano   3) di Padova
4) di Venezia   5) di Bologna   6) di Firenze
7) di Roma   8) di Napoli   9) di Palermo

II   Ask other students: What is your major? *Che cosa studi?*
He/she may answer: *Studio psicologia.*

1) architettura   2) arte moderna
3) economia e Commercio   4) filosofia
5) informatica (*computer science*)   6) giurisprudenza (*law*)
7) ingegneria (*engineering*)
8) lingue moderne: l'inglese (*English*), il francese (French), lo spagnolo (*Spanish*), il tedesco (*German*), il russo (*Russian*),
9) matematica (*Mathematics*)   10) medicina
11) scienze politiche   12) sociologia

III   Ask several students what they want to be after they finish college.
Follow the model: Che cosa vuoi diventare? *What do you want to become?*
Voglio diventare (*I want to become*) psicologo.

1) architetto   2) avvocato (*lawyer*)   3) commercialista
4) farmacista   5) ingegnere   6) medico
7) oculista   8) professore   9) dentista

Notice that nouns ending in —**ista** are masculine when referring to a male: l'economista, il farmacista, l'oculista, il pianista; they are feminine when referring to a female: l'economista, la farmacista, l'oculista, la pianista. Only the article shows the gender.

IV   *Note di cultura*

1)   In Italy, there are nearly fifty-eight million people and only forty-three universities, whereas in the
     United States there are almost two hundred eighty million inhabitants and almost four thousand colleges
     and universities. In Italy, all universities are run by the state, except one Catholic university, located in
     Milan. There is one private university devoted to a School of Economics, called la *Bocconi*, also located
     in Milan.
2)   Notice that the names of school subjects in Italy and in America are similar in meaning and usually in
     spelling, except for computer science, which in Italian is *informatica*.
3)   A graduate (*laureato*) from a university could be:

avvocato - *lawyer* (avv.to) [m& f]   ingegnere - *engineer* (ing.)
dottore - *doctor* (dott.)   professore - *professor* (prof.)
dottoressa - *doctor* (dott.ssa)   professoressa - *professor* (prof.ssa)

Espressioni utili

1) Buon giorno, ragazzi.   *Good morning, guys.*
2) Oggi dovete scrivere un dettato.   *Today you have to write a dictation.*
3) Scrivete con lettera maiuscula.   *Write with capital letters.*
4) Scrivete con lettera minuscula.   *Write with small letters.*
5) Punto (*period*); virgola (*comma*); due punti (*colon*); punto e virgola (*semicolon*).
6) Fare i compiti.   *To do homework.*
7) Fare il dottore.   *To be a doctor.*
8) Fare l'avvocato   *To be a lawyer.*

N. di matricola *6192*

UNIVERSITÀ DEGLI STUDI DI NAPOLI

FACOLTÀ DI

| FACOLTÀ LETTERE e FILOSOFIA |
| Laurea in Lettere *(ind mod)* |

LIBRETTO D'ISCRIZIONE
DELLO STUDENTE

Cognome *Sinisgallo*
Nome *Antonio*

B   Grammatica e pratica

Coniugazione dei verbi regolari

1) Verbs listed in the dictionary appear in the infinitive form. In English the sign of an infinitive is **to** which appears before the verb: to work, to take, to sleep, while Italian infinitives are recognized by the following endings: **are, -ere, -ire:** lavor-*are*, prend-*ere* , dorm-*ire*. All Italian verbs are composed of two parts: the *stem* and the *ending*. According to the infinitive endings, Italian verbs are divided into three groups called *conjugations*.

2) The verbs ending in **-are** belong to the **first conjugation;** those ending in -**ere** comprise the **second conjugation**; and those ending in -**ire** form the **third conjugation.**

3) Chart

	stem	*ending*
1st conjugation	parl	**-are**
2nd conjugation	prend	**-ere**
3rd conjugation	dorm	**-ire**

4) The stem of a verb is obtained by removing the endings -*are, -ere, -ire* from the infinitive. In the regular verbs the stem does not change throughout the conjugation.

5) To conjugate a verb means to add a set of endings to the stem of the given verb. There are <u>six different endings</u> of the verb that correspond to each of the person subject: three for the singular and three for the plural.

6) The main difference between the English and the Italian verbal system is that English verbs are *always* accompanied by nouns or personal pronouns as subjects, whereas Italian verbs *always* use specific endings and are very *seldom* accompanied by personal pronouns as subjects.

I   **Present indicative** of the **1st conjugation**: -are verbs
             (Presente indicativo della prima coniugazione)

Minilettura

Vocabolario:	andare	*to go*	dopo	*after*	frequentare	*to attend*
	Insieme	*together*	lezione	*lesson*	lingue	*languages*
	Mangiare	*to eat*	moderno	*modern*	panino	*sandwich*
	parlare	*to talk*	poi	*later*	ultimo	*last*

Marco e Lisa <u>frequentano</u> l'università di Bologna. Marco <u>studia</u> medicina, Lisa lingue moderne. Dopo l'ultima lezione vanno insieme al bar. <u>Mangiano</u> un panino e poi <u>parlano</u> in inglese.

Domande: 1) Quale università <u>frequentano</u> Marco e Lisa? 2) Che cosa <u>studia</u> Lisa? 3) Dove
        vanno dopo l'ultima lezione? 4) Che cosa <u>mangiano</u>? 5) In che lingua <u>parlano</u>?

To conjugate the present tense of regular verbs of the 1ˢᵗ conjugation, one must remove - *are* from the infinitive and add the following personal endings to the stem:

	singular	plural
1st person	-o	-iamo
2nd person	-i	-ate
3rd person	-a	-ano

Note. Since most -**are** verbs follow a regular pattern, only the above endings need to be memorized. These same endings must be used for other verbs of the same group.

Conjugation of   **Parl-are**

Sing.	Pronouns	stem	ending	
	io	parl	-o	*(I speak,*
	tu	parl	-i	*I am speaking,*
	lui/lei/Lei	parl	-a	*I do speak.)*
Plural	noi	parl	-iamo	
	voi	parl	-ate	
	loro/Loro	parl	-ano	

1) The subject pronouns are usually omitted in Italian, since the ending of the verb indicates its subject.

Parl-*iamo* con il professore.   *We talk with the professor.*
Ascolt-*o* la radio.   *I am listening to the radio.*
Entr-*a* nell'aula.   *He/She* [**You,** polite] *enters the classroom.*

However, they are expressed in the following instances:

a) To avoid ambiguity: Lui studia a Bologna e lei studia a Pisa.
b) For contrast or emphasis: Lui studia, ma io lavoro.
c) After the adverb anche *(also):*   Voi lavorate? Anche noi lavoriamo.

Note.   Especially **it** and **they** referring to things are never used.
Ho un nuovo computer. E' molto utile. *I have a new computer. It is very useful.*

2) As shown in the chart, the Italian present tense is equivalent to the English:
a) present tense   *I speak,*
b) progressive tense   *I am speaking,*
c) emphatic tense   *I do speak.*

3) Often, the present tense in Italian is used to express *a near future*:

Marco e Lisa non s'incontrano questo weekend. *Mark and Lisa will not meet this weekend.*
Domani Lisa parte per Pisa e dice a Marco: ci vediamo lunedì.
Tomorrow Lisa will leave for Pisa and tells Marco: I'll see you on Monday.

N. B.

1)   There are a few verbs whose *stem ends in "i"*: cominci-are, mangi-are, studi-are. They drop this *"i"* before taking the endings of **tu** and **noi** forms, which begin with "i". Observe the following model:

Studi-are: io studi-o, tu stud-i, lui studi-a, noi stud-i amo, voi studi-ate, loro studi-ano.

In other words, never use two "**ii**" when conjugating these verbs in the present tense.

2)   Verbs ending in -**c-are** and -**g-are**, such as: cerc-are, tocc-are, pag-are add an "**h**" to the stem before taking the endings of tu and noi forms, which begin with "i". Observe the following conjugation:

a)   *Cerc-are*: io cerc-o, tu cerc-h-i, lui cerc-a, noi cerc-h-iamo, voi cerc-ate, loro cer-cano.

b)   *Pag-are*: io pag-o, tu pag-h-i, lui pag-a, noi pag-h-iamo, voi pag-ate loro pag-ano.

This is necessary to preserve the hard sound of *c* and *g* of the infinitive.
(*See also pag. 3 of the introductory lesson*).

Note: a) All nouns subjects take the verb form of the 3rd person singular or plural, respectively:

Lisa parla italiano.	Lei parla italiano.	*She speaks Italian.*
Lisa e Marco studiano a Pisa.	Loro studiano a Pisa.	*They study at Pisa.*

b) The stress of Italian verbs falls on the stem, except for *noi* and *voi* forms where it falls on the ending. Pay special attention to stress the 3rd person plural.

Observe: io cant-o, tu cant-i, lui cant-a, noi cant-iamo, voi cant-ate, loro cant-ano.

3)   Verbs are **regular** when the stem of the infinitive never changes, and the endings follow the pattern.

4)   In Italian, the -**are** verbs are much more numerous than -*ere* and -*ire* verbs.
Here are a few of the most common ones. To conjugate any of these verbs, just remove the ending -*are* and add the endings above to the stem.

abit-are	*to live*	gioc-are	*to play*
aiut-are	*to help*	guard-are	*to watch*
arriv-are	*to arrive*	impar-are	*to learn*
ascolt-are	*to listen (to)*	incontr-are	*to meet*
aspett-are	*to wait (for)*	insegn-are	*to teach*
cant-are	*to sing*	lavor-are	*to work*
chiam-are	*to call*	mangi-are	*to eat*
cominci-are	*to begin*	pag-are	*to pay*
compr-are	*to buy*	port-are	*to bring/wear*
domand-are	*to ask (for)*	salut-are	*to greet*
entr-are	*to enter*	sper-are	*to hope*
frequent-are	*to attend*	trov-are	*to find*

Pratica

Drills

I   Supply all possible subjects pronoun for the following verbs.
            Example: parliamo - (noi).

            1) Abitate a Roma?
            2) Compri molti regali per Natale?
            3) Studio molto l'italiano.
            4) Mangiamo al ristorante.
            5) Insegna l'italiano.
            6) Lisa e Marco incontrano gli amici al bar.
            7) Lisa, Marco ed io studiamo a Bologna.

II   Complete the following sentences with the appropriate forms of the verb *mangiare:*

            1) Molti Italiani ————in casa.
            2) Marco ————alla mensa universitaria.
            3) Marco ed io ————in casa di Lisa.
            4) Lisa e tu ————spesso in casa di Marco.
            5) Che cosa (tu)———-a mezzogiorno?
            6) (Io) ————sempre tardi la sera.

III   Replace the subject of the following sentences with the subjects in parentheses:

            1) Frequentare l'università (Lisa, Lisa e Marco, io, Marco ed io, voi).
            2) Studiare molto (I ragazzi, io, mio fratello, Alberto ed io,voi, tu).
            3) Pagare il conto (Isabella, tu, mia madre, gli studenti, Anna ed io).

IV   Form sentences according to the model:
            Example: Lisa cantare/Marco invece (*instead*) studiare. Lisa canta, Marco invece studia

            1) Mia sorella ballare/ mio fratello suonare il piano.
            2) Gli alunni studiare/noi giocare a tennis.
            3) Tu parlare inglese/ loro parlare italiano.
            4) Marco abitare a Bologna/Lisa e i suoi fratelli abitare a Pisa.
            5) Voi comprare una Ford/ noi comprare una Fiat.
            6) Io mangiare in casa/tu mangiare al ristorante.

Communication

V   Ask the following questions of your classmates according to the model:
            Example: Giorgio/abitare a Chicago/Miami -Giorgio, abiti a Chicago? No, abito a Miami.

            1) Giuseppe/ parlare inglese/italiano.
            2) Lisa/abitare a Bologna/ Pisa.
            3) Marco/studiare lingue moderne/ medicina.
            4) Tu/comprare molti regali/pochi regali.
            5) Tuo fratello e tu /studiare a Filadelfia/Nuova York.

VI   Ask the student sitting next to you the following questions in Italian; the answers can be affirmative
            or negative:

            1) Do you live in Bologna?
            2) Do you speak Italian?
            3) Do you attend College?
            4) Do you often (*spesso*) listen to the radio?
            5) Do you pay the bill ?
            6) Are you studying Italian now (*adesso*)?

VII   Ask another student the following personal questions:

            1) Parli inglese o italiano in classe?
            2) Studi in casa o in biblioteca?
            3) Frequenti il liceo o l'università?
            4) Telefoni spesso? A chi?
            5) Con chi giochi a tennis?
            6) Che cosa compri al supermercato?
            7) Guardi spesso la televisione?

VIII   Choose one or two Italian first names (*pag. 11*) and one *-are* verb from the previous list and write
            a short composition.
            Example: Lisa, Marco, Linetta, Gino / Studiare, abitare, frequentare, mangiare.

            Lisa e Marco <u>abitano</u> a Bologna, <u>studiano</u> medicina e lingue moderne, <u>mangiano</u> al ristorante.
            Linetta <u>abita</u> a Pisa, <u>frequenta</u> il liceo e mangia a casa.

II   Irregular -*are* verbs (*Verbi irregolari della prima coniugazione*)

Minidialogo

Vocabolario:		
	1) Che cosa fai adesso?	*What are you doing now?*
	3) E poi?	*And then?*
	2) Ci vediamo.	*See you..*
	4) Faccio i compiti.	*I am doing my homeworks.*
	5) Guardi?	*Are you watching?*
	6) Oggi non vado.	*Today I will not go.*
	7) Macchè!	*Not at all.*
	8) Non sto troppo bene.	*I do not feel very well.*

. . . .

Marco:	Ciao Lisa, cosa *fai* , *guardi* la televisione?
Lisa:	Macché televisione! *Faccio* i compiti d'inglese.
Marco:	E poi, ci vediamo all'università?
Lisa:	No, oggi non *vado* all'università, non *sto* troppo bene.

. . . .

Domande: 1) Lisa *guarda* la televisione? 2) Che cosa *fa* Lisa? 3) Come *sta* Lisa?

The following verbs of the first conjugation—*andare, dare, fare, stare*— are called irregular verbs because they do not follow the regular model; they change the stem or the endings or both. Familiarize yourself with these verbs because of their frequency in Italian.

	and-are (*to go*)	*d-are* (*to give*)	*f -are* (*to do/make*)	*st -are* (*to be*)
io	vad-o	d-o	facci-o	st- o
tu	v-ai	d-ai	f- ai	st- ai
lui/lei	v-a	d-à	f-a	st-a
noi	and-iamo	d-iamo	facc-iamo	st-iamo
voi	and-ate	d-ate	f-ate	st-ate
loro	v- anno	d-anno	f-anno	st-anno

N. B.

1)   *Stare* is usually used to indicate the state of someone's health.

Lisa, come stai? Non sto molto bene.   *Lisa how are you? I don't feel good.*

2)   *Fare* corresponds to English: *to do, to make.*

Lisa fa i compiti d'inglese.   *Lisa is doing her English homework.*
Suo padre fa un armadio nuovo.   *Her father is making a new closet.*

3)   The 3rd person singular of **dare** bears an accent mark "dà" to differentiate it from the preposition "da" *(from)*.

Il professore dà un libro a Lisa.   *The professor gives a book to Lisa.*
Marco viene da Bologna.   *Marco comes from Bologna.*

Pratica

I   Complete the following sentences with the appropriate forms of the verb *andare:*

1) D'estate quasi tutti gli Italiani————in vacanza.
2) Marco ——all'università tre volte la settimana.
4) Lisa e tu ————-a Pisa tutte le settimane.
3) Marco ed io ————-spesso a giocare a tennis.
5) (Io) ————-spesso in Italia.
6) (Tu) ————spesso a visitare i nonni?

II   Replace the subject of the following sentences with the subjects in parentheses:

1) Marcello dà i fiori a Carolina (Io, i ragazzi, Giuseppe, noi, voi).
2) Tu dai la mancia (*tip*) alla cameriera (Il mio amico ed io, i miei amici, io, Marco).
3) Noi diamo un gelato ai ragazzi (Lisa e Marco, Giorgio e tu, il tuo amico, tu, io).

III   Say that the following people are engaging in the following activities, using the correct forms of the verb *fare.*
Example: Lisa / la minestra - Lisa fa la minestra.

1) Anna Maria/il caffè.
2) Gli alunni /i compiti.
3) Io/ un favore a un mio amico.
4) Il falegname/un banco nuovo.
5) Marco ed io/ una passeggiata.
6) Lisa e tu/la pizza.

III   Idiomatic expressions with *fare* (*Frasi idiomatiche con fare*)

Minilettura

Vocabolario		
	1) Oggi fa bel tempo.	*The weather is good today.*
	2) Approfittano.	*They take advantage.*
	3) Fare una passeggiata.	*To take a walk.*
	4) Al mare	*To the sea.*
	5) Fanno colazione.	*They have breakfast.*
	6) Alle otto di mattina.	*At eight o'clock A. M.*
	7) Raggiungono la spiaggia.	*They go to the beach.*
	8) Si diverte.	*He enjoys himself.*
	9) Fare molte fotografie.	*To take many pictures.*
	10) Alla pineta.	*Pine-wood.*
	11) Naturalmente.	*Of course.*

Oggi <u>fa bel tempo</u> e Marco e Lisa approfittano per <u>fare   una passeggiata</u> al mare. <u>Fanno colazione</u> alle otto di mattina e poi raggiungono le spiagge di Viareggio. Marco sidiverte a <u>fare molte fotografie</u> alla spiaggia, alla pineta e... naturalmente a Lisa.

Domande: 1) Che <u>tempo fa</u> oggi?   2) Dove <u>fanno una passeggiata</u> Marco e Lisa?
3) A che ora <u>fanno colazione</u>?   4) A chi <u>fa molte fotografie</u> Marco?

Many idiomatic expressions in Italian are formed with the verb **fare**; the most commom are:

1) *With the **weather**:*

a)	Che tempo fa?	*How is the weather?*	d) Fa fresco.	*It is chilly.*
b)	Fa molto caldo.	*It is very hot.*	e) Fa bel tempo.	*The weather is good.*
c)	Fa freddo oggi.	*It is cold today.*	f) Fa mal tempo.	*The weather is bad.*

Note: 1) In all these cases *fare* is used in the 3rd person singular and *it* is not translated in Italian.

2) Other weather expressions:

<u>Piove</u>	*It is raining.*	<u>Nevica</u>	*It is snowing.*	<u>Tuona.</u>	*It is thundering.*
<u>Tira vento</u>	*It is windy.*	C'è nebbia	*It is foggy.*	C'è sole	*It is sunny.*
E' nuvoloso	*It is cloudy.*	E'afoso	*It is muggy.*		

2) *With some **nouns** like:*

a) Fare attenzione	*to pay attention to*	Gino fa attenzione alla maestra.
b) Fare colazione	*to have breakfast*	Mio padre fa colazione alle 7:30.
c) Fare una domanda	*to ask a question*	Lisa fa una domanda a Marco.
d) Fare una passeggiata	*to take a walk*	Il professore fa una passaggiata.
e) Fare una foto	*to take a picture*	Marco e Lisa fanno molte foto.
f) Fare le valigie	*to pack suitcases*	Fai le valigie prima di partire?
g) Fare un viaggio	*to take a trip*	Faccio un viaggio tutti gli anni.
h) Fare la corsa	*to run/jog*	Il presidente fa la corsa tutti i giorni.
i) fare il campeggio	*to camp*	I ragazzi fanno il campeggio in montagna.

IV   Idiomatic expressions with **stare** *(Espressioni idiomatic. con **stare**)*

The verb *stare* is also used in many idiomatic expressions:

a) the more common ones are those referring to *person's health: Stare bene, stare benissimo, stare male .*
(See chapter 1, pag. 12).

b) It is used with some adverbs and *adjectives*:

Stare attento.   *To pay attention.*   Stare zitto. *To keep quiet.*   Stare fermo. *To keep still.*

Note. 1) **Stare** + *per* + infinitive means *to be about to*:

  Gli ospiti stanno per partire.   *The guests are about to leave.*
  La lezione sta per finire.   *The lesson is about to end.*

  2) **Dare** is also used in some expressions like:
  Dare la mano. *To shake hands.* Dare un esame. *To take a test.* (For **andare** see ch. 6, p. 109.)

Mensa universitaria

Pratica

I) Use the appropriate forms of *fare* in the following sentences:

  1) Oggi / molto caldo. 2) (Io) / colazione alle 8:00.
  3) La maestra / molte foto.
  4) (Tu) / attenzione al professore.
  5) I fidanzati / una passeggiata e / molte fotografie.
  6) Oggi / bel tempo e i ragazzi / una passeggiata.
  7) Noi / le valigie.
  8) D'inverno / freddo a Pisa.

II)   Complete the following sentences with the correct forms of *stare:*

1) Il professore —————— bene oggi.   2) Gli alunni ——— benone.
3) Tu, come ——— ?   4) (Io) ————————— così così.
5) Mio fratello ed io ——— benissimo.   6) Voi ————————— zitti in classe?
7) Giorgetto non —————— mai fermo.

C   Pratica riassuntiva

I   Use the correct form of the verb in parentheses:

1) I miei nonni (*guardare*) il telegiornale tutte le sere.
2) Mio padre (*ascoltare*) le notizie e mia madre (*preparare*) la cena.
3) Lisa e Marco (*frequentare*) l'università di Bologna.
4) Linetta (*andare*) a scuola in autobus, le amiche (*andare)* a piedi.
5) Gina e Teresa (*stare*) sempre attente alla professoressa, (*fare*) i compiti insieme, e poi (*andare*) a giocare
con le altre amiche.

II   Read the following narrative:

"Lisa frequenta l'università di Bologna. Va a scuola tre volte la settimana. Abita in una pensione del centro
storico della città. Lisa cucina molto bene. Spesso fa le tagliatelle alla bolognese. Ogni settimana va a Pisa per
visitare la sua famiglia."

(*Now, replace the subject Lisa with each of the following subjects:*
 Lisa e Marco, io, Marco ed io, tu, Lisa e tu).

III   Answer the following questions. The answer may be affirmative or negative:

1) Abiti a Pisa?   2) Parli bene l'italiano?
3) Frequenti l'università di Bologna?   4) Guidi una Chevrolet o una Ford?
5) Giochi a tennis?   6) Mangi spesso la pizza?
7) Dove vai per il fine di settimana?   8) Che cosa fai la domenica?

IV   Translate the following sentences into Italian:

1) Today the weather is good.   2) It is chilly.
3) It is hot.   4) It is very hot.
5) It is not too cold.   6) The weather is bad.

V   Read the following statements and then answer all possible questions.
          Follow the model: Questo fine di settimana Lisa va a Pisa perché è il compleanno di sua sorella Linetta.
          Q. 1) Chi va a Pisa?; 2) Dove va Lisa?; 3) Quando va Lisa a Pisa?; 4) Perché va a Pisa Lisa?

1) Marco è sempre stanco alla fine della settimana.
2) Questo weekend Lisa e Marco vanno allo stadio di Bologna per vedere la partite tra la Fiorentina e il
Bologna.
2) Lisa ha un fratello di tredici anni che frequenta la scuola media.
3) La zia di Lisa si chiama Luisa, abita a Siena con il marito e con i due figli e insegna all'Istituto Magistrale.
4) Luciana è la sorella di Marco, ha 17 anni, abita a Pisa coi genitori e frequenta il Liceo classico.

Communication

VI   Ask your best friend the following personal questions:

1) Do you have a brother?   2) What is his name?   3) His age?
4) His hobby?   5) What school does he attend?   6) Is his health in good condition?

VII   Ask the same friend some questions about his/her family:

1) Is it large or small?   2) The name of his/her parents.   3) Their age.
4) The kind of work they do.   5) How many sisters and brothers are there in the family? 6) Their names.
7) Their age.   8) What school do they attend.

(The interrogative words listed in p.39 will be helpful).

Nell'aula di una università italiana

D   Lettura di vita e costumi   *Vita universitaria*

Lisa e Marco frequentano l'università di Bologna. Lisa abita in una pensione[1] nel centro storico. La padrona[2] della pensione è una brava cuoca[3] e cucina spesso le fettuccine alla bolognese. Lisa va all'università tre volte alla settimana;[4] quando fa bel tempo e c'è il sole va a piedi,[5] altrimenti[6] si serve dei mezzi pubblici[7].

Marco invece abita con due colleghi in un appartamento non lontano[8] dall'università. Dividono le spese dell'affitto in parti uguali.[9] Siccome[10] nessuno dei tre sa cucinare,[11] vanno a mangiare alla mensa universitaria,[12] lì[13] mangiano bene e spendono poco. Spesso la sera s'incontrano a casa di amici dove ascoltano il telegiornale[14] e, qualche volta,[15] lo commentano con un certo calore.[16] Quando si avvicinano[17] gli esami, vanno in biblioteca, studiano insieme e si fanno coraggio.[18]

Key words

1) boarding house;   2) landlady;   3) good cook;   4) three times a week;   5) goes on foot;   6) otherwise;   7) make use of public transportation;   8) not far away from;   9) share the cost of the rent equally;   10) Since;   11) how to cook;   12) University cafeteria;   13) there;   14) listen to the news;   15) sometimes;   16) certain fervor;   17) approach; 18) encourage each other.

I   *Domande per la comprensione:*

      1) Quale università frequentano Marco e Lisa?
      2) Dove abita Lisa?
      3) Che cosa cucina spesso la padrona della pensione?
      4) Lisa come va all'università, quando fa bel tempo?
      5) Dove abita Marco?
      6) Cucina bene Marco?

II   *Vero o falso?*

      1) Lisa e Marco frequentano l'università di Pisa.
      2) Lisa abita in una pensione.
      3) La padrona è una cattiva cuoca.
      4) Lisa va all'università tutti i giorni.
      5) Marco vive in un appartamento.
      6) Marco è un buon cuoco.

III   Write and underline the subjects and the verbs of the first conjugation as they appear in the reading, then write the infinitive of the same verbs.
      Example: <u>Lisa abita</u> (abitare).

IV   *Answer the following personal questions*:

      1) Fai spesso delle passeggiate? Quando? (fa bel tempo o cattivo tempo)?
      2) Sei una buona cuoca (cuoco)?
      3) Ti piacciono le fettuccine alla bolognese?
      4) Abiti in un appartamento o in una casa?
      5) Come vai all'università in automobile, in autobus o a piedi?
      6) Dove studi per gli esami in casa o in biblioteca?

Una ragazza universitaria difende la sua tesi di laurea.

E   Lettura di cultura   *Le università italiane*

Dopo aver superato l'esame di maturità, i ragazzi italiani, che vogliono continuare gli studi, si iscrivono all'università.

In Italia ci sono poche università; alcune sono molto antiche come quella di Bologna, di Padova, di Napoli.

In questi ultimi anni sono state istituite numerose altre facoltà universitarie, specie nel campo scientifico.

Agli studenti viene data anche la possibilità di laurearsi in tre anni e di conseguire la cosiddetta minilaurea che, naturalmente, non ha lo stesso valore legale della laurea conseguita dopo quattro anni di studi. Non tutti i ragazzi che si iscrivono all'università raggiungono la laurea; molti abbandonano gli studi. I più bravi seguono corsi di perfezionamento a pagamento per conseguire il "master".

Quasi tutte le grandi città hanno la loro università: Milano, Torino, Genova, Firenze, Roma, Bari, Palermo. Le università italiane non hanno un "campus" come quelle americane, ma hanno sede in grandi edifici, spesso al centro delle città. L'anno scolastico non è diviso in semestri, ma dura da novembre a luglio.

Gli studenti devono sostenere gli esami di ogni materia. Il voto più alto è trenta e lode (A+) e il più basso è diciotto (D). L'esame consiste in un colloquio orale, ma spesso il professore richiede una prova scritta. Per laurearsi gli studenti devono superare tutti gli esami e presentare una tesi di laurea.

Key words:

1) antiche-*ancient;* 2) come quelle-*as those;* 3) devono-*they have to;* 4) dura-*it lasts;* 5) edificio-*building;* 6) più alto-*highest* ; 7) prova-*test* ; 8) sede-*seat;* 9) superare-*to pass.*

I   Scrivi la risposta esatta:

1.   In Italia ci sono: a) poche città; b) pochi musei; c) poche università?

2.   Quasi tutte le grandi città hanno: a) le loro piazze; b) le loro chiese; c) le loro università?

3.   In Italia gli studenti devono: a) lavorare nei mercati;
         b) fare gli esami su ogni materia; c) fare la pizza tutte le sere?

4.   In Italia, gli studenti per laurearsi devono: a) scrivere una tesi di laurea;
         b) fare un esame orale di tre ore; c) fare prima il servizio militare?
5.   Chi si iscrive all'università?
6.   Quali sono le più antiche università in Italia?
7.   Dove hanno sede le università italiane?

II   Vero o falso?

If the sentence is true write: *vero,* if it is false make it true.

1) In Italia ci sono poche università.
2) Le università italiane hanno un "campus" come quelle americane.
3) Il sistema universitario italiano è simile a quello americano.
4) L'anno scolastico non è diviso in semestri.
5) Il voto più alto è venticinque, il più basso è dieci.
6) Per laurearsi gli studenti devono solamente superare gli esami scritti.

F   Vocabolario utile

Nomi   ## Verbi

l'affitto	rent	abitare	to live
l'anno scolastico	school year	andare	to go
la cena	dinner	ascoltare	to listen to
il cuoco	cook	avvicinarsi	to approach
il giovane	young	cucinare	to cook
la materia	school subject	frequentare	to attend
la mensa univers.	school cafeteria	incontrare	to meet
la padrona	landlady	mangiare	to eat
la pensione	boarding house	spendere	to spend
la prova	test	studiare	to study
la sera	evening		
la spesa	groceries expense		
il telegiornale	TV news		
la tesi di laurea	dissertation		
il voto	grade		

Altre parole

anche	also	bravo	good, capable
come mai	how come	dove	where
invece	instead	molto	much, a lot
non lontano	not far away	perché?	why?
proprio	really	qualche volta	sometimes
quando	when	spesso	often

Altre espressioni con fare

fare il bagno	to take a bath	fare bella figura	to make a good impression
fare colazione	to have breakfast	fare brutta figura	to make a bad impression
fare la doccia	to take a shower	fare un complimento	to pay a compliment
fare presto	to hurry up	fare una domanda	to ask a question
fare tardi	to be late		

Altre parole riguardanti il tempo

il ghiaccio	ice	la pioggia	rain
la nebbia	fog	il temporale	storm
la nuvola	cloud	il vento	wind
la neve	snow		

Titoli universitari   ### Parole analoghe

		centro	center
l'avvocato (avv.) *lawyer*		certo	certain
il dottore (dott.) *doctor (m)*		collega	colleague
la dottoressa (dott.ssa) *doctor (f)*		compagno	companion
l'ingegnere (ing.) *engineer*		coraggio	courage
il professore (prof.) *professor (m)*		economista	economist
la professoressa (prof.ssa) *professor (f)*			

Capitolo IV

La famiglia prima di tutto

In this chapter you will learn about the importance and the role of <u>the family</u> in Italian society.

The grammar part will focus on the present tense of regular verbs of the <u>second conjugation (-*ere*)</u> and three irregular verbs called "servili*" (helpers)*. Two other <u>-*ere*</u> verbs *(conoscere and sapere)* - equivalent to English "to know"- will also be discussed. In addition, <u>adjectives</u> expressing belonging or <u>possession</u> will be introduced.

Prospetto

Una famiglia italiana di tre generazioni: nonni, figli e nipoti.

A Dialogo *Quanti fratelli hai?*

Alla fine della lezione d'inglese al bar "Le torri", Marco domanda a Lisa:

Marco: **Lisa, c'incontriamo anche questo fine-settimana?**

Lisa: **No, mio caro,[1] questo weekend non posso proprio.[2] Devo ritornare[3] a Pisa: mia sorella Linetta compie quindici anni[4] e non posso mancare.[5]**

Marco: **Comprendo benissimo.[6] La famiglia prima di tutto![7] La famiglia!**

Lisa: **Che vuoi dire?[8] Fai dell'ironia, per caso?[9]**

Marco: **Per l'amor di Dio.[10] No. . . non faccio dell'ironia, anzi[11] ammiro molto il tuo attaccamento[12] alla famiglia. Hai altri fratelli e sorelle?**

Lisa: **Sì, ho tre fratelli: Pietro, il più grande,[13] ha venticinque anni e lavora come ragioniere,[14] Franco ha tredici anni e frequenta la terza media e Pino, di sei anni, è l'ultimo[15] e frequenta la prima elementare. E' il beniamino[16] della famiglia. Ho poi cinque zii e quattordici cugini. Con noi abitano anche la nonna materna e la zia Maria che non è sposata[17].**

Marco: **Che famiglia numerosa che hai! La mia non è numerosa come la tua. Ho solamente una sorella, Luciana, che frequenta il liceo classico e vuole diventare[18] professoressa.**

I   *Key words*

1) My dear; 2) I just can't; 3) I have to return; 4) fifteenth birthday; 5) I can't miss it; 6) I understand very well; 7) family before everything else; 8) what do you mean; 9) are you making fun of it, perhaps? 10) for God's sake; 11) on the contrary; 12) attachment; 13) the oldest; 14) bookkeeper; 15) the youngest; 16) Benjamin/favorite child; 17) married; 18) wants to become.

II   *Domande per la comprensione:*

1) Perché Lisa non può accettare l'invito di Marco?
2) Chi è Linetta?
3) Quanti anni compie Linetta?
4) Come si chiamano i fratelli di Lisa?
5) Chi abita con la famiglia di Lisa?
6) Come si chiama la sorella di Marco?
7) Che scuola frequenta?

III   *Note di cultura:*

1) In Italy, a girl's fifteenth birthday corresponds to "sweet sixteen" in America.
2) Beniamino is a proper name and also a common name to denote the youngest and favorite child in the family.
3) Notice that in the old days unmarried women lived with their parents or older brothers in the same house, thus forming a large family as in the case of Lisa.
4) Notice also that Mark has only one sister. This is a post World War II trend of the modern age, especially in big cities.

Fiori d'arancio

Vocabolario attivo

1) *Names of family members,* used with ***possessive*** without *article*:

il cognato	*brother-in-law*	la nipote	*granddaughter/niece*
la cognata	*sister-in-law*	il nonno	*grandfather*
la figlia	*daughter*	la nonna	*grandmother*
il figlio	*son*	la nuora	*daughter-in-law*
il fratello	*brother*	il padre	*father*
il genero	*son-in-law*	la sorella	*sister*
la madre	*mother*	il suocero	*father-in-law*
il marito	*husband*	la suocera	*mother-in-law*
la moglie	*wife*	la zia	*aunt*
il nipote	*grandson/nephew*	lo zio	*uncle*

2) *Nouns of family members* used in the ***plural:***

i cugini	*cousins, male and female*	i nonni	*grandparents*
i figli	*children*	gli sposi	*husband and wife*
i genitori	*parents*	i coniugi	*husband and wife*
i parenti	*relatives*		

Espressioni utili

1) Ciao, papà. *Hi, dad.* Ciao, mamma. *Hi, mom.*
2) Ciao, papà. *So long, dad.* Ciao, mamà. *So long, mom.*
3) Dov'è tua sorella? *Where is your sister?*
4) E' a scuola. *She is at school.*
5) Come si chiama la sua professoressa? *What is her professor's name?*
6) Posso guardare la tivù? *May I watch TV?*
7) Per quanto tempo. *For how long?*
8) Per mezz'ora. *For half an hour.*
9) Va bene. *O.K.*
10) Tra moglie e marito non mettere il dito. Prov. *Lit. Don't put your finger between wife and husband.*

Il primo fiore

Pratica

I   In dialogue fashion, the students ask one another how many brothers they have, telling their names and their ages. Follow Lisa's as a model in the dialogue or the following model: Quanti fratelli hai? - Ho un fratello, si chiama Carlo, ha quindici anni.

II   Ask your classmate the following questions:

      1) Quanti siete in famiglia?
      2) Vivono ancora i tuoi nonni?
      3) Visiti spesso i tuoi nonni?
      4) Quanti fratelli e quante sorelle hai?
      5) Scrivi molte cartoline ai tuoi zii?
      6) Ricevi molti regali dai tuoi genitori per il tuo compleanno?

III   Ask your friend the following personal questions:

      1) Come si chiama tuo padre?
      2) Come si chiama tua madre?
      3) Come si chiama tua sorella?
      4) Suona bene il pianoforte tua nonna?
      5) Legge spesso il giornale tuo nonno?
      6) Discuti a volte con tuo fratello?
      7) Quanti anni hanno i tuoi fratelli e le tue sorelle?

B   Grammatica e pratica

I   Present indicative of regular verbs in *-ere*
(Presente indicativo dei verbi di 2^a Coniugazione)

Minilettura

Vocabolario:	alcuni	*some*	animatamente	*animatedly*
	bevono	*they drink*	bicchiere di vino	*glass of wine*
	calcio	*soccer*	cartolina illustrata	*post card*
	domenica	*Sunday*	gente	*people*
	leggere	*to read*	mentre	*while*
	oggi	*today*	perdere	*to lose*
	persona	*person*	prendere	*to take/drink*
	risultato	*result /score*	scrivere	*to write*
	squadra	*team*	straniero	*foreign*

Oggi è domenica e al bar "Le torri" c'è molta gente. Alcune persone, mentre <u>bevono</u> un bicchiere di *Lambrusco*, <u>discutono</u> animatamente e commentano i risultati delle partite di calcio. La squadra del Bologna continua a <u>perdere</u>! Un signore <u>legge</u> il *Corriere dello Sport* , due ragazze straniere <u>scrivono</u> delle cartoline illustrate, Marco e Lisa <u>prendono</u> solamente un aperitivo.

   Domande: 1) Che giorno è oggi? 2) Chi <u>beve</u> un bicchiere di Lambrusco?
   3) Che cosa <u>legge</u> un signore? 4) Che cosa <u>scrivono</u> le ragazze straniere?

---

1) The regular verbs of the second conjugation follow the pattern of the verbs of the first conjugation, that is, six endings are added to the infinitive stem.

Prend-ere		*(to take)*	
Pronouns	*Stem*	*Endings*	*English*
io	prend	**o**	*I take, I am taking, I do take*
tu	prend	**i**	*you (fam) take.*
lui/lei/Lei	prend	**e**	*he/she takes/you (pol.)take.*
noi	prend	**iamo**	*we take.*
voi	prend	**ete**	*you take.*
loro/Loro	prend	**ono**	*they take, you (pol.)take*

2) Here is a list of some regular *-ere* verbs:

chied-ere	*to ask*	perd-ere	*to lose*
chiud-ere	*to close*	prend-ere	*to take*
corr-ere	*to run*	ricev-ere	*to receive*
cred-ere	*to believe*	rispond-ere	*to answer*
decid-ere	*to decide*	temere	*to fear/be afraid*
discut-ere	*to discuss*	ved-ere	*to see*
legg-ere	*to read*	vend-ere	*to sell*

1) Remember: to conjugate a verb remove **-ere** from the infinitive, what remains is the stem; add the above endings to such stem.

Marco legg-*e* il giornale.
I ragazzi prend-*ono* l'autobus.
Spesso mia sorella ed io discut-*iamo* di politica.

Mark reads the newspaper.
The boys take the bus.
Often my sister and I discuss politics.

Il secondo fiore,
Emilia, di un mese

Pratica

Drills

I   Supply the proper verb forms according to the subject in parenthesis:

1 (Io) *chiedere* un'aranciata.
2 (Mio padre) *leggere* il giornale.
3 (Mio fratello ed io) *decidere* di andare in Italia.
4 (Tu) *correre* per il parco tutte le mattine.
5 (I suoi nonni) *discutere* di politica.
6 (I miei nonni) *leggere* il giornale tutte le mattine.
7 (Io) *prendere* un caffè espresso ogni giorno
8 (Angela e tu) *ricevere* molti regali.
9 (Tu) *vendere* la tua vecchia automobile
10 (Marco ed io) *chiedere* scusa al professore.

II   Rewrite the following sentences by replacing the given subject with those in parentheses:

1) Lisa e Marco prendono un cappuccino (io, Carlo, Gina ed io, tu, voi)
2) Mio padre vende l'auto (tu, mia madre ed io, i tuoi zii, io, Anna e tu).
3) Vivi in California (mia cugina, io, mio fratello ed io, voi).
4) Chiudete la porta (Roberto ed io, tu, tua madre, Gino e lui, io).

III   Complete the following sentences with the correct form of the given verbs:

a) Chiudere 1) Io ————le finestre.   2) Gli studenti ————il libro.
b) Perdere 1) Noi —la partita di calcio 2) Giorgio ————centomila lire.
c) Vendere 1) Lisa e tu——la moto   2) I miei genitori——la casa.
d) Ricevere 1) Marco e tu—un premio 2) Tu ———molti regali.

Communication

IV   Ask your classmates the following questions:

1) Discuti spesso con il professore?
2) Corri tutti i giorni per il parco?
3) Che cosa prendono la mattina Marco e Lisa? (un espresso).
4) Tuo padre e tu leggete spesso il giornale?
5) I tuoi amici credono che esistono gli UFO?
6) Tuo cugino Alberto crede che esistono gli UFO?
7) Chi risponde al telefono in casa tua, tu o tua sorella?
8) Quanti libri leggi ogni anno?

V   In pairs, ask the following question; the answer must be affirmative:
Example. St. 1: Leggi spesso il giornale? St 2: Sì, leggo spesso il giornale e tu? St. 1: Sì, anch'io
leggo spesso il giornale.

1) Rispondi sempre al telefono?
2) Discuti qualche volta con gli amici?
3) Chiedi spiegazioni al professore?
4) Chiudi le finestre prima di uscire di casa?
5) Prendi l'autobus per andare a scuola?
6) Leggi molti libri durante l'anno?

Due giovani sposi felici con il figlio Franco di dieci mesi.

II   Present indicative of **irregular verbs** in *-ere*

1)   The following verbs of the 2nd conjugation are irregular, that is, they do not follow the verb model above. They are also called "verbi servili" because they are usually followed by a complementary infinitive to which they "serve", so to speak.

Oggi devo andare a Torino.	*Today I have to go to Turin.*
Oggi Lisa non può studiare.	*Today Lisa cannot study.*
I bambini vogliono giocare a pallone.	*The children want to play soccer.*

2)   Familiarize yourself with the following chart:

	dov-ere *(to have to)*	**pot-ere** *(to be able)*	**vol-ere** *(to want)*
io	dev-**o**	poss-**o**	vogli-**o**
tu	dev-**i**	puo-**i**	vuo-**i**
lui/lei/Lei	dev-**e**	pu-**ò**	vuol-**e**
noi	dobb-**iamo**	poss-**iamo**	vogl-**iamo**
voi	dov-**ete**	pot-**ete**	vol-**ete**
loro/Loro	dev-**ono**	poss-**ono**	vogli-**ono**

Note: 1) The personal endings of these three verbs are regular, except for the third person singular of *potere* (pu-ò). However, the stems of these verbs are irregular (except for the "voi" forms of the second person plural).
2) Many times **volere** is followed by a noun.
Voglio una pizza. *I want a pizza.* Vuoi una tazza di caffè? *Do you want a cup of coffee?*
3) The verb **bere** (*to drink*) follows the Latin pattern *bev-ere*. In this way, it becomes regular:
         bev-o, bev-i, bev-e, bev-iamo, bev-ete, bev-ono.

Pratica

I   Replace the given subject with those in parentheses:

1) Devo studiare i verbi irregolari (tu, Roberto ed io, le ragazze, Gino, voi).
2) Franco non può andare a scuola (io, tu, tu ed io, i nostri amici, voi).
3) Vogliamo comprare un nuovo appartamento (mio padre, tu, voi, io, i fidanzati).

II   Ask your partner the following questions:

1) Devi uscire con la tua ragazza (o) stasera?
2) Puoi comprare il libro d'italiano adesso?
3) Vuoi un cappuccino o un espresso?
4) Che cosa deve spiegare oggi il professore?
5) I tuoi cugini possono venire con noi a Miami?
6) Perché molti studenti non vogliono studiare la matematica?

B   **To know.** The verb *to know* is translated by two verbs in Italian: *conoscere* and *sapere*.
Conoscere is regular, that is, it follows the model above, *sapere* however is irregular both in the stem and the endings.

Here is the paradigm of both.

	Conosc-ere	**Sap-ere**
io	conosc-**o**	s-**o**
tu	conosc-**i**	s-**ai**
lui/lei/Lei	conosc-**e**	s-**a**
noi	conosc-**iamo**	sapp-**iamo**
voi	conosc-**ete**	sap-**ete**
loro/Loro	conosc-**ono**	s-**anno**

1. *Conoscere* means to be acquainted with:

    a) *a person:* Marco conosce mio padre.   *Mark knows my father.*
    b) *a place:*   Lisa conosce bene Firenze.   *Lisa knows Florence well.*
                                              (For the pronunciation of this verb see pag.5).

2. *Sapere* means to know:

    a) *a fact:*   Lisa sa che Marco è bravo.   *Lisa knows that Mark is clever.*

    b) *a piece of information,* such as *an address.*

           Sai il mio indirizzo?   *Do you know my address?*
           Non so il tuo numero di telefono. *I do not know your telephone number.*

    c) When it is *followed* by an *infinitive,* <u>sapere</u> means to know <u>how to do</u> something:

           Mio fratello sa cucinare bene.   *My brother knows how to cook well.*
           Marco, sai suonare il violino?   *Mark, do you know how to play a violin?*

Nino, di un anno

Pratica

I   Replace the subjects in parentheses:

1) So lo spagnolo, però non conosco la Spagna (tu, mio cugino, i miei zii, noi, Lisa e tu)
2) Sai quante persone vengono alla festa? (voi, gli studenti, il presidente).
3) Non conosco il sindaco di Roma (tu, mio nonno, i miei genitori, noi, voi).

II   Ask your classmate the following question:

1) Do you know my telephone number?
2) Do you know German?
3) Do you know the name of the first president of the United States?
4) Do you know how to cook?
5) Do you know Germany?
6) Do you know Florence?
7) Do you know the Professor's address?

III   Conoscere o sapere?

1) Oggi Franco ——————— la lezione d'italiano.
2) Voi ——————— bene l'Italia?
3) Enrico ——————— giocare bene a tennis.
4) Mia sorella ——————— benissimo la matematica.
5) (tu) ——————— quanti anni ho?
6) Marco e Lisa non ——— dove abito.
7) I miei genitori ——————— bene l'Italia, però non —— parlare bene l'italiano.

III   Possessive adjectives

Minidialogo

Vocabolario:	amico/a	*friend*	che cosa fai?	*what are you doing?*
	con	*with*	insieme	*together*
	oggi	*today*	pranzare	*to have dinner*
	quanto	*how much*	sempre	*always*
	solamente	*only*	tempo	*time*

Marco e Lisa visitano la Galleria degli Uffizi.

Lisa: Marco, ecco <u>il tuo</u> amico Carlo!

Marco: Carlo, da quanto tempo! Che fai qui a Firenze?

Carlo: Studio arte moderna. E tu, sempre con la <u>tua amica</u> Lisa?
         Ciao, Lisa, sempre insieme, eh?

Lisa: Siamo solamente buoni amici. E <u>la tua</u> bella Giulietta?

Carlo: Oggi pranza con <u>sua zia</u> a Prato.

Domande: 1) Che cosa visitano Marco e Lisa? 2) Chi è Carlo? 3) Che cosa fa a Firenze Carlo?
              4) Con chi pranza oggi Giulietta?

1)   Possessive adjectives indicate ownership of the nouns they modify. In Italian, the possessive adjectives agree in gender and number with the object possessed and not, as in English, with the person who possesses.

Il libro di Mario - il suo libro (m) *his book.*
Il libro di Marisa - il suo libro (m) *her book.*

The gender of the owner of the book does not influence the gender of the adjective which modifies the book.

2)   Contrary to English usage, the Italian possessive adjectives are preceded by the definite article, in which case both agree in gender and number with the noun they modify:
il mio cappello; *la* tua casa; *i* nostri libri; *le* sue amiche.

3)   Nouns denoting close relatives and appearing in the <u>singular</u> or which are <u>unmodified</u> do not use the article. However, in the plural and with a modifier in the singular, the article precedes the possessive adjective.

Mia sorella, tua madre, vostro zio. *But:* le mie sorelle, la mia simpatica sorella, i vostri zii, il tuo ricco zio d'America.

4)   The possessive *loro* or *Loro (formal)* is invariable, that is, it does not change before masculine, feminine, singular or plural nouns, and the definite article is never omitted, not even with the singular, unmodified nouns denoting close relatives.
Il <u>loro</u> zio, *their uncle.* La <u>loro</u> sorella, *their sister.* Le <u>loro</u> zie, *their aunts)*

5)   Here is the complete chart of ***possessive adjectives***:

			Masculine				
	Singular			*Plural*			*English*
io	il	**mio**	libro	i	**miei**	libri	*my (book [s])*
tu	il	**tuo**	libro	i	**tuoi**	libri	*your (fam.sing)*
lui/lei	il	**suo**	libro	i	**suoi**	libri	*his/her/its*
Lei	il	**suo**	libro	i	**suoi**	libri	*yours (form)*
noi	il	**nostro**	libro	i	**nostri**	libri	*our*
voi	il	**vostro**	libro	i	**vostri**	libri	*yours (fam. pl)*
loro	il	**loro**	libro	i	**loro**	libri	*theirs*
Loro	il	**loro**	libro	i	**loro**	libri	*yours (form.pl.)*
			Feminine				
	la	**mia**	casa	le	**mie**	case	
	la	**tua**	casa	le	**tue**	case	
	la	**sua**	casa	le	**sue**	case	
	la	**nostra**	casa	le	**nostre**	case	
	la	**vostra**	casa	le	**vostre**	case	
	la	**loro**	casa	le	**loro**	case	

N. B.

1) Generally, the nouns denoting close relatives which omit the article are the following:

Madre *(mother)*, padre *(father)*, marito *(husband)*, moglie *(wife)*,

figlio *(son)*, figlia *(daughter)*, fratello *(brother)*, sorella *(sister)*,

zio *(uncle)*, zia *(aunt)*, nipote(m) *[grandson/nephew]*, nipote [f]

(grandaughter/niece), cugino [a] *(cousin)*, suocero *(father-in-law)*,

suocera *(mother-in-law)*, genero *(son-in-law)*, nuora *(daughter-in-law)*.

2) <u>Nonno</u> and <u>nonna</u> usually <u>reject</u> the article.

Mio nonno ha ottant'anni.	*My grandfather is eighty years old.*
Mia nonna ne ha settantacinque.	*My grandmother is seventy -five years old.*

3) Papà *(dad)* and mamma *(mom)* usually <u>take</u> the definite article.

La mia mamma parla francese.	*My mom speaks French.*
Il mio papà sa suonare il piano.	*My dad knows how to play the piano.*

Pratica

Drill

I   Complete the following sentences with the appropriate possessive adjective:
Example: (Io) invito (amici) - (Io) invito i miei amici.

1) Mia sorella invita (amica)
2) (Tu) inviti (fidanzato/a).
3) (Noi) invitiamo (professore).
4) (Voi) invitate (nonni).
5) I miei cugini invitano (genitori).
6) Mia sorella invita (fidanzato).

II   Complete the following sentences by translating the
adjectives into Italian:

1) *My*———— -famiglia è grande.
2) *Her*——- — -famiglia è piccola.
3) *Our* ————- - casa è bianca.
4) *Our* ————— - libri sono interessanti.
5) *Their* ————- -rivista è italiana.
6) *Their* ———— - -riviste sono italiane.
7) *Your* ———— -(fam. sing.)————amico è americano.
8) *Your*———— - - (pol.sing.)————macchina è giapponese.

Una coppia di sposi anziani
ancora in gamba.

Communication

III   In pairs, ask each other the following questions:

      1) Come si chiama il tuo ragazzo/a?
      2) Quanto costa la tua auto?
      3) Di che marca è la tua auto?
      4) Il tuo miglior amico (a) è americano o italiano?
      5) E' studente il tuo amico/a?
      6) Di dov'è il tuo professore d'italiano?

IV   Ask your classmates the following personal questions:

      1) Quanti anni ha tuo padre?
      2) Come si chiama tua madre?
      3) Dove abita tua sorella?
      4) E' sposato tuo fratello?
      5) Che lavoro fa tuo padre?
      6) Chiami spesso tua zia al telefono?

Sessant'anni di matrimonio

IV   Possessive pronouns

1)   Possessive pronouns replace the nouns, while possessive adjectives accompany and modify nouns.
Compare: <u>La mia</u> auto è nuova, *my car is new*, <u>la tua</u> è usata, *yours is used.*

Notice that from a practical point of view, it is a simple matter of not repeating the noun that the pronoun is replacing.

2)   Possessive pronouns have the same grammatical forms as the possessive adjectives and are always
preceded by the definite article even when they replace singular and unmodified family names.

La mia casa è grande, com'è <u>la tua</u>? *My house is big how is <u>yours</u>?*
Mio nonno si chiama Giuseppe, come si chiama <u>il tuo</u>?

3)   Possessive pronouns always agree in gender and number with the nouns they replace.

Chart of the *possessive pronouns.*

| | Masculine | | Feminine | | |
	Singular	Plural	Singular	Plural	English
io	il mio	i miei	la mia	le mie	*mine*
tu	il tuo	i tuoi	la tua	le tue	*yours*
lui/lei/Lei	il suo	i suoi	la sua	le sue	*his/hers/its/yours* (pol)
noi	il nostro	i nostri	la nostra	le nostre	*ours*
voi	il vostro	i vostri	la vostra	le vostre	*yours*
loro/Loro	il loro	i loro	la loro	le loro	*theirs/yours* (pol.)

Notice that *loro* is invariable; the article indicates the gender and number of the noun it replaces.

Mia madre è italiana, *la loro* è americana.
I tuoi amici sono americani, *i loro* sono spagnoli.

Nonni e nipoti

Pratica

I   Form the second sentence based on the model.
Il mio cane è bianco/*yours is* nero - Il tuo è nero.

1) La mia macchina è americana/*yours is* giapponese.
2) Il tuo computer è Apple/*hers is* IBM.
3) I tuoi genitori sono di Pisa/ *mine are* di Bologna.
4) La nostra casa è bianca/*theirs is* verde.
5) La mia camicia costa 20 dollari/*his,* 40 dollari.

II   Translate the following sentences into Italian:

1) My car is red *(rosso),* yours is white.
2) Her cat is brown *(marrone),* mine is black *(nero).*
3) Your grandfather is American, hers is Italian.
4) Their cars are American, yours is Japanese.
5) His mother speaks Italian, hers English.

III   Ask your partner questions like the following: Il mio libro costa 30 dollari, quanto costa il tuo? -
(be creative) -Il mio costa 35 dollari.

1) La mia casa è grande, com'è la tua?
2) La sua macchina costa quindicimila dollari, quanto costa la tua?
3) Il computer del professore costa duemila dollari, quanto costa il tuo?
4) Le scarpe di Teresa sono nere, come sono le tue?
5) Mio padre si chiama Giovanni, come si chiama il tuo?

V   Possession expressed with *di+noun.*

1)   Possession in Italian is also expressed with the preposition **di** *(of)* plus the name of a person.

La casa di Marco è grande.   *Mark's house is big.*
La macchina del professore è rossa.   *The professor's car is red.*

2)   The preposition **di** contracts with the definite articles forming one word *(del, dello, della, dei, degli, delle)* [*we will study this topic in the next chapter*] when it is followed by a noun referring to the profession, occupation or title of a person.

La casa <u>del</u> signor Rossi; i libri <u>dello</u> studente;
la borsetta <u>della</u> maestra; l'autobus <u>dei</u> turisti.

3)   Notice that there is no **'s** construction in Italian. In English one can say:
Mario's book or the book of Mario. In Italian both constructions are translated with: il libro di Mario.

4)   The English **whose** is translated in Italian by **di chi** (invariable):
Di chi è il libro? *Whose is the book?* Di chi sono i libri? Di chi sono le matite?

La prima colazione di due buoni amici

Pratica

I   Ask another student what color are professor's clothes and those of other students in the classroom. Use the following words: <u>bianco</u> - *(white)*, <u>verde</u> - *(green)*, <u>nero</u> - *(black)*, <u>giallo</u> - *(yellow)*, <u>grigio</u> - *(grey)*, <u>azzurro</u> - *(blue)*. Follow the model: Di che colore è il vestito del professore? - Il vestito del professore è grigio.

1) Di che colore è la camicia di Giorgio?
2) Di che colore è la blusa della signorina Angela?
3) Di che colore sono le scarpe del professore?
4) Di che colore sono ———-*(Continue with the same pattern of questions)*.

II   Translate the following sentences into Italian:

1) Whose is this (*questo*) book?
2) Whose are these (*queste*) pencils (*matite*)?
3) Whose is the white car?
4) Whose are the glasses *(occhiali)* on the desk*(sulla scrivania)?*

C   Pratica riassuntiva

Drills

I   Replace the given subjects with those in parentheses:

1) Mio padre legge il giornale (Tu, mio fratello ed io, Marco e Lisa, io, voi).
2) Rispondo al telefono (mia madre, tu, le mie sorelle, noi).
3) Prendiamo l'autobus 64 (mia sorella, i miei fratelli, tu, Carlo e tu).

II   Read the following sentences, then rewrite them according to the given subject:

Lisa vive in una casa grande, tutte le mattine legge il giornale, riceve molte telefonate da Marco, spesso discute di politica con suo padre e di sport con Marco. Tutti i giorni prende l'autobus per andare a scuola. *(Io, tu, Lisa e sua sorella, Lisa ed io, Lisa e tu)*.

III   Restate the following sentences with the subjects in parentheses:

1) Pino deve studiare, però non vuole (gli alunni, io, Lisa e tu, noi, tu).
2) Stasera Marco vuole andare al cinema, però Lisa non può. (Franco/Linetta; il padre di Lisa/la madre;
i fratelli/Linetta; io/voi; noi/loro).

IV   Conoscere o sapere?

1) Lisa ———-bene Firenze, però non ——- il sindaco *(mayor)* di Firenze.
2) Marco ———-il sindaco di Firenze, però non ——- dove abita.
3) I ragazzi ——bene la lezione di matematica, però non —— rispondere alle domande di francese.
4) Marco e Lisa ——- giocare bene a tennis, però non ——cucinare bene gli spaghetti alla bolognese.
5) Tu ———-uno scrittore famoso italiano? ———-come si chiama?

Communication

V   Ask your partner the folowing questions:

1) Conosci Luciano Pavarotti?
2) Sai cucinare le linguine con le vongole *(clams)*?
3) Conosci Firenze e Bologna?
4) Sai come si va a Santa Croce?
5) Sai il mio numero di telefono?
6) Sai ballare la tarantella?

VI   Ask the following questions to your classmate. He/she may answer affirmatively or negatively:

1) Prendi l'autobus per andare a scuola?
2) Conosci la regina d'Inghilterra?
3) Sai giocare al calcio?
4) Sai quando morì George Washington?
5) Puoi prestarmi il tuo libro d'italiano?
6) Vuoi bere un'aranciata adesso?

VII   Also ask another student the following questions:

1) Quanto costa il tuo libro d'italiano?
2) Di che colore è la tua macchina?
3) Vivono ancora i tuoi nonni?
4) Come si chiama tuo fratello?
5) Che scuola frequenta tua sorella?
6) Sono simpatici i tuoi cugini?

Rita, madre de undici figli.

VIII   Ask several students in your class all the possible questions about the following statement: Model: Lisa
legge la rivista *Panorama* tutte le settimane -
a) Chi legge la rivista? b) Che cosa legge Lisa? c) Quando legge *Panorama* Lisa?

1) Marco discute spesso di sport con il suo amico Carlo.
2) Marco e Lisa decidono di andare a Viareggio questo weekend.
3) La sorella di Marco riceve sempre buoni voti.
4) Vendo la mia vecchia Fiat e compro una Ferrari.
5) Lisa conosce tutti i monumenti di Firenze, però non sa andare a Santa Croce.

Cin, cin per la nonna.

D Lettura di vita e costumi *Il compleanno di Linetta*

Oggi Lisa torna[1] a casa per festeggiare[2] il compleanno della sorella Linetta. Prende il treno "intercity" proveniente[3] da Milano, scende[4] a Firenze e trova una coincidenza[5] per Pisa.

A casa l'aspettano i genitori, i fratelli, Linetta e la zia Maria che vive con loro. Il pomeriggio[6] arrivano due cugini da Firenze e la zia Luisa con il marito e con i due figli.

Linetta riceve molti regali[7] e legge ad alta voce[8] i vari biglietti di auguri.[9] Alcuni sono proprio . . . spiritosi.[10] La cena, preparata dalla mamma, è squisita. Tutti bevono il Chianti e trascurano[11] il Lambrusco portato da Lisa da Bologna. Linetta taglia la torta[12] e Lisa stappa,[13] tra l'allegria generale, la bottiglia di spumante. Linetta raccoglie il tappo,[14] ci scrive la data e lo conserva tra le sue cose.[15] Lisa scatta[16] numerose fotografie e consuma un intero rullino.[17] Naturalmente la maggior parte è per la bella ed elegantissima festeggiata.[18].

I   *Key words.*
1) return; 2) celebrate; 3) express train coming from Milan; 4) get off; 5) find a connection; 6) in the afternoon; 7) gifts; 8) aloud; 9) wishes; 10) witty; 11) neglect; 12) cut the cake; 13) uncork a bottle; 14) to pick up the cork; 15) keep it among her belongings; 16) to shoot photos; 17) uses the whole roll of film; 18) guest of honor.

II   *Domande per la comprensione della lettura.*

1) Perchè torna a Pisa Lisa?
2) Come va a Pisa?
3) Chi trova a casa?
4) Chi arriva nel pomeriggio?
5) Come sono i biglietti di augurio?
6) Che cosa scrive sul tappo Linetta?
7) Chi taglia la torta?
7) Lisa a chi scatta molte fotografie?

III   *Vero o falso?*
1) Lisa torna a casa per festeggiare il compleanno di sua madre.
2) Prende l'*Intercity* proveniente da Roma.
3) Il pomeriggio arrivano due cugini da Firenze.
4) Tutti preferiscono il Lambrusco e trascurano il Chianti.
5) Linetta taglia la torta e Lisa stappa una bottiglia di spumante

IV   *Write down all the verbs of the second conjugation with their subjects.*
                        Example: Lisa <u>prende</u> l'*Intercity.*

V   *Complete the following sentences with the appropriate words of the dialogue:*

                 1) Oggi Lisa torna a casa per. . .
                 2) Prende il —————— scende a————
                 3) Linetta riceve———— e legge————
                 4) Linetta taglia———— e Lisa stappa————
                 5) Tutti bevono————
                 6) Lisa scatta———— e consuma————

VI   *Nota di cultura*

                 1) Bologna is really the connecting station of the railroad system between the North, Center and South
of Italy. Florence is the connecting station in Tuscany.
                 2) Chianti wine is produced in Tuscany, especially in the hills that surround Siena. Lambrusco is pro-
duced in the flat land of Emilia Romagna, whose capital is Bologna. Both are among the most widely
known and sold wines in the United States.
                 3) Notice that Lisa's family is traditional not only because of its large membership, but also because of
the mother who cooks for the whole family. Today, most families prefer to go to a restaurant to celebrate
birthdays.

VII   *Conversazione*

                 While in a group, students may ask the following questions about their birthday party:

                 1) Quando è il tuo compleanno? 2) Viene molta gente per il tuo compleanno?
                 3) Festeggi in casa o al ristorante il tuo compleanno? 4) Chi stappa lo spumante?
                 5) Scrivi la data sul tappo della bottiglia? 6) Chi scatta molte fotografie?

Una sorpresa per la nonna.

E   **Lettura di cultura**   *La famiglia italiana*

    **La famiglia è molto importante per gli Italiani. Per loro la famiglia ha più importanza della[1] politica, della
patria, della religione, della scuola, del gioco del calcio[2], insomma di ogni altra cosa. I rapporti[3] tra i membri
della stessa famiglia sono molto stretti[4] e forti. I figli, finchè non si sposano, restano[5] nella casa dei genitori.
Spesso anche i nonni e qualche vecchio parente[6] vivono nella stessa casa.**

La famiglia di Lisa è una tipica famiglia italiana. Però, dopo il boom economico degli anni '60, la struttura della famiglia italiana è profondamente cambiata, specialmente nelle grandi città: marito e moglie lavorano a tempo pieno[7] e il numero dei figli è di uno o due al massimo.[8] Ciò nondimeno, i rapporti di solidarietà, di protezione e, soprattutto, di affetto restano ancora molto solidi nella famiglia italiana.

I   *Key words*
           1) della-*of the;* 2) gioco del calcio-*soccer;* 3) rapporti-*relationships;* 4) stretti-*close/strong;* 5) restano-*remain;* 6) parente-*relative;* 7) tempo pieno-*full time;* 8) al massimo-*at the most.*

II   *Scrivi la risposta esatta:*

           1. La famiglia è importante per: a) I Giapponesi; b) gli Italiani; c) gli Spagnoli?
           2. I figli restano: a) nella casa dei nonni; b) nella scuola; c) nella casa dei genitori?
           3. La famiglia di Lisa è una tipica famiglia: a) francese; b) americana; c) italiana?
           4. Per gli Italiani, la famiglia è importante?
           5. Di che cosa è più importante?

III   *Vero o falso?*

           1) La famiglia non è molto importante per gli Italiani.
           2) I figli restano sempre nella casa dei genitori.
           3) Spesso anche i nonni vivono nella stessa casa.
           4) La famiglia di Lisa è una famiglia moderna
           5) Dopo il boom economico la famiglia è la stessa.
           6) I rapporti restano ancora molto solidi.

IV   *Complete the following sentences with the appopriate words of the reading:*

           1) La famiglia è————-
           2) Ha più importanza della ————
           3) Spesso anche i ————vivono————-
           4) La famiglia di Lisa ————-
           5) Dopo il boom economico la struttura della famiglia————
           6) I rapporti di ———— restano————

V   *Conversazione   (Optional)*
           Students, while in a group, may ask each other the following questions about their own family.

           1) Quanti membri ci sono nella tua famiglia?
           2) Quanti anni hanno i tuoi genitori?
           3) Come si chiamano ?
           4) Hai fratelli e sorelle?
           5) Come si chiamano e quanti anni hanno?
           6) Vivono ancora i tuoi nonni?

Bambini felici

Il segreto di questa famiglia.

F   Vocabolario utile

Nomi

l' allegria	*cheerfulness*
il biglietto	*ticket*
la bottiglia	*bottle*
la cena	*dinner*
il compleanno	*birthday*
il cugino	*cousin*
la domanda	*question*
il fine settimana	*week end*
il fratello	*brother*
i genitori	*parents*
il gioco	*game, play*
il marito	*husband*
la moglie	*wife*
la patria	*country*
la reliquia	*relic*
la scuola	*school*
la sorella	*sister*
lo spumante	*sparkling wine*
la zia	*aunt*

Verbi

abitare	*to live*
ammirare	*to admire*
aspettare	*to wait*
bere	*to drink*
comprare	*to buy*
incontrare	*to meet*
lavorare	*to work*
portare	*to take, wear*
prendere	*to take*
scrivere	*to write*
sposarsi	*to get married*
trovare	*to find*
vivere	*to live*

Altre parole

alcuni	*some*
alla fine	*at the end*
anche	*also*
ancora	*still*
altro	*other*
come	*as, how, like*
finché	*until*

Parole analoghe

affetto	*affection*
appartamento	*appartment*
arrivare	*to arrive*
blusa	*blouse*
compagno/a	*companion*
consumare	*to consume*
costare	*to cost*

maggiore	*older, larger*	giapponese	*Japanese*
nondimeno	*however*	illustrato	*illustrated*
però	*but*	intero	*entire*
prima elementare	*first grade*	membro	*member*
proprio	*really*	numeroso	*numerous*
rapido	*fast*	parco	*park*
solamente	*only*	politico	*political*
soprattutto	*above all*	piano	*piano*
spesso	*often*	profondo	*profound*
stesso	*same*	ricevere	*to receive*
terza media	*eight grade*	rimanere	*to remain*
		rispondere	*to respond*
		tipico	*typical*

Altri nomi indicanti persone

l'amica	*friend (f)*	la donna	*woman*
l'amico	*friend (m)*	il/la fidanzato (a)	*fiancé, fiancée*
il/la bambino (a)	*child*	il/la ragazzo (a)	*boy, girl*
il/la compagno (a) di scuola	*classmate*	l'uomo (pl.uomini)	*man (men)*
il/la compagno (a) di stanza	*roommate*	la coppia	*couple*

Titoli : names of family

signora (sig.ra) *Lady, Madam, Mrs.*
gnore (sig.) *Sir, Mister, Mr.*
signorina (sig.na) *Miss, Ms.*

Capitolo V

La casa

In this chapter you will acquaint yourselves with Italian living accomodations, - <u>houses and apartments</u> - in the past and at present. Curiosity will prompt you to inquire how these accomodations are built, furnished and what different parts of the house are called.

The grammar section will concentrate on forms of <u>regular -ire verbs</u> and three irregular verbs: dire, uscire, venire. Descriptive adjectives and their uses will also be introduced.

Prospetto

A	Dialogo	*Una nuova casa a Torino*

1) Domande sul dialogo
2) Note di cultura
3) Vocabolario attivo: *a) Parti della casa b) La cucina c) La stanza da letto e il bagno*
4) Attività sul *vocabolario attivo*

B	Grammatica e pratica	
	I	**Present** indicative of **regular verbs** in **-ire**
	II	**Present** indicative of **irregular verbs** in **-ire**
	III	**Descriptive adjectives**
	IV	**Position** of descriptive adjectives
	V	Adjectives: **grande** e **santo**
C	Pratica riassuntiva	
D	Lettura di vita e costumi	**La stanza di Roberto**
E	Lettura di cultura	**La casa italiana**
F	Vocabolario utile	

Case di città

A   Dialogo   *Una nuova casa a Torino*

Caterina Fiore va a Torino per vedere la nuova casa dell'amica Anna Mancini.

Anna: Che sorpresa! Entra, entra,[1] Caterina. Ma che piacere![2]

Caterina: E' proprio[3] bella la tua nuova casa!

Anna: E' piccolina,[4] ma per la nostra famiglia è sufficiente.[5] E' un pò in periferia,[6] ma in compenso[7] è vicina allo stabilimento[8] FIAT di Mirafiori dove lavorano mio marito Luigi e mio figlio Roberto.

Caterina: E' una bella fortuna trovare la casa vicina al posto di lavoro.[9]

Anna: Non ci possiamo lamentare,[10] anzi[11]. . . con tutti questi emigrati dal Sud, a Torino non c'è molto da scegliere. Oltre alla stanza da letto per noi e per mio figlio, c'è una bella cucina con tutti i mobili:[12] il frigorifero, la cucina elettrica con quattro fornelli[13] e il forno,[14] il tavolo con le sedie e tanti comodi pensili.[15]

Caterina: E' proprio bella e comoda.

Anna: Anche il bagno è grande; ci sono i sevizi igienici,[16] la vasca da bagno, la doccia e il bidè naturalmente.

Caterina: Hai ragione. E' proprio comoda.

I   *Key words*

1) come in, come in! 2) what a pleasure; 3) it is really; 4) little small ; 5) enough; 6) suburban; 7) in return; 8) plant; 9) work place; 10) complain; 11) on the contrary; 12) all the furnishings; 13) burners; 14) oven; 15) cabinets; 16) lavatories.

II   *Domande per la comprensione:*

1) Chi va a trovare Caterina Fiore?
2) La casa di Anna è centrale o in periferia?
3) Dove lavora il marito di Anna?
4) Dove lavora il figlio di Anna?
5) Quali mobili ci sono nella cucina?
6) Com'è il bagno?
7) Ci sono la vasca e il bidè nel bagno?

III   *Note di cultura.*

1) FIAT means *F*abbrica *I*taliana *A*utomotori *T*orino. After World War II, FIAT was the leader of the Italian economic recovery and began the economic boom. It provided employment for more than 300 thousand people. Many peasants and manual laborers from the South left their fields and their families and went to Turin to find jobs in the FIAT factory which is located in Mirafiori, a suburb of the city. For this reason, it was very difficult to rent an appartment in Turin at that time.

2) In Italy, as in the rest of Europe, there is no bathroom without a bidet.

IV   *Complete the following sentences with the appropriate words of the reading:*

1) Caterina Fiore va —————-per vedere—————-
2) E' proprio ———-la tua———
3) E' vicina————-dove —————mio marito———
4) E' una bella fortuna ————-al posto———
5) Oltre alla ————c'è una———.

Casa di paese

Vocabolario attivo

Parti della casa		*La cucina*		*La stanza da bagno*	
la cucina	*kitchen*	la caffettiera	*coffee pot*	la carta igienica	*toilet paper*
il balcone	*balcony*	il frigorifero	*refrigerator*	la doccia	*shower*
la finestra	*window*	il lavandino	*sink*	il lavandino	*wash-basin*
il garage	*garage*	la lavastoviglie	*dishwasher*	lo specchio	*mirror*
la parete	*wall*	il microonde	*microwave*	la vasca da bagno	*bathtub*
il pavimento	*floor*	la pattumiera	*garbage-can*	il WC	*toilet*
la sala da pranzo	*dining room*	la porta	*door*		
la scala	*stairway*	la spazzatura	*garbage*		
la soffitta	*attic*	I rifiuti	*waste/rubbish*		
il soffitto	*ceiling*	il riscaldamento	*heat*		
il soggiorno	*living room*	la stufa	*stove*	*La stanza da letto*	
la stanza da bagno	*bathroom*	il forno	*oven*	l'armadio	*wardrobe*
la stanza da letto	*bedroom*			la coperta	*blanket*
la terrazza	*terrace*			il copriletto	*bedcover*
il tetto	*roof*			il cuscino	*pillow*
				la lampada	*lamp*
				il lenzuolo	*sheet*
				il letto	*bed*
				il materasso	*mattress*
				la poltrona	*armchair*
				la sedia	*chair*
				la sveglia	*alarm clock*
				la tendina	*curtain*

Espressioni utili

1) Come? *How?* Come si dice? *How do you say?*
2) Come si scrive "lavastoviglie"? *How do you spell "lavastoviglie"?*
3) Come si pronunzia la parola "caffettiera"? *How do you pronounce the word "caffettiera"?*
4) Come ti chiami? [*fam.*] *What is your name?*
5) Come si chiama Lei? [*pol.*] *What is your name?*
6) Come stai, amico mio? *How are you, my friend?*
7) Bene *(well)*; molto bene *(very well)*; benissimo *(very well)*; benone *(great)*; così così *(so so)*.

Case popolari

Pratica

I   Form sentences with the following nouns and adjectives.
Example: Garage. . . grande - Il garage della mia casa è grande.

1) bagno amplio	2) soggiorno luminoso	3) cucina piccolo	4) terrazza bello	5) coperte nuovo	6) letto comodo

II   Ask another student the following questions:

1) Abiti in una casa o in un appartamento?
2) E' grande la tua casa/appartamento?
3) Quante stanze da letto ci sono nella tua casa?
4) Di che colore è la tua casa?
5) C'è un balcone nella tua casa?
6) C'è un garage nella tua casa?

III   Ask your classmate to describe his/her bedroom, using the above vocabulary.

IV   Ask one of your friends to describe the kitchen of his/her house, using the above vocabulary.

V   In groups of four, students should ask each other at least three questions about each other's house by using the *vocabolario attivo*. Model:
1) Hai un microonde nella tua cucina? Di che marca è? Usi spesso il microonda?
2) C'è un balcone nella tua casa? Ci sono delle sedie sul balcone?

Condomini

B   Grammatica e pratica

I   Present indicative of regular verbs in -ire

Minidialogo					
<u>Vocabolario</u>					
allora	*then*	ascoltare	*to listen*	capisco	*I understand*
dolce	*sweet*	domanda	*asks*	fidanzato	*fiancé*
forse	*perhaps*	genere	*kind*	melodia	*melody*
infastidirsi	*to bother*	non mi piace	*I do not like*	perché	*because*
preferisci	*prefer*	quasi	*almost*	rumorosa	*noisy*
senti	*listen to*	troppo	*too much*		

	Liliana domanda al suo fidanzato Roberto:	
Liliana:	**Roberto, ti piace la musica? Che genere di musica <u>senti</u>?**	
Roberto:	**Ascolto quasi sempre musica rock.**	
Liliana;	**Questa musica non mi piace troppo, forse perchè non la <u>capisco</u>. E' molto rumorosa e**	
	<u>mi infastidisce.</u>	
Roberto:	**Allora che genere di musica <u>preferisci</u>?**	
Liliana	**<u>Preferisco</u> la musica melodica e dolce.**	

Domande: 1) Che genere di musica ascolta Roberto? 2) Liliana <u>capisce</u> la musica rock? 3) La musica rock chi <u>infastidisce</u>? 4) Liliana che genere di musica <u>preferisce</u>?

1) Verbs of the 3rd conjugation in **-ire**: part-ire (*to leave*); serv-ire (*to serve*); dorm-ire (*to sleep*) include two groups of verbs: common verbs and verbs with **-isc-**.
The first group follows the model of *part-ire,* and the second group follows the model of the verb *fin-ire,* in which the letters *-isc-* are inserted between the stem and the endings of all forms of the present tense, except the "*noi*" and "*voi*" forms.

The following chart shows the difference.

	part-ire	**fin-ire**
io	part-**o**	fin-*isc-* **o**
tu	part-**i**	fin-*isc-* **i**
lui/lei/Lei	part-**e**	fin-*isc-* **e**
noi	part-**iamo**	fin——- **iamo**
voi	part-**ite**	fin——- **ite**
loro/Loro	part-**ono**	fin-*isc-* **ono**

2) As you notice, both verbs are regular because the stem and the endings do not change. The only unusual characteristic is the insertion of the letters "*isc*" in four forms of the verb *fin-ire*. A dictionary will indicate which verbs belong to this group.
(To pronounce the "isc" forms correctly, see the chapter on the pronunciation, p. 5).

Here is a list of *-ire* verbs of both groups:
Common verbs   Verbs with **-isc-**

apr-ire	*to open*	cap-ire	*to understand*
copr-ire	*to cover*	fin-ire	*to finish*
dorm-ire	*to sleep*	prefer-ire	*to prefer*
offr-ire	*to offer*	pul-ire	*to clean*
part-ire	*to leave*	sped-ire	*to mail/send*
segu-ire	*to follow*	sugger-ire	*to suggest*
sent-ire	*to feel/hear*	ubbid-ire	*to obey*
serv-ire	*to serve*		
soffr-ire	*to suffer*		

Esempi modelli:
-Anna apr-e la finestra
Ann opens the window.
-I ragazzi dorm-ono otto ore.
The children sleep eight hours.
-Part-o alle sette.
I will leave at seven o'clock.

-Anna <u>pul-isc-e</u> la casa.
Ann cleans the house.
-I ragazzi <u>fin-isc-ono</u> i compiti.
The children finish their homework.
-<u>Cap-isc-o</u> il problema.
I understand the problem.

I "trulli" delle Puglie

Pratica

Drills

I   Give the present indicative form of each verb:

1) Mio fratello *aprire* la finestra e *scrivere* molte lettere.
2) Tu *capire* tutta la lezione e *spedire* le lettere di tuo fratello.
3) Noi *servire* la cena e poi *dormire* tutta la notte.
4) I ragazzi *finire* i compiti e poi *partire* per le vacanze.

II   Complete the sentences below using all the following subjects:
Mia madre- tu- il professore ed io- Carolina e tu- io-i ragazzi.

1) aprire il libro.   2) dormire otto ore.
3) partire alle nove.   4) sentire i rumori della strada.
5) capire la lezione.   6) finire i compiti a tempo.
7) preferire la musica rock.   8) spedire molte lettere.

III   Replace the subjects with those in parentheses:

1) Mia sorella apre la finestra (noi, mia madre, voi, io, tu).
2) Liliana pulisce la cucina (le mie sorelle, tu, io, mio fratello ed io, voi).
3) Roberto capisce bene la lezione (gli studenti, tu, Anna ed io, Caterina, io).
4) I miei nonni dormono otto ore (mia sorella, io, tu, Giorgio ed io, Carlo e tu.

Communication

V   Ask your classmate what he/she prefers to drink
and eat when in a restaurant.
Example: Preferisci vino rosso o vino bianco? -
Preferisco vino bianco.

1) Carne o pesce?   2) Frutta o dolce?
3) Ravioli o lasagne?   4) Tortellini o penne?
5) Minestrone o riso in bianco?   6) Vino o birra?

Casa di campagna

V   Ask the student sitting next to you the following questions:

1) Capisci bene la lezione?
2) Finisci gli esami a tempo?
3) Spedisci molte cartoline per Natale?
4) Chi serve la cena in casa tua?
5) Dormi qualche volta durante la lezione di filosofia?
6) Chi pulisce la tua stanza?
7) Preferisci abitare in una casa o in un appartamento?

II   Irregular verbs of -ire

Minidialogo

Vocabolario

allora	*then*	aspettare	*to wait*	centro	*center*
di mattina	*in the morning*	di pomeriggio	*in the afternoon*	dice	*she says*
domandare	*to ask*	domani	*tomorrow*	è meglio	*it is better*
moglie	*wife*	potete	*are you able*	preferire	*to prefer*
storico	*historical*	uscire	*to go out*	va bene	*O.K.*
venire	*to come*	vi faccio	*I will let you*	visitare	*to visit*

Angela: John e Kathy, potete venire con me domani? Vi faccio visitare il centro storico di Napoli.
John: Aspetta che domando a mia moglie se <u>preferisce</u> <u>uscire</u> di mattina o di pomeriggio. *(Dopo due minuti)* Kathy <u>dice</u> che è meglio <u>uscire</u> di pomeriggio.
Angela: Allora <u>usciamo</u> alle tre del pomeriggio. Va bene?
John: OK.

Domande: 1)Angela che cosa fa visitare agli Anderson? 2) Kathy preferisce uscire di mattina o di pomeriggio?

Chart of irregular verbs:

	D-ire*(to say-to tell)*	Usc-ire *(to go out)*	Ven-ire *(to come)*
io	dic-**o**	esc-**o**	veng-**o**
tu	dic-**i**	esc-**i**	vien-**i**
lui/lei/Lei	dic-**e**	esc-**e**	vien-**e**
noi	dic-**iamo**	usc-**iamo**	ven-**iamo**
voi	d- **ite**	usc-**ite**	ven-**ite**
loro/Loro	dic-**ono**	esc-**ono**	veng-**ono**

Notice that the endings of these three verbs are regular, like those of the model verb *part-ire*.
Pronounce correctly the forms with "c" of the verbs *dire* and *uscire. (See the chapter on pronunciacion, p.3).*

Esempi modelli:
-Kathy dice che è meglio uscire di pomeriggio.
Kathy says that it is better to go out in the afternoon.
-Angela, John e Kathy escono alle tre del pomeriggio.
Angela, John and Kathy go out at three o'clock P. M.
-John and Kathy vengono dagli Stati Uniti.
John and Kathy come from the United States.

Una villa di ricchi signori

Pratica.

Drills

I   Replace the subjects with those in parentheses:

1) Dico sempre la verità (mia madre, Angela e tu, noi, i ragazzi,tu).
2) Caterina esce alle tre (io, Caterina e Anna, noi, tu, John e tu).
3) Le ragazze vengono alla festa (tu, io, Angela, voi, noi).

II   Complete the following sentences by using the verb *dire* and the words *ciao* or *buon giorno.*
         Example: Cosa dici quando incontri il professore?- Quando incontro il professore dico: *buon giorno*, professore.

1) Quando incontri gli amici ———————————
2) Quando vadi dal dottore ———————————————-
3) Quando incontri la tua amica Angela ————————-
4) Quando Marco incontra il suo amico Carlo —————-
5) Quando incontrate le vostre ragazze (i) ——————-
6) Quando gli studenti incontrano il direttore————————

Communication

III   Ask your friend who is the president of the Italian club, *chi viene alla
         festa di Carnevale?* He/she may use any of the following people in the answer:
         Example: Il professore/Il professore viene alla festa di carnevale.

1) Gli studenti del corso d'italiano.
2) Mio fratello ed io.
3) Sofia Loren.
4) Gina Lollobrigida, suo figlio e suo nipote.
5) Il presidente dell'università.
6) John e Kathy.
7) Manuela ed io.

IV   Ask your best friend the following questions:

1) Dici sempre la verità?
2) A chi non dici mai la verità?
3) Sai come si dice *mushroom* in italiano?
4) Con chi esci stasera?
5) Sai che Terry e Tony escono sempre insieme?
6) Sai chi viene stasera a casa mia? (Carla e Marcello).

III   Descriptive adjectives

Minidialogo

Vocabolario:

amica	*friend*	a lei	*to her*	ancora	*still*
aspetto	*appearance*	che bello	*how nice*	confidenza	*trust*
conservare	*to keep*	delizioso	*delightful*	dire	*to say*
disponibile	*available*	giovanile	*youthful*	insomma	*in short*
madre	*mother*	il migliore	*the best*	per piacere	*please*
propria	*own*	queste cose	*these things*	ridere	*to laugh*
saggio	*wise*	sentire	*to hear*	soprattutto	*above all*

Roberto: Grazia, mi devi fare una confidenza: chi è la tua <u>migliore</u> amica?
Grazia: Per piacere non ridere. La mia <u>migliore</u> amica è mia madre. A lei posso fare tutte le confidenze.
              E' <u>saggia, disponibile</u>, è <u>molto bella</u> e conserva un aspetto ancora <u>giovanile</u>. E' <u>alta</u>, ha una <u>bella</u>
              linea, è una donna <u>deliziosa</u> e soprattutto è molto <u>intelligente</u>.
Roberto: Che bello sentire dire queste cose della propria madre. Insomma è una <u>super</u>-mamma.

Domande: 1) Chi è la <u>migliore</u> amica di Grazia? 2) Che aspetto conserva ancora la madre di
Grazia? 3) Fai una lista di quattro qualità della madre di Grazia.

1)   An adjective is a word that qualifies or describes the noun it accompanies.
            If I say: Non mi piace il caffè <u>freddo</u>. *Freddo* is an adjective which describes the coffee.

2)   An adjective must always agree with the noun it qualifies in gender and number.

Il ragazzo è alt**o**.   *The boy is tall.*   La ragazza è alt**a**.   *The girl is tall.*
I ragazzi sono alt**i**.   *The boys are tall.*   Le ragazze sono alt**e**.   *The girls are tall.*

Notice that English uses the same word *tall* in these four instances, whereas in Italian the final vowel of the adjective is changed according to the gender and number of the noun.
(In addition to the verbal system, this is one of the main differences between the two languages).

3)   There are two categories of adjectives in Italian: one ending in o (ragazzo italiano) and the other ending in e (ragazzo canadese).

a) Adjectives ending in **O** accompany masculine nouns. When feminine nouns are modified, the *o* changes to *a*:

Il ragaz<u>zo</u> è american<u>o</u>.   *The boy is an American.*
La ragaz<u>za</u> è un'american<u>a</u>.   *The girl is an American.*

b) To form the plural of these adjectives the same rule of nouns is applied, that is, adjectives ending in *o* change to *i* and adjectives ending in *a* change to *e.*

I ragazzi american*i*, le ragazze american*e*. *(See ch. 1, pag.14)*

c) Adjectives ending in **e** are used for both masculine and feminine nouns.

Il ragaz*zo* intelligent*e*.   *Intelligent boy.*
La ragaz*za* intelligent*e*.   *Intelligent girl.*

To form the plural, changes *e* to *i.*

I ragazzi intelligenti,   le ragazze intelligenti.
I bambini canadesi,   le bambine canadesi.

The following chart summarize the agreement between nouns and adjectives.

	Singular	**Plural**
Masculine	o	i
Feminine	a	e
Mascul. and Feminine	e	i

Esempi modelli:

Giorgio è un ragazzo italiano.   Giorgio e Pino sono ragazzi italiani.
Nina è una ragazza italiana.   Nina e Pina sono ragazze italiane.
Franco è un ragazzo canadese.   I ragazzi canadesi sono intelligenti.
Franca è una ragazza canadese.   Le ragazze canadesi sono intelligenti.

La cucina

IV   Position of descriptive adjectives

1)   Contrary to English, descriptive adjectives are <u>usually</u> placed <u>after the noun</u>.
                Ragazzo negligente,   bambini educati,   donne laboriose,   libro interessante.

2)   Adjectives <u>always</u> placed **after** the noun, are those indicating:

a) Color

Il professore porta una camicia bianca e una cravatta rossa.   *The professor wears a white shirt and a red tie.*
Liliana ha i capelli biondi e gli occhi azzurri.   *Liliana has blond hair and blue eyes.*

Others colors: arancione   *orange*
                          azzurro   *blue*   bianco   *white*
                          giallo   *yellow*   grigio   *grey*
                          marrone   *brown*   nero   *black*
                          rosa   *pink*   rosso   *red*
                          verde   *green*   viola   *purple*

          Note.   The adjectives *arancione, marrone, rosa, viola* are invariable.

b) Nationality

Le auto americane sono comode.   *American cars are comfortable.*
I vini francesi sono più cari dei vini italiani.   *French wines are more expensive than Italian wines.*

Others: americano   *American*   canadese   *Canadian*
                   cinese   *Chinese*   francese   *French*
                   giapponese   *Japanese*   inglese   *English*
                   italiano   *Italian*   spagnolo   *Spanish*
                   russo   *Russian*   tedesco   *German*

c) Religion

-In America ci sono molte chiese protestanti.   *In America there are many Protestant churches.*
-In Italia ci sono molte chiese cattoliche.   *In Italy there are many Catholic churches.*

Others: anglicano   *Anglican*   battista   *Baptist*
                   cattolico   *Catholic*   ebreo   *Hebrew*
                   musulmano   *Moslem*   protestante   *Protestant*

Notice, from the examples above, that the adjectives of nationality and religious affiliation are not capitalized in Italian.

d) Shape

I cavalieri della Tavola rotonda erano erranti.   *The Knights of the Round Table were errant.*
Quell'edificio pentagonale è la sede dell'esercito americano.   *The pentagon building is the headquar-*
                                                                  ters of the American Army.

Others:

esagonale	*hexagonal*	pentagonale	*pentagonal*
quadrato	*square*	rotondo	*round*
triangolare	*triangular*		

Lavastoviglie

Lavatrice

3)   Other adjectives, usually placed <u>after the noun</u>, are those describing the

Characteristics of people:

allegro	*cheerful*	triste	*sad*
calmo	*calm*	nervoso	*nervous*
chiuso	*reserved*	aperto	*open-minded*
dolce	*sweet*	aggressivo	*aggressive*
educato	*well mannered*	maleducato	*bad-mannered*
elegante	*elegant*	trascurato	*sloppy*
felice	*happy*	infelice	*unhappy*
generoso	*generous*	egoistico	*selfish*
gentile	*kind*	sgarbato	*unkind*
intelligente	*intelligent*	stupido	*stupid*
onesto	*honest*	disonesto	*dishonest*
romantico	*romantic*	realistico	*realistic*
simpatico	*nice*	antipatico	*unpleasant*

N. B.

1) The following adjectives are <u>usually</u> placed **before** the noun

bello	*beautiful*	bravo	*good*	brutto	*ugly*
buono	*good*	cattivo	*bad*	giovane	*young*
grande	*big/great*	nuovo	*new*	piccolo	*small*
ricco	*rich*	povero	*poor*	vecchio	*old*

Esempi modelli:
Luigino non è un <u>cattivo ragazzo</u>.   *Little Louis is not a bad boy.*
Hai fatto un <u>bel pasticcio</u>.   *You made a fine mess.*
Giorgio è un mio <u>vecchio amico</u>.   *George is an old friend of mine.*

Notes: 1) When modified by an adverb like: *molto, troppo, assai*, these adjectives are placed *after* the noun:
Luigino è un <u>ragazzo molto bravo</u>.   *Little Louis is a very smart boy.*
Mi hai comprato delle <u>scarpe troppo piccole</u>.   *You bought shoes too small for me.*

2) Sometimes the adjectives under <u>NB</u> can be placed **after** the noun; in such a case the meaning of the noun changes slightly. Observe the following examples carefully:

Luigino è un povero ragazzo.   *Little Louis is a poor [unfortunate] boy.*
Luigino è un ragazzo povero.   *Littly Louis is a poor [he has no money] boy.*
Mio padre va a comprare una nuova auto.   *My father is going to buy a new [another] car.*
Mio padre va a comprare un'auto nuova.   *My father is going to buy a [brand new] car.*

3) All other categories of adjectives: *possessive, demonstrative, numerals and indefinite*, are always placed, as in English, *before* the nouns:

<u>La mia macchina</u> è americana.   *My car is American.*
<u>Questo libro</u> costa trenta dollari.   *This book costs thirty dollars.*
Nel parcheggio ci sono <u>dieci macchine</u>.   *In the parking lot there are ten cars.*
Solamente <u>alcuni libri</u> sono interessanti.   *Only a few books are interesting.*

Stanza da letto   Stanza da bagno

Pratica

Drills
I   Write the correct form of the adjectives in parentheses. They must agree with the given nouns:

1) La studentessa è (americano, alto, intelligente, romantico).
2) I ragazzi sono (italiano, gentile, alto, intelligente, simpatico).
3) Le mie zie sono (italiano, alto, disponibile, prudente, allegro).
4) Mio nonno è (ricco, saggio, intelligente, generoso, canadese).

II Form complete sentences by supplying the correct form of the given adjective for the following nouns.
Example: (rosso): casa/matite - La casa è rossa, le matite sono rosse.
1.(Bianco): macchina/gatto/vestiti/camicie.
2.(Utile): libro/cavallo/lavagna/libro/i computer.
3.(Protestante): mia madre/mio padre/i miei fratelli/le mie sorelle.

III Express the following sentences in Italian:
1) I have a red car, my sister has a white skirt (*gonna*).
2) My father has a blue shirt (*camicia*) and a red tie (*cravatta*).
3) Our professor wears green pants (*pantaloni*) and black shoes (*scarpe*).
4) Students have brown hair (*capelli*) and blue eyes (*occhi*).

IV Convert all components of the following sentences into plural.
Example: mio fratello è bravo e intelligente -I miei fratelli sono bravi e intelligenti.

1) La casa è bianca e grande.
2) Il libro è caro e interessante.
3) L'appartamento è moderno e comodo.
4) La macchina è rossa e veloce.
5) La ragazza è gentile e brava.
6) Anche il ragazzo è intelligente e generoso.

Communication

V One on one ask each other the following questions.
Example: Cynthia, sei romantica? No, non sono romantica, e tu?
Sì, io sono romantica.

1) curioso 2) comico 3) intelligente 4) ambizioso 5) ricco 6) francese.

VI In groups of four, each student should describe the physical characteristics of the other three students,
using two adjectives from the list above. Follow the model:
St.1: E' aggressivo Bill? St.2: No, Bill non è aggressivo, è intelligente e simpatico.

V **Buono** *(good)* — **Santo** *(saint)* — **Grande** *(big/great/large)*

a) ***Buono*** usually precedes the noun it modifies and drops the final **o** when followed by a singular
masculine noun beginning with a consonant or vowel:

buon giorno,   *buon* ragazzo,   *buon* vino,   *buon* uomo,   *buon* appetito.

The feminine and plural forms are regular:

Buona giornata!   *Have a nice day!*
Gina e Marcello sono buoni amici.   *Gina and Marcello are good friends.*

b) ***Santo*** drops the final syllable ***to*** before a masculine singular noun beginning with a consonant
(except those beginning with s+cons.)

San Pietro,   San Giuseppe,   San Camillo,   San Zeno.
But   Santo Stefano,   Santo Spirito.
It drops only the final *o* and takes the apostrophe when it is followed by a noun beginning with a vowel
(masculine or feminine):

Sant'Antonio,   Sant'Ignazio,   Sant'Anna,   Sant' Elena.

Notice that no changes occur with feminine nouns beginning with any consonant:
Santa Lucia,   Santa Teresa,   Santa Caterina,   Santa Rosa,   Santa Zita.

Chart

Buono + masc. sing. noun= <u>buon</u>		Buon giorno, buon uomo.
Santo + masc. noun begin.with **conson**=	<u>San</u>	San Carlo, San Giuseppe
Santo + masc. noun begin. with **vowel**=	<u>Sant'</u>	Sant'Antonio, Sant'Isidoro
Santo + masc.noun begin.with **s+cons**=	Santo	Santo Stefano, Santo Spirito
Santo + fem. noun begin with **conson**=	<u>Santa</u>	Santa Maria, Santa Lucia
Santo + fem. noun begin.with **vowel**=	<u>Sant'</u>	Sant'Anna, Sant'Agnese

c)   *Grande* <u>*may*</u> become <u>*gran*</u> before a noun *(masculine or feminine)* beginning with a consonant (except: *s* + cons. and *z*):

                 Gran fracasso,   gran cosa,   gran voce.
But   grande studio,   grande stadio.

It <u>*may*</u> also drop the final *e* and take the apostrophe before a noun beginning with a vowel:
grand'uomo,   grand'urlo,   grand' hotel.

Remember: a) In the plural, it is **grandi** (masculine and feminine).

I grandi uomini del passato.   Le grandi donne della Bibbia.

b) Its position, before or after a noun convey a different meaning

Il mio professore ha scritto un gran libro.   *My professor wrote a <u>great book</u>.*
Il mio professore ha scritto un libro grande.   *My professor wrote a <u>big book</u>.*

Pratica

I   Complete the following sentences with *buono* or *santo:*

1) L'Asti spumante è un ——— vino.
2) Il patrono di Milano è ———- Ambrogio.
3) La mamma di Antonietta è una———-mamma.
4) Il padre di Roberto è un ———- padre.
5) Una ———donna di Siena si chiama ——— Caterina.
6) Un ———-uomo di Assisi si chiama ———- Francesco.

II   Complete the following sentences by using the adjective *grande:*

1) Roma è una ———città.
2) Conosci un ———- attore italiano?
3) Conosci una ———-attrice italiana?
4) Com'è la tua casa piccola o ———-?
5) Il duomo di Milano è un ———- duomo.
6) George Washington è un ———-uomo.

Sala da pranzo.

C   Pratica riassuntiva

I   Change the following sentences to the plural:
Example: L'albero è verde - gli alberi sono verdi.

1) La macchina è rossa.   2) Il gatto è nero.
3) Il ragazzo è americano.   4) La ragazza è italiana.
5) Il vino portoghese è buono, il vino francese è migliore

II   Ask your partner the following questions:
1) Quante ore al giorno dormono i tuoi nonni?
2) Chi pulisce la tua stanza?
3) Chi serve la cena in casa tua?
4) Dove preferisci andare questa sera?
5) Capisci tutto ciò che dice il professore?
6) Sai a che ora parte il treno per Torino?

III   Ask your best friend the following questions:

1) Dici sempre "buon giorno", quando entri in classe?
2) Quando viene il tuo (a) fidanzato (a)?
3) Quando esci di casa con il tuo fidanzato (a)?
4) Preferisci andare al cinema o in discoteca con il tuo fidanzato (a)?
5) Che cosa offri al tuo fidanzato (a) per il suo compleanno?
6) Preferisci abitare in una casa o in un appartamento?

IV   Ask your best friend to describe his/her fiancée. *(Use some of the adjectives from p.91)*

1) Physical description: eyes, hair, shape, nationality, religion.
2) His/her clothes: color, cost.
3) Intellectual ability and skills.
4) His/her character.

V   Express the following sentences in Italian:
1) Good morning, professor Monti.
2) Good night, Mr. Carlucci.
3) Tony is a good boy.
4) Christine is a good girl.
5) Tom has a good sense of humor.
6) We always have a good appetite.
7) Lisa is a good friend of Marco.

VI   Translate the following sentences into Italian:

1) My family lives in *a big house.*
2) Milton is a great poet.
3) My father has a big car.
4) George Washington is a great man.
5) This is a great idea.
6) They live in a big hotel in Paris.

Soggiorno

D   **Lettura di vita e cultura**   *La stanza di Roberto*

La casa di Roberto non è molto grande, ma è comoda.[1] C'è un piccolo ingresso[2] che dà in un corridoio abbastanza lungo[3] e, ai due lati,[4] si aprono le stanze che sono dotate di ampi balconi.[5] Tutta la casa è luminosa[6] e ariosa,[7] ben arredata,[8] con mobili[9] sobri, ma eleganti.

Tra i vari ambienti[10] della casa, Roberto preferisce la sua stanza dove ci sono i suoi libri, il suo stereo con molte musicassette e CD, la scrivania[11] e un piccolo televisore. Sulla scrivania conserva,[12] con affetto e con cura,[13] una statua della Pietà di Michelangelo, regalo[14] della fidanzata.

Roberto ama la sua casa e, in modo particolare,[15] la sua stanza che considera il suo rifugio[16] e il suo nido sicuro.[17]

Stanza da scapolo
(E' la stanza di Roberto?)

I   *Key words*
     1) Comfortable;   2) entrance;   3) very long;   4) sides;   5) large balcony;   6) bright;   7) airy;
     8) furnished;   9) piece of furniture;   10) rooms;   11) desk;   12) keeps;   13) care;   14) gift;   15) special way;
     16) shelter;   17) safe/secure.

II   *Domande per la comprensione della lettura:*

     1) Com'è la casa di Roberto?
     2) Dove dà l'ingresso?
     3) Di che cosa sono dotate le stanze?
     4) Come risulta tutta la casa?
     5) Quale ambiente preferisce Roberto?
     6) Che cosa c'è nella stanza di Roberto?
     7) Roberto che cosa conserva con affetto e cura?

III   *Complete the following sentences with the appropriate words of the reading:*

     1) La casa di Roberto è————
     2) C'è un ————che dà in un————
     3) Tutta la casa risulta————con mobili————-
     4) Roberto preferisce————dove ci sono————
     5) Sulla scrivania c'è ————regalo————-
     6) A Roberto piace————considera————.

IV   *Vero o falso?*

     1) La casa di Roberto è comoda.
     2) Tutta la casa risulta oscura.
     3) Roberto preferisce la cucina.
     4) Nella stanza di Roberto ci sono simpatici pupazzi *(Stuffed Animals)* e un grande specchio.
     5) Roberto conserva con affetto e cura la statua di Michelangelo.
     6) Roberto considera la sua stanza il suo rifugio e il suo nido sicuro.

V   *Make a list of all the descriptive adjectives used in the reading.*

VI   *Personal questions.*

     Ask your classmate the following questions:

     1) Com'è la tua stanza, grande o piccola?
     2) Hai uno stereo e molte musicassette nella tua stanza?
     3) Hai la fotografia del tuo fidanzato (a) sulla scrivania?
     4) Ci sono molti pupazzi *(puppets)* nella tua stanza?
     5) C'è uno specchio nella tua stanza?
     6) Consideri la tua stanza come un rifugio e un nido sicuro?

Lettura di cultura *La casa italiana*

Il tipo della casa italiana cambia secondo le regioni, il clima e il gusto[1] delle persone. Nel Nord, dove fa molto freddo durante l'inverno,[2] le case hanno i muri[3] di materiale solido e i tetti spioventi[4] e coperti di tegole.[5] Nel Sud, dove fa più caldo e il clima è mite,[6] le case hanno i muri di mattoni[7] e i tetti[8] a terrazza. Le case di legno, così comuni in America, in Italia si trovano solo nelle valli alpine.[9]

Ci sono molte case popolari nelle periferie[10] delle grandi città, costruite dal governo[11] per dare un'abitazione, a prezzi agevolati,[12] ai più bisognosi.[13] Nei piccoli centri invece la gente preferisce rimodernare[14] le vecchie case, rendendo gli ambienti più confortevoli e più funzionali con ampie finestre[15] e balconi luminosi.[16]

Lo stile, i colori e la luce danno a queste vecchie case un aspetto nuovo, più allegro, più elegante, insomma più moderno.

Gli Italiani sono disposti a fare grandi sacrifici[17] per comprare la casa in cui abitare.

I   *Key words*

1) taste 2) winter 3) walls 4) sloping roof 5) covered by tiles 6) mild 7) bricks 8) roof 9) alpine valley 10) suburbs 11) built by the government 12) with easy payments 13) needy 14) renovate 15) wide windows 16) bright 17) willing to make great sacrifices.

II   *Rispondi in italiano alle seguenti domande:*

1. Il tipo di casa italiana cambia secondo: a) La volontà del governo; b) la religione dello stato; c) il clima e il gusto delle persone?

2. Nel Nord, le case hanno: a) I tetti di paglia (*straw*); b) i muri di legno (*wood*); c) i muri di materiale solido?

3. Le case di legno si trovano: a) Nelle grandi città; b) nelle valli alpine; c) nella pianura padana?

4. Ci sono molte case popolari: a) Nel centro delle città; b) sulle montagne; c) nelle periferie delle grandi città?

5. Nei piccoli centri, la gente preferisce rimodernare: a) I vecchi castelli; b) le vecchie case; c) le chiese antiche?

6. Perchè le case del Sud hanno i tetti a terrazza?

7. Il governo per chi costruisce le case popolari?

III   *Vero o falso?*

1) Il tipo della casa italiana cambia secondo i gusti delle persone.
2) Nel Nord fa troppo caldo durante l'inverno.
3) Nel Sud il clima è mite.
4) Le case di legno sono molto comuni in Italia.
5) Nei piccoli centri la gente preferisce rimodernare le vecchie case.

IV   *Conversazione   (Optional)*

Students in groups of four may ask each other several questions about their own house. Model:
1) E' nuova o vecchia la tua casa? 2) E' grande o piccola? 3) Quanto costa? 4) Quante stanze ci sono?
5) C'è un garage?
Then each may describe one part of their house: one, the kitchen, another, the bedroom, still another,
the living-room. *(You can use the* <u>Vocabolario attivo</u> *at p. 83).*

**AMPIA SCELTA APPARTAMENTI
A PARTIRE DA 61 MILIONI
CONSEGNE MAGGIO 95'**

**ELEGANTI VILLETTE
PRONTE PER LA CONSEGNA**

Vocabolario utile

Nomi

l'amico	friend
l'aspetto	appearance
il bagno	bathroom
la casa	house
il clima	climate
la cucina	kitchen
la doccia	shower
l'emigrato	emigrant
il figlio	son
il forno	oven
il legno	wood
la luce	light
il marito	husband
il muro	wall
il nido	nest
il posto	post
la regione	region
la scrivania	desk
la sedia	chair
la stanza	room
la vasca	tub

Verbi

abitare	to live
aprire	to open
avere ragione	to be right
cambiare	to change
comprare	to buy
conservare	to keep
lamentarsi	to complain
lavorare	to work
piacere	to like
rendere	to render
risultare	to turn out
sciegliere	to choose
sentirsi	to feel
trovare	to find
vedere	to see

Altre parole

abbastanza	enough
allegro	happy
bello	beautiful
comodo	comfortable
coperto	covered
dotato	gifted
dove	where
grande	big/large
invece	instead
nuovo	new
molto	much/a lot
piccolo	small/little
proprio	really
sufficiente	sufficient
vicino	nearby

Altri aggettivi

allegro	cheerful
alto	tall
antipatico	unpleasant
audace	daring
avaro	stingy
basso	short
bello	beautiful
bravo	good/clever
brutto	ugly
buono	good
caro	dear/expensive
cattivo	bad
comodo	comfortable
contento	glad
corto	short/brief
deluso	disappointed

Aggettivi di colore

azzurro	blue
bianco	white
giallo	yellow
grigio	grey
marrone	brown
nero	black
rosa	pink
rosso	red
verde	green
violetto	violet

Parole analoghe

attore	actor	balcone	balcony
brodo	broth	centrale	central

divertente	*amusing*	classico	*classic*	clinica	*clinic*
dolce	*sweet*	colore	*colour*	curioso	*curious*
giovane	*young*	difficile	*difficult*	durante	*during*
grande	*big/large*	entrare	*to enter*	finire	*to finish*
difficile	*difficult*	entusiasta	*enthusiastic*	femminile	*feminine*
generoso	*generous*	fortuna	*fortune*	nervoso	*nervous*
intelligente	*intelligent*	lungo	*long*	patrono	*patron (saint)*
magro	*thin*	offrire	*to offer*	preferire	*to prefer*
mite	*meek*	regione	*region*	ricco	*rich*
noioso	*boring*	risultare	*to result*		
nuovo	*new*	servire	*to serve*		
piccolo	*small*	sorpresa	*surprise*		
pigro	*lazy*				
povero	*poor*				
preferito	*favourite*				
preoccupato	*worried*				
scortese	*rude*				
simpatico	*nice*				
triste	*sad*				
utile	*useful*				
vecchio	*old*				

*(For more adjectives describing **characteristics** see p.105)*

Capitolo VI

Al ristorante

This chapter will feature <u>Italian cuisine</u> which is famous all over the world because of its simplicity in preparation and its exquisite taste. You will learn how to order dinner, consisting of three courses, in a typical Italian restaurant.

In grammar you will master the use of five <u>prepositions</u> and their contracted forms with definite articles. In addition you will learn how to refer to people and things with the use of <u>demonstrative adjectives</u> and pronouns.

Prospetto

A	*Dialogo*	*Al ristorante "Rocco e i suoi fratelli"*
		1) Domande sul dialogo
		2) Note di cultura
		3) Vocabolario attivo:
		a) Pasta, b) Carne ,c) Pesce, d) Frutta, e) Verdura
		4) Attività sul vocabolario
B	Grammatica e pratica	
	I	**Simple prepositions**
	II	**Contraction** of **prepositions** and **articles**
	III	The **partitive** and **Ne**
	IV	The verb ANDARE with the prepositions: **a, in ,da.**
	V	**Demonstrative adjectives.**
	VI	**Demonstrative pronouns.**
C	Pratica riassuntiva	
D	Lettura di vita e costumi	**Sul Vesuvio**
F	Lettura di cultura	**La cucina italiana**
E	Vocabolario utile	

A   **Dialogo**   *Al ristorante "Rocco e i suoi fratelli"*

Angela porta i suoi amici di Chicago, John e Kathy Anderson, al ristorante *Rocco e i suoi fratelli* dove conosce il cameriere[1].

Cameriere:	**Ciao, Angela! Che piacere vederti![2] Sei in compagnia oggi?**
Angela:	**Ciao, Vincenzo, sono i miei amici che vengono dall'America.**
Vincenzo:	**Piacere. Benvenuti[3] in Italia e benvenuti al ristorante *Rocco e i suoi fratelli*. Dove preferite sedervi[4]?**
Angela:	**C'è un tavolo libero[5] sulla terrazza?**
Vincenzo:	**Per te e per i tuoi amici c'è sempre un tavolo libero.**
Angela:	**Vincenzo, sei proprio un amico.[6] Che cosa c'è di buono oggi?**
Vincenzo:	**Non c'è che l'imbarazzo della scelta.[7] Abbiamo spaghetti al pomodoro, linguine alle vongole,[8] pasta al forno,[9] tortellini alla panna,[10] e poi c'è anche pasta e fagioli[11] che è la specialità[12] del ristorante.**
Angela:	**Cominciamo da te, Kathy. Cosa preferisci?**
Kathy:	**Voglio provare[13] le linguine alle vongole.**
Angela:	**E tu, John, cosa scegli?**
John:	**Io prendo spaghetti con salsa di pomodoro. Non sono i Napoletani gli inventori degli spaghetti?**
Angela:	**Questo non è sicuro. Anche i Cinesi dicono di essere gli inventori degli spaghetti. Vincenzo, a me porta un piatto di pasta e fagioli.**
Vincenzo:	**E per secondo?**
	(Kathy prende frittura di pesce[14] con insalata[15] John prende agnello al forno[16] con patate[17] ed Angela pollo arrosto[18] con piselli[19]
Angela:	**Da bere[20] prendiamo una bottiglia[21] di *Lacrima Christi*. Dopo, frutta di stagione e un bel caffè espresso per tutti.**

I   *Key words*

1) Waiter, 2) what a pleasure to see you, 3) welcome, 4) to sit down, 5) empty table, 6) a real friend,
7) there is only the embarrassment of choice, 8) clams, 9) oven, 10) cream, 11) beans, 12) speciality, 13) to taste,
14) fried fish, 15) salad, 16) roasted lamb, 17) potatoes, 18) roasted chicken, 19) peas, 20) to drink, 21) bottle

II   *Domande per la comprensione*

1) Come si chiamano gli amici di Angela?
2) Di dove sono ?
3) Dove li fa sedere Vincenzo?
4) Che cosa offre il ristorante *Rocco e i suoi fratelli* per primo piatto?
5) Che cosa prendono Kathy e John per primo piatto?
6) Chi sono gli inventori degli spaghetti?
7) Che vino bevono?

III   *Complete the following sentences with the appropriate words of the dialogue:*

1) Angela porta gli amici————————dove—————-
2) Benvenuti in Italia e ——————dove————
3) C'è un tavolo—————
4) Abbiamo spaghetti—————-e poi————-
5) Voglio provare—————
6) Non sono i napoletani ——————————Anche i Cinesi dicono——————

IV   *Note di cultura:*

1) In Italy, there are more than one hundred different names for pasta depending on its shape. Italian names for pasta are used in most modern languages.

2) *Lacrima Christi* are two Latin words which mean *"the tears of Christ"*. It is also the name of a well known white wine produced in the fertile soil which surrounds Mt. Vesuvius.

3) In Italy, almost everybody, including children, drinks one or two glasses of wine during meals. In Italian culture, wine is part of the meal. It is interesting to notice that Italy has the lowest percentage of people who suffer from alcoholism. The reason is that Italians drink only wine, normally with meals, a custom which they have preserved from chilhood.

4) Usually, Italians do not eat sweets for dessert, but rather fresh fruits. They eat a piece of cake (*torta*) only on an important occasion, like a wedding, bithday, etc.

Chef in cucina.

Vocabolario attivo

Pasta (pasta)	*Carne (meat)*		*Pesce (fish)*	
i cappelletti	l' agnello	*lamb*	il baccalà	*cod*
i ditalini	la bistecca	*steak*	i calamari	*squid*
le fettuccine	la cotoletta	*cutlet*	il merluzzo	*whiting*
le lasagne	la fettina	*thin steak*	l' ostrica	*oyster*
le linguine	il maiale	*pork*	i gamberini	*shrimp*
i perciatelli	il manzo	*beef*	la sogliola	*sole*
i ravioli	il pollo	*chicken*	il tonno	*tuna (fish)*
gli spaghetti	la polpetta	*meatball*	le vongole	*clams*
i tortellini	il vitello	*veal*		
gli ziti	il tacchino	*turkey*		

Verdura (vegetable)		*Frutta (fruit)*		*Bibite (beverage)*	
l' aglio	*garlic*	l' arancia	*orange*	l' acqua	*water*
gli asparagi	*asparagus*	la banana	*banana*	l ' acqua minerale	*mineral water*
la carote	*carrots*	la ciliegia	*cherry*	l' aranciata	*orange soda*
i cavoli	*cabbage*	la fragola	*strawberry*	la birra	*beer*
le cipolla	*onion*	la mela	*apple*	la coca-cola	*coke*
i fagiolini	*stringbeans*	la pera	*pear*	il latte	*milk*

le patate	*potatoes*	la pesca	*peach*	il tè	*tea*
il peperone	*green pepper*	l'uva	*grapes*	il vino bianco	*white wine*
il vino rosso	*red wine*				
i piselli	*green peas*				
i pomodori	*tomatoes*				
gli spinaci	*spinach*				
gli zucchini	*zucchini*				

Condimento *(seasoning)*		**Coperto** *(table setting)*		*Altre parole*	
l'aceto	*vinegar*	il bicchiere	*glass*	l' antipasto	*appetizer*
l'olio d'oliva	*olive oil*	il coltello	*knife*	il brodo	*broth*
il pepe	*pepper*	il cucchiaio	*spoon*	la cena	*supper*
il sale	*salt*	il cucchiaino	*teaspoon*	la colazione	*breakfast*
lo zucchero	*sugar*	la forchetta	*fork*	la minestra	*soup*
		il piatto	*plate/dish*	la merenda	*snack*
		il piattino	*saucer*	il pane	*bread*
		la tazza	*cup*	il panino	*roll*
		il tovagliolo	*napkin*	il pranzo	*lunch/dinner*
		il riso	*rice*	il tramezzino	*sandwich*
		l'uovo *(sing)*	*egg*	le uova *(pl)*	*eggs*

Contorno *(side dish)*: gli asparagi *(asparagus)*, i carciofi *(artichokes)*, le carote *(carrots)*, i fagiolini *(string beans)*, i funghi *(mushroom)*, le patate *(potatoes)*, le patatine fritte *(french fries)* i piselli *(green peas)*, la verdura *(vegetables)*, l' insalata mista *(garden salad)*, l'insalata verde *(green salad)*.

Useful expressions

1) Dov'è la sala da pranzo? *Where is the dining room?*
2) Permesso? *May I come in?*
3) Avanti! *Come in!*
4) Permettetemi di presentarmi. *Let me introduce myself to you.*
5) Buon appetito! *Enjoy your meal!*
6) Gli spaghetti sono al dente. *The spaghetti are not overdone.*
7) Mi passi il sale, per favore? *Pass me the salt, please.*
8) Che cosa è questo? *What's this?*
9) Mi piace molto. *I like it a lot.*
10) Per piacere, dov'è il bagno? *Would you please tell me where the bathroom is?*

Supermercato

Pratica

I   Form sentences with the following nouns and the expressions: "Mi piace" "Mi piacciono", in the affirmative and negative forms.
Example: Zucchero - Mi piace lo zucchero—Non mi piace lo zucchero:

1) carne   2) antipasto   3) ravioli   4) vino rosso   5) scampi   6) latte

II   Ask your partner the following question. Follow the model.
<u>Ti piace (ti piacciono)</u>: il manzo coi piselli? - Sì, mi piace (mi piacciono). No, non mi piace (non mi piacciono).

1) Il pollo arrosto coi zucchini?
2) La sogliola con patate fritte?
3) Il maiale al forno coi fagiolini?
4) I tortellini con brodo di pollo?
5) I perciatelli con la salsa di pomodoro?
6) La sogliola fritta?
7) I ravioli con una fettina di carne e insalata verde?
8) Il vitello al forno con funghi e carciofi?
9) Gli spaghetti con le polpette?

III   Expand the previous exercise asking more students what they like or dislike.
(You may use the list of food of the Vocabolario attivo. *The verb piacere will be covered on ch. 10, p. 193).*

IV   In pairs, one student, should tell the other what he/she would like to order in an Italian restaurant. For the first course, choose the items listed under *Pasta*.
For the second, choose from the list: *carne, pesce, verdure.*

V   In groups of four students, one could play the role of a waiter (*Vincenzo*) in the dialogue, with three customers (*Angela, Kathy and John*), and order a typical Italian meal with first and second course, fruit, wine and coffee. Follow the model of the dialogue (p. 101) and order the items from the lists in *Vocabolario attivo.*

B   Grammatica e pratica

<u>Vocabolario</u>

Minidialogo

chiedere	*to ask*	degli	*of the*	dove	*where*
giornali	*newspapers*	non ne so niente	*I do not know anything*	mamma	*mom*
nonno	*grandfather*	occhiali	*eyeglasses*	perché	*why*
quello che	*what*	salotto	*living-room*	trovare	*to find*

Mamma: Giorgetto, dove sono i giornali <u>di</u> tua sorella e gli occhiali <u>del</u> nonno?

Giorgetto: I giornali di Marta sono <u>sul</u> tavolo <u>del</u> salotto e <u>degli</u> occhiali <u>del</u> nonno non ne so niente. Perchè chiedi sempre a me quello che non trovi?

     *Domande:*1) Come si chiama la sorella <u>di</u> Giorgetto? 2) Dove sono i giornali <u>di</u> Marta? 3) Dove sono gli occhiali <u>del</u> nonno?

I   Simple prepositions

1) Prepositions are words used to indicate the relationship of a noun or pronoun to another word in the sentence.

2) The most common prepositions are those indicating:

     a) <u>location</u>.   Angela abita **a** Napoli.
     b) <u>possession</u>.   La macchina **di** Angela è bianca.
     d) <u>direction</u>.   Gli Anderson ritornano **in** America.
     c) <u>time</u>.   Gli Anderson aspettano l'aereo **per** due ore.

2) The true prepositions in Italian are:

a (*at, in, to*);   **da** (*from, by*);   **di** (*of, 's*);   **in** (*into*);   **su** (*on*);   **con** (*with*);
per (*for*);   **senza** (*without*);   **tra/fra** (*within*);   **verso** (*towards*).

N. B.

1) The prepositions **tra** and **fra** are interchangeable:

Vado <u>fra</u> cinque minuti or vado <u>tra</u> cinque minuti.

2) The preposition **di** indicates three relations:

     a) *Possession*:   I giornali di Marta sono sul tavolo.   *Martha's newspapers are on the table.*
     b) *Origin*:   La fidanzata di Roberto è di Torino.   *Roberto's fiancée is from Turin.*
     c) The material something is *made of.*   In America ci sono molte case di legno.
                                       In America there are many wooden houses

3) Usually "*di*" drops the i and takes the apostrophe before a word beginning with a vowel:

La bandiera d'Italia è di tre colori.   *The Italian flag has three colors.*
Voglio comprare un orologio d'argento non d'oro. *I want to buy a silver watch, not a gold watch.*

Esempi modelli:
1) Vado <u>a</u> Torino. *I am going to Turin.*
2) John e Kathy vengono <u>da</u> Chicago. *John and Kathy come from Chicago.*
3) La macchina <u>di</u> Angela è italiana. *Angela's car is Italian.*

4) Angela va a mangiare gli spaghetti <u>con</u> Kathy e John.
Angela goes to eat spaghetti with Kathy and John.
5) Oggi Angela, Kathy e John partono <u>per</u> Ischia.
Today Angela, Kathy and John are leaving for Ischia.
6) Parto <u>senza</u> cappotto. *I am leaving without my coat.*
7) <u>Tra</u> te e me non ci sono segreti. *Between you and me there are no secrets.*
8) I turisti vanno <u>verso</u> il Vesuvio. *The tourists are going towards Vesuvius.*

II   Contractions *(Prepositions + definite articles)*

1)   In Italian, five prepositions: **a, da, di, in, su,** contract, that is, they form one word when they are followed by any definite article.

Notice the following characteristics: a) the article **il** drops *"i"* and attaches *"l"* to the five prepositions: a+il=al; da+il=dal; su+il=sul etc.
b) the articles beginning with *"l"* double "l" upon attaching to the prepositions: a+lo=allo; a+la=alla; a+l'=all'; da+le=dalle; su+la=sulla etc.
c)di and in undergo a change before they contract: *di* becomes *de*+il=del, della, degli, dei, and *in* becomes *ne*+il=nel, nella, nello, negli, nei, etc.

The following chart shows all the contractions:

	il	*lo*	*l'*	*la*	*l'*	*i*	*gli*	*le*
a+il=	al	allo	all'	alla	all'	ai	agli	alle
da+il=	dal	dallo	dall'	dalla	dall'	dai	dagli	dalle
di>de+il=	del	dello	dell'	della	dell'	dei	degli	delle
in>n+il	nel	nello	nell'	nella	nell'	nei	negli	nelle
su +il= +il=	sul	sullo	sull'	sulla	sull'	sui	sugli	sulle

2)   The preposition *con* is usually written separately from the article. However, it may contract only with "il" and "i",

Arturo si difende *col* bastone.   *Arthur defends himself with a stick.*
Vado al cinema *coi* compagni di scuola.   *I am going to the movie with my classmates.*

For more prepositions and their use, see ch. 6, p.121; ch.8, p.186; ch. 20, pp.408-409.

Pratica

Drills

I
Form complete sentences by contracting the given preposition with the corresponding article of the nouns in parentheses.
Example: Andiamo a (mare) - Andiamo al mare.

1) Vado a (università, museo, stadio, albergo, giardini pubblici).
2) Angela viene da (Vesuvio, ristorante, albergo, discoteca, montagne).
3) Il libro è di (professore, amico Vincenzo, studenti, studentesse).
4) John lascia la giacca in (macchina, aula, studio, ospedale, garage).
5) Giorgetto mette i libri su (tavola, letto, armadio, sedia, banco).

II
Insert the contracted preposition before the noun:

1) I ragazzi vanno ———— mare.
2) Le ragazze vengono ————-scuola.
3) I giocatori entrano ————-stadio.
4) I libri ——— professore sono ————tavolo.
5) I giorni ————settimana sono sette, i mesi ——-anno sono dodici.
6) L'auto ————signor Riva è ——— autorimessa (*garage*).

III
Supply the contracted preposition by translating the English words:

John e Kathy decidono di andare *-to the-* cinema. John compra i biglietti *-at the—* botteghino*(box-office)* che si trova *-at the-* entrata *-of the-* cinema. Si fermano a parlare *-in the-* atrio *-of the-* cinema *-with-* amici per dieci minuti. *-At the—*ora *-of the-* spettacolo si avvicinano *-to the-* porta d'entrata. John cerca i biglietti, ma non li trova. Guarda *-in the-* tasche (*pockets*) *-of the-* giacca. Niente. Guarda *-in the-* tasche *-of the-* pantaloni. Niente. *-At the-* fine decidono di andare *-to the-* bar.

Communication

IV
Ask your partner the following questions: *(Translate the English words into Italian).*

1) Vai spesso *to the movie? with whom?*
2) A che ora ritorna tuo padre *from work?* (lavoro)
3) A che ora entra il professore *in the classroom?* (aula)
4) Dove lasci la tua macchina quando sei a scuola?
5) Durante le vacanze vai al mare o ai monti?
6) Il sabato sera preferisci andare al cinema o alla discoteca?

V
Ask your friend the first part of the following questions.
He/she should complete the second part.
Example: Di dove viene il tuo fidanzato?
————stadio ————Juve - Viene dallo stadio della Juve.
1) Dove sono i quadri di Raffaello? ———-galleria ————-Uffizi.
2) Dove vai ogni mattina? ———-università e poi ————mercato.
3) A che ora pranzi e ceni? Pranzo ——-due e ceno——-otto.
4) Quando studi? Studio *(from)*——-tre —- cinque e — sei—- otto.
5) Dove leggi spesso il giornale? ——— salotto ———nonni.
6) Con chi vai in discoteca?
——— mio fidanzato (a) e ——— suoi amici.

III Partitivo

Minidialogo

<u>Vocabolario</u>

anche	*also*	al sacco	*packed lunch*	certamente	*certainly*
come	*as/like*	comprare	*to buy*	dimenticare	*to forget*
di nuovo	*again*	dopo	*after*	durante	*during*
escursione	*excursion*	formaggio	*cheese*	pane	*bread*
panini	*sandwiches*	piacere	*like*	scavi	*excavations*
spesso	*often*	subito	*at once*		

Kathy: Angela, dopo la visita agli scavi di Pompei andiamo a mangiare di nuovo al ristorante *Rocco e i suoi fratelli?*

Angela: No. Mangiamo al sacco, come fanno spesso gli Italiani durante le escursioni. Vado subito al supermercato per comprare <u>del pane</u>, <u>del salame</u> e <u>del formaggio</u> per fare <u>dei panini</u> che certamente vi piaceranno

Kathy: Non ti dimenticare di comprare anche <u>della coca-cola.</u>

Domande: 1) Dove vuole andare a mangiare Kathy. 2) Cosa fanno spesso gli Italiani? 3) Che cosa compra Angela? 4) Di che cosa non si deve dimenticare Angela?

1) The preposition *"di"* in contraction with all the definite articles is often used to indicate part of a whole (*del formaggio, del salame*) or part of a group of people (*dei ragazzi*) or an unspecified quantity (*dei panini, della Coca-cola*).
This construction is called ***Partitivo.***

2) *Del* corresponds to the English words *some* or *any*.

Voglio del formaggio.   *I want some cheese.*
Ho dei parenti in Italia.   *I have some relatives in Italy.*

Chart

	Masculine		Feminine	
	Singular	*Plural*	*Singular*	*Plural*
Voglio	**del** vino	**dei** panini	**della** frutta	**delle** mele
	dello zucchero	**degli** spaghetti	**dell'**acqua	**delle** arance

> Voglio degli spaghetti.
> Volete del pane?
> No. Vogliamo dei biscotti.

N. B.

1) In negative and interrogative sentences, the partitive is not used.

Prendi vino rosso o vino bianco?   *Would you like red or white wine?*
Non prendo né vino rosso né vino bianco.   *I drink neither red wine nor white wine.*

2) Notice that the expression *un pò di* is the shortened form *un poco di* which means *"a little bit of"*.

Vorrei un pò di latte nel caffè.   *I would like a little bit of milk in my coffee.*

Nota il prezzo della frutta in euro

Pratica

I   Supply the correct partitive of the following sentences:

1) La signora Beltrani va al mercato per comprare ——-prosciutto e —formaggio   per fare –panini imbottiti .
2) Poi va alla macelleria e compra ——fettine e ——carne triturata per fare —polpette.
3) Alla fine va alla panetteria e compra ——biscotti e ——paste per la colazione dei suoi bambini.

II   Ask your classmate if he/she has some relative or friend in Italy.
Example: Cugini - Hai dei cugini in Italia? - Sì, ho dei cugini in Italia.
1) zii 2) zie 3) nonni 4) sorelle 5) fratelli 6) amici 7) amiche.

III   In groups of five, students should ask if he/she drinks the following liquors.
Model: Cognac - Bevi <u>del</u> cognac qualche volta?- Sì bevo <u>del</u> cognac qualche volta.
(You may also use: *spesso, sempre, mai*).

Whisky 2) birra 3) vino italiano 4) spumante 5) champagne francese 6) aperitivo italiano 7) Martini.

IV   **Ne**

> Vuoi del salame?
> No. Non ne voglio.
> Avete degli zii in Italia?
> Si. Ne abbiamo quattro.

1)   The pronoun *ne* means *"of it, of them"* and it is used to replace the partitive idea which was discussed earlier. It is invariable, that is, it can replace masculine, feminine, singular and plural nouns:

Kathy, vuoi delle pesche napoletane? Sì, ne voglio.
Kathy, do you want some Neapolitan peaches? Yes, I want some of them.
John, vuoi del caffè nero? No, non ne voglio. *John, do you want some black coffee? No, thank you.*

2)   **Ne** is frequently used with numerals and adjectives of quantity:

Angela, hai molti fratelli? Ne ho uno solo.   *Angela, do you have many brothers? I have just one.*
E quante macchine hai? Ne ho due.   *How many cars do you have? I have two.*

Remember: a) In compound tenses with *essere,* the past partiple agrees with the subject all the time.

Sono venute molte ragazze alla festa? <u>Ne</u> sono venute alcune.
Did many girls come to the party? Some of them came.

b) the position of "ne" follow that of the pronouns, that is, "ne" precedes a conjugate verb but is attached to
an infinitive.

Mangi molta frutta? Sì, <u>ne</u> mangio molta.   *Do you eat lot of fruit? Yes, I eat a lot of it.*

E' utile mangiare molta frutta? Sì, è utile mangiar<u>ne</u> molta.
Is it useful to eat lot of fruit? Yes, it is useful to eat a lot of it.

Pratica

I   Replace the direct object with *ne* in the following sentences.
             Example: Vincenzo scrive molte lettere - Vincenzo ne scrive molte.

             1) Mio nonno legge molti giornali.
             2) Gli Italiani mangiano molti spaghetti.
             3) Gli Americani bevono molta birra.
             4) Kathy e John fanno molte fotografie in Italia.
             5) In una settimana il professore riesce a spiegare due lezioni d'italiano.
             6) Ho molti amici in Italia.

II   Ask another student the following questions:
Example: Mangi molta carne? - Sì, ne mangio molta.

1) Bevi molto latte la mattina?
2) Quante tazze di caffè bevi ogni giorno? *(Tre)*.
3) Metti del sale nella tua insalata?
4) Hai molte sorelle? *(Due)*.
5) Hai alcuni cugini in Italia? *(Sei)*.
6) Metti spesso un pò di latte nel tuo caffè? *(Un poco)*.

Ravioli fatti in casa.

V   **Andare** *(to go)* with the prepositions: **a** *(to)*, **in** *(to, by)*, **da.** *(at, from)*.

A)   <u>Andare</u> is used with the preposition **a:**

1)   When it is followed by *an infinitive*:

-Kathy e John vanno **a** mangiare al ristorante "Rocco e i suoi fratelli".
Kathy and John are going to eat at the restaurant "Rocco e i suoi fratelli".
-Angela va **a** comprare del latte e dei panini. *Angela goes to buy some milk and some sandwiches.*
-Vado **a** dormire. *I am going to sleep.*

2)   When expressing a place, such as: *a town, a city, a small island.*

Kathy, John ed Angela vanno <u>a Pompei.</u>
Anna Cataldi va <u>a Torino.</u>
Kathy, John e Angela <u>vanno a Capri.</u>

N. B.

Andare is also used with **a** and some common nouns, such as:
andare <u>a casa</u> *(home)*; <u>a cena</u> *(for dinner)*; <u>a letto</u> *(to bed)*; <u>a pranzo</u> *(for lunch)*; <u>a scuola</u> *(to school)*; <u>a tavola</u> *(for dinner)*; al centro *(down town)*; andare <u>a piedi</u> *(to go on foot)*.

B)   **Andare** is used with the preposition **in:**

1)   When expressing a place, such as: a *continent, a country, a big island.*

Mio padre va in Europa tutti gli anni.   *My father goes to Europe every year.*
Vado in Italia molto spesso.   *I go to Italy very often.*
I miei cugini vanno in Sicilia.   *My cousins go to Sicily.*

Notes: a) Use the article when the country name is modified.

Vado nell'Italia centrale.   *I am going to central Italy*
Andremo nell'Egitto dei Faraoni.   *We will go to the Egypt of the Pharaoh.*
b) The adverb "ci" *(there)* may replace nouns referring to places preceded by the prepositions "a" or "su". Vai in biblioteca oggi? Sì, ci vado. *Are you going to the library today? Yes, I will go there.*

2)   When expressing *means of transportation*:

I ragazzi vanno a scuola in autobus.   *Children go to school by bus.*
Angela va al mercato in macchina.   *Angela goes to the market by car.*
Vado in Italia in aereo.   *I am going to Italy by airplane.*

N. B.

Andare is also used with the preposition **in** with the following common names: andare in biblioteca. *(To go to the library)*; in camera *(room)*; in campagna *(country)*; in chiesa *(church)*; in città *(town)*; in cucina *(kitchen)*; in ufficio *(office)*.

C)   **Andare** is used with the preposition **da** to indicate a person's house, office or workplace.

-Tutte le domeniche andiamo dai nonni.   *Every Sunday we go to our grandparents' house.*
-La macchina non funziona, devo andare dal meccanico.
My car doesn't work, I must go to the mechanic's shop.
-Mia nonna va dal medico.   *My grandmother goes to the physician's office.*
-Angela, Kathy e John vanno da Geppetto   *They go to Geppetto's restaurant.*
-Stasera gli amici vengono da me.   *Tonight my friends are coming to my house.*

Note.   The preposition **da** is often used before a noun or a verb to express *purpose* or *intended use*. It corresponds to compound words common in English:
Cane da caccia *(hunting dog);* carta da scrivere*(writing paper);* carta da gioco *(playing cards)*; cavallo da corsa *(race horse);* macchina da scrivere *(typewriter)*; stanza da bagno*(bathroom)* ; stanza da letto *(bedroom)*; stanza da pranzo *(dining room)*; tazza da caffè *(coffee cup)*; vestito da sera *(evening dress).*

Vado a Roma   **Vado in Italia.**
Vai a Nuova York   **No. Vado in Florida.**
Andate a Parigi?   **Andiamo in Francia.**
Vanno a Berlino.   **Poi andranno in Russia.**

Vado a Boston in auto, poi andrò in Italia in aereo.
Andiamo a Filadelfia in autobus, poi andremo in California in treno.

Alle nove di mattina vado dal medico, all'una del pomeriggio vado dal meccanico e stasera andrò da mio nonno.

Pratica

I   Ask your classmate the following questions.
Example: Dove vai adesso?- Stadio - Vado allo stadio.

      1) Dove vai questa sera? (*Cinema*).
      2) Dove vai tutti i giorni? (*Supermercato*).
      3) Vai spesso a Nuova York? (*Answer negatively*).
      4) Dove vai durante l'estate a Miami o a San Diego?
      5) Vai a mangiare spesso al ristorante? (*Answer affirmatively*).
      6) Che cosa vai a fare all'università? (*Studiare*).

II   Ask your partner the following:

      1) Come preferisci andare in Europa? (*Aereo*).
      2) Come vai a scuola, in macchina, in autobus o a piedi? (*Car*).
      3) Hai paura di andare in elicottero?
      4) Vai spesso al parco in bicicletta?
      5) Preferisci andare in treno, in macchina o in aereo da Chicago a Miami?

III   In groups of four students ask each other the following questions: where are you going during the summer and how? Follow the model: Italia/aereo. <u>Durante l'estate</u> vado in Italia in aereo.

      1) Europa/aereo.
      2) Australia/aereo.
      3) California/treno.
      4) New York/autobus.
      5) Sicilia/aereo.
      6) Spiaggia/motocicletta.
      7) Parco/bicicletta.

VI   Demonstrative adjectives *(Aggettivi dimostrativi)*

Minidialogo

Vocabolario

aiutare	*to help*	benedetti	*blessed*	capire	*to understand*
facile	*easy*	hai ragione	*you are right*	la ringrazio	*thank you*
meglio	*better*	ne sono sicuro	*I am sure*	può	*can*
quella	*that*	questa	*this*	scoraggiare	*to discourage*
sui	*about/on*	un pò	*a little*		

Roberto: Signorina Giulia, <u>questa lezione</u> sui verbi irregolari è un pò difficile, <u>quella</u> sugli aggettivi è più facile.
Giulia: Hai ragione, <u>questi</u> benedetti verbi irregolari. . .
           Non ti scoraggiare. . . <u>Questo libro</u> ti può aiutare a capire meglio.
Roberto: Ne sono sicuro. La ringrazio, signorina.

Domande: 1) Che cosa è difficile per Roberto? 2) Che cosa è più facile?
3) Chi può aiutare Roberto ?

1)   In Italian, there are two demonstrative adjectives which situate persons or things according to the proximity of the subject of the sentence. **Questo** *(this)* points out a noun near the speaker:
Questo libro è interessante. *This book is interesting.*
Quello *(that)* indicates nouns near the listener or far from both the speaker and the listener:

-Quella penna che hai in mano è del professore.
That pen you have in your hand belongs to the professor.

-Quell'automobile nel parcheggio è di Angela.
That car over there in the parking lot belongs to Angela.

2)   <u>Questo</u> and <u>quello</u> always precede a noun or an adjective and agree with them in gender and number:

Questo ragazzo è italiano.	*This boy is Italian.*
Quelle ragazze sono americane.	*Those girls are American.*
Quel libro è interessante.	*That book is interesting.*
Quei libri costano venti dollari.	*Those books cost twenty dollars.*

3) **Questo** has four forms, as all adjectives do, ending in -*o*.
It drops the final-*o* and takes the apostophe when it is followed by a noun *(masculine or feminine)* which begins with a vowel: quest'anno, quest'uomo, quest'arancia, quest'aquila.

	Singular	*Plural*
Masculine	questo	questi
Feminine	questa	queste

4) When **quello** is followed by a noun has the same forms as the definite articles: <u>il, lo, l'</u>, <u>la</u>, l' , <u>i</u>, <u>gli</u>, <u>le</u> *(see ch. 1, p.18):*

Quel ragazzo, quei ragazzi, quell'albero.

The adjective **Bello** *(beautiful)* also takes the same forms when is followed by a noun:

bel bambino, bei bambini, bell'estate, begli istituti.

Chart of *quello* and ***bello***

	Singular		*Plural*	
Masculine	quel	bel	quei	bei
	quello	bello	quegli	begli
	quell'	bell'	quegli	begli
Feminine	quella	bella	quelle	belle
	quell'	bell'	quelle	belle

N. B.

1) **Bello**, most of the time, precedes a noun and takes the above forms. When it is placed after a noun it takes the four regular forms: *bellò, bella, belli, belle.*

Notice the following examples:

Ho un bel libro.   *I have a beautiful book.*
Ho un libro bello.   *I have a really beautiful book.*
Capri è una bell'isola.   *Capri is a beautiful island.*
Capri è un' isola bella.   *Capri is indeed a beautiful island.*
Maria è una bella ragazza.   *Mary is a pretty girl.*
Maria è una ragazza bella.   *Mary is truly a pretty girl.*

In the second examples, the emphasis is on the adjective *bello.*

2)   When **bello** is also placed after the verb *essere* the four forms are always used:

-E' bello andare sulla funivia? Sì, è bello.
Is it beautiful to take a ride on the chair lift? Yes, it is beautiful.
-Sono belli quegli alberi? Sì, sono belli.
Are those trees beautiful? Yes, they are beautiful.

Questo libro è interessante. Quello è noioso.
Questa borsa costa 40 euro. Quella costa 50 euro.
Questi ragazzi sono bravi. Quelli sono intelligenti.
Queste ragazze sono canadesi. Quelle sono americane.

Quello studente è italiano. Questo è spagnolo.
Quegli studenti sono francesi. Questi sono tedeschi.
Quei bambini sono simpatici. Questi sono cattivi
Quella signora ha 40 anni. Questa ne ha 43.
Quella sigorine sono maestre. Queste sono segretarie.

Pratica

Drills

I   Supply the correct forms of <u>questo</u> in the
following sentences:

1)————-libro non è molto interessante.
2)————-casa è dei miei nonni.
3) Vincenzo ha comprato————-riviste.
4) Angela ha comprato ————-giornali.
5) Mio nonno è ricoverato in ————-ospedale.
6) Riposiamo sotto ———— albero.
7)————studenti sono bravi.
8)————lezioni sono difficili.

II   Supply the correct forms of <u>quello</u> in the
following sentences:

1)————-signora è la mia professoressa.
2)————-studente è americano.
3)————-ragazze sedute nel bar sono italiane.
4) Ti consiglio di dormire in ————-albergo.
5) Dovresti leggere ————giornali.
6) Angela preferisce bere————-aranciata.
7)————studenti che parlano con il professore
sono inglesi.

Cena in famiglia

Communication

III   Ask two of your classmates the following questions. One may answer affirmatively and the other negatively, using <u>bello.</u> Example: È —— la tua auto? - Sì, la mia auto è bella - No, la mia auto non è bella.

1) Oggi è una ———— giornata?
2) Ha un ———- studio tuo padre?
3) Nel tuo giardino ci sono molti ———-fiori?
4) La rosa è un ———- fiore?
5) Capri è una ———— isola?
6) John e Kathy comprano delle ———-cartoline di Napoli?
7) I figli di John e Kathy sono dei ———bambini?

VII   **Demonstrative pronouns**

When *questo* and *quello* are used alone they function as pronouns, that is, they replace the demonstrative adjective plus the noun. In this case they have four regular forms and agree in gender and number with the noun replaced.

	Singular	*Plural*
Masculine	questo	questi
	quello	quelli
Feminine	questa	queste
	quella	quelle

-Il professore vuole questo libro, non *quello.*
The professor wants this book, not that one.
-Questa macchina è mia, *quella* è di Angela
This car is mine, Angela's is that over there.
-Questi ragazzi nel bar sono americani, *quelli* in piazza sono italiani.
These boys in the bar are Americans, those in the square are Italians.

Pratica

I   Complete the following sentences by using the pronouns <u>quello</u>.

1) Questo ragazzo è bravo, ———— è pigro.
2) Questa ragazza è americana,————italiana.
3) Questi libri sono noiosi, ———- sono interessanti.
4) Questa giacca è cara, preferisco————.
5) Queste sedie sono comode, ma ———— sono più comode.
6) Questi ravioli non sono troppo saporiti, preferisco ————.

II   Angela and Kathy want to buy some fruit and are arguing with the vendor. Follow the model: mele/questo/quello. Vendor: Preferite queste mele? - Angela and Kathy: No, preferiamo quelle.

1) Banane/quello/questo   2) Arance/questo/quello.
3) Pesche/quello/questo   4) Fragole/quello/questo
5) Uva/questo/quello   6) Mele/questo/quello

C   **Pratica riassuntiva**

I   Express that the following persons are going to the given places.
           Example: Angela/ mercato. - Angela va al mercato.

           1) Alfredo/teatro   2) nonni/ospedale
           3) Io/farmacia   4) tu/università
           5) Carlo ed io/stadio   6) Il professore/Roma
           7) Angela e tu/banca   8) Gli amici/bar

II   In pairs, ask and answer the following questions:

           1) Dove vai stasera? (*bar*).
           2) Dove vai questo weekend? (*parco)*.
           3) Vai a scuola tutti i giorni? (*answer affirmatively*).
           4) In quali giorni non vai a scuola? (*sabato e domenica*).
           5) Come vai a scuola, in autobus, in macchina, in bicicletta o a piedi?
           6) Con chi vai spesso al cinema? (*amico/a*).

III   Ask your partner the following questions:

           1) Dove lasci la macchina? (*posteggio*).
           2) Dove vai tutti i giorni? (*università*).
           3) Con chi vai spesso in discoteca? (*mio fidanzato [a]*).
           4) Dove sono i libri del professore? (*cattedra*).
           5) Dove lavora Vincenzo, l'amico di Angela? (*ristorante*).
           6) Da dove vengono John e Kathy? (*Chicago*).

IV   In pairs, ask what you buy when you go to a supermarket. Use the given list or invent other items.
           Remember: you must use the partitive idea.   Example: pere - Compro delle pere.

           1) banane   2) panini   3) latte   4) marmellata
           5) spaghetti   6) pane   7) caffè   8) cotolette

V   In groups of four students ask each other how many of these relatives you have.
           Model: Quante nonne hai? [2] - Ne ho due.

           1) fratelli [2].   2) sorelle [1]   3) nonni [4]   4) zii [7]
           5) cugini [8]   6) cognati [1];   7) nipoti [3]   8) zie [6]

VI   From a group, elect one student who will play the role of a waiter. The rest of the students will play the
           role of customers in an Italian restaurant. Follow the initial dialogue *(on pag. 101)* or the following model:

           Cameriere: Desiderano, signori?
           Luciano: Vorremmo pranzare. Abbiamo una fame da lupi.
           Cameriere: Ecco la lista.
           Luciano: Per primo mi porti spaghetti alle vongole,
                             per secondo pollo arrosto e zucchini, alla
                             fine un gelato e poi un espresso.
           Cameriere: E da bere?
           Luciano: Un quarto di vino rosso.
           Caterina: Per me tortellini in brodo, per secondo,
                             sogliola e patate al forno, poi frutta fresca,
                             alla fine, anche per me un espresso.
           Cameriere: E da bere, signorina?
           Caterina   Una bottiglia di acqua minerale.   *(You may use the vocabulary on p. 118).*

D   Lettura di vita e cultura

Dopo la visita agli scavi[1] di Pompei, Angela porta gli amici americani sul Vesuvio. Con la macchina vanno fino[2] a un certo punto, poi, per salire fino al cratere[3] del vulcano, prendono la seggiovia.[4] La funicolare,[5] a cui è dedicata la famosa canzone[6] *"Funiculì, funiculà"* non c'è più da molti anni.

Sulla vetta,[7] gli ospiti restano affascinati:[8] il cratere è veramente impressionante[9] e sui fianchi[10] ci sono ancora numerose fumarole.[11] Anche il panorama è immenso e meraviglioso.[12] Angela fa da guida:[13] quella laggiù[14] è Napoli -dice Angela -con il porto, quella è la collina[15] del Vomero, quella è via Caracciolo; si vede bene la Villa Comunale con tutti quegli alberi.

Angela continua ad indicare le bellezze del golfo di Napoli: quell'isola grande è Ischia, quell'altra isola piccola è Capri, molto amata e frequentata dai turisti americani.

Quella cittadina[16] laggiù è Sorrento. Appena sente[17] la parola "Sorrento", John incomincia a cantare:[18] "Vedi o' mare quant'è bello". . . Angela lo accompagna e insieme cantano due strofe[19] della famosa canzone. Kathy ascolta divertita[20] e poi commenta: "Non la cantate come Pavarotti, ma non c'è male."[21] Tutti ridono allegramente.

I   *Key words*

1)Excavations 2)until 3)crater of Vesuvius 4)chair lift 5)cable railway 6)song 7)summit 8)fascinated 9)impressive 10)side slopes 11)fumarole 12)wonderful view 13)acts as a guide 14)down there 15)hill 16)small town 17)as soon as he hears 18)starts singing 19)together they sing two stanzas 20)listens with enjoyment 21)not too bad.

II   *Domande per la comprensione della lettura.*

1) Angela dove porta gli amici americani?
2) Come vanno fino al cratere del vulcano?
3) Esiste ancora la funicolare? Perchè è famosa?
4) Che cosa c'è sui fianchi del cratere?
5) Che cosa si vede dalla vetta del Vesuvio?
6) Perchè Sorrento è famosa?

III   *Vero o falso?*

1) Dopo la visita a Pompei Angela porta gli amici americani a Capri.
2) La funicolare non c'è più da molti anni.
3) Il cratere del Vesuvio è veramente impressionante.
4) Il panorama è immenso e meraviglioso.
5)John fa da cicerone.
6) Sorrento è nell'isola di Capri.
7) Kathy canta la famosa canzone; Angela e John ascoltano.

IV   *Underline all the contracted prepositions in the reading.*

Napoli

V   *Note di cultura*

1) Vesuvius is a volcano East of the city of Naples. Neapolitans say that it is a blessing and a curse to the city. It is a blessing because it creates a beautiful landscape for the city, and attracts many tourists. Also, the volcanic ashes increase the fertility of the land which sorrounds the mountain enabling some farmers to produce four crops a year. Vesuvius is also regarded as a curse because when it erupts it causes immense damage to the surrounding towns. The most tragic and terrible eruption occurred in 70 B. C. which buried the densely populated cities of Herculaneum and Pompei.
2) Naples is the third most populated city (after Rome and Milan) in Italy.
Among other things, it is famous for the beauty of its panorama, one of the prettiest in the world, for its mild climate and for its melodious songs, known worldwide, such as: *Torna a Sorrento* (which John and Angela were singing on top of Vesuvius), *O' Sole mio, Santa Lucia, Funicculì-Funiccul*à.
3) Capri *(when pronouncing this word stress the "a" not the "i", as the French and Americans frequently do: Càpri not Caprì)* is located half an hour by hydrofoil from Naples. It also has been famous for its beauty, its climate and its *Grotta azzurra* - blue grotto - since the time of the Roman Empire. As a matter of fact, the Emperor Tiberius used to live there. The ruins of his luxurious palace can still be visited.
4) Ischia is located west of the port of Naples. It is not as famous as Capri. Only after World War II did it become a resort for many Italian and foreign tourists because of its attractive beaches, mild climate and numerous health spas.
5) Here are the lyrics of the famous song: *(It was written in Neapolitan dialect; however, it is offered here in Italian version for your comprehension).*

"Torna a Sorrento":

Vedi il mare quant'è bello	Senti come lieve sale
spira tanto sentimento	dai giardini odor d'aranci
come il tuo soave accento	un profumo non v'ha uguale
che me, desto, fa sognar.	per chi palpita d'amor.
E tu dici: "Io parto, addio",	Ma non mi fuggir
t'allontani dal mio cuore.	non darmi più tormento
questa terra dell'amore,	torna a Sorrento,
hai la forza di lasciar.	non farmi morir!

VI   *Conversation*

From a group, students can elect a guide who will lead the class in a conversation about traveling, in general, and about Italy, Naples and its sorroundings, in particular. He/she may ask how to get there (means of transportation), what they would like to visit most: Capri, la Grotta azzurra, Sorrento, Pompei, il Vesuvio; what they would like to eat there: la pizza napoletana, le linguine con le vongole, gli spaghetti al pomodoro, etc. Which Neapoletan songs would they like to listen to during their meal: *Torna a Sorrento, O' Sole mio, Mare chiaro, Santa Lucia, Finestra che lucìa*. Others.

E Lettura di cultura *La cucina italiana*

La cucina italiana è famosa in tutto il mondo perchè è saporita e facile da preparare. Gli Italiani mangiano tre volte al giorno[1] e iniziano la loro giornata[2] con un buon caffè espresso, bello caldo e forte.[3] In nessuna casa italiana manca la caffettiera.[4]

Verso l'una e mezzo gli Italiani consumano il pasto principale, il pranzo,[5] che consiste di primo e secondo[6] piatto e frutta. Il primo piatto tipico della cucina italiana è la pasta. Questa prende nomi diversi a seconda della forma:[7] spaghetti, fettuccine, tagliatelle, farfalle, penne, orecchiette, bucatini, ravioli, lasagne.

La pasta è condita con salsa[8] di pomodoro o con sugo di carne, e con abbondante formaggio grattugiato; questa è chiamata "pasta asciutta". Spesso la pasta è cotta e servita nel brodo di pollo o di carne, ed è chiamata "minestra" (*soup*); se è mescolata ai legumi e alla verdura, si ottiene il "minestrone".

Ogni regione in Italia ha il suo piatto tipico: gli spaghetti a Napoli, le orecchiette a Bari, la porchetta a Roma, le tagliatelle a Bologna, la pasta col pesto a Genova, il risotto con lo zafferano a Milano . . .

Il secondo piatto consiste in carne o pesce, con contorno di patatine, di piselli, di melanzane, di verdure e soprattutto d' insalata verde. Il pranzo italiano si conclude con la frutta fresca di stagione e con il caffè. Generalmente gli Italiani a tavola bevono il vino rosso o bianco. Nei giorni di festa o nelle grandi occasioni, prima del pranzo, viene servito l'antipasto[9] (prosciutto,[10] salame, olive, sottaceti, uova sode. . .) e, alla fine, il dolce.[11]

La cena è più leggera ed è anch'essa molto varia: consiste in un piatto di minestra e in un secondo- spesso con dei formaggi e con dei contorni- e viene consumata nella tarda serata.

I *Key words.*

(You may find most of the specific words of this reading in the Vocabolario utile.*In addition, here are the following expressions):*
1) tre volte al giorno/ *three times a day*, 2) iniziano la giornata (*they begin their day*), 3) bello caldo e forte (*really hot and strong*), 4)in nessuna casa italiana manca la caffettiera (*no Italian house lacks a coffee pot*), 5) pranzo, il pasto principale (*dinner, the main meal* 6) di primo e di secondo piatto (*first and second dishes*), 7) a seconda della forma (*according to the shape*), 8) condita con sugo (*seasoned with sauce*), 9) antipasti (*hors d'oeuvre*), 10) prosciutto, sottaceti, uova sode (*cured ham, pickles, hard boiled eggs*), 11) dolce (*cake or any kind of sweet for dessert*)..

II *Rispondi alla domanda esatta:*

1) La cucina italiana è famosa: a) in tutta l'Asia; b) nelle due Americhe; c) in tutto il mondo?

2) Gli Italiani iniziano la giornata: a) con una colazione di uova e pancetta; b) con un buon caffè espresso; c) con un cocktail?

3) In nessuna casa italiana manca: a) il pianoforte; b) la lavatrice; c) la caffettiera?

4) Il primo piatto di un tipico pranzo italiano è: a) un buon piatto d'inzalata; b) un piatto di pesce fritto; c) un piatto di pasta?

5) La pasta è condita: a) con brodo di pollo; b) con salsa di pomodoro; c) con ketchup?

6) Perchè è famosa in tutto il mondo la cucina italiana?
7) La pasta italiana da che cosa prende i nomi?
8) Gli Italiani bevono vino con i pasti?

III   *Note di cultura*

1) Italy is a country where the most pasta per capita is consumed in the world, followed by the United States.
2) In small towns, especially in the South of Italy, housewives still prefer to make their own homemade pasta.
3) Many people have the impression that Italians eat only pasta everyday.
As a matter of fact, pasta constitutes only the first dish to be followed by "il secondo piatto", which consists of meat, fish and vegetables. Each one of these dishes have more variations than it is possible to imagine. Here are some variations of meat dishes: *veal parmigiana, scaloppine, saltimbocca, bistecca alla fiorentina, filetto di maiale, fettine, osso buco, agnello o capretto al forno, pollo fritto, al forno, alla cacciatore, etc., etc.*
4) On top of their pasta Italians put some grated cheese. The most used types are: *parmigiano, romano, pecorino.*
5) Italians never eat salad at the beginning of their meals, but as a side dish with a second course. Also, Italians never drink coffee at the beginning, but always at the end of their meal.

IV   *Conversation*   *(Optional)*
In groups, each student asks some of the following questions or other questions about Italian cuisine:

1) Ti piace la cucina italiana? perchè?
2) Qual è il tuo piatto di pasta preferito: spaghetti, linguine, lasagne, ravioli? (*You may use other items listed on* <u>Vocabolario Attivo</u>, *pag. 118*).
3) Qual è il tuo secondo piatto preferito? (*Use one item from the list of* carne *or* pesce *and one item from the list of* verdure *from the* <u>Vocabolario attivo</u> *(p. 118).*
Model: il mio secondo piatto preferito è: filetto di maiale e patate fritte *or* fettine e melanzane *or* osso buco con patate al sugo *or* agnello al forno con insalata verde.
4) Alla fine, che cosa preferisci: frutta fresca, dolce o gelato?
5) Vino rosso o vino bianco? 6) Caffè alla fine o al principio del pranzo?

INGREDIENTI
(per 4/6 persone)
● 400 g di spaghetti
● 1 kg di vongole "veraci"
● 1 spicchio d'aglio
● un mazzetto di prezzemolo
● 4 o 5 pomodorini a ciliegia
● un bicchiere di vino bianco secco
● olio d'oliva
● sale
● pepe

Gli spaghetti alle vongole
Tutti i segreti di uno dei piatti cardine della cucina italiana

F   Vocabolario utile

Nomi		Verbi	
l'albero	*tree*	amare	*to love*
gli amici	*friends*	ascoltare	*to listen*
l'anno	*year*	cominciare	*to begin*
la bellezza	*beauty*	concludere	*to conclude, finish*
la canzone	*song*	consistere	*to consist*
la carne	*meat*	piacere	*to like*
il contorno	*side dish*	portare	*to bring, take, wear*
la melanzana	*eggplant*	prendere	*to take*
l' insalata	*salad*	salire	*to go out, climb*
l'isola	*island*	scegliere	*to choose*
i legumi	*legumes, vegetables*	scendere	*to go down, descend*
le olive	*olives*	vedere	*to see*
la macchina	*car, machine*		
il panorama	*landscape*		
la pasta e fagioli	*noodles and beans*		
il pasto	*meal*		
il pesce	*fish*		
il piatto	*plate*		
la porta	*door*		
la serata	*evening*		
i sottaceti	*pickles*		
il sugo	*sauce, gravy*		
la stagione	*season*		
la tavola	*dinner table*		
la verdura	*vegetable*		

Altre parole utili

abbondante	*plentiful*
allegramente	*cheerful*
ancora	*still*
difatti	*in fact*
diverso	*different*
dopo	*after*
facile	*easy*
grattuggiato	*grated*
insieme	*together*
laggiù	*down there*
libero	*free*
mescolato	*mixed*
piccolo	*small, little*
proprio	*really*
saporito	*tasty*
sicuro	*sure*
spesso	*often*
veramente	*truly*
verso	*toward*

Parole analoghe

accompagnare	*to accompany*
commentare	*to comment*
certo	*certain*
continuare	*to continue*
cratere	*crater*
dedicare	*to dedicate*
famosa	*famous*
golfo	*gulf*
immenso	*immense*
porto	*port*
turista	*tourist*
visita	*visit*

Nel ristorante

l'antipasto	*hors d'oeuvre*	la torta	*cake*
il bicchiere	*glass (of water, wine)*	la tovaglia	*table cloth*
il brindisi	*toast*	il tovagliolo	*napkin*
la cameriera	*the waitress*	il vino bianco/rosso	*white/red wine*
il cameriere	*the waiter*		
cenare	*to eat dinner*	<u>primo piatto</u>	minestra
il coltello	*knife*		minestrone
il conto	*bill*		spaghetti:
il contorno	*side dish*		all'Alfredo
il coperto	*cover charge*		alla bolognese
il cucchiaio	*spoon*		alla carbonara
il cucchiaino	*teaspoon*		alla marinara
il dolce	*dessert*		al pomodoro
la forchetta	*fork*		alle vongole
la frutta	*fruit*		aglio e olio
la mancia	*tip*		
il menù	*menu*	<u>secondo piatto</u>	<u>carne</u>
la minestra	*soup*		bollita
il minestrone	*vegetable soup*		arrostita
il piatto	*plate*		al forno
il servizio	*service*		alla griglia
lo spumante	*sparkling wine*		alla milanese
la tavola	*dinner table*		allo spiedo
la tazza	*cup*		<u>pesce</u>

Nel bar

l'acqua minerale	*mineral water*	la colazione	*breakfast*
l'aperitivo	*aperitif*	il latte	*milk*
la cioccolata calda	*hot chocolate*	il panino	*sandwich*
il/la barista	*bartender*	la spremuta	*squeezed juice*
la brioche	*croissant*	il succo di frutta	*fruit juice*
il caffellatte	*coffee and milk*	il tè caldo	*hot tea*
il caffè corretto	*coffee with liquor*	il tè freddo	*iced tea*
il caffè espresso	*espresso coffee*	il tramezzino	*flat sandwich*
il caffè ristretto	*strong coffee*	il gelato	*ice cream*
il cappuccino	*cappuccino*	il dolce	*sweet, dessert*

Names of food are listed on p 118-119

Capitolo VII

La bella Italia

> This chapter will take you on a trip to <u>Italy from South to North</u> and enable you to learn about its past history, its magnificent cities, art and the beauty of its landscape.
>
> The grammar section will attempt to differentiate between <u>transitive</u> and <u>intransitive</u> verbs and explains the notion and function of <u>direct object </u>of nouns and pronouns.

Prospetto

A   Dialogo   *Viaggio in Italia con l'Alitalia*

           1) Domande sul dialogo
           2) Note di cultura
           3) Vocabolario attivo: *a) Regioni e città italiane*
           b) Fiumi, laghi, mari, ecc.
           4) Attività sul vocabolario attivo

B   Grammatica e pratica
       I   **Direct object pronouns**
       II   **Present perfect** (*Passato prossimo*)
       III   Present **perfect** with **Avere**
       IV   Present **perfect** *with* **Essere**
       V   **Agreement** *with* **direct object** *and pres. perfect with* **Avere**
       VI   Numerals from **30 to 100**

C   Pratica riassuntiva
D   Lettura di vita e cultura   **Dalla Sicilia a Milano**
E   Lettura di cultura   **Divisione e Unità d'Italia**
F   Vocabolario utile

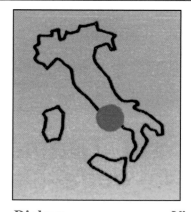

A   **Dialogo**   *Viaggio in Italia con l'Alitalia*

Nino e Marisa sono cugini, abitano a Boston e sono studenti dello stesso College.
Nino: Ho sentito che vai in Italia. Quando parti?
Marisa: Fra pochi giorni,[1] con un aereo dell'Alitalia.
Nino: Ma, non sei già stata in Italia?
Marisa: Sì, sono stata tre anni fa.[2]

Nino:	**Che cosa hai visto di bello in Italia?**
Marisa:	**Come si fa a dire in poche parole?³ In Italia è tutto bello: la natura, il paesaggio,⁴ i monumenti.**
Nino:	**Anch'io ho sentito parlare delle bellezze dell'Italia. Tu, quale regione conosci meglio?**
Marisa:	**Prima di tutto⁵ la terra dei miei nonni: la Sicilia. Ho visitato Palermo con i celebri monumenti che ricordano⁶ la dominazione araba, Siracusa con lo splendido⁷ teatro greco, Agrigento con la meravigliosa Valle dei Templi. Ho ammirato anche i mandorli in fiore⁸ a Taormina. Che meraviglia la primavera⁹ in Sicilia!**
Nino:	**Mi hai fatto venire una gran voglia¹⁰ di andarci.**
Marisa:	**Auguri.¹¹ Cerca di andarci,¹² ne vale la pena.¹³**

I   *Key words*

1) Within a few days 2) three years ago 3) in a few words
4) landscape 5) first of all 6) remember 7) splendid
8) almond-trees in blossom 9) how wonderful Spring is
10) I long to go there 11) my best wishes 12) try to go 13) it is worth it.

II   *Domande per la comprensione:*

1) Chi sono Nino e Marisa e dove abitano?
2) Chi va in Italia? Quando e come?
3) Che cosa è bello in Italia?
4) Che regione visita Marisa?
5) Dove si trova la Valle dei Templi?
6) Com'è la primavera in Sicilia?

III   *Underline all the present perfect with* avere *and circle all the present perfect with* essere.

Tempio nella Valle dei Templi

IV   *Note di cultura*

1) It is well known that most Italian immigrants who came to America remained in the industrial cities on the East coast (New York, New Jersey, Philadelphia, Boston) and the West coast (San Francisco, Los Angeles, San Diego); very few settled in the Mid West regions.
2) *Alitalia* is the owned and operated state air line in Italy. It caters both to domestic and international flights.
3) More than 75% of Italian immigrants were from the South of Italy. The reasons are very complex. One of them is that after the fall of the Roman Empire, Italy was divided into different small states, dominated by foreign nations. The South, especially Sicily, because of its position in the Mediterranean sea, experienced more conquerors than the rest of Italy: Byzantines, Arabs, Normans, French, German,

Spanish. Naturally, all those foreign invaders didn't promote the growth and welfare of the land, but exploited it as best as they could. So, when the last conquerors were expelled, the land was impoverished to the highest degree.

In addition, the land was in the hands of a few landlords. For many people, the only solution to their poverty was emigration to North or South America.

4) There is a magnificent Greek theater in Syracuse where tragedies of Greek authors, especially Sophocles and Euripides, are performed during the summer season.

5) The Valley of Temples near Agrigento contains many Greek temples whose foundations and columns still stand as witness of the level of civilization that was reached by Greek genius on Italian soil. During the 5th and 4th century B.C. the civilization and wealth of the Greek colonies in Sicily and Southern Italy, which formed the so called *Magna Grecia,* were on a level similar to that of Athens and the rest of Greece.

6) Etna, near Catania in Sicily, is the tallest volcano in Europe. It is still active and few years ago caused considerable damage in the surrounding area.

7) Taormina is the jewel of Sicily. It is located on the lower slopes of Etna. The climate is unique. In January, the coldest month in Italy, one can admire the snow-covered peak of Etna, the blooming flowers in the city and people swimming at the nearby beaches. In other words, in the area of Taormina people can have winter, spring and summer at the same time.

Every year, Sir Wiston Churchill used to spend the month of January in Taormina to rest, to paint and, of course, to smoke his famous cigars.

Ruderi di un tempio nella Magna Grecia.

Vocabolario attivo

L'Italia politica

North		Center		South	
Region	*Capital*	*Region*	*Capital*	*Region*	*Capital*
Piemonte	**Torino**	Marche	Ancona	Campania	**Napoli**
Lombardia	**Milano**	Toscana	**Firenze**	Puglia	Bari
Liguria	**Genova**	Lazio	**Roma**	Calabria	Reggio Calabria
Veneto	**Venezia**	Umbria	Perugia	Sicilia	**Palermo**
Emilia Romagna	**Bologna**	Abruzzi	L'Aquila	Sardegna	Cagliari

Ordinamento politico:	Repubblica parlamentare
Numero di abitanti:	58.000.000 circa (censimento 1991)
Superficie:	300.000 Km^2
Moneta:	euro
Capitale:	Roma (dal 1870)

L'Italia fisica

Montagne:	le Alpi	gli Appennini		
Fiumi:	il Po	l'Arno	il Tevere	
Laghi	il lago di Garda	il lago Maggiore	il lago di Como	
Mari	il mare Adriatico	il mar Ionio	il mar Tirreno	il mar Ligure
Isole	Capri	Ischia	Elba	Pantelleria
Vulcani	Vesuvio	Etna	Stromboli	

Parole analoghe   *Altre parole*

abitante	*inhabitant*	capitale	*capital*	campagna	*country*
capitalista	*capitalist*	città	*city*	capoluogo	*capital city*
civilizzazione	*civilization*	costituzione	*constitution*	catena di monti	*mountain-chain*
internazionale	*international*	lago	*lake*	cima	*peak*
liberale	*liberal*	ministro	*minister*	cittadino	*citizen*
nazionale	*national*	passaporto	*passport*	fiume	*river*
penisola	*peninsula*	presidente	*president*	isola	*island*
sociale	*social*	mare	*sea*	paese	*town/country*
villaggio	*village*				

L' Italia è divisa in venti regioni

Useful expressions

1) Fare un viaggio. *To take a trip.*
2) In aereo (*by plane*); in treno (*by train*); in auto (*by car*).
3) Andare in Europa (*to go to Europe*); andare in Italia (*to go to Italy*); andare in Sicilia).
4) Andare a Roma (*to go to Rome*); a Firenze; a Napoli; a Capri.
5) Andare a piedi (*to go on foot/to walk*).
6) Buon viaggio! *Have a nice trip!*

N. B.

1) There are 20 regions in Italy: 15 are mentioned on the previous page, the other 5 are: Trentino-Alto Adige (*Trento*), Friuli-Venezia Giulia (*Udine*), Val d'Aosta (*Aosta*) in the *North,* Molise (*Campobasso*) in the *Center* and Basilicata (*Potenza*) in the *South.*
2) The capital of Italy is Rome, but each region has its own capital city for administrative purposes. Each region is divided into provinces whose number varies according to the number of inhabitants in the region. Lombardia, for example, has nine provinces, la Basilicata, just two. Each province is divided into municipalities. Italian provinces correspond more or less to counties in the United States.
3) The word *"settendrionale"* is also used instead of North and *"meridionale"* for South.

Pratica

I

*(You should do this exercise, and all the exercises under **Vocabolario attivo** of the following chapters, after having first studied the points of grammar).*

Form sentences with the name of the following regions and their capital city by using the <u>present perfect</u> of the verbs <u>andare</u> and <u>visitare</u>. Example: Mio padre/Lombardia - Mio padre è andato in Lombardia ed ha visitato Milano.

1) Mia madre/Veneto	2) I miei fratelli/Sicilia
3) Mio nonno/Campania	4) Le mie sorelle/ Piemonte
5) Marisa ed io/Toscana	6) Io/Sardegna.

II

Repeat after your Instructor the names of the fifteen regions and familiarize yourself with their capitals which are the best known cities in Italy.

III

In a group, each student in turn may play the role of a geography professor and ask classmates the following questions:

1) In quante parti è divisa l'Italia?
2) Qual è un altro nome per Nord and Sud.
3) In quante regioni è divisa l'Italia?
4) Qual è il capoluogo della Lombardia?
5) Quello della Sicilia?
6) Quello della Campania?
7) Quello della Liguria? etc.

IV

Another group of students may play the same roles asking different questions, like the following:

1) Quali sono le catene dei monti in Italia?
2) Quali sono i principali fiumi?
3) Quali sono i principali laghi?
4) Qual è l'isola più conosciuta del mondo?
5) Qual è il vulcano italiano più famoso?
6) Quanti abitanti ci sono in Italia?

Montagne delle Alpi

B   Grammatica e pratica

Minidialogo

Vocabolario

conoscere	*to know*	corso	*course*	ecco	*there is*	gelato	*ice cream*
invitare	*to invite*	la *(pron.)*	*her*	offro	*I offer*	prendere	*to take*

Marisa: Nino, ecco la mia amica Marta. <u>La</u> conosci?
Nino: Sì, <u>la</u> conosco. Era *(She was)* nel mio corso di biologia due anni fa.
Marisa: <u>L'</u>invitiamo a prendere un gelato con noi?
Nino: Sì, invita<u>la</u>, offro io.

Domande: 1) Chi è Marta? 2) Perchè Nino la conosce? 3) L'invitano a prendere un gelato?
4) Chi offre il gelato?

I   Direct Object Pronouns

1)   The direct object *noun* indicates the person or thing that receives the action of transitive verbs:
        Giulia chiama Pietro.   *Julie calls Peter.*
        Giulia legge molti libri.   *Julie reads many books.*

        The direct object **pronoun** replaces the direct object nouns:
        Giulia vede Pietro - Giulia **lo** vede.   Giulia legge molti libri - Giulia **li** legge.

N. B.

To find out if a verb is <u>transitive,</u> ask the verb the question **what?** If the verb gives you a logical answer, that verb is *transitive* and the answer is the *direct object*. Observe the following sentence: Marisa riceve molti regali. Ask the verb *riceve* **what?** The logical answer is *molti regali*. This is the direct object and the verb *riceve* is a *transitive verb*. Observe another sentence: Marisa incontra Nino. In this case the question is **whom?** Marisa incontra *whom?* The logical answer is Nino. So, Nino is the direct object and the verb *incontra* is transitive.

Observe this final sentence: Marisa va all'areoporto. Ask the verb *va, *<u>what?</u> No logical answer follows. So, there is no direct object and the verb is not transitive, but intransitive. (Do not ask such questions as: *when, where,* etc. You must ask only *what* or *whom.* after the verb. If you do not have an answer, it means that there is no direct object and the verb is intransitive).

Chart of Direct Object Pronouns

Personal Pronouns	*Direct Object Pronouns*	*English Pronouns*
io	**mi**	*me*
tu	**ti**	*you* (sing. fam.)
lui/lei	**lo** (*m*) **la**(*f*)	*him/her*
Lei	**La**	*you* (sing. pol.)
noi	**ci**	*us*
voi	**vi**	*you* (plur. fam.)
loro	**li** (*m*) **le** (*f*)	*them*
Loro	**Le**	*you* (plur. pol. m.&f.)

2)   **Position** of Direct Object Pronouns:

a)   Contrary to English, direct object pronouns *precede a conjugated verb.* (Remember, a verb is conjugated when it is presented with subjects and endings, singular and plural).

Esempi modelli:

-Compro un libro.	*I buy a book.*
Lo compro.	*I buy it.*
-Nino riceve una macchina nuova.	*Nino receives a new car.*
Nino la riceve.	*Nino receives it.*
-Marisa visita i nonni.	*Marisa visits her grandparents.*
Marisa li visita.	*Marisa visits them.*
-Nino e Marisa conoscono le zie italiane.	*Nino and Marisa know their Italian aunts.*
Nino e Marisa le conoscono.	*Nino e Marisa know them.*

b)   Similarly as in English, direct objects go *after an infinitive* and are attached to it, after dropping the final *e.*

-E' necessario comprare il libro.	*It is necessary to buy the book.*
E' necessario comprarlo.	*It is necessary to buy it.*
-Nino ha desiderio di comprare una macchina.	*Nino is eager to buy a car.*
Nino ha desiderio di comprarla.	*Nino is eager to buy it.*

c)   With the modal verbs: *dovere, potere, volere,* direct object pronouns can follow the rule a) or b), that is, they can be placed *before the modal verbs* (which are conjugated) or *after the infinitive.*

-Devo studiare la lezione.	*I have to study the lesson.*
La devo studiare o devo studiarla.	
-Nino può comprare una macchina nuova.	*Nino can buy a new car.*
Nino la può comprare or Nino può comprarla.	
-Marisa vuole visitare gli amici italiani.	*Marisa wants to visit her Italian friends.*
Marisa li vuole visitare or vuole visitarli.	

d)   In a negative sentence, *non* goes before the direct object pronoun:

-I ragazzi non studiano la lezione.	*The children do not study the lesson.*
I ragazzi non la studiano.	
- Non conosco Madonna.	*I do not know Madonna.*
Non la conosco.	

Position summary chart

a) *Before a conjugated verb*	Compro il libro -<u>Lo</u> compro
b) *After an infinitive*	E' necessario comprare il libro
	E' necessario comprar<u>lo</u>.
c) *Before: dovere, potere, volere*	Devo comprare il libro - <u>Lo</u> devo comprare.
or *After the infinitive* which follows: *dovere, potere, volere.*	
	Voglio comprare il libro - Voglio comprar<u>lo</u>.
d) *In negatives*: after *non.*	Non <u>lo</u> voglio comprare.

Notes:

1) The pronoun **lo** can also refer to a fact, a statement or an abstract idea with such verbs as: sapere *(to know),* sperare *(to hope)*, credere *(to believe)*.
In English, it is translated as:*that, so*, and at times it is not translated at all.

-Nino, speri di andare in Italia qualche giorno? Sì, <u>lo</u> spero.
Nino, do you hope to go to Italy, some day? Yes, I hope <u>so</u>.
-Sai dov'è Taormina? No, non <u>lo</u> so.
Do you know where Taormina is? No, I do not know.
- Ragazzi, sapete quando è morto Sir Winston Churchill? No, non <u>lo</u> sappiamo.
Guys, do you know when Sir Winston Churchill died? No, we do not know.

2) Sometimes, the pronoun **la** is attached to an infinitive verb, forming an idiomatic expression:
Saperla lunga *(to know a thing or two)*; smetterla *(to stop it)*; cavarsela *(to manage / to get away with it)*; godersela *(to enjoy / to have fun)*; sbrigarsela *(to make it / to get rid of)*.

Le Dolomiti.

Pratica

I   Substitute the direct object noun for the pronoun in the following sentences.
Example: mangio la pizza - La mangio.

1) Compro un libro nuovo.
2) Studia la lezione.
3) Nino conosce bene gli zii d'Italia.
4) Marisa visita la Valle dei Templi ad Agrigento.
5) Il professore chiama Nino e Marisa.
6) Il postino porta le lettere.

II   Indicate that you know or do not know the following people, places, events. Work with another student.
Example: St¹ Studi il francese? Sì. lo studio/St² No, non lo studio.

1) Conosci Madonna?
2) Compri un computer nuovo?
3) Conosci bene le città di Palermo, Siracusa e Taormina?
4) Vedi quei ragazzi che giocano?
5) Leggi un libro ogni mese?

III   Ask the following questions of two classmates: one must answer affirmatively, the other negatively.
Example: Mangi spesso i ravioli? St¹: Sì, li mangio spesso. St²: No, non li mangio spesso.

1) Saluti il professore quando entri in aula?
2) Bevi vino durante il pranzo?
3) Chiami spesso al telefono il tuo fidanzato (a)?
4) Guardi la televisione tutti i giorni?
5) Leggi spesso le riviste sportive?
6) Compri molti regali per Natale?

Il Gargano.

II Present perfect *(passato prossimo)*

1) The passato prossimo expresses an action or event which took place and was completed in the recent past (as the name indicates):

Marisa ha comprato molti regali.   *Marisa has bought many gifts.*
Ieri sera ho mangiato con gli amici.   *Last night I ate with my friends.*

2) Sometimes, it expresses an action which took place in the distant past, but
the effects or consequences still continue in the present:
-I miei nonni hanno comprato la casa in California.
My grandparents have bought the house in California
-Chi ha scoperto l'America? *Who discovered America?*

3) Most of the time, the passato prossimo is equivalent to the English simple past tense and very seldom to
the English present perfect.

-Durante l'estate, ho visitato l'Italia.
During the summe I visited Italy orI have visited Italy
- Stamattina Marisa ha preso un espresso.
This morning Marisa had an expresso or Marisa has had an expresso.
- Dove sei stato? *Where have you been?*

4) The present perfect is a compound tense, that is, it is formed by two verbs, like the English present perfect, the auxiliary verbs *Avere* or *Essere* and the past participle of the main verb.

5) The past participle of regular verbs is formed by adding to the stem of the verbs ending in:

-are	the ending	-ato	(parl-are - *parl- ato*)
-ere	the ending	-uto	(ricev-ere - *ricev-uto*)
-ire	the ending	-ito	(part-ire - *part- ito*)

Il presidente ha parlato alla nazione.   *The president has just spoken to the nation.*
Nino ha ricevuto un solo regalo.   *Nino received only one gift.*
Marisa è partita per l'Italia con l'Alitalia.   *Marisa left for Italy by Alitalia.*

6)   Very often the present perfect is accompanied by an adverb or expression of time in the past.
                Here are some of them:

Ieri	*yesterday*	Due ore fa	*two hours ago*
Ieri sera	*last night*	Cinque giorni fa	*five days ago*
Ieri mattina	*yesterday morning*	Una settimana fa	*a week ago*
L'altro ieri	*the day before yesterday*	Qualche tempo fa	*some time ago*
Lunedì scorso	*last Monday*	Due settimane fa	*two weeks ago*
La settimana scorsa	*last week*	Un mese fa	*a month ago*
Il mese scorso	*last month*	Due mesi fa	*two months ago*
Stamattina	*this morning*	Poco tempo fa	*a little while ago*
Recentemente	*recently*	Non molto tempo fa	*not too long ago*

Una spiaggia italiana

III   **Present Perfect** with *avere*

Minidialogo

Vocabolario

collana	*necklace*	compleanno	*birthday*	fidanzato	*fiancé*
genitori	*parents*	gradire	*to like*	invece	*instead*
macchina	*car*	molto	*much*	nuovo	*new*
oro	*gold*	regalare	*to give as a gift*	regalo	*gift*

Nino: Marisa, <u>hai ricevuto</u> molti regali per il tuo compleanno?

Marisa: Sì, molti. Il mio fidanzato mi <u>ha regalato</u> una collana d'oro. I miei genitori invece mi <u>hanno regalato</u> dei soldi e li ho graditi molto.

Nino: Io invece, per il mio compleanno, <u>ho avuto</u> dai miei genitori una macchina nuova.

Domande: 1) Che cosa <u>ha regalato</u> il fidanzato a Marisa? 2) Che cosa <u>hanno regalato</u> i genitori a Marisa? 3) Che cosa <u>ha avuto</u> Nino per il suo compleanno? E da chi?

1)   The auxiliary verb **avere** is usually used with transitive verbs, that is, with verbs that can take a direct object (*See the earlier explanation*).

Notice that such constructions are the most numerous in the Italian language.

Ho comprato molti libri.	*I have bought many books.*
Marisa ha ricevuto molti regali.	*Marisa received many gifts.*
Gli alunni hanno studiato la lezione.	*The students have studied the lesson.*

Chart with *Avere*

	Avere	*trov-are (to find)*	*ricev-ere (to receive)*	*serv-ire(to serve)*
io	ho	trov-**ato**	ricev-**uto**	serv-**ito**
tu	hai	trov-ato	ricev-uto	serv-ito
lui/lei/Lei	ha	trov-ato	ricev-uto	serv-ito
noi	abbiamo	trov-ato	ricev-uto	serv-ito
voi	avete	trov-ato	ricev-uto	serv-ito
loro/Loro	hanno	trov-ato	ricev-uto	serv-ito

2)   As you can observe in the chart, you have to conjugate only the auxiliary verb *avere*. The past participle does not change with *avere*, except in one case, which you will study later in this chapter.

3)   To make a sentence negative, place **non** before *avere*, never between <u>avere</u> and the past participle:

Non ho comprato il regalo.	*I did not buy the gift.*
Nino **non** ha venduto la macchina.	*Nino did not sell his car.*
Non abbiamo capito la lezione.	*We did not understand the lesson.*

Notes: a) The adverbs of time: <u>ancora</u> (*yet*), <u>già</u> (*already*), <u>mai</u> (*never*), <u>sempre</u> (*always*), are placed between the auxiliary verb and the past participle:

Non ho <u>ancora</u> mangiato.	*I have not eaten yet.*
Luigi ha <u>già</u> finito i compiti.	*Louis has already finished his homework.*
Non hanno <u>mai</u> mangiato l'aragosta.	*They never ate lobster.*

b) There are a few *intransitive* verbs which, even though do not have a direct object, take the auxiliary *avere*. The more frequently used are: *dormire* (to sleep), *telefonare* (to telephone), *rispondere* (to answer), *viaggiare* (to travel), *camminare* (to walk), *ridere* (to laugh).

Hai dormito bene questa notte?	*Did you sleep well last night?*
Mia sorella ha risposto al telefono.	*My sister answered the telephone.*

Nino ha comprato i libri.	Nino è andato a scuola.
Marisa ha comprato i libri.	Marisa è andata a scuola.
I ragazzi hanno comprato i libri.	I ragazzi sono andati a scuola.
Le ragazze hanno comprato i libri.	le ragazze sono andate a scuola.

Pratica

I   Rewrite the following sentences using the subjects in parentheses and make the necessary changes in the verb:

1) Ho capito la lezione (i ragazzi, tu, Nino e tu, Marisa ed io, mia sorella).
2) Nino ha già comprato la macchina (tu, Marisa ed io, Giorgio e tu, gli amici)
3) Abbiamo ricevuto un bel regalo (voi, io, la professoressa, le ragazze).

II   Create a sentence with the *passato prossimo* using the given infinitive.
Example: comprare/Marisa/ la pizza - Marisa ha comprato la pizza.

1) Mangiare/i ragazzi/le lasagne.   2) Spiegare/la maestra/la lezione.
3) Capire/gli alunni/la lezione.   4) Ricevere/ noi/molti regali.
5) Avere/mio padre/ragione.   6) Sapere/io/la lezione.

Mergellina

IV   Present perfect with *essere*

Minidialogo

Vocabolario

aeroporto	*airport*	alcuni	*some*	altri	*others*
arrivare	*to arrive*	in tempo	*in time*	buona	*good*
di sera	*in the evening*	dove	*where*	fare tardi	*to be late*
ieri sera	*last night*	in punto	*sharp*	opera	*deed*
parenti	*relatives*	venire	*to come*	via	*via (through)*

Nino: Marisa, dove <u>sei stata</u> ieri sera?
Marisa: Ho fatto un'opera buona. <u>Sono andata</u> all'areoporto perchè <u>sono arrivati</u> alcuni miei parenti dalla Sicilia.
Nino: A che ora <u>sono arrivati</u>?
Marisa: Le zie hanno preso l'aereo in tempo e <u>sono arrivate</u> a Boston alle 6:00 in punto. Gli altri hanno fatto tardi e <u>sono venuti</u> via Nuova York. <u>Sono arrivati</u> alle 9:00 di sera.

Domande: 1) Dov'<u>è andata</u> Marisa ieri sera? 2) Chi <u>è arrivato</u> dalla Sicilia? 3) A che ora <u>sono arrivate</u> le zie? 4) A che ora <u>sono arrivati</u> gli altri?

1)   The auxiliary **essere** is used to form the *present perfect* of intransitive verbs, that is, those verbs that do not take a direct object (*See the earlier explanation*).

2)   The most used intransitive verbs are those which indicate motion, like:

andare	*to go*	arrivare	*to arrive*	entrare	*to enter*
partire	*to leave*	rimanere	*to remain*	ritornare	*to return*
uscire	*to go out*	venire	*to come*		

3)   The past participles used with **essere** behave as an adjective, that is, they must agree in gender and number with the subject of the sentence.

Chart of the *passato prossimo* with **essere**

	essere	arriv-*are*	cad-*ere*	part-*ire*
io	sono	arriv-ato (a)	cad-uto (a)	part-ito (a)
tu	sei	arriv-ato (a)	cad-uto (a)	part-ito (a)
lui/lei/Lei	è	arriv-ato (a)	cad-uto (a)	part-ito (a)
noi	siamo	arriv-ati (e)	cad-uti (e)	part-iti (e)
voi	siete	arriv-ati (e)	cad-uti (e)	part-iti (e)
loro/Loro	sono	arriv-ati (e)	cad-uti (e)	part-iti (e)

Esempi modelli:

Nino è arrivato presto.	*Nino arrived early.*
Marisa è arrivata tardi.	*Marisa arrived late.*
I parenti di Marisa sono arrivati alle 9. 00 di sera.	*Marisa's relatives arrived at 9:00.*
Le zie di Marisa sono arrivate alle 6. 00 di sera.	*Marisa's aunts arrived at 6:00 P.M.*

Pratica

I   Rewrite the following sentences using the subjects in parentheses:

1) Marisa è andata in Italia (gli studenti, io, Nino e tu, Marisa ed io, tu).
2) Nino è arrivato a casa mia (tu, Anna e tu, le mie cugine, il mio amico).
3) Le ragazze sono partite ieri mattina (io, Marisa ed io, tu, mia zia e tu).

II   Give the correct form of the present perfect of the infinitives:
Example: Entrare/il professore/ in classe - Il professore è entrato in classe.

1) Arrivare/Carlo/alle cinque.
2) Le mie sorelle/andare/a Firenze.
3) I ragazzi/ entrare/ in classe/alle otto.
4) Nino e tu/venire/ a scuola in auto.
5) Mia madre/andare/al mercato.
6) I parenti di Marisa/partire /alle nove di sera.

III   Ask your classmate the following questions:

1) Dove sei andato (anda<u>ta</u>, *if the classmate is a girl)* ieri?
2) A che ora sei arrivato in classe questa mattina? (Alle 8. 15).
3) A che ore sono partite le tue amiche? (Alle 10. 30).
4) A che ora sono arrivati i tuoi amici? (A mezzogiorno).
5) A che ora è ritornato tuo fratello ieri sera? (A mezzanotte).
6) A che ora sei ritornato ieri sera? (Alle 11. 00).

Il Colosseo.

V   Irregular past participles

Many Italian verbs, especially -*ere* verbs, have irregular past participle, that is, they do not follow the pattern of the endings: -*ato, -uto, -ito.*

Here is a list of some frequently used verbs with irregular past participles.

aprire	aperto	*opened*	Anna ha aperto la finestra.
bere	bevuto	*drank*	I miei zii hanno bevuto del vino.
chiedere	chiesto	*asked*	Ho chiesto il permesso al professore.
chiudere	chiuso	*closed*	Mia madre ha chiuso la porta.
dire	detto	*told/said*	I ragazzi hanno detto la verità.
essere	stato	*been*	Marisa è stata in Italia.
fare	fatto	*done/made*	Marisa ha fatto un'opera buona.
leggere	letto	*read*	I nonni hanno letto il giornale.
mettere	messo	*put*	Dove hai messo gli occhiali?
morire	morto	*died*	Quando è morto Napoleone?
nascere	nato	*born*	Quando sei nato (a)?
offrire	offerto	*offered*	Marisa ha offerto un rinfresco a Nino.
perdere	perso	*lost*	Nino ha perso il libro d'italiano.
prendere	preso	*taken*	La nonna ha preso la medicina?
rispondere	risposto	*answered*	Mia sorella ha risposto al telefono.
scrivere	scritto	*written*	Marisa ha scritto due lettere.
vedere	visto	*seen*	Ieri sera ho visto un bel film.
venire	venuto	*come*	Le zie di Marisa sono venute in aereo.
vincere	vinto	*won*	I nostri soldati hanno vinto la battaglia.
vivere	vissuto	*lived*	Mia nonna è vissuta sempre in Italia.

Pratica

Drills

I   Rewrite the following sentences with the subjects in parentheses:

        1) Ho chiuso la porta ed ho aperto la finestra (tu, mia madre, i ragazzi, voi, noi).
        2) Nino ha detto che ha letto il giornale (io, Teresa e tu, Anna ed io, loro, tu).
        3) Marisa ha preso un aperitivo (i miei nonni, tu, Clara e tu, io, Nino ed io).

II   Restate the following sentences using the present perfect.
       Example: Caterina/fare/il caffè. - Caterina ha fatto il caffè.

        1) Marisa/scrivere/una lettera agli zii in Italia.
        2) Marisa/vedere/la Valle dei Templi in Sicilia.
        3) Mio nonno/morire/un mese fa.
        4) Mio fratello/nascere/il mese scorso.
        5) Dove/mettere/la tua macchina?
        6) Chi/rispondere/al telefono?
        7) Marisa/spendere/ottocento dollari durante la vacanza in Italia.

Communication

III   Ask your partner the following questions:

        1) Quando sei nato (a)?
        2) Quando è morta tua nonna?
        3) Hai scritto molte cartoline per Natale?
        4) Che cosa ha detto il professore questa mattina?
        5) Hai fatto un favore al tuo amico (a)?
        6) Hai speso molti soldi durante le feste natalizie?
        7) Hai chiuso le finestre della tua stanza prima di venire all'università?

Firenze

VI   *Agreement* of the *Past Participle* with **avere** and the **direct object pronoun**.

1)   The past participle used with <u>avere</u> never changes, except in one case only, when the verb is preceded
            by the direct object pronouns of the third person: **lo, la, li, le**. *(See p. 148)*.

    -Hai preparato la cen**a**?   *Have you prepared dinner?*
    Sì, l'ho (=la ho) preparat**a**.   *Yes, I have.*
    -Nino, hai ricevuto molti regali da tuo padre?   *Nino, did you receive many gifts from your father?*
    Sì, **li** ho ricevut**i**   *Yes, I received them.*
    -Marisa, hai scritto molte cartoline?   *Marisa, did you write many post cards?*
    Sì,**ne** ho scritt**e** molte.   *Yes, I wrote many of them.*

2)   With the other pronouns: *mi, ti, ci, vi*, the agreement is optional:

    Marisa, chi *ti* ha invitato (a) a cena?   *Marisa, who invited you for dinner?*
    Mi ha invitato (a) Nino.   *Nino invited me.*

3)   The singular pronouns **lo, la** *(not the plural* li, le) drop the vowel and take the apostrophe before a vowel
            and the forms of *avere* beginning with "h":

    Hai letto il libro? L'ho *(lo ho)* letto.   Hai preparato la cena? l'ho *(la ho)* preparat**a**.

Pratica

I   Nino asks Marisa, who is leaving for Italy, the following questions.
            Play their role:

    1) Hai comprato i biglietti?
    2) Hai fatto la valigia?
    3) Hai preso il passaporto?
    4) Hai scritto le cartoline?
    5) Hai salutato il tuo fidanzato?
    6) Hai telefonato agli amici?

II   Ask your partner if he/she has eaten the following food last night:

    1) Hai mangiato gli spaghetti?
    2)————————————-   le linguine?
    3)————————————   l'agnello al forno?
    4)————————————   l'aragosta?
    5)————————————   i tortellini?
    6) Hai bevuto————   l'Asti spumanre?
    7) ————————- ————-   la birra Peroni?
    8) ——————— ———— -   l'acqua minerale Ferrarelle?

III   Write a brief composition about your life. (Where you were born, where and when you attended school,
            when you graduated, your first job, etc.).

San Marco a Venezia.

VII   Cardinal numbers from **30** to **100**

	30 trenta	40 quaranta	50 cinquanta	60 sessanta	70 settanta
uno	31 trentuno	quarantuno	cinquantuno	sessantuno	settantuno
due	32 trentadue	quarantadue	cinquantadue	sessantadue	settantadue
tre	33 trentatré	quarantatré	cinquantatré	sessantatré	settantatré
otto	38 trentotto	quarantotto	cinquantotto	sessantotto	settantotto
	80 ottanta	ottantuno	90 novanta	novantuno	novantatré
	99 novantanove	100 cento			

N. B.

1) Notice that the tens from 40 to 90 end in. . . *anta*.

2) To form a number from 30 to 90, read the tens first, then the units: trentadue, quarantaquattro, cinquantacinque.

3) Since <u>u</u>no and <u>o</u>tto begin with a vowel the tens drop the *a* before adding them:
trenta-uno, trenta-otto become *trentuno, trentotto,* and so on.

4) The number <u>tre</u> takes an accent when added to the tens: trentatré, novantatré.

5) The numbers ending in *uno* drop the *o* before a noun: trentun ragazzi.

6) The numbers from *venti* to *novanta* drop the final vowel and take the apostrophe
before *anni*: Nino ha vent'anni, suo nonno ha ottant'anni.

Pratica

I   Read the following numbers aloud:

31   33   43   56   38   49   50   68   72   73   84

II   Perform the following operation. Example: 10+5=15 (*dieci più cinque fa quindici*). — 15-7=8 (*quindici meno sette fa otto*).

30+9=___; 35+5=___; 40+21=___; 44+11=___; 50+20=___; 61+9=___; 75+15=___; 90-10=___
78-12=___; 100-20=___; 55-24=___; 68-13=___; 35-17=___; 18-11=___; 88-69=___; 99-66=___.

III   In a group of four students, each should ask the following questions:

1) Quanti anni ha tuo padre?
2) Quanto costa il tuo libro d'italiano?
3) Quanti giorni ha una settimana?
4) Quanti giorni ha un mese?
5) Qual è il tuo numero di telefono?
6) Qual è il numero della via in cui abiti?

Trieste.

C   Pratica riassuntiva

I   Ask your classmate the following questions, replacing the direct object noun. Example: Conosci il presidente? - Sì, lo conosco *or:* No, non lo conosco.

1) Compri una macchina nuova?
2) Studi adesso la lezione d'italiano?
3) Compri due panini per la merenda?
4) Chiami il tuo amico (a) al telefono?
5) Mangi le lasagne questa sera?
6) Conosci il presidente di questa università?

II   In pairs, ask each other the following questions. In the answer the direct object pronoun must be used.
Example: Puoi comprare una nuova casa? - Sì, posso comprarla o la posso comprare.

1) E' necessario pagare le tasse?   *(Refer to Gram. p. 148. Direct*
2) E' conveniente studiare l'italiano?   *object pron. go before the servile*
3) Ti piace vedere un film di Fellini?   *verbs or after the infinitive).*
4) Puoi comprare una macchina nuova quest'anno?
5) Vuoi comprare un vestito nuovo?
6) Devi fare i compiti questa sera?

III   In a group, ask each other the following questions:

1) Hai visto il film *Il postino?*
2) Hai comprato la birra per la festa?
3) Chi ha comprato i panini?
4) Hai invitato gli studenti italiani?
5) Hai invitato anche le studentesse?
6) Chi ha pagato il conto al supermercato?
7) Hai ricevuto molti regali per il tuo compleanno?

IV   Ask your partner the following questions. The answer could be negative or affirmative.

1) Vuoi preparare la cena per questa sera?
2) Ti piace vedere lo show di Dave Letterman?
3) Vuoi comprare una casa a Capri?
4) Hai visto i carabinieri italiani?
5) Guardi spesso la televisione?
6) Capisci sempre la spiegazione del professore?

V   Two students may play the role of Nino and his cousin Marisa, asking questions about her trip to Italy.
In the answer, the *passato prossimo* and the pronouns must be used.

Nino: Marisa, dove hai conosciuto il tuo fidanzato? (Al College).
Marisa: L'ho conosciuto al College.
Nino: Parla bene l'italiano, come te?
Marisa: Lo parla così, così.
Nino: Hai visitato tutta la Sicilia? (Palermo, Agrigento, Siracusa)
Marisa: _____
Nino: Che cosa hai visto di bello a Palermo? (Il teatro Massimo).
Marisa: _____
Nino: Hai visto i templi greci ad Agrigento? (Sì, ...)
Marisa: _____
Nino: _____Hai visto una tragedia greca nel teatro di Siracusa? (No, non. . .)
Marisa: _____
Nino: Hai scritto molte cartoline dalla Sicilia? (Sì,. . .)
Marisa: _____
Nino: Hai telefonato al tuo fidanzato dalla Sicilia?. . . .
Marisa: Ehi, Nino, smettila (*stop it*) con tutte queste domande! Sei diventato un agente della FBI, per caso?

Il Duomo di Milano.

D **Lettura di vita e costumi** *Dalla Sicilia a Milano*

Dalla Sicilia, Marisa è andata a Roma dove ha incontrato l'amica Valeria, che l'anno scorso è stata ospite[1] per due mesi nella sua casa di Boston. Valeria è nata a Roma e quindi le ha potuto far visitare le cose più belle e interessanti della capitale. Hanno pranzato in una caratteristica osteria[2] di Trastevere e hanno gustato[3] la porchetta romana e un buon bicchiere di vino dei Castelli.[4] Nel pomeriggio sono andate in centro, hanno fatto acquisti[5] e hanno speso un bel pò di soldi.[6] Poi, stanche,[7] ma contente e allegre, sono ritornate a casa. Dopo una bella doccia e una cena leggera sono cadute in un sonno profondo.[8]

La mattina dopo si sono alzate presto[9] e sono andate a vedere la Roma cristiana: la piazza e la basilica di San Pietro, la Pietà di Michelangelo, i Musei Vaticani. Sono riuscite[10] a vedere anche la Cappella Sistina che, dopo il restauro,[11] è tornata all'antico splendore. Marisa non può ripartire per gli Stati Uniti senza rivedere,[12] anche per breve tempo, Firenze dove, già in precedenza,[13] ha visitato i monumenti più famosi: il Battistero, la chiesa di Santa Maria del Fiore con il campanile di Giotto, la Piazza della Signoria, il Ponte Vecchio, il Palazzo Strozzi, le tombe dei Medici. Non poteva mancare[14] il famoso Davide di Michelangelo.

Prima di sera, con la veloce[15] Alfa Romeo di Valeria, raggiungono Milano da dove Marisa deve ripartire per Boston.

I *Key words*
1) Guest, 2) tavern, 3) enjoyed, 4) castles, 5) they went shopping, 6) money, 7) tired, 8) deep sleep, 9) got up early, 10) succeeded, 11) restoration, 12) to see again, 13) previously, 14) to miss, 15) fast.

II *Domande per la comprensione della lettura.*

1) Chi è Valeria?
2) Valeria che cosa fa visitare a Marisa?
3) Dove hanno cenato?
4) Che cosa hanno gustato nell'osteria di Trastevere?
5) Marisa ha visitato in precedenza Firenze?
6) Che cosa ha visto a Firenze?
7) Come sono andate a Milano?

III   *Complete the following sentences with the appropriate words of the reading:*

1) Dalla Sicilia, Marisa è andata_____è stata ospite.
2) Valeria è nata _____e quindi_____più belle_____
3) Hanno pranzato_____e hanno gustato_____dei Castelli.
4) Nel pomeriggio sono andate_____hanno fatto _____ed hanno speso_____
5) Dopo una_____sono cadute_____

IV   *Vero o falso?*

1) Valeria è stata ospite di Marisa per due mesi a Boston.
2) Hanno mangiato la porchetta romana in un'osteria del Vaticano.
3) Poi, stanche, ma contente sono tornate all'areoporto.
4) La mattina dopo hanno visitato la Roma pagana.
5) Sono riuscite a vedere la Cappella Sistina.
6) A Firenze hanno visitato solamente la Galleria degli Uffizi.
7) Sono andate a Milano con l'Alfa Romeo di Valeria.

V   *Note di cultura:*

1) Since the times of the Roman Empire, Transtevere has been one of the most popular and colorful sec tions of Rome for its streets, fountains, squares, shops and music.
2) Porchetta romana is a roasted suckling-pig filled with herbs and aromatic ingredients.
3) Since the first century, Rome has been the center of Christianity. Many monuments and churches were built during and after the time of Constantine.
4) The Sistine Chapel was painted by Michelangelo in 1516. A few years ago a group of artists restored the color of the painting giving it its original splendor.
5) Alfa Romeo is one of the best built cars in Italy. It is not as popular as FIAT, but it is more expensive.
6) The largest international airports in Italy are located in Rome and Milan.

VI   *Make a list of all the verbs in* <u>passato remoto</u> *with* <u>*Avere*</u>
and another list with verbs in <u>passato prossimo</u> *with* <u>*Essere*</u>*, used in the reading.*

VII   *Conversazione.   (Optional)*

In a group of several students, each one asks others the following or similar questions:

1) Sei mai stato (a) a Roma?
2) Hai visto qualche volta Roma in televisione?
3) Che cosa ti ha impressionato di più a Roma?
4) Hai visto qualche volta in televisione la piazza e la basilica di San Pietro?
5) Hai visto in televisione o nei libri la Cappella Sistina?
6) Sai chi ha dipinto il Giudizio Universale nella Cappella Sistina?
7) Hai visto in foto o in televisione il Davide di Michelangelo?
8) In quale parte d'Italia si trovano Roma, Firenze e Milano?*(Look at the map).*

Piazza San Pietro

E   **Lettura di cultura**   *Divisione e unità d'Italia*

L'Italia, geograficamente, è divisa in tre parti: l'Italia settentrionale, l'Italia centrale e l'Italia
meridionale, denominate[1] anche brevemente Nord, Centro, Sud. L'Italia è una penisola in
prevalenza[2] montuosa. A Nord la catena montuosa delle Alpi segna il confine[3] con la Francia, la
Svizzera, l'Austria, la ex Jugoslavia. Lungo la penisola si estende un'altra[4] catena di monti:
l'Appennino, che ha cime meno elevate[5] delle Alpi. L'Italia ha la forma di uno stivale e si trova
proprio al centro del mare Mediterraneo.

Il popolamento[6] dell'Italia è iniziato fin da epoche antichissime: per la sua posizione e per il suo
clima ha sempre attirato altri popoli. Dal mare giunsero[7] i Fenici e i Greci. Questi ultimi fon-
darono, nel sud d'Italia, numerose colonie che divennero così ricche[8], che l'Italia Meridionale fu
chiamata *Magna Grecia*. Dopo lo splendore dell'impero romano, cominciò la decadenza[9] e l'Italia
fu conquistata e dominata da vari popoli: Barbari, Bizantini, Arabi, Normanni, Francesi, Tedeschi
e Spagnoli, e tutti lasciarono[10] un pò della loro cultura nell'arte, nei costumi, nella lingua.

Nel secolo scorso il movimento patriottico del Risorgimento riunificò[11] politicamente l'Italia.
Tra il 1861 e il 1920 molti italiani, soprattutto delle regioni povere del Sud, emigrarono verso
l'America del Sud (Argentina, Brasile) e verso[12] l'America del Nord (Stati Uniti).

Oggi l'Italia è molto cambiata: fa parte del gruppo dei paesi più industrializzati del mondo e,
nonostante i molti problemi, la qualità della vita degli Italiani è migliorata notevolmente.

I   *Key words*:
1) Denominate / *named,* 2) in prevalenza / *prevalently,* 3) segna i confini / *mark the borders,* 4) catena di monti /
mountain chain, 5) cime meno elevate / *peak less high,* 6) popolamento / *population,* 7) giungere / *to arrive,*
8) divennero così ricche /*became so rich,* 9) decadenza / *decline,* 10) lasciarono / *left,* 11) riunificò / *reunified,*
12) verso / *towards.*

II   *Rispondi alle domande esatte:*

1. L'Italia è divisa: a) In cinque parti; b) Nord e Sud; c) in tre parti?

2. L'Italia confina al Nord: a) Con la Germania; b) Francia, Svizzera ed Austria
c) con la Russia?

3. L'Italia si trova: a) Nel centro dell'Asia; b) nel centro del Mediterraneo; c) nel centro d'Europa?

4. Dal mare giunsero: a) I Giapponesi; b) gli Americani; c) I Fenici e i Greci?

5.In quante parti è divisa l'Italia?

6. Che forma ha l'Italia?

7. Quali sono i confini d'Italia al Nord?

III   *Conversazione (Optional)*

After a second reading of the excerpt, in a group, including the instructor, discuss the following topics:

1) E' grande l'Italia o è piccola?
2) E' montuosa o pianeggiante l'Italia?
3) L'Italia del Sud era ricca al tempo dei Greci? Come si chiamava?
4) Perchè l'Italia del Sud è diventata povera?
5) Perchè la maggior parte degli emigranti sono dell'Italia del Sud?
5) Dove sono emigrati molti Italiani?
6) L'Italia è montuosa e non ha materie prime; allora, perchè, oggi, è tra i
paesi più industrializzati del mondo?

Vocabolario attivo

Nomi

gli auguri	*best wishes*
l'anno scorso	*last year*
la belleza	*beauty*
il bicchiere	*glass (of water, wine)*
il campanile	*bell-tower*
la capitale	*capital*
la casa	*house*
la catena	*chain, range*
il cine	*film, movie*
il clima	*climate*
la colonia	*colony*
il confine	*border, frontier*
le cose	*things*
la decadenza	*decline, fall*
la doccia	*shower*
l'epoca	*epoch, era*
la giornata	*day*
il mandorlo	*almond tree*
il mare	*sea*
la mattinata	*morning*
oggi	*today*
l' ospite	*guest*
l'osteria	*tavern*
la parola	*word*
la penisola	*peninsula*
il pomeriggio	*afternoon*
il popolamento	*population*
la primavera	*spring*
la porchetta	*roast suckling-pig*
la sera	*evening*
i soldi	*money*
il sonno	*sleep*
lo splendore	*splendor*
lo stivale	*boot*
la terra	*land*
la tomba	*tomb*
la voglia	*desire*

Luoghi della città

l'aeroporto	*airport*
l'albergo	*hotel*
la banca	*bank*
il bar	*bar*
la buca delle lettere	*mail box*
il caffè	*café*
il centro	*downtown*
la chiesa	*church*
il cine	*movie theater*
l'edicola	*newsstand*

Verbi

andarci	*to go there*
alzarsi	*to get up*
attirare	*to draw*
cadere	*to fall*
cercare	*to try, search*
cominciare	*to begin*
denominare	*to name, call*
divenire	*become*
dividere	*divide*
emigrare	*to emigrate*
estendere	*to enlarge*
far visitare	*let to visit*
fare acquisti	*to buy*
giungere	*to arrive*
gustare	*to like*
incontrare	*to meet*
iniziare	*to begin*
lasciare	*to let, leave*
nascere	*to be born*
partire	*to leave*
pranzare	*to have lunch*
raggiungere	*to reach*
restare	*to remain*
ripagare	*to repay*
ritornare	*to return*
riuscire	*to succeed*
segnare	*to mark*
sentire	*to hear, feel*
vedere	*to see*
venire	*to come*

Altre parole delle letture

anche	*also*
l'anno scorso	*last year*
antico	*ancient*
bello	*beautiful*
breve tempo	*short time*
cambiato	*changed*
celebre	*famous*
dopo	*afterward*
dove	*where*
elevato	*high*
fra	*within*
già	*already*
in centro	*downtown*
leggero	*light*
in precedenza	*previously*
meraviglioso	*wonderful*

la farmacia	*pharmacy*	montuoso	*mountainous*
la fermata del bus	*bus stop*	nonostante	*in spite of*
la fontana	*fountain*	poco	*little*
il municipio	*city hall*	più	*more*
il negozio	*store*	povero	*poor*
la piazza	*square*	proprio	*really*
il ristorante	*restaurant*	quando	*when*
la scuola	*school*	quindi	*therefore*
lo stadio	*stadium*	sempre	*always*
la statua	*statue*	soprattutto	*above all*
la stazione ferroviaria	*train station*	stanco	*tired*
la stazione di servizio	*gas station*		
il teatro	*theater*		
l'ufficio postale	*post office*		

Parole analoghe

abitante	*inhabitant*	capitale	*capital*
capitalista	*capitalist*	città	*city*
civilizzazione	*civilization*	costituzione	*constitution*
internazionale	*international*	lago	*lake*
nazionale	*national*	passaporto	*passport*
penisola	*peninsula*	presidente	*president*
sociale	*social*	villaggio	*village*

(The names of **Italian cities and regions** are listed on p. 144)

Capitolo VIII

Vestire all'italiana

> In this chapter we will examine the <u>fashion industry</u> for men and women which strives for elegance in Italian society and world-wide fashions.
>
> Several verbs dealing with daily routine (<u>reflexive verbs</u> like: svegliarsi, alzarsi, lavarsi, vestirsi, etc.,) will be introduced and practiced in conversation by students. <u>Numerals</u> above <u>one hundred</u> and the method of expressing <u>time and dates</u> will comprise the second part of the grammar in this chapter.

Prospetto

A	Dialogo	*Come ci vestiamo?*
		1) Domande sul dialogo
		2) Note di cultura
		3) Vocabolario attivo:
		a) Indumenti b) Vestiti c) Stoffe
		4) Attività sul vocabolario attivo
B	Grammatica e pratica	
	I	**Reflexive verbs**
	II	Reflexive verbs with **reciprocal** meaning
	III	Telling **time**
	IV	Numerals from **100 . . . above**
	V	**Days** of the week
	VI	**Seasons - Months - Dates**
	VII	**Da+time+present** tense *(Da quanto tempo)*
C	Pratica riassuntiva	
D	Lettura di vita e costumi	**Un concerto a Caracalla**
E	Lettura di cultura	**La moda italiana**
F	Vocabolario utile	

In Italia tutti si vestono bene:
donne, uomini e bambini.

A   Dialogo   *Come ci vestiamo*

Carol e Gina sono due ragazze californiane che sono giunte a Roma per fare un giro turistico attraverso[1] l'Italia. Il programma di oggi prevede[2] una visita alla basilica di San Pietro.

Carol: Che ne dici?[3] Ci alziamo presto domani?[4] Ti affido[5] tutta l'organizzazione, perchè tu già sei stata a Roma.

Gina: Ti sei affidata in buone mani! Domani ci alziamo alle sette in punto.Ti va?[6]

Carol: Mi va benissimo. Non mi rincresce[7] alzarmi presto.
(Le due ragazze, la mattina dopo, si svegliano in perfetto orario, si fanno la doccia, e si preparano per uscire).

Carol: Oggi fa molto caldo, io mi metto[8] un paio di pantaloncini corti[9] e una camicetta senza maniche.[10]

Gina: Ti sei dimenticata[11] che in San Pietro non si può entrare in pantaloncini corti?

Carol: Hai ragione, l'ho dimenticato, ma non c'è problema; indosso un paio di jeans e una camicetta a mezze maniche. E tu che ti metti?

Gina: Anch'io ti copio:[12] jeans e una bella camicetta bianca.

Carol: Mi piacciono le tue decisioni rapide. E ora che ci siamo preparate, possiamo andare. Prendiamo l'autobus 64 che va diritto[13] a Piazza San Pietro.

Gina: Ricordati di non allontanarti[14] da me; oggi è mercoledì e c'è molta gente in Piazza San Pietro.

I   Key words

1)through 2)to forsee 3)what do you think 4)get up early tomorrow 5)to entrust 6)OK. 7)do not mind 8)to put on 9)shorts 10) sleeveless blouse 11)to forget 12)to imitate 13)straight 14)to stray.

II   Domande sul dialogo:

1) Chi sono Carol e Gina?
2) Che cosa prevede il programma di oggi?
3) Chi è già stata a Roma, Carol o Gina?
4) A che ora si alzano la mattina dopo?
5) Che cosa indossano Carol e Gina?
6) Si può entrare in San Pietro in pantaloncini?
7) Con quale autobus vanno a Piazza San Pietro?

III   Vero o falso?

1) Carol e Gina sono della Florida.
2) Il programma di oggi prevede una visita a San Pietro.
3) Le due ragazze si svegliano alle otto.
4) Carol indossa i pantaloncini corti e Gina la minigonna.
5) Vanno a Piazza San Pietro con l'autobus 64.
6) Oggi c'è poca gente in Piazza San Pietro.

IV   Note di cultura:

1) The Basilica of St. Peter is located in the Vatican State. It is the largest church in the Christian world (the second one is St. Paul's in London). Every day, it is visited by thousands of people of different religions. Some restrictions are imposed on tourists regarding proper dress when entering the basilica. There are many masterpieces of art in the Basilica among them the statue of *La Pietà* by Michelangelo.
2) Piazza San Pietro is the square in front of the Basilica surrounded by the Colonnade built by Bernini. Thousands of people assemble in that square every Wednesday to listen to the Pope, who addresses the crowd in different languages.

V   *Make a list of all the reflexive verbs in this reading.*

VI   *Answer the following personal questions:*

1) Ti piacerebbe (*would you like*) visitare Roma?
2) Ci sono tre Roma: la Roma pagana, la Roma cristiana e la Roma moderna.
a) Che cosa ti piacerebbe vedere della Roma pagana? Il Colosseo, il Pantheon, le Terme di Caracalla, il Campidoglio, il Foro romano, l'Arco di Tito, l'Arco di Costantino, la Colonna Traiana? (*Choose four of them*).
b) Che cosa ti piacerebbe vedere della Roma cristiana? La Basilica di San Pietro, i Musei Vaticani, la Cappella Sistina, La statua del Mosè di Michelangelo, il Laterano, le Catacombe di San Callisto? (*Choose four*).
c) Che cosa ti piacerebbe vedere della Roma moderna? Il monumento a Vittorio Emanuele II, il Gianicolo, il Pincio, Piazza del Popolo, Monte Mario, lo Stadio Olimpico? (*choose four*).

Vocabolario attivo

Indumenti		**Vestiti**		**Stoffe**	
la blusa	*blouse*	l'abito	*suit*	il cotone	*cotton*
le calze	*stockings*	il cappello	*hat*	il cuoio	*leather/hide*
i calzini	*socks*	il cappotto	*coat*	la lana	*wool*
la camicetta	*blouse*	la cintura	*belt*	il lino	*linen*
la camicia	*shirt*	la cravatta	*tie*	la pelle	*leather*
la maglia	*undershirt*	la giacca	*jacket*	il poliestere	*polyester*
la maglietta	*T-shirt*	la gonna	*skirt*	il rayon	*rayon*
il maglione	*sweater*	i guanti	*gloves*	la seta	*silk*
le mutande	*underpants*	l'impermeabile	*raincoat*	il velluto	*velvet*
la sciarpa	*scarf*	i pantaloncini	*shorts*	la flanella	*flannel*
i pantaloni	*trousers*	le scarpe	*shoes*	gli stivali	*boots*
il vestito	*suit/dress*				

Useful expressions

1) l'abbigliamento *(clothing)*
2) maglione di lana *(woollen sweater)*
3) gonna di cotone *(cotton skirt)*
4) vestito da sera *(evening-dress)*
5) calze di nylon *(nylon stockings)*
6) vestiti da casa *(casuals)*
7) costume da bagno *(bathing suit)*
8) veste sempre di nero *(he/she is always dressed in black)*
9) vestire all'ultima moda *(to dress in the latest fashion)*
10) saper vestirsi *(to dress with taste)*

Pratica

Drill

I
Form sentences with the following nouns and the <u>present tense</u> of the verb <u>mettersi.</u>
Model: Fabrizio/giacca/stivali-Fabrizio si mette una giacca di velluto e gli stivali di pelle
(Do not forget to study the points of grammar first, before doing this exercise).

1) Mia sorella/maglione/cappotto
2) I miei amici/camicia/pantaloni
3) Mia zia/scarpe/guanti
4) Mio nonno/abito/cappello
5) (Io)/calze/cravatta
6) Gina e Carol/gonna/giacca

II
You are leaving for your vacation, write a list of clothes you would put in your suit-case:

1) Una blusa di cotone
2)
3)
4)
5)
6)
7)
8)
9)

Communication

III
Ask your partner questions about the clothes of your classmates.
Model: Cindy/gonna lana/blusa lino - Cindy indossa *(wears)* una gonna di lana e una blusa di lino.

1) Frank/giacca poliestere/camicia rayon.
2) Susan/camicetta cotone/jeans.
3) Mario/pantaloni flanella/camicia cotone.
4) Terry/blusa rayon/gonna cotone
5) Jim/stivali pelle/pantaloni lana
6) Marguerite/pantaloni flanella/giacca lana.

IV
Ask another student the following questions:

1) Ti piace vestire elegantemente?
2) Dove compri i tuoi vestiti?
3) Compri vestiti di buona qualità o di scadente qualità?
4) Ti piacciono i vestiti di marca italiana: Gucci, Armani, Valentino?
5) Ti piace avere due vestiti di alta qualità o quattro di basso prezzo?
6) Usi l'ombrello o l'impermeabile quando piove?
7) Che tipo di vestiti porti durante l'inverno?
8) Che tipo di vestiti porti durante l'estate? *(Use words from the* Vocabolario attivo).

V
Work in a group of six students asking each other questions about how to dress in different circum-
stances *(Form sentences using* Vocabolario attivo).
Model. Che cosa indossi *(put on)* quando vai all'università?
Mi metto: i pantaloni lunghi, una blusa di cotone, un maglione di lana e le scarpe di cuoio.

1) Quando vai allo stadio a vedere una partita di calcio.
2) Quando vai a una festa da ballo.

3) Quando vai alla basilica di San Pietro a Roma.
4) Quando sei invitato alla Casa Bianca.
5) Quando fai un'escursione.
6) Quando vai a un colloquio di lavoro.

B   Grammatica e pratica

I   Reflexive Verbs

Minidialogo

Vocabolario

allora	*then*	ancora	*still*	andare	*to go*
auguri	*best wishes*	che cosa fa	*what is he doing*	ci vediamo	*see each other*
chiamarsi	*to be called*	forse	*maybe*	devo	*I have to*
parlato	*spoken*	presto	*early*	ragazzo	*boy-friend*
simpatico	*nice*	spesso	*often*	sportivo	*athletic*
studia	*he studies*	trovare	*to find*	tutte le mattine	*every morning*

Carol: Non mi hai mai parlato del tuo ragazzo. Come <u>si chiama</u> e cosa fa?

Gina: <u>Si chiama</u> Frank e studia all'università di San Diego. E' molto sportivo. Tutte le mattine <u>si alza</u> presto e va a fare il *footing*. <u>Ci telefoniamo</u> spesso, ma <u>ci vediamo</u> solo il sabato. E' un tipo simpatico. E il tuo?

Carol: Il mio? Beh. . . lo devo ancora trovare. Forse questa è l'occasione buona qui in Italia.

Gina: Allora, auguri!

Domande: 1) Come <u>si chiama</u> il ragazzo di Gina? 2) Dove studia? 3) Che cosa fa tutte le mattine?
4) Quando <u>si vedono</u> Frank e Gina? 5) Come <u>si chiama</u> il ragazzo di Carol?

---

1)   A reflexive verb is a transitive verb whose action is expressed by the verb it "reflects" or returns upon the subject which becomes its direct object, called reflexive pronoun.

2)   In the dictionary reflexive verbs are recognizable because they end in **si** which is attached to the infinitive after dropping the final "*e*": alzar/alzar-<u>si</u>, chiamar/chiamar-<u>si</u>, vestir/vestir-<u>si</u>, - lavarsi, correggersi, divertirsi.

When a reflexive verb is conjugated, the **si** of the infinitive will change as each subject changes.
Look carefully at the following chart.

Chart of reflexive pronouns

	Singular				*Plural*	
(io)	**mi**	*myself*		(noi)	**ci**	*ourselves*
(tu)	**ti**	*yourself*		(voi)	**vi**	*yourselves*
(lui)	**si**	*himself*		(loro	**si**	*themselves*
(lei)	**si**	*herself*		(loro)	**si**	*themselves*
(Lei)	**si**	*yourself* (pol.)		(Loro)	**si**	*yourselves* (pol.)

Chart of reflexive verbs

	lavar-si		**metter-si**		**vestir-si**	
	(to wash oneself)		*(to put on)*		*(to get dressed)*	
(io)	**mi**	lav-o	**mi**	mett-o	**mi**	vest-o
(tu)	**ti**	lav-i	**ti**	mett-i	**ti**	vest-i
(lui/lei/Lei)	**si**	lav-a	**si**	mett-e	**si**	vest-e
(noi)	**ci**	lav-iamo	**ci**	mett-iamo	**ci**	vest-iamo
(voi)	**vi**	lav-ate	**vi**	mett-ete	**vi**	vest-ite
(loro/Loro)	**si**	lav-ano	**si**	mett-ono	**si**	vest-ono

3)   In conjugating reflexive verbs, you can omit the personal pronouns (*io, tu, et*c.), but <u>never omit</u> the
          reflexive pronouns (*mi, ti, si, et*c.).

4)   In the *passato prossimo* and other compound tenses, the reflexive verbs <u>always</u> take the auxiliary verb
          Essere. Consequently, the past participle agrees with the subject in gender and number:

          Franco si è lavato.   *Frank washed himself.*
          Gina si è lavata.   *Gina washed herself.*
          Gina e Carol si sono lavate.   *Gina and Carol washed themselves.*

5)   *Position of reflexive pronouns.*

          With respect to position, the reflexive pronouns follow the rule of the direct object pronouns, that is,
          they always <u>precede a conjugated verb:</u>

          Mi lavo, <u>si lava, ci laviamo,</u>

          but <u>follow the infinitive:</u>

          Le ragazze vanno a diver<u>tirsi.</u>
          preferisco lav<u>armi</u> con acqua fredda.

          Remember that with modal verbs, the reflexive pronouns can either follow an infinitive or precede the
          modal verb: *dovere, potere, volere.*

          Voglio bagnar<u>mi</u> or <u>mi</u> voglio bagnare.
          I ragazzi devono alzar<u>si</u> presto o <u>si</u> devono alzare presto.

N. B.

1) When the action of a reflexive verb involves a part of one own's body or clothes, these parts or clothes are the direct object and they take only the definite article and not the possessive, as in English:

Carol si lava *la* faccia.	*Carol washes her face.*
Franco si lava <u>i</u> denti.	*Frank brushes his teeth.*
I ragazzi si mettono <u>il</u> cappotto.	*The children put on their coats.*
(For parts of the human body see ch. 14, p. 303).	

2) Here is a list of the most frequently used reflexive verbs in Italian:

arrabbiarsi	*to get angry*	mettersi	*to put on*
addormentarsi	*to fall asleep*	pettinarsi	*to comb one's hair*
alzarsi	*to get up*	preoccuparsi	*to worry*
annoiarsi	*to be bored*	ricordarsi	*to remember*
bagnarsi	*to take a bath*	radersi	*to shave oneself*
chiamarsi	*to be called*	riposarsi	*to take a rest*
dimenticarsi	*to forget*	sedersi	*to sit down*
divertirsi	*to amuse oneself*	sentirsi	*to feel*
incontrarsi	*to meet*	svegliarsi	*to wake up*
lamentarsi	*to complain*	vestirsi	*to get dressed*
lavarsi	*to wash oneself*		

3) **Sedersi** *(to sit down)* is reflexive because it ends in "si" and is irregular because it inserts an **i** in four forms: **mi siedo -ti siedi -si siede -ci sediamo -vi sedete -si siedono.**

Franco si lava.	**Franco si è lavato.**
Gina si lava.	**Gina si è lavata.**
I bambini si lavano.	**I bambini si sono lavati.**
Le bambine si lavano.	**Le bambine si sono lavate.**
Vi lavate spesso?	**Si, ci laviamo spesso.**

Gino preferisce lavarsi con acqua fredda.

Gino deve lavarsi.	or	**Gino si deve lavare.**
Carol vuole pettinarsi.	or	**Carol si vuole pettinare.**
Gina può alzarsi presto.	or	**Gina si può alzare presto.**

Pratica

Drills

I   Form sentences with the given verbs and subjects:

1) I nonni (addormentarsi) alle dieci di sera.
2) Tu (alzarsi) alle sette di mattina.
3) Il tuo amico(a) e tu (divertirsi) molto sulla spiaggia.
4) Noi (lamentarsi) del tempo.
5) Io (mettersi) un vestito nuovo.
6) Gli invitati (annoiarsi) della conversazione.
7) Carol (guardarsi) nello specchio prima di uscire.

II   Substitute the subjects with those in parentheses:

1) Carol e Gina si divertono molto (Carol ed io, Gina e tu, tu, io, il professore).
2) Stamattina mi sono alzato alle otto (tu ed io, i miei nipoti, tu, Gina, voi).
3) Mio padre si lamenta sempre del governo (io, Carol e Gina, Gina ed io, tu, voi).

Communication

III   Ask your partner the following questions:

1) A che ora ti sei svegliato (a) questa mattina?
2) A che ora si è alzata tua madre?
3) Come ti senti oggi?
4) Dove ti sei seduto, in cucina o in sala da pranzo?
5) Ti sei divertito in discoteca ieri sera?
6) Chi si è lamentato del cibo?

IV   In groups of five students, ask each other what clothes you put on this morning, before going to school. Choose two or more items from *Vocabolario attivo*. Example: Stamattina <u>mi sono messo</u> una camicia di cotone, un paio di pantaloni di flanella e un paio di scarpe di cuoio.

V   In groups of four students, each should describe his/her day, beginning with waking up until going to bed. Example: Stamattina <u>Mi sono svegliato</u> alle 7.30.   *(Use the verbs from the preceding page.)*

II   Reflexive verbs **with** reciprocal meaning

<table>
<tr><td colspan="4">Minidialogo</td></tr>
<tr><td><u>Vocabolario</u></td><td></td><td></td><td></td></tr>
<tr><td>abbracciarsi</td><td>to embrace one another</td><td>amarsi</td><td>to love one another</td></tr>
<tr><td>baciarsi</td><td>to kiss one onother</td><td>ci vuole tempo</td><td>it takes time</td></tr>
<tr><td>con passione</td><td>passionately</td><td>decidere</td><td>to decide</td></tr>
<tr><td>mi fa piacere</td><td>I am glad</td><td>non lo sai?</td><td>don't you know it?</td></tr>
<tr><td>pettegola</td><td>gossiper</td><td>sposarsi</td><td>to get married</td></tr>
</table>

Gina: Carol, non mi chiamare pettegola. . . Beatrice e Tom <u>si baciano</u> con passione e. . . <u>si abbracciano</u> spesso. <u>Si amano</u> molto.
Carol: Non lo sai? Quei due <u>si sposano</u> presto. Mi fa proprio piacere.
Gina: Anche a me. E tu, Carol, quando ti decidi?
Carol: Ci vuole tempo, ci vuole tempo . . .

Domande: 1) Che cosa fanno Beatrice e Tom? 2) Quando <u>si sposano</u> Beatrice e Tom? 3) Ha il fidanzato Carol?

1)   Many reflexive verbs have a reciprocal meaning; they express an action of reciprocation. In English they correspond to a verb with *"each other"* or *"one another"* added to it. Since the subject must refer to two or more persons, the plural verb form is used, as well as one of the plural reflexive pronouns: *ci, vi, si*.

2)   Here are some of the reciprocal verbs frequently used in Italian:

abbracciarsi	*to embrace one another*
aiutarsi	*to help each other*
amarsi	*to love one another*
baciarsi	*to kiss each other*
incontrarsi	*to meet one another*
innamorarsi	*to fall in love (with each other)*
odiarsi	*to hate each other*
salutarsi	*to greet each other*
sposarsi	*to get married*
vedersi	*to see each other*

-Gina e Carol <u>si baciano</u> ogni volta che s'incontrano.
  Gina and Carol kiss each other every time they meet.
-Beatrice e Tom <u>si sposano</u> presto.
  Beatrice and Tom will get married soon.
-Gli alunni e il professore <u>si salutano</u> ogni mattina.
  The students and the professor greet each other every morning.

Pratica

I   Complete the following sentences with the appropriate verb forms.
         Example: Bob e Jill/amarsi/ molto - Bob e Jill si amano molto.

         1) I miei cugini/visitarsi/spesso.
         2) Carol e Gina/aiutarsi/sempre.
         3) La professoressa e gli alunni/salutarsi/tutti i giorni.
         4) I miei amici ed io /incontrarsi/ ogni tanto.
         5) Gina e Frank/scriversi/spesso.
         6) I tuoi amici e tu/vedersi /ogni settimana.
         7) Beatrice e Tom/chiamarsi/ al telefono ogni giorno.

II   In a group, each student should ask the others the following questions:

         1) Vi salutate coi genitori tutte le mattine?
         2) Vi baciate con l'amica quando l'incontrate?
         3) Che cosa dite agli amici quando andate al ristorante?
         4) Vi vedete con il professore tutti i giorni o tre volte alla settimana?
         5) Vi telefonate spesso con il vostro amico (a)?
         6) Avete il fidanzato (a)? Quando pensate di sposarvi?

III   Imagine and create a love story about Carol and Mario. They meet in the famous park of Rome called *Il
         Pincio*. Use the following material:

         Characters: Carol and Mario.
         Place: il Pincio.
         Verbs: 1) incontrarsi 2) conoscersi 3) guardarsi 4) intendersi 5) parlarsi
         6) innamorarsi 7) baciarsi 8) abbracciarsi 9) sposarsi (?).
         Model: Carol e Mario s'incontrano in un parco di Roma che si chiama il Pincio. . . (*Continue. What's
         next? Use the verbs logically. Leave the finale in suspense with a question mark*).

III   Telling time

		Minidialogo			

Vocabolario
a che ora	*at what time*	alle 9:00	*at nine o'clock*	alle 8:30	*at eight thirty*
ancora	*still*	che ora è	*what time is it?*	devi essere	*you have to be*
incominciare	*to begin*	meno	*minus*	passa	*passes*
per lo meno	*at least*	tempo	*time*		

Enrico:	<u>Che ora è?</u>
Marta:	<u>Sono le otto e un quarto.</u>
Enrico:	Oh, ho ancora tempo. <u>Alle otto e mezzo</u> passa l'autobus.
Marta:	A che ora devi essere a scuola?
Enrico:	Per lo meno <u>alle nove meno cinque</u>. <u>Alle nove</u> incomincia la lezione di chimica.

Domande: 1) <u>A che ora</u> passa l'autobus? 2) A che ora deve essere a scuola Enrico?
3) A che ora incomincia la lezione di chimica?

1)   The question "*What time is it?* = *che ora è* (less common, *che ore sono*), can be answered in two ways,
depending on the time:

a)   E' l'una.   *it is one o'clock.*   **È + l' + una**
      E' mezzogiorno.   *it is noon.*   **È + mezzogiorno** (*no article*)
      E' mezzanotte.   *it is midnight.*   **È + mezzanotte** (*no article*)

b)   Sono le due.   *it is two oclock.*   **Sono + le + due, tre, quattro. . . .**
      Sono le tre.   *it is three o'clock.*
      sono le nove.   *it is nine o'clock, etc.*

2)   Minutes **after** the hour are expressed

by **e** + number of minutes:

GIANNI
VERSACE
S I G N A T U R E
IL NUOVO OROLOGIO **LE MEDUSE** DI GIANNI VERSACE

Sono le cinque *e* dieci.   *it is 5:10.*
E' l'una *e* venti.   *it is 1:20.*
Sono le dieci *e* trentacinque.   *it is 10:35.*

Notice that the word "minuti" is implied,
not expressed.

Note: *A quarter* past the hour is expressed by
un quarto and *half* by **mezzo.**

Sono le due e *un quarto.*   *it is 2:15.*
Sono le cinque e *mezzo.*   *it is 5:30.*

3)   Minutes **before** the hour are expressed by
meno *(minus).*

Sono le cinque *meno* venti - *it is 4:40.*
Sono le undici *meno* dieci -*it is 10:50.*

4)   The following phrases: *di mattina, del pomeriggio, di sera, di notte* are used to differentiate A. M. from
P. M. The following figures are approximate:

Di mattina - from 1.00 A.M. to 12 noon.	*It is 7:00 A.M.* Sono le sette di mattina.
Del pomeriggio - from 12 noon to 6.00 P.M.	*It is 1:00 P.M.* E' l'una del pomeriggio.
Di sera - from 6.00 P.M. to 10.00 P.M.	*It is 8:20 P.M.* Sono le otto e venti di sera.
Di notte - from 10.00 P.M. to 1.00 A.M.	*It is 2:30 A.M.* Sono le due e mezzo di notte.

5)   To express *at what time* = **a che ora** an event occurs, the preposition **a** is used with *mezzogiorno and*

mezzanotte, the preposition **al** is used with *una* (all'una) and **alle** with all the other hours *(For the contraction See p. 122).*

Esempi modelli:

In America si fa il *lunch* <u>a mezzogiorno</u>.	*In America lunch time is at noon.*
Giorgio è ritornato <u>a mezzanotte</u>.	*George returned at midnight.*
Mi alzo <u>alle sette e mezzo</u> di mattina.	*I get up at 7:30 A.M.*
Mio fratello studia fino <u>all'una</u> di notte.	*My brother studies until 1:00 A.M.*
Le lezioni incominciano <u>alle nove</u> di mattina.	*The classes begin at 9:00 A.M.*
I bambini vanno a letto <u>alle dieci</u> di sera.	*Children go to bed at 9:00 P.M.*

6)   The twenty-four hour system is widely used in Italy to express official time for trains, buses, airplanes, TV and radio programs, visits to museums, hospitals, etc.

Il treno per Roma parte alle 15. 30.	*The train for Rome will leave at 3:30 P.M.*
L'aeroplano da Nuova York arriva alle 8. 20.	*The plane from N.Y. arrives at 8:20 AM.*
<u>Teatro Parioli</u>- Oggi, ore 21. 30.	*Parioli theater. Today, 9:30 P.M.*

<u>Palestra Rubini</u>. Orario al pubblico dal lunedì al venerdì:
1º turno, ore: 18.30 - 19. 50; 2ºturno, ore: 21. 00 - 22. 30; 3º turno, ore: 23.00 - 00. 30.
Negozio aperto: dalle 9. 00 alle 13. 00 e dalle 15. 00 alle 19. 30.

Notice: 1) The use of a period instead of a colon after the hour, in Italian.
            2) The twenty four hour system is becoming frequently used even in colloquial speech.

            Example:
            Gianni: Cristina, ci vediamo al bar Prato alle 19. 00 stasera?
            Cristina: Alle 19. 00 proprio non posso, facciamo alle 20. 30. Va bene?
            Gianni: O. K. Alle 20. 30.

            3) Remember: When it is 6:00 A.M. in New York, it is 12:00 Noon in Rome.
                             When it is 9:00 A.M. in New York, it is 6:00 A.M. in Los Angeles.

E' l'una.	Sono le due.
E' mezzogiorno.	Sono le due e dieci.
E' mezzanotte.	Sono le due e un quarto.
	Sono le due e mezzo.
	Sono le nove meno un quarto.
	Sono le nove meno cinque.
Sono le nove e mezzo di mattina.	
Sono le tre e un quarto del pomeriggio.	
Sono le sette e mezzo di sera.	
Sono le undici meno dieci di notte.	

Pratica

I   Express the following time in Italian. *It is:*

1) 7. 00 A.M.   2) 8. 10 P.M.   3) 10. 30 P.M.
4) 11. 45 A.M.   5) 6. 50 P.M.   6) 9. 35 P.M.
7) 12. 00 Noon   8) 12. 50 P.M.

II   Ask the following questions of your partner. He/she may use the time in parentheses or other of his/her invention:

1) A che ora ti alzi la mattina? (7. 45).
2) A che ora ti fai la doccia? (7. 50).
3) A che ora fai colazione (8. 15).
4) A che ora vai all'università? (8. 30).
4) A che ora incomincia la lezione d'italiano? (10. 30).
5) A che ora finisce? (11. 20).
6) A che ora torni a casa? (2. 15).
7) Quando studi? (dalle 7. 00 alle 10. 00).
8) A che ora vai a letto? (11. 30).

III   Suppose that you are working at a travel agency. Two of your classmates, playing the role of tourists, ask you at what time they will arrive at the following cities. Follow the model: Roma/7. 30. <u>Quando arriviamo a Roma</u>? Alle sette e mezzo di mattina.

1) Milano/10. 10 di mattina.   2) Torino/8. 30 di mattina.
3) Genova/Mezzogiorno.   4) Firenze/13. 20.
5) Napoli/14. 50.   6) Palermo/17. 25.

IV   **Numbers** from 100. . . above

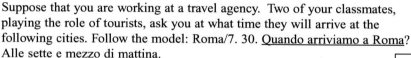

100	cento	101	centouno	199	centonovantanove
200	duecento	202	duecentodue	285	duecentoottantacinque
300	trecento	303	trecentotre	373	trecentosettantatré
400	quattrocento	404	quattrocentoquattro	422	quattocentoventidue
500	cinquecento	505	cinquecentocinque	519	cinquecentodiciannove
600	seicento	606	seicentosei	618	seicentodiciotto
700	settecento	707	settecentosette	717	settecentodiciassette
800	ottocento	808	ottocentootto	816	ottocentosedici
900	novecento	909	novecentonove	915	novecentoquindici
1.000	mille	1.100	millecento	1.915	millenovecentoquindici
2.000	due mila	2.500	duemilacinquecento	2.31 0	duemilatrecentodieci
10.000	diecimila	100.000	centomila	100.310	centomilatrecentodieci
1.000.000	un milione	10.000.000	diecimilioni	100.000.000	centomilioni

1)   Notice that numerals above one hundred are written as one word: millecentodieci.

2)   The article *un* is not used in Italian with *cento* and *mille:* cento ragazzi, mille lire.

3)   The plural of mille is *mila:* due mila, diecimila, centomila.

4)   The English: *thirteen hundred, seventeen hundred.* . . are not used in Italian. One must say: one thousand three hundred, one thousand seven hundred.

5)   A period, not a comma, is used with thousands and millions: 1.000 (mille), 100.000 (centomila), 1.000.110 (un milione centodieci).

6)   When million is followed by a noun, not by another numeral, use *di* before that noun: $ 30.000.000= trenta milioni *di* dollari; 2.000.000 boys = due milioni *di* ragazzi.
But: 4.150.000 inhabitants = quattro milioni centocinquantamila abitanti.

Pratica

I   Read the following numbers aloud in Italian:

520 - 778 - 999 - 1.100 - 1.492 - 1.776 - 1.940 - 1.995
110.110 - 400.555 - 1.234.560 - 58.000.000 Italians -245.000.000 Americans.

II   Ask another student how much the following items cost.
Example: libro/(35) . <u>Quanto costa</u> il tuo libro? Il mio libro costa 35 dollari.

1) La tua automobile/$ 15.000 .
2) La tua casa/$ 120.000.
3) Un viaggio di andata e ritorno in Italia/$ 950 .
4) Una vacanza di due settimane a Miami/$ 1.200 .
5) Una vacanza di un mese sulla riviera francese/$ 3.400.
6) Un caffè in Italia/L. 1.500 (*L. is the abbreviation of lire*).
7) Una cena in Italia/L. 45.000.

V   **Days of the week.**   *(I giorni della settimana)*

The days of the week are:

lunedì, martedì, mercoledì, giovedì, venerdì, sabato, domenica.

1) Contrary to English, the days of the week in Italian are not capitalized.

2) In Italian, lunedì, not domenica, is the first day of the week.

3) The days of the week require the article <u>il</u> for six days (<u>la</u> for domenica) when they express habitual actions: Il sabato non ho classe *(On Saturday I have no class)*.

Notes: a) The article is omitted when referring to a single day:

Martedì vado dal dentista. *[This] Tuesday I am going to the dentist.*

b) The first five days do not change into plural, because they bear an accent on the last vowel.
(See ch.1, p. 15). Il lunedì/i lunedì.

Pratica

I   Answer the following questions:

        1) If today is Monday, what day was yesterday?
        2) On what days do you have Italian lessons?
        3) Describe your week.
        Example: Il lunedì mi alzo alle . . . Faccio colazione alle. . . Ho lezione d'italiano alle. . . e di chimica
        alle. . . Ritorno a casa alle . . . Il martedì? . . . Il mercoledì?. . . etc.

II   Ask your best friend the following questions:

        1) What is your favorite day? Why?
        2) What do you do on Saturdays?
        3) On what day do you go to the movie?
        4) What day was it when you were born?
        5) Which day of the week do you work?

VI   Seasons, months, date

Minidialogo

Vocabolario

abbandonare	*to abandon/leave*	caldo	*hot*	d'estate	*in the summer*
d'inverno	*in the winter*	evita	*to avoid*	fa caldo	*it is hot*
fa freddo	*it is cold*	insopportabile	*unbearable*	vengo	*I come*

. . . .

Carol: Mario, tu sei milanese, a Milano quando fa freddo ?

Mario: D'inverno, specialmente nei mesi di gennaio e febbraio.

Carol: E' vero che d'estate fa un caldo insopportabile e che i milanesi abbandonano la città dal primo al
              venti di agosto?

Mario: Sì, è vero. Ma io ho una soluzione per evitare il caldo. Nei mesi di luglio e agosto   vengo in
              California.

Carol: Ottima idea!

. . . .

        Domande: 1) Quando fa freddo a Milano? 2) Che cosa fa a Milano d'estate?
        3) I Milanesi quando abbandonano la città? 4) Qual è la soluzione di Mario?
        5) Piace a Carol l'idea di Mario?

The season and the months are not capitalized in Italian:

---

l'inverno	*la primavera*	*l'estate*	*l'autunno*
gennaio *(January)*	**aprile** *(April)*	**luglio** *(July)*	**ottobre** *(October)*
febbraio *(February)*	**maggio** *(May)*	**agosto** *(August)*	**novembre** *(November)*
marzo *(March)*	**giugno** *(June)* **settembre** *(September)*	**dicembre** *(December)*	

Inverno

Autunno e
Primavera

Estate

LE QUATTRO STAGIONI

In alto, rami gelati dalla brina in un villaggio delle Alpi
svizzere. Qui sopra: a sinistra, ciliegi "riscaldati" per
proteggere i fiori dal freddo delle notti primaverili; a
destra, un albero ornato di zucche per la festa di
Halloween in un parco parigino. Sotto e a lato, una
sequenza di alberi "solitari" in varie parti del mondo.

Le quattro stagioni

Dates

1) Dates in Italian are expressed according to the following word order:

article	*day*	*preposition di (optional)*	*month*	*year*
il	5	(di)	maggio	2003

2) To express dates in Italian, cardinal numbers are used, preceded by the definite article:

Il 4 luglio è festa nazionale negli Stati Uniti. *The 4th of July is national holiday in the United States.*
Il 25 maggio del 1945 è finita la Seconda Guerra mondiale. *World War II ended on May 25th 1945.*

Only the first day of the month is expressed, as in English, with the ordinal number:

Il primo (di) giugno è il mio compleanno.   *My birthday is on June first.*
Il primo (di) settembre non c'è scuola.   *On the first of September there will be no class.*

3) To express dates in Italian use the day of the month first and then the name of the month, contrary to English which uses the name of the month first and then the day

Il 21 giugno parto per l'Italia.   *On June 21st I will leave for Italy.*
Il 18 settembre è il mio compleanno.   *On September 18th is my birthday.*

Also in abbreviation the word order is the same:

Italian:	Il 6 marzo 1930.	6/3/1930.
American:	March 6, 1930	3/6/1930.

4)   Alla domanda: *Che giorno è oggi?* What is today's date?
            Si risponde: *Oggi è il 10 febbraio.*
            or*: quanti ne abbiamo oggi*? Oggi ne abbiamo dieci.

Notes: 1) It is useful to remember the following expressions: d'estate, d'inverno (*in the summer, in the winter*), and nella primavera, nell'autunno (*in the spring, in the fall).*

2) To express your birthday, you may say: Sono nato (a) il 15 giugno, 1978
or simply: Sono nato (a) nel 1978.

3) The year, when used alone, require the article:
a) simple: **Il** 1990 fu disastroso per l'agricoltura.   *The year 1990 was desasterous for farming.*
b) contracted: **Nel** 1940 scoppiò la seconda guerra mondiale   *In 1940 World War II broke out.*

Quando sei nato?
Sono nato il 5 (di) maggio, 1987.

Che giorno è oggi?
Oggi è il 4 di luglio, 2002.

Quando non hai classe d'italiano?
Non ho classe d'italiano il martedì
e il giovedì.

Pratica

Drill

I   Write the date on which the following people were born:
                 Example: Gabriella 2/5/75. Gabriella è nata il due maggio 1975.
                 (Remember that the days go before the months in Italian).

                 1) Carol: 3/6/1975.
                 2) Mario: 12/10/1973.
                 3) Gina: 25/1/1974.
                 4) Mia sorella: 26/8/1981.
                 5) Io: 28/11/1973.
                 6) Il professore: 14/1/1962.

Communication

II   Ask your best friend the following questions:

                 1) Quando sei nato (a)? In quale città?
                 2) Quando è nata tua madre? In quale città?
                 3) Quando è nato tuo padre? In quale nazione?
                 4) Che giorno è oggi?
                 5) Qual è la tua stagione preferita?
                 6) Qual è il tuo mese preferito? Perchè?
                 7) Qual è la data più importante della tua vita?

III   History exam. Ask your partner: Quand'è il compleanno del presidente? R: 2/2/1945
                 Il compleanno del presidente è il due febbraio 1945.

                 1) Il compleanno di George Washington? (22/2/1732).
                 2) Il compleanno di Abraham Lincoln? (12/2/1809).
                 3) In che anno è morto Lincoln? (1865).
                 4) In che anno è morto Napoleone Buonaparte? (5/5/1821).
                 5) Quando è finita la Seconda Guerra Mondiale? (25/5/1945).
                 6) Chi ha scoperto l'America? In che anno?
                 7) In che giorno, mese, anno è stata dichiarata l'indipendenza degli Stati Uniti?

IV   In the same group ask each other the following personal questions:

1) Quand'è il tuo compleanno?
2) Dove festeggi il tuo compleanno?
3) Inviti molta gente per tuo compleanno?
4) Ricevi molti regali per il tuo compleanno?
5) Hai partecipato a molti compleanni di parenti o di amici?
6) Descrivi uno dei tuoi compleanni più emozionanti.
(You can take some idea from Linetta's birthday, the second reading in ch.4, p. 89).

ARIETE
dal 21/3 al 20/4

Allegro, spensierato, passionale questo primo weekend di agosto con una comunicativa Luna in Gemelli che, lunedì, è ottima anche se lavori, perché ti rende vincente in una compravendita o un affare. Trattieni però l'impulsività e la tendenza ad esagerare nei giorni 6 e 7 e goditi un magico incontro d'amore, se sei ancora single, con il Novilunio in Leone del giorno 8. Ottimo transito anche per un guadagno oppure una vincita.

TORO
dal 21/4 al 20/5

Nel primo sabato e domenica di agosto e nei giorni 8 e 9, con la Luna Nuova in Leone, se vuoi evitare un litigio polemico e geloso in famiglia o con il partner, serve tutto il tuo autocontrollo e la tua diplomazia. Hai bisogno ora di riposo e i giorni 6 e 7 sono ideali per partire, ma, tra le valigie non portarne nessuna piena dei problemi che ancora non hai risolto. Mercurio in Vergine dal giorno 6, ti aiuta a riflettere e a dialogare.

GEMELLI
dal 21/5 al 21/6

Viva gli amici e viva le vacanze nei giorni 4 e 5, con la Luna nel tuo segno e tanta voglia di buonumore. Attenzione, però, alle spese inutili oppure eccessive, nei giorni 6 e 7 con la Luna in Cancro e con Mercurio che passa in quadratura. Novità sensuali e passionali, invece, dal giorno 8 con il Novilunio in Leone e Venere che è passata in Bilancia. Puoi anche vincere al gioco e, se sei single, puoi fare un incontro da colpo di fulmine.

CANCRO
dal 22/6 al 22/7

Con la Luna in Gemelli, nei giorni 4 e 5, il tuo umore è come un ascensore, anche se non hai da lamentarti. Giorni ottimi invece il 6 e 7, e con la Luna nel tuo segno e con Mercurio che entra in Vergine, riesci a soddisfare tante tue esigenze pratiche e, magari, completare un lavoretto nella tua casa al mare. Dal giorno 8, con Venere in Bilancia, può ritornare la gelosia oppure la nostalgia, e puoi essere scontroso e suscettibile.

LEONE
dal 23/7 al 23/8

Magico weekend il primo di agosto con tutto un Cielo favorevole e la possibilità di vincere in amore e al gioco. Troppa l'energia nel Cielo e ti conviene, nei giorni 6 e 7, rilassare il corpo e la mente con sistemi naturali e con un po' di riposo in più. Dal giorno 8 invece, con la Luna Nuova che passa nel tuo segno, assistita anche da Venere in Bilancia dal giorno 7, goditi un fine settimana di fortuna, felicità, allegria, passione e amore.

VERGINE
dal 24/8 al 22/9

Il primo weekend di agosto può, per la Luna in quadratura, non trovarti in perfetta forma. Riposa di più, magari rimanda di un paio di giorni la vacanza, perché nei giorni 6 e 7 sia la Luna in Cancro sia Mercurio nel tuo segno, ti favoriscono nei viaggi e, se lavori ancora, puoi guadagnare molto in una compravendita oppure con un affare. Dal giorno 8, se tagli con il passato, tagli anche una piccola ansia che ti disturba ancora.

BILANCIA
dal 23/9 al 22/10

Parti pure per le vacanze tra sabato e domenica che, con la Luna in Gemelli sono ideali per un viaggio e possono portarti anche una bella novità. Puoi risentire di un po' di stanchezza nei giorni 6 e 7; non sfogarla con chi ti ama e aspetta Venere che in serata arriva nel tuo segno e il Novilunio in Leone del giorno 8, per trovare una soluzione pratica per la casa e, soprattutto, per vivere una intensa emozione d'amore.

SCORPIONE
dal 23/10 al 22/11

Cautela negli spostamenti e nelle spese nei giorni 4 e 5, anzi, cerca di sfruttare il weekend per riflettere sul da farsi. La tua analisi può già rivelarsi positiva nei giorni 6 e 7 con la Luna e Mercurio che diventano favorevoli e ti assistono nei viaggi e nella gestione delle spese. Non rimandare quindi una partenza, perché dal giorno 8, con troppi pianeti in Leone, un viaggio si complica e un pensiero negativo può farti litigare con il partner.

SAGITTARIO
dal 23/11 al 21/12

Tanti progetti ma anche tanta stanchezza in questo primo weekend di agosto. Riposa di più, quindi, magari rimanda la partenza se non vuoi restare bloccato nel traffico e non te la prendere se all'ultimo momento devi cambiare compagnia. Ma, da mercoledì, ecco ad assisterti Venere in Bilancia e, poi, la Luna Nuova in Leone che ti favoriscono in un viaggio e in un amore con una persona che parla un altro dialetto o un'altra lingua.

CAPRICORNO
dal 22/12 al 20/1

Tanta voglia di vacanza ma anche tanti impegni ancora in sospeso. Concludi quindi o organizza bene il da farsi nel weekend e poi parti con lui oppure lei anche se la Luna in opposizione, nei giorni 6 e 7, può rendere molto vivace, passionale e geloso il tuo rapporto di coppia. Se sei single, è possibile un nuovo incontro davvero molto eccitante. Novità in arrivo con la Luna Nuova, ma anche un po' di confusione con i tuoi amici.

ACQUARIO
dal 21/1 al 19/2

Hai voglia di grandi emozioni e il primo weekend di agosto, con la Luna in Gemelli, è pronto a donartene sia in un viaggio, semmai, per le vacanze, che in un nuovo incontro che ti stimola sia nella seduzione che nella gelosia. Inizio settimana giusto anche per controllare un po' le spese, ma dall'8, con un Cielo di fuoco in Leone, puoi essere insofferente in famiglia. Se sei single, Venere in Bilancia ti spinge verso un grande amore.

PESCI
dal 20/2 al 20/3

I pensieri di lavoro sembrano accompagnarti in questa estate e, anche nei giorni, 4 e 5, con la Luna in Gemelli, devi impegnarti per non lasciare in sospeso quello che non devi. Anche il rapporto con il partner può un po' deluderti ma, nei giorni 6 e 7, puoi ricevere una sorpresa o un'attenzione che ti stimola a curare di più la tua persona. Nel fine settimana, evita le discussioni per soldi e goditi le amicizie in vacanza.

VII   Constructions of **time** with **da**.... *(Da quanto tempo)?*

To indicate an ongoing action which began in the past and is still going on in the present, Italian uses a construction with **da**, which can be expressed with the following questions: <u>da quanto tempo</u> *(for how long)* and <u>da quando</u> *(since when).*

1)   *Da quanto tempo* uses the following construction:

Studio	l'italiano	da	due mesi.
I have been studying Italian		*for*	*two months.*
<u>Verb</u>	+	<u>da</u> +	<u>time.</u>

One can also say:

da	due mesi	studio l'italiano.
for	*two months*	*I have been studying Italian.*
<u>da</u> +	<u>time</u> +	<u>verb</u> *(present tense).*

-Aspetto l'autobus da dieci minuti. *I have been waiting for the bus for ten minutes.*
-John and Kathy vivono a Chicago da venticinque anni. *John and Kathy have been living in Chicago for twenty five years.*
-Angela studia l'inglese da quattro anni. *Angela has been studying English for four years.*

2)   *Da quando* uses the same construction, the only difference is that the time is specified *(year, date).*

-John e Kathy vivono a Chicago dal 1970. *John and Kathy have been living in Chicago since 1970.*
-Angela conosce gli Anderson dal 1990. *Angela has known Mr. and Mrs. Anderson since 1990.*
Vincenzo lavora al ristorante "Rocco" da quando aveva venti anni. *Vincent has been working at <u>Rocco's</u> restaurant since he was twenty years old.*

Note. If an action began and ended in the past, the past tense of the verb is used:
Ho studiato l'italiano per tre anni. *I studied Italian for three years.*

Pratica

I   Ask your classmate the following questions:

1) Da quanto tempo frequenti questa università?   (due anni).
2)————————-studi l'italiano?   (tre mesi).
3)————————-conosci il tuo fidanzato (a)?   (un anno).
4)————————-suoni la chitarra elettrica?   (dieci mesi).
5)————————-giochi al pallone?   (vari anni).
6)————————-abiti nel tuo appartamento?   (sei mesi).

II   Carol and Gina bought a ticket to see l'*Aida* alle Terme di Caracalla.
Interview them, asking the following questions:

1) Da quando desiderate di vedere un'opera italiana?(dal nostro arrivo in Italia).
2) Da quanto tempo aspettate in fila per comprare il biglietto? (un'ora).
3) Da quanto tempo rappresentano l'Aida a Caracalla (dieci giorni).
4) Da quanto tempo indossate quel bel vestito da sera? (due ore).
5) Da quando conoscete l'Aida e il suo autore? (1994).
6) Da quando non vedete un'opera italiana? (1995).

Temperature in Italia		
Bolzano	10	11
Verona	11	14
Trieste	12	14
Venezia	11	14
Milano	11	13
Torino	10	12
Genova	14	18
Firenze	np	np
Pisa	13	18
Ancona	13	20
Perugia	9	16
Pescara	12	22
L'Aquila	5	12
Roma	12	18
Campobasso	8	13
Bari	11	23
Napoli	10	20
Reggio C.	14	22
Palermo	15	22
Cagliari	10	21

C   Pratica Riassuntiva

I   Describe the things you do first in the morning. Use the following
             reflexive verbs: *Svegliarsi, alzarsi, bagnarsi, lavarsi, pettinarsi, vestirsi.*

II   Describe what your brothers and sisters do in the morning. Use the same
             reflexive verbs from the previous exercise.

III   Supply the correct form of the verbs in this short narrative:

             Mio zio *chiamarsi* Tommaso. Tutte le mattine *alzarsi* alle 7:30; *lavarsi,
             vestirsi, fare* colazione e poi *uscire* per comprare il giornale. *Fermarsi*
             a parlare con gli amici. *Riposarsi* per un pò di tempo su un banco nella
             piazzetta. Tutti *lamentarsi* del governo e del tempo. Dopo una mezz'oretta
             mio zio *annoiarsi* e tornare a casa.

IV   Answer the following questions:

             1) Che fanno due fidanzati quando s'incontrano? (*Abbracciarsi*).
             2) I miei amici ed io? (*Salutarsi*).
             3) I miei genitori? (*Baciarsi*).
             4) I tuoi cugini e tu? (*Aiutarsi*).
             5) I cani e i gatti? (*Odiarsi*).
             6) I miei zii d'Italia ed io? (*Scriversi*).

V   Ask another student how much the following personal items cost:

             1) Il tuo appartamento? (150.000 euro).
             2) La tua automobile? (15.000 euro).
             3) Il tuo miglior vestito? (900.000 euro).
             4) Le tue scarpe italiane? (200 euro).
             5) Tutti i libri di questo semestre? (200 euro).
             6) Il tuo computer nuovo? (2.000 euro).
             7) Il biglietto per andare a vedere un concerto alle Terme di Caracalla? (50 euro).

VI   Ask your partner:

             1) Quanti giorni ci sono in una settimana?
             2) Quanti giorni ci sono in un mese?
             3) Quanti giorni ci sono in un anno?
             4) Quante settimane in un mese?
             5) Quante settimane in un anno?
             6) Quante dita ci sono in una mano? Quante in due mani? Quante in dieci mani?

VII   Ask a classmate:
             1) Da quanto tempo abiti in questa città?
             2) Da quanto tempo non piove? (Tre mesi).
             3) Da quanto tempo non vai al cinema? (Un mese).
             4) Da quando usi la macchina Fiat? (1991).
             5) Da quando non vai dal dentista? (1994).
             6) Da quando lavori con la IBM? (1985).

D   **Lettura di vita e costumi**   *Vèstiti come i Romani*

Questa sera Carol e Gina hanno l'opportunità di andare alle Terme di Caracalla per assistere[1] al concerto dei tre grandi tenori: Luciano Pavarotti, Placido Domingo e José Carreras.

Carol: **Come ci vestiamo stasera? Rimaniamo[2] americane o ci trasformiamo[3] in italiane?**

Gina: **Ci trasformiamo in italiane naturalmente. Hai dimenticato[4] il proverbio americano? "Quando vai a Roma, fa' come fanno i Romani." Io aggiungo[5] "E vestiti[6] come i Romani". Non hai notato come sono eleganti le ragazze italiane?**

Carol: **L'ho notato, l'ho notato, ma ci troviamo[7] nella patria della moda[8] e dell'eleganza. Io però non ho portato un vestito da sera[9] ho solo vestiti sportivi.**

Gina: **Non ti preoccupare.[10] Ora ci infiliamo[11] in questo negozio di abbigliamento[12] che espone vestiti di grandi marche:[13] Gucci, Versace, Armani, Valentino, Ferrè, Krizia. Non c'è che l'imbarazzo della scelta.[14]**

Carol: **Ma per comprare un vestito di questi stilisti[15] ci vogliono molti soldi ed io ho portato solamente traveller checks.**

Gina: **Ormai anche[16] in Italia in tutti i negozi accettano le carte di credito.[17] Di che cosa ti preoccupi?**

Carol: **Va bene, entriamo.**

Gina: **Lascia fare a me.[18] Ti aiuto a scegliere i capi[19] più eleganti e ti faccio diventare una seconda Claudia Schiffer.**

Carol: **Grazie, ma. . . non esageriamo.**

I   *Key words*
1)To attend 2)remain 3)transform oneself/change 4)forgot 5)add 6)get dressed 7)to find oneself 8)fashion country 9)evening-dress 10)do not worry 11)to slip into 12)department store 13)brand name 14)only the embarassment of choosing 15)stylists 16)by now even 17)credit cards 18)leave it to me 19) articles of clothing.

II   *Complete the following sentences with the words of the reading:*

1) Questa sera Carol e ————-hanno————-per————
2) Ci trasformiamo in————
3) Hai dimenticato il proverbio————-Io aggiungo————-
4) Ci troviamo nella patria————
5) Ora ci infiliamo————
6) Ma per comprare un vestito————ed io————

III   *Domande per la comprensione della lettura.*

1) Dove vanno questa sera Carol e Gina?
2) Chi sono i tre grandi tenori?
3) Vestono all'americana o si trasformano in italiane Carol e Gina?
4) Come sono le ragazze italiane?
5) Che vestiti ha portato Carol?
6) Come si chiamano alcuni dei più grandi stilisti italiani?
7) Accettano le carte di credito in Italia?
8) Gina come vuol far diventare Carol?

IV   *Vero o falso?*

1) Carol e Gina hanno l'opportunità di andare al teatro *La Scala*.
2) I tre tenori sono Luciano Pavarotti, Dean Martin e Frank Sinatra.
3) Carol e Gina si trasformano in italiane.
4) Le ragazze italiane sono eleganti.
5) Carol e Gina si infilano in un ristorante.
6) Ormai anche in Italia accettano le carte di credito.
7) Gina fa diventare Carol come una seconda Claudia Schiffer.

V   *Make a list of all the reflexive verbs in the reading.*

VI   *Conversazione.*

In groups of five, students should ask the following questions in turn. Also in the answers each one will take a turn:

1) Ti piace andare a un concerto?
2) A un concerto di musica classica
   o di musica pop?
3) Quando vai a un concerto ti vesti
   coi blue jeans o con il vestito da sera?
4) Ti piace un solo vestito di Versace
   o parecchi vestiti comprati alla UPIM?
5) Quando vai a fare gli acquisti, preferisci
   pagare in contanti o con la carta di
   credito?

Armani

In passerella

Antonio Marras;
sopra, Dolce
e Gabbana con
Monica Bellucci
Più in alto,
Giorgio Armani
A destra, un abito
di Roberto Cavalli

E   # Lettura di cultura   *La moda italiana*

Il gusto delle cose belle[1] è stato sempre una caratteristica degli Italiani. La bellezza è ammirata non solo in un quadro[2] o in una scultura, ma anche in una donna, in un gioiello,[3] in un mobile,[4] in un vestito.[5]

Agli uomini italiani, e soprattutto alle donne, piace vestire bene ed essere eleganti e abbinano[6] con grande buon gusto, il colore delle scarpe, della borsa e del vestito. Una donna italiana, anche all'estero, si distingue benissimo per il taglio del vestito,[7] per l'eleganza e per lo stile con cui lo indossa.[8] Gli Italiani preferiscono più l'eleganza che la praticità, più la qualità che la quantità. E' meglio avere un solo vestito, un solo paio di scarpe di buona qualità che tanti di qualità scadente.

La moda italiana è ammirata in tutto il mondo ed è diventata[9] il prodotto numero uno di esportazione. Milano, oltre ad essere il più grande[10] centro industriale e finanziario d'Italia, è diventata anche il centro più importante della moda e qui gli stilisti più famosi, Gucci, Versace, Trussardi, Valentino, Armani, Missoni, Ferrè organizzano le loro sfilate[11] con bellissime indossatrici.[12] A queste sfilate sono presenti numerosi acquirenti stranieri in quanto la moda e la pelletteria[13] italiane sono molto apprezzate in tutto il mondo. Anche Roma e Firenze sono due centri importanti per le sfilate di moda. Il settore della moda si è trasformato in una grande industria e, intorno ad esso, girano interessi economici colossali.[14]

Il gusto del bello degli Italiani lo si manifesta[15] in ogni loro creazione: moda, pelletteria, gioielleria,[16] arredamento.[17] Questo gusto del bello gli Italiani lo hanno coltivato nei secoli, sia nelle arti che nell'artigianato[18] e mostrano di avere appreso bene la lezione dei loro antichi padri. Chi può dimenticare cosa ha rappresentato per l'Italia e per l'Europa il Rinascimento italiano?

I   *Key words:*

1) Il gusto delle cose belle /*the taste for beautiful things* 2) quadro /*picture,* 3) gioiello /*jewel,*
4) mobile /*piece of furniture,* 5) vestito /*suit/dress,* 6) abbinano /*match,* 7) il taglio del vestito /*dressmaker cut,*
8) wear it, 9) è diventato /*it has become,* 10) oltre ad essere il più grande centro /*in addition to being the greatest center* 11) sfilate /*fashion shows,* 12) indossatrici /*models,* 13) pelletteria /*leathers goods,*
14) colossali /*gigantic,* 15) si manifesta /*it is showed,* 16) gioielleria /*jewelery,* 17) arredamento
furnishings, 18) artigianato /*handicraft.*

II   *Rispondi in italiano alle seguenti domande.*

1. Il gusto delle cose belle è stato sempre una caratteristica:
a) dei Giapponesi; b) degli Indiani; c) degli Italiani?

2. Gli uomini e le donne italiani abbinano il colore:
a) della camicia e delle scarpe; b) dell'ombrello e dei guanti; c) delle scarpe e della borsa?

3. La moda italiana è ammirata: a) In America; b)In Russia; c) in tutto il mondo?

4. Gli Italiani preferiscono: a) più il risotto che gli spaghetti; b) più l'eleganza che la praticità ;
c) più la birra che il vino?

La moda italiana onorata nei francobolli

III   Composizione: Descrivi una persona vestita elegantemente. Puoi usare il vocabolario a p.170.

F   Vocabolario utile

Nomi		Verbi	
l'abbigliamento	clothes	aggiungere	to add
l'aiuto	help	andare	to go
la borsa	purse, bag	aiutare	to help
il camerino	dressing room	dimagrire	to lose weight
la camicetta	blouse	dimenticare	to forget
la carta di credito	credit card	diventare	to become
il commesso	salesperson	esporre	to display
la donna	woman	essere in saldo	to be on sale
le maniche	sleeves	fa caldo	it is hot
la marca	brand, mark	farsi la doccia	to take a shower
la moda	fashion	fare un giro	to tour
la modella	fashion model	giungere	to arrive
il negozio	store	hai ragione	you are right
l'orario	schedule	indossarsi	to put on
il paio	pair	infiltrarse	to enter, slip
i pantaloni	pants, trousers	ingrassare	to gain weight
il sarto (a)	tailor	portare	to wear, bring
le scarpe	shoes	provarsi	to try on
la scelta	choice	ricordare	to remember
la sfilata	fashion show	rimanere	to remain
lo/la stilista	fashion designer	scegliere	to choose
la taglia	size	uscire	to go out
le terme	termal baths	vestirsi	to get dressed
gli uomini	men		
il vestito	dress, suit		

Altre parole delle letture

anch'io	I also
attraverso	through
capi di biancheria	articles of clothing
oggi	today
in punto	sharp
scadente	of poor quality, inferior
soprattutto	above all
tanto	so much
vestito da sera	evening dress

Parole analoghe

autore	author	perfetto	perfect
organizzazione	organization	preparare	to prepare
banca	bank	programma	program
californiane	from California	proverbio	proverb
eleganza	elegance	rimanere	to remain
elegante	elegant	stilista	stylist
finir	to finish	visita	visit

Capitolo IX

Due lavori

This chapter will consider the past and present predicament of the Italian <u>working class;</u> their migration from the south to the north of Italy, as well as to some neighboring countries.

In the grammar section, you will be introduced to the <u>imperfect tense</u> (repeated actions in the past) of regular and irregular verbs, and their every day usage.

Prospetto

A	Dialogo	*Due lavori e due stipendi*
		1) Domande sul dialogo
		2) Note di cultura
		3) Vocabolario attivo: *a) Professioni*
		b) Mestieri c) Occupazioni
		4) Attività sul *vocabolario attivo*
B	Grammatica e pratica	
	I	**Imperfect** tense
	II	**Uses** of the Imperfect
	III	**Present Perfect** vs **Imperfect**
	IV	**Past Perfect** *(Trapassato prossimo)*
	V	Plural of nouns and adjectives ending in **-ista**
	VI	Plural of nouns and adjectives ending in: **-co,-go, -ca, -ga**
C	Pratica riassuntiva	
D	Lettura di vita e costumi	**Rocco e i suoi. . . nipoti**
F	Lettura di cultura	**Il lavoro in Italia**
E	Vocabolario utile	

La fabbrica Fiat a Mirafiori, Torino

A   Dialogo   *Due lavori e due stipendi*

Enzo e Silvia sono sposati da due anni. Lui lavora come ingegnere presso[1] la FIAT e lei fa la maestra in una scuola elementare, alla periferia[2] di Torino.

Enzo: **Silvia, ti prego , fa' in fretta,[3] altrimenti[4] arriviamo tardi al lavoro.**
Silvia: **Sì, faccio in fretta, fra cinque minuti sono pronta.[5]**
               Com'era bello quando eravamo studenti! Allora[6] facevamo una vita più tranquilla, correvamo[7] di meno e non eravamo stressati.
Enzo: **Non ti lamentare.[8] Tutti e due abbiamo un buon lavoro e possiamo vivere bene.**
Silvia: **Non mi lamento del lavoro, ma di questa vita frenetica. Quando frequentavo le magistrali, mi alzavo alle 7,30, mi lavavo, facevo colazione con calma., mi preparavo e, sempre con calma, andavo a scuola.**
Enzo: **Avevi molta calma, però non avevi un soldo.[9]**
Silvia: **E' vero, ma d'altra parte[10] avevo molti amici simpatici che mi stimavano e mi volevano bene. Anche i professori erano simpatici. E tu che ricordi hai della tua vita universitaria?**
Enzo: **Abbastanza buoni. Mi piaceva studiare molto e mi piacevano anche i buoni voti.[11] Quando capitava,[12] e capitava abbastanza spesso, partecipavo agli scioperi[13] e alle manifestazioni studentesche.[14]**

I   *Key words*
1) With, 2) outskirts, 3) hurry up, 4) otherwise, 5) within five minutes I will be ready, 6) then 7) to run , 8) to complain, 9) one penny, 10) on the other hand, 11) grades, 12) to happen, 13) strikes, 14) student demonstrations.

II   *Domande per la comprensione del dialogo:*

1) Quando si sono sposati Enzo e Silvia?
2) Dove lavorano adesso Enzo e Silvia?
3) Com'era la vita di Silvia quand'era studentessa?
4) Di che cosa si lamenta Silvia?
5) Aveva molti soldi Silvia quando frequentava le magistrali?
6) Com'erano gli amici di Silvia?
7) Che ricordi ha Enzo della sua vita universitaria?

III   *Note di cultura*

1)FIAT is the largest manufacturer of autovehicles
(cars, buses, trucks) in Italy.
2) In the 70s, there were many strikes in Italy, due to
labor dispute, but the majority of them for political reasons.
3)Turin is one of the cities with the greatest industrial and
economic power in Italy. For this reason, the cost of living
in the city is very high. Both Enzo and Sivia have to work.
They can only live comfortably in Turin on two salaries.

Gianni Agnelli

Vocabolario attivo

Professioni

l'avvocato	*lawyer (m & f)*
l'architetto	*architetto*
il/la dentista	*dentist*
il dottore	*doctor*
la dottoressa	*doctor*
il/la farmacista	*pharmacist*
l'infermiere (a)	*nurse*
l'ingegnere	*engineer*
il/la maestro(a)	*teacher*
il professore	*professor*
la professoressa	*professor*

Mestieri *(Occupations)*

il barbiere	*barber*
la casalinga	*housewife*
il contadino	*farmer*
il cuoco (a)	*cook*
il falegname	*carpenter*
il meccanico	*mechanic*
il muratore	*mason*
il sarto	*tailor*

l'autista	*driver*
la cameriera	*waitress*
il /la commerciante	*merchant*
l'uomo d'affari	*businessman*
la donna d'affari	*businesswoman*
il/la giornalista	*journalist*
il venditore	*salesman*
la venditrice	*saleswoman*

Affari

l'agenzia	*agency*
l'azienda	*factory*
il direttore	*manager*
la direttrice	*manager*
il dirigente	*executive*
l'impiegato	*employee*
il padrone	*owner/boss*
il/la segretario(a)	*secretary*

Film- TV

l'attore	*actor*
l'attrice	*actress*
il/la cantante	*singer*
il fotografo	*photographer*
il/la musicista	*musician*
il/la regista	*film director*
lo scrittore	*writer (m)*
la scrittrice	*writer (f)*

Altre parole

la domanda	*application*
i pendolari	*commuters*
lo stipendio	*salary*

il lavoro	*work*
il posto	*position*
il tempo pieno	*full time*

l'impiego	*employment*
il salario	*wages*
il tempo parziale	*part time*

Luoghi di lavoro

l'albergo	*hotel*
la fabbrica	*factory*
il ristorante	*restaurant*

il bar	*bar*
la farmacia	*pharmacy*
la scuola	*school*

i campi	*fields*
l'ospedale	*hospital*
l'ufficio	*office*

Espressioni utili

1) Cercare lavoro.	*To look for a job.*
2) Lavorare a tempo pieno.	*To work full time.*
3) Lavorare a tempo parziale.	*To work part time.*
4) Il lavoro straordinario.	*Overtime work.*
6) Il datore di lavoro.	*Employer.*
7) Il lavoratore.	*Worker.*
8) La lavoratrice.	*Workwoman.*
9) Il lavoratore autonomo.	*Self-employed worker.*
10) Il giorno di lavoro.	*Work day.*
11) Il sindacato dei lavoratori.	*Union.*
12) Il turno di lavoro.	*Shift.*

Industrie pesanti

Pratica

I   Leggete il seguente annuncio:

Cercasi segretaria
Nome e cognome————————————-
Età-20/30 anni————————————————-
Diploma: istituto commerciale————-
Conoscenza: inglese e francese————
Esperienza————————nessuna
Inviare *curriculum* a:
Casa editrice Del Bello
Via Mazzini, 56. Roma   Tel: (06) 25. 64. 826

II   Rispondete alle seguenti domande:

1) Che cosa cerca la casa editrice?
2) Quanti anni deve avere la segretaria?
3) Quale titolo di studio deve avere la nuova segretaria?
4) Quali lingue deve conoscere?
5) Quanti anni di esperienza deve avere?
6) A che numero deve telefonare?
7) A quale indirizzo deve inviare il suo *curriculum*?

III   Compilate *(fill in)* il vostro *curriculum vitae:*

Nome e cognome—————————————————
Data di nascita—————————————————-
Indirizzo——————————————————
Numero di telefono————————————-
Titolo di studio——————————————-
Lingue che conosci—————————————-
Esperienza di lavoro—————————————-

IV   Answer the following questionnaire in writing:

            1) Che lavoro fai?
            2) Dove lavori?
            3) Come vai al lavoro?
            4) Lavori a tempo pieno o a tempo parziale?
            5) A che ora incomincia il lavoro?
            6) Com'è il tuo lavoro? (facile, faticoso, interessante, noioso).

Communication

V   Ask another student what profession or occupation do the following persons perform:*(Choose the words from* Vocabolario attivo*)*.

            1) your father   2) your mother   3) your brother
            4) your sister   5) your uncle   6) your aunt
            7) your cousin   8) your brother-in-law   9) your sister-in-law

VI   Ask your classmate: che professione vuoi esercitare nel futuro?
            The answer may be the following or another from the *Vocabolario attivo.* Model: Ragioniere - Voglio
            fare il ragioniere.

            1) Dentista (m&f)   2) Dottoressa   3) Infermiere (m)
            4) Professore   5) Professoressa   6) Farmacista (m&f).
            7) Avvocato (m)   8) Avvocato (f)   9) Ingegnere

Una fabbrica di mobili

B   Grammatica e pratica

I   Imperfect tense

Minidialogo

<u>Vocabolario</u>

accanito	*obstinate*	amici	*friends*	durante	*during*
giocare	*to play*	litigare	*to quarrel*	naturalmente	*naturally*
pallone	*ball*	partite	*game*	quasi	*almost*
scappare	*to escape*	simpatico	*nice*		
spesso	*often*	veramente	*truly*		

. . . .

Silvia: <u>Avevi</u> molti amici quando <u>eri</u> piccolo?

Enzo;   Ne <u>avevo</u> veramente molti ed <u>erano</u> tutti simpatici.

Silvia: E <u>litigavi</u> spesso?

Enzo: Naturalmente! <u>Era</u> quasi il nostro divertimento principale. <u>Giocavamo</u>, <u>facevamo</u> accanite partite di pallone e. . .durante le partite, naturalmente ci <u>scappava</u> la litigata.

. . . .

Domande: 1) Enzo <u>aveva</u> molti amici quando <u>era</u> piccolo? 2) Enzo <u>litigava</u> spesso con gli amici? 3) Quando ci <u>scappava</u> la litigata?

---

1)   The imperfect tense expresses an action in the past which is considered in its duration or repetition without a precise frame of time limit.

Consider the following sentences: Mia sorella cantava molto bene; tutte le settimane andava al conservatorio. In the first sentence the action *"cantava"* is considered in its duration, without limit of time, without reference to the beginning or the ending of the action. In the second sentence *"andava al teatro tutte le settimane"*, the verb emphasizes the repetition of the action without any reference whatsoever to its beginning or completion.

Esempi modelli:

Il presidente parlava di politica estera.	*The president was talking [used to talk] about foreign politics.*
Enzo e i suoi amici giocavano a pollone.	*Enzo and is friends played football.*
Silvia andava a scuola tutti i giorni.	*Silvia used to go to school everyday.*
Il sabato andavo a mangiare al restorante.	*Every Saturday I used to go to eat in a restaurant.*

---

2)   The imperfect is formed by adding the following endings : *vo, vi, va, vamo, vate, vano* to the stem of the infinitive plus the conjugational vowel: *a,e,i.* In reality, you have to replace the syllable <u>"re"</u> of the infinitive with the endings above which are the same for the three conjugations.

3)   English equivalents for the Italian Imperfect. The sentence:
Silvia andava a scuola tutti i giorni can be translated in the following three ways, in English:

Sivia went to school everyday.
Silvia used to go to school everyday.
Silvia was going to school everyday.

Here is the chart of the three conjugations:

	Parl-are *(to talk)*	Prend-ere *(to take)*	Dorm-ire *(to sleep)*
io	parl-**a-vo**	prend-**e-vo**	dorm-**i-vo**
tu	parl-**a-vi**	prend-**e-vi**	dorm-**i-vi**
lui/lei/Lei	parl-**a-va**	prend-**e-va**	dorm-**i-va**
noi	parl-**a-vamo**	prend-**e-vamo**	dorm-**i-vamo**
voi	parl-**a-vate**	prend-**e-vate**	dorm-**i-vate**
loro/Loro	parl-**a-vano**	prend-**e-vano**	dorm-**i-vano**

4)   There are only four irregular verbs in the Imperfect:

	B-ere	D-ire	F-are	Ess-ere
io	bev-evo	dic-evo	fac-evo	er-o
tu	bev-evi	dic-evi	fac-evi	er-i
lui/lei/Lei	bev-eva	dic-eva	fac-eva	er-a
no	bev-evamo	dic-evamo	fac-evamo	er-avamo
voi	bev-evate	dic-evate	fac-evate	er-avate
loro/Loro	bev-evano	dic-evano	fac-evano	er-ano

II   Uses of the Imperfect

The Imperfect is mainly used in the following instances:

1)   To express repeated, customary actions in the past. It corresponds to the English: *used to*+infinitive:

Visitavo i nonni ogni settimana.   *I used to visit my grandparents every week.*
Mia nonna andava a lavorare tutti i giorni.   *My grandmother used to go to work everyday .*
Gino veniva a casa ogni mese.   *Gino used to come home every month.*

Note: In this case, the imperfect is usually accompanied by an adverb or expression of time like:
sempre (*always*), a volte (*at times*), qualche volta (*sometimes*), spesso (*often*), di solito (*usually*), tutti
i giorni (*every day*), ogni giorno/settimana/mese/anno (*every day/week/month/year*), una volta/due
volte la settimana. (*once,twice a week*).

2)   To describe a past action in progress (*what was happening*), while another action took place *(something else happened):*

-Mio padre faceva colazione quando mia sorella è uscita.
My father was eating breakfast when my sister went out.
-Guardavo la televisione quando mio fratello è arrivato.
I was watching television when my brother arrived.

3)   To tell time in the past: *Era l'una, era mezzogiorno, era mezzanotte. Erano le due, le tre...etc.*

La notte scorsa, era l'una, quando sono andato a letto. *It was one o'clock last night when I went to
bed.* Erano le dieci di mattina quando Giulio Cesare fu assassinato. *It was ten A.M. when Julius
Caesar was killed.*

4)   To describe the following in the past:

a) *people:* Mia nonna era molto simpatica.   *My grandmother was very nice.*
b) *age*: Il presidente aveva 70 anni quando morì.   *The president was seventy years old when he died.*
c) *weather*: Ieri faceva molto freddo.   *Yesterday it was very cold.*
d*) places*: L'aula era piena di alunni.   *The classroom was full of students.*

5)   To describe the duration of *mental or emotional* activities in the past:

-Ieri sera Silvia voleva andare al cinema, però non si sentiva bene.
Last night Silvia wanted to go to the movies, but did not feel well.
-Il professore sapeva ciò che gli alunni volevano.
The professor knew what the students wanted.

Altri esepmi:

Quando ero ragazzo andavo a scuola a piedi.
Durante l'estate i ragazzi si alzavano alle sette di mattina.
Mio zio andava in ufficio tutti i giorni, eccetto la domenica.
Mentre facevo colazione è arrivato il postino con una buona notizia.
Tutte le sere mia nonna leggeva un capitolo delle Bibbia.
Mia nonna era simpaticissima e molto devota.
Ieri c'era un bel sole, però faceva abbastanza freddo.
Iera sera erano le 11.30 quando sono andato a letto.
Carlo voleva andare al cinema con la fidanzata, però lei no si sentiva bene.

Varie industrie nella provincia di Treviso

I   Rewrite the following sentences with the subjects in parenthesis:

1) Enzo studiava molto (Enzo e Silvia, io, Enzo ed io, Silvia e tu, tu).
2) I ragazzi correvano sempre (io, mio fratello, Enzo ed io, tu, voi).
3) Silvia dormiva otto ore (tu, le ragazze, io, tu ed io, Enzo e tu).
4) Mi lavavo sempre con acqua fredda (tu, I miei cugini, noi, Nino e tu).

II   Change the verbs to the imperfect tense in the following sentences :

1) Silvia legge ed Enzo guarda la televisione.
2) Dormo quando i miei zii discutono di politica.
3) La maestra, mentre spiega la lezione, scrive sulla lavagna.
4) Tutti i giorni mi alzo alle sette .
5) I genitori di Silvia fanno colazione alle otto.
6) Tutti i miei amici giocano al calcio, io solo mi fermo in biblioteca.
7) Enzo non può studiare perchè deve andare a lavorare.

III   Complete the following sentences with the imperfect of the irregular verbs: *bere, dire, essere, fare.*

1) Mio nonno sempre————vino bianco.
2) I miei amici ed io ———— - i compiti in biblioteca.
3) Quando era piccola Silvia ————-sempre la verità.
4) D'estate tu ———— molti rinfreschi.
5) Mio padre———— colazione alle otto.
6) Mio zio ed io nelle feste ———— - Asti spumante.
7) Le mie zie ———— simpatiche.
8) Ieri ———— - un molto freddo.

IV   Write the following sentences according to the model.
Mio nonno leggere/io guardare la televisione - Mio nonno leggeva mentre io guardavo la televisione.

1) Mia sorella suonare il piano/mia madre cantare.
2) Io andare a scuola/mio padre lavorare.
3) I ragazzi giocare/la maestra leggere la rivista.
4) Enzo bere un cappuccino/Marcello e Silvia guardare la TV.
5) Il professore spiegare la lezione/ gli alunni prendere appunti.
6) Noi suonare la tarantella/tutti i presenti alla festa ballare.
7) Voi bere una coca-cola/noi discutere di politica.

V   Your ten-year-old sister tells you what she is
          doing every day. Tell her, in turn, what you
          did or did not do when you were of the same
          age, using *non* or *anch'io*:
          Example: Il sabato mi alzo alle dieci. -
          Anch'io il sabato <u>mi alzavo</u> alle dieci.

1) Tutti i giorni faccio la doccia alle otto.
2) Vado a letto alle dieci.
3) Faccio colazione alle otto e mezzo.
4) Vado a scuola in autobus.
5) Ritorno a casa alle tre del pomeriggio.
6) Guardo la televisione due ore al giorno.
7) Dormo otto ore al giorno.

Riunione dei Direttori di una fabbrica

Communication

VI   Interview your friend asking the following questions:

            1) A che ora ti alzavi quando eri piccolo(a).
            2) Andavi a scuola a piedi o in autobus?
            3) Com'era la tua maestra? (italiana, intelligente).
            4) Come si chiamava la tua maestra?
            5) Come si chiamava il tuo migliore amico (a)?
            6) A che ora andavi a scuola?
            7) A che ora ritornavi?

VII   Ask your classmate the following questions in which the irregular imperfect must be used in the answers:

            1) Ricordi che cosa diceva spesso tua nonna?
            2) Bevevi vino quando eri giovane?
            3) Che cosa faceva tuo padre prima di sposarsi?
            4) Che cosa facevi quando eri piccolo (a)?
            5) Dicevi sempre la verità ai tuoi genitori?
            6) Com'erano i tuoi nonni?

VIII   Describe your youth by changing the infinitives to the imperfect tense in the following paragraph.

            Quando *essere* giovane *vivere* in California, *andare* all'università di Los Angeles e *studiare* architettura. *Alzarsi* presto tutte le mattine. *Fare* colazione e *correre* subito a scuola per la prima lezione delle otto e mezzo. *Studiare* varie ore in biblioteca. *Mangiare* alla mensa universitaria. *Ritornare* a casa stanco (a). *Cenare* con la famiglia, *guardare* il telegiornale, poi *studiare* nella mia stanza. *Andare* a letto alle undici e mezzo di notte.

olivetti

III   **The present perfect *versus* Imperfect**

            Although the passato prossimo and the imperfect are two tenses that express past actions and conditions, they are not interchangeable.

1)   *The passato prossimo* indicates an action that took place at a specific time or date *(ieri, la settimana scorsa, il 4 luglio, il 5 maggio)* and it was completed in the past.
            If you ask the question: "What happened?" the answer will require the passato prossimo. It correspond to the English simple past tense: Ieri sera <u>sono andato</u> al cinema. *Last night I <u>went</u> to a movie.*

2)   *The imperfect* describes an action that was taking place in the past with no reference to its beginning or completion. If you ask the question: "What was going on?" the answer will require a verb in the imperfect tense. It corresponds to the following forms of the English past tense:
            Andavo al cinema spesso. *Often I used to go, I went, I was going to a movie.*

Often, the imperfect conveys the idea of routine and repeated actions which is emphasized by such expressions as: *sempre, spesso, ogni giorno, tutti gli anni, etc.*

At other times the imperfect is used in describing places, weather, people and their emotions and feeling in the past. Observe the following examples closely:

a) Ieri sera ho guardato la televisione e poi sono andato a letto.
Last night I watched television and then I went to bed.
Here two actions occurred once, at a specific time (*ieri sera*), and both were completed.

b) D'estate guardavo la televisione tutte le sere e poi andavo a letto.
In the summer I used to watch television every night and then I used to go to bed.
Here, the actions were repeated, they were going on every night, without specifying the beginning or the end.

c) Mentre facevo colazione è arrivato un mio amico.
While I was having my breakfast, my friend arrived.
Here, something was going on when some other action occurred.

d) Domenica scorsa sono andato alla spiaggia: era tutta deserta, il mare era calmo, nel cielo non c'era una nube, tirava un pò di vento e faceva abbastanza fresco. Erano le sei di sera quando sono ritornato a casa.
Here you have a description of places, weather and time, in the past.

e) Ieri sera volevo andare al cinema, però non mi sentivo bene.
Last night I wanted to go to the movie, but I was not feeling well.
Here you have expressions of emotions and feelings.

Ragazze alle prese
col computer

N. B.

The present perfect of reflexive verbs.

The present perfect of the reflexive verbs follows the same pattern as the regular reflexive verbs described in ch. VIII. However, they have two characteristics: a) they always take the auxiliary verb *essere*; b) the reflexive pronouns go **before** the auxiliary verb, not before the main verb.

Vi siete lavate le mani?	*Have you washed your hands?*
Mi sono messo il cappello.	*I put on my hat.*
Ci siamo vestiti in fretta e furia.	*We dressed up in a hurry.*

Pratica

Form six sentences by using the present perfect of the given reflexive verbs.
Follow the model. Enzo/alzarsi alle otto - Enzo si è alzato alle otto.

1) I ragazzi/vestirsi in fretta.   2) Silvia/bagnarsi nella piscina.
3) Enzo/mettersi il pigiama.   4) Enzo e Silvia/riposarsi.
5) Silvia/alzarsi presto.   6) Io/divertirmi.

IV   **The past perfect**   *(Trapassato)*

The past perfect denotes an action completed in the past before another action took place in the past.
It is a compound tense consisting of the imperfect forms of **avere** or **essere** and the past participle of the
main verb. It is equivalent to the English tense *had + past participle* of the main verb: *I had written, You
had arrived, they had eaten.*

Mio padre era già uscito, quando sono arrivato a casa.   *My father had already left when I arrived home.*
Avevo già mangiato, quando mi ha chiamato Nino.   *I had already eaten, when Nino called me.*

Chart

	comprare *(to buy)*		Ven-ire *(to come)*	Vest-ir-si *(to get dressed)*
io	avevo	comprato	ero venuto(a)	mi ero vestito(a)
tu	avevi	comprato	eri venuto(a)	ti eri vestito(a)
lui/lei/Lei	aveva	comprato	era venuto(a)	si era vestito(a)
noi	avevamo	comprato	eravamo venuti (e)	ci eravamo vestiti (e)
voi	avevate	comprato	eravate venuti (e)	vi eravate vestiti (e)
loro/Loro	avevano	comprato	erano venuti (e)	si erano vestiti (e)

Note very carefully that the <u>intransitive and reflexive verbs</u> take the auxiliary *essere*. Consequently, the
past participle of the main verb must agree with the subject in gender and number. Le ragazze erano
già uscite di casa quando incominciò l'incendio. *The girls had already left home when the fire started.*

Note also that very often the adverbs <u>già</u> *(already)* and <u>non ancora</u> *(not yet)* are used with this tense.

Pratica

I   Create new sentences by using the correct auxiliary and the principal verb.
Follow the model. <u>Mio padre mi disse di</u> scrivere una lettera. L'avevo giá scritta.
1) partire   2) fare colazione
3) bagnarmi   4) andare a scuola
5) chiudere il garage   6) depositare il denaro in banca

II   The president of the United States and other leaders of industrial
countries went to Naples for their annual meeting. Tell your partner
that before they arrived the city and the people had already performed
the following things.
Example: Pulire le strade. Avevano già pulito le strade.

1) Imbiancare gli edifici pubblici.
2) Rinforzare il servizio di sicurezza sulla strada.
3) Pavimentare molte strade.
4) Ridurre il traffico nel centro.
5) Raccogliere la spazzatura.
6) Adornare i balconi con fiori.

L'IMPRENDITORE

V   Irregular nouns in *-ista*

1)   Nouns ending in *-ista* usually indicate professions
represented by masculine and feminine persons.
Definite and indefinite articles and respective adjectives
easily indicate the gender of the nouns in question.

Il pianista suona bene.   **La** pianista suona bene.
Il violinista ital**iano** suona bene.   **La** violinista ameri**cana** suona bene.

2)   To form the plural, masculine nouns change "**a**" to "**i**":

il dentist<u>a,</u> i dentist<u>i</u>; and feminine nouns change the **a** to **e**: la giornalist<u>a</u>, le giornalist<u>e.</u>

Masculine		Feminine	
Singular	*Plural*	*Singular*	*Plural*
l'artista	gli artisti	l'artista	le artiste
il dentista	i dentisti	la dentista	le dentiste
il farmacista	i farmacisti	la farmacista	le farmaciste
il giornalista	i giornalisti	la giornalista	le giornaliste
il musicista	i musicisti	la musicista	le musiciste
il pianista	i pianisti	la pianista	le pianiste
lo psicanalista	gli psicanalisti	la psicanalista	le psicanaliste
il violinista	i violinisti	la violinista	le violiniste

Note: There are a few adjectives in *-ista* that follow the same pattern as the nouns, that is, in the singular they end in<u> -ista</u> both for masculine and feminine, and in the plural they end in "i" for masculine but in "e" for feminine.

Il dentista ottimista,   la dentista ottimista,   I dentisti ottimisti,   le dentiste ottimiste

I giornalisti fascisti erano ottimisti.   Le giornaliste socialiste erano pessimiste.

comunista	fascista	femminista
naturalista	ottimista	pacifista
pessimista	socialista	estremista

Il meccanico

Pratica

Drill

I   Change the following sentences from singular to plural:

1) Il violinista è ottimista e suona molto bene il violino.
2) La violinista è molto entusiasta e anche lei suona bene il violino.
3) Il dentista del mio rione non è italiano.
4) La farmacista del mio paese era fascista.
5) Il giornalista del giornale *L'Unità* era comunista.
6) L'artista italiano dipinge dei quadri molto interessanti.

Communication

II   In groups of five, students should discuss the following topics:
                     (Remember: the verb piacere *will be discussed later).*

1) Film. a) Ti piace fare il regista? b) Che tipo *(kind)* di film ti piace dirigere (commedia, dramma, orrore, giallo, western). c) Ti piace fare il/la protagonista di un film? d) Come si chiama l'attore e l'attrice che ammiri di più?

2) Giornalismo. a) Ti piace fare il/la giornalista? b) Secondo te, dicono sempre la verità i giornalisti? c) Guadagnano molto denaro i giornalisti? d) C'è pericolo o prestigio nella professione dei giornalisti? e) Come sono visti i giornalisti dal pubblico
3) Femminismo. a) Sei femminista? Perché sì, perché no? b) Devono guadagnare come gli uomini le donne o meno? c) Devono seguire la loro carriera le donne o stare in casa per prendersi cura dei figli? d) Sai quando è incominciato il movimento femminista?

VI   Plural of nouns ending in *-co, -go, -ca, -ga.*

	Minidialogo				
Vocabolario					
a dire la verità	*to tell the truth*	ancora	*still*	bravo	*good/clever*
costoso	*expensive*	difatti	*in fact*	diventare	*to become*
già	*already*	giacca	*jacket*	gioco	*game*
greche	*Greek*	pelliccia	*fur*	ricco	*rich*
sfoggio	*show off*	semplici	*only/mere*	simpatico	*nice*

Lorenzo: E' già da un mese che frequenti l'università. Hai molti <u>amici</u>?
Enrico: A dire la verità ho ancora <u>pochi amici</u>: tre ragazzi italiani che vogliono diventare <u>medici</u> e due <u>amiche greche</u> molto <u>simpatiche</u>. Ne conosco altri, ma sono semplici <u>colleghi</u>.
Lorenzo: Sono <u>ricche</u> queste tue <u>amiche greche</u>?
Enrico: Sono prima di tutto <u>simpatiche</u> e poi credo che siano anche <u>ricche</u>, difatti fanno sfoggio di costose <u>giacche</u> di pelliccia. Sono brave ad organizzare <u>giochi</u> di società.

Domande: 1) Da quanto tempo Enrico frequenta l'università? 2) Ha molti o <u>pochi</u> amici? 3) Come sono le <u>amiche greche</u>? 4) Di che cosa fanno sfoggio?

In Italian there are many nouns and adjectives ending in: *co, go, ca, ga.* Some of them form the plural regularly by changing the final "*o*" to "*i*". Medico-medici; amico-amici. However, the majority insert an **h** before the form of the plural "i" to keep the hard sound of the singular: parc-o/parc-*h*-i; arc-o/arc-*h*-i.

N. B.

A) List of some nouns and adjectives inserting "**h**" in the plural:

1) All feminine nouns and adjectives ending in **-ca, -ga.**

Singular	Plural	Singular	Plural
amic-a *friend*	amic-h-e	banc-a *bank*	banc-h-e
barc-a *boat*	barc-h-e	dig-a *dam*	dig-h-e
lung-a *long*	lung-h-e	manic-a *sleeve*	manic-h-e
mosc-a *fly*	mosc-h-e	music-a *music*	music-h-e
rig-a *ruler*	rig-h-e	rug-a *wrinkle*	rug-h-e

Masculine nouns and adjectives ending in **-co** with the stress falling on the syllable *next to the last,* and in **-go**, regardless of where the stress falls.

Singular	Plural	Singular	Plural
a)arc-o *arch*	arc-h-i	b)dialog-o *dialogue*	dialog-h-i
cuoc-o *cook*	cuoc-h-i	lag-o *lake*	lag-h-i
fuoc-o *fire*	fuoc-h-i	lung-o *long*	lung-h-i
pacc-o *parcel*	pacc-h-i	luog-o *place*	luog-h-i
palco *platform*	palc-h-i	obblig-o *obligation*	obblig-h-i
poc-o *little*	poc-h-i	prodigo *prodigal*	prodig-h-i
rinfresc-o *refreshment*	rinfresc-h-i	*Exception*	
sacc-o *sack/bag*	sacc-h-i	amic-o *friend*	amic-i
stanc-o *tired*	stanc-h-i	grec-o *Greek*	grec-i
succ-o *juice*	succ-h-i	nemic-o *enemy*	nemic-i
fic-o *fig*	fic-h-i	porc-o *pig*	porc-i

B) Nouns and adjectives ending in **-co** and **-logo,** with the stress on the third syllable from the last, form the plural regularly: classic-o/classic-i.

Singular –*co*	Plural -*ci*	Singular –*logo*	Plural -*logi*
cantic-o *hymn*	cantic-i	astrolog-o *astrologer*	astrolog-i
classic-o *classic*	classic-i	filolog-o *philologist*	filolog-i
magnific-o *magnificent*	magnific-i	psicolog-o *psychologist*	psicolog-i
meccanic-o *mechanic*	meccanic-i	radiolog-o *radiologist*	radiolog-i
medic-o *physician*	medic-i	teolog-o *theologian*	teolog-i
monac-o *monk*	monac-i		
simpatic-o *nice*	simpatic-i		

> Familarize yourself with the following vocabulary:
>
> I medici, gli psicologi e i teologi sono buono amici.
> I meccanici, i monaci e i cuochi sono simpatici.
> I Greci e i Romani erano amici o nemici?
> I dialoghi di Platone sono un pò lunghi, però magnifici.
> Il mio amico ha ricevuto non pochi pacchi di fichi d'India.
> Le barche classiche, antiche sono ricche.
> I rinfreshi erano tutti a base di succhi di frutta fresca.

Pratica

Drill

I   Change the following sentences into plural:

1) Il rinfresco è squisito.
2) Oggi la banca è chiusa.
3) Il mio amico è medico.
4) Il dialogo è lungo.
5) La mosca mi dà fastidio.
6) E' simpatico il tuo amico greco?
7) Il panorama è magnifico.
8) Il parco è vicino al lago.
9) La biblioteca dell'università è ben fornita.
10) La mia amica greca è molto simpatica.

NUOVA FILOSOFIA. *Centro smontaggio Fiat.*

In una officina meccanica

Communication

II   Ask your partner the following questions:

1) Quante volte all'anno vai dal medico?
2) Hai molti amici che vogliono diventare medici?
3) Hai uno o molti amici astrologi?
4) Vai spesso a passeggiare per i parchi vicino al lago?
5) Com'è la biblioteca della tua Università?
6) Sono simpatici tutti i tuoi amici?
7) Sono carine e simpatiche tutte le tue amiche dell'Università?

III   In group, each student should ask the following questions:

1) Hai degli amici boy-scouts e delle amiche girl-scouts?
2) Vanno spesso al parco i boy-scouts? E le girl-scouts vanno ai laghi?
3) Chi accende il fuoco la sera?
4) Durante le escursioni bevono molti rinfreschi i boy-scouts?
5) Credono agli astrologi le girl-scouts e i boy-scouts?
6) Le girl-scouts portano la blusa con le maniche lunghe o con le maniche corte?

Il falegname

Il calzolaio

C   Pratica riassuntiva

I   Complete the following sentences with the correct form of the imperfect tense:

1) Silvia———————— colazione alle otto (fare).
2) Enzo e Silvia———————— a scuola insieme (andare).
3) Io———————— sempre con la mia famiglia (cenare).
4) Mio fratello ed io———————— la stessa classe (frequentare).
5) I miei cugini———————— nel cortile della loro casa (giocare).
6) voi———————— molti regali per Natale (ricevere).
7) Tu———————— molti libri all'anno? (leggere).

II   Ask your classmate the following questions: Quando eri giovane,

1) Abitavi nella casa dei tuoi genitori?
2) Andavi a scuola in autobus o in auto?
3) A che ora andavi a scuola?
4) Avevi molti amici a scuola?
5) Come si chiamava il tuo miglior amico (a)?
6) A che ora tornavi da scuola?
7) Guardavi per molto tempo la televisione?
8) Quante ore al giorno studiavi?

III   Talk about something you are doing now that you did not do when you were ten years old.
Example: Adesso studio molto - prima non studiavo molto.

1) Vado a scuola in macchina.
2) Studio in biblioteca.
3) Nuoto spesso in piscina.
4) Mangio al ristorante.
6) Ascolto molto la radio.

IV   Change the infinitive in the following sentences into past perfect.
Example: Sposarsi con Cristina. - Quando ho conosciuto il mio amico Roberto, si era già sposato con Cristina.

1) Laurearsi in architettura.
2) Vivere a Roma con la famiglia per molti anni.
3) Comprare una macchina sportiva molto cara.
4) Andare due volte in America.
5) Ricevere un premio per il suo libro sulla fisica atomica.
6) Leggere molti libri sull'argomento.

V   Ask your classmate the following questions:

1) Che cosa pensi della politica estera? Sei ottimista? Perchè?
2) Che cosa pensi della politica economica? Sei pessimista? Perchè?
3) Vai spesso in farmacia? Com'è la farmacista, simpatica o antipatica?
4) Ti curi i denti da un dentista o da una dentista?
5) Ci sono molti musicisti nella tua famiglia?
6) Conosci alcuni pianisti famosi?
7) Ti piacerebbe*(would you like)* fare il giornalista/la giornalista?

VI   In a group, ask in turn the following questions:
            1) Qual è il tuo rinfresco preferito?
            2) Hai mai visitato alcuni dei magnifici laghi canadesi?
            3) E' bravo il tuo meccanico?
            4) Hai più amici o più amiche?
            5) Sei mai stato in Grecia? Hai conosciuto molte artiste greche?
            6) Hai per caso un amico astrologo?
            7) D'estate ti piace portare le camicie con le maniche lunghe o con le maniche corte?

Il vasaio

Il giardiniere

D   Lettura di vita e costumi   *Rocco e i suoi. . . nipoti*

**Rocco è emigrato negli Stati Uniti da molti anni. Un giorno decide di raccontare la storia della
sua vita ai suoi due nipotini.[1]   Prima di venire in America, vivevo in Italia, in un paese[2] del
Sud. Non avevo la fortuna[3] che avete voi di frequentare la scuola in quanto[4] vivevamo in
campagna[5] e dovevo lavorare. Che facevo? Facevo varie cose: aravo,[6] seminavo,[7] mietevo,[8]
falciavo l'erba,[9] davo da mangiare ai muli,[10] ai polli[11] ai maiali.[12] La vita era dura.[13] monotona e
senza divertimenti.[14] Ma ora viene il bello.[15] Ascoltate. Un giorno vado in paese per la festa del
santo patrono[16] e incontro[17] una mia vecchia amica che si era trasferita[18] con i genitori negli
Stati Uniti ed era ormai[19] cittadina americana. Insomma,[20] per non farla troppo lunga.[21] ci
fidanziamo[22].**

**Lei ritorna in America. Che tristezza vivere lontani![23] Ci telefonavamo spesso e cercavamo di
accelerare le pratiche[24] per il mio trasferimento in America. Poi un bel giorno. . . la buona
notizia. Alla fine. . .eccomi qui![25]**

**Ho lavorato duro[26] per tutta la vita, ma sono soddisfatto, sono stato ricompensato[27] di tutte le
mie fatiche.[28] Ho una buona pensione, ho due figli molto bravi ed ho voi che siete i miei due
tesori.[29]**

Il coltivatore di patate

Il pastore.

I   *Key words*
           1) Grandchildren, 2) small town, 3) was lucky, 4) because, 5) country, 6) to plough, 7) to sow, 8) to reap, 9) to mow
           the grass, 10) mule, 11) chicken, 12) pigs, 13) hard, 14) no amusement, 15) the best of the story is coming,
           16) patron saint, 17) to meet, 18) transferred, 19) by now, 20) in short, 21) to make a long story short, 22) to get
           engaged, 23) far away, 24) to speed up papers, 25) here I am, 26) very hard, 27) rewarded,
           28) hard work, 29) treasures.

II   *Domande per la comprensione della lettura:*

           1) Dov'è emigrato Rocco?
           2) Che cosa decide un giorno?
           3) Prima di venire negli Stati Uniti dove viveva Rocco?
           4) Perché Rocco non frequentava la scuola?
           5) Che cosa faceva Rocco in campagna?
           6) Com'era la sua vita?
           7) Un giorno Rocco dove va e chi incontra?
           8) Perché Rocco è venuto negli Stati Uniti?
           9) Che cosa ha adesso Rocco?

III   *Vero o falso?*

           1) Un giorno i nipotini raccontano a Rocco la loro storia.
           2) Prima di venire in America Rocco viveva in Francia.
           3) Rocco viveva in campagna e doveva lavorare.
           4) Rocco dava da mangiare ai muli, alle galline e ai maiali.
           5) Un giorno Rocco incontra i genitori di una sua vecchia amica.
           6) La vecchia amica ritorna in America.
           7) Un giorno anche Rocco viene in America.
           8) Rocco è stato disoccupato per tutta la vita.

IV   *Make a list of all the verbs in the imperfect tense (1st, 2nd and 3rd conjugation) used in the reading*
           passage.

V   *Conversazione.*

           In a group, students may take turn in asking the following or similar questions :

           1) Conosci qualche immigrato italiano?
           2) Come si chiama?
           3) Da quanto tempo vive in America?
           4) Ha una famiglia grande o piccola?
           5) Che lavoro fa?
           6) Ha dei nipotini?
           7) Nella tua famiglia chi sono stati i primi immigrati, i genitori o i nonni?
           8) Da che nazione vengono?

Carrello di un facchino

E   **Lettura di cultura**   *Il lavoro in Italia*

Prima della seconda guerra mondiale, l'attività principale degli Italiani era l'agricoltura, la quale, anche se non ha più l'importanza di una volta, è sempre un settore importante e redditizio[1] sia in alcune zone del Nord come la pianura padana[2] e sia nel Sud come in Puglia (grano,[3] olio, vino), in Sicilia (agrumi,[4] vino), in Campania (frutta e ortaggi[5]).

Ma i giovani lentamente si allontanano dalle campagne[6] e preferiscono trovare un lavoro nell'industria, nei servizi[7] o nella burocrazia statale. Difatti il più grande datore di lavoro[8] in Italia è lo Stato con la sua grande, e spesso sproporzionata[9] burocrazia. Lo stato gestisce[10] direttamente alcune grandi aziende di servizi come le ferrovie, e le poste.[11] Lo stato inoltre partecipa con grandi capitali alla gestione[12] di varie imprese come l'Alitalia ed ENI(Ente Nazionale Idrocarburi).

Lo Stato non è il solo grande imprenditore.[13] Ci sono molti industriali, come Agnelli, De Benedetti, Berlusconi, Pirelli che, con le loro capacità e i loro capitali, hanno creato grandi imprese: Fiat, Olivetti, Fininvest, Pirelli.

L'Italia attualmente fa parte del gruppo delle nazioni più industrializzate del mondo, eppure[14] il sottosuolo non ha alcuna risorsa.[15] La sua attività industriale è prevalentemente di trasformazione. Le maggiori industrie sono concentrate nel Nord e precisamente in Lombardia, in Piemonte e in Liguria. Difatti Milano, Torino e Genova formano il cosiddetto "triangolo industriale".

Molti meridionali, non trovando occupazione nella loro zona, si sono trasferiti nel Nord dove hanno trovato lavoro ed hanno contribuito efficacemente al progresso economico della nazione.

I   *Key words:*

1) Redditizio / *profitable,* 2) pianura padana / *the river Po valley,* 3) grano / *wheat,* 4) agrumi / *citrus fruit,*
5) ortaggi / *vegetables,* 6) lentamente si allontanano dalla campagna / *slowly they go away from the country,*
7) servizi / *services*, 8) datore di lavoro / *employer,* 9) sproporzionata / *out of proportion,* 10) gestisce / *manages,*
11) ferrovie, poste / *railroads, postal services*, 12) management, 13) imprenditore / *entrepreneur*
14) eppure / *and yet,* 15) alcuna risorsa / *natural resources.*

II   *Rispondi alle seguenti domande.*

1) L'attività principale dell'Italia è: a) Il lavoro nelle fabbriche; b) l'agricoltura; c) l 'artigianato?
2) I giovani lentamente si allontanano: a) dalle osterie; b) dalle campagne; c) dalle città?
3) Il più grande datore di lavoro in Italia è: a) la Fiat; b) lo Stato; c) l'Alitalia?
4) Quali imprese gestisce direttamente lo stato?
5) Quali sono le imprese di Agnelli, di De Benedetti e di Berlusconi?

Pulire cristalli è un'arte o un lavoro?

F   Vocabolario utile

Nomi

l'azienda	*firm, company*
la cittadina	*small town*
il cittadino (a)	*citizen*
il curriculum	*resumé*
le ferie	*holidays*
i figli	*children*
i genitori	*parents*
l'immigrante	*immigrant*
l'impresa	*enterprise, firm*
il lavoro	*work*
la maestra	*teacher (elem. school)*
il magistrale	*high school*
i nipotini	*grandchildren*
l' occupazione	*occupation*
l'olio	*oil*
il paese	*town*
i ricordi	*memories*
la scuola	*school*
il trasferimento	*transfer*
la tristezza	*sadness*
il vino	*wine*
vita	*life*

Verbi

accelerare	*to speed up*
alzarsi	*to get up*
andare	*to go*
ascoltare	*to listen to*
assumere	*to hire*
capitare	*to happen*
cercare	*to try, search*
decidere	*to decide*
diventare	*to become*
dovere	*to have to*
fare colazione	*to have breakfast*
frequentare	*to attend*
guadagnare	*to earn*
immigrare	*to immigrate*
impiegare	*to employ, hire*
lavarsi	*to wash oneself*
lavorare	*to work*
licenziare	*to fire*
mangiare	*to eat*
raccontare	*to tell*
ti prego	*I beg you*
voler bene	*to love*

Altre parole

abbastanza	*enough*
alla fine	*at the end*
allora	*then*
altrimenti	*otherwise*
anche	*also*
appena	*as soon as*
bravo	*good, skillful;*
cercare lavoro	*to look for a job*
come	*as/like*
da due anni	*two years ago*
difatti	*in fact*
fare una domanda	*to apply for a job*
fra	*within*

Parole analoghe

agricultura	*agriculture*
arrivare	*to arrive*
calma	*calm*
decidere	*to decide*
immigrante	*immigrant*
monotono	*monotonous*
partecipare	*participate*
pensione	*pension*
preparare	*to prepare*
proporzione	*proportion*
risorse	*resourses*
ritornare	*to return*
tranquillo	*tranquil*

*(Words about **professions** can be found on pag. 195)*

Capitolo X

Vini famosi

Italy is famous and well known for many things: art, literature, music, and last but not least, for its <u>wines</u>. In this chapter you will learn about <u>Italian world renowned wines</u>, their names, where they are produced.

The grammar of this chapter will introduce the <u>Imperative</u> mood giving commands in a polite and familiar manner. In addition, you will learn how to express your likes and dislikes by using the verb "<u>piacere</u>" with <u>indirect object</u> nouns and pronouns

Vigneto nel Veneto

A   Dialogo   *Una gita al lago di Bolsena*

Franco e Grazia sono fidanzati da due anni[1] e pensano di sposarsi presto.[2] Una domenica decidono di fare una gita "fuori porta"[3] e precisamente al lago di Bolsena, non molto lontano da Roma.[4]

Franco:	**Grazia, sbrigati,[5] non farmi aspettare,[6] come al solito.[7]**
Grazia:	**Non brontolare,[8] come al solito. Un attimo e sono pronta.[9]**
Franco:	**Un attimo? Un'ora vuoi dire?[10]**
Grazia:	**Brontolone,[11] eccomi.[12] Andiamo.[13] Non ti dimenticare[14] la macchina fotografica.**
Franco:	**L'ho già preparata. Andiamo.**
Grazia:	**Franco, non correre,[15] rallenta[16] un pò. Fermati un momento,[17] fammi alcune foto con questo bel panorama.**
Franco:	**Ecco fatto. Mettiti là[18] in quell'angolino.[19] Spostati,[20] ancora un pò a sinistra, ecco. Così. . . Perfetto!**
Grazia:	**Fammi delle altre foto con lo sfondo[21] del lago, ma cerca di sbrigarti[22] altrimenti si fa tardi.[23]**
Franco:	**Ringraziami, ti sto facendo un vero servizio fotografico. Non ti preoccupare[24] per il ritardo[25], ripartiamo subito.[26] I tuoi non dicono niente del ritardo quando stai con me. Anzi per loro compra due bottiglie di *Est, Est, Est.[27]***
Grazia:	**Ottima idea! Fammi il piacere,[28] comprale tu, a me rincresce un poco.**
Franco:	**D'accordo,[29] ma lo sai che sei una pigraccia?[30]**

I   *Key words*

1) They have been engaged, 2) they think to get married soon, 3) outside the door of the city, 4) not too far from Rome, 5) hurry up, 6) don't make me wait, 7) as usual, 8) to grumble, 9) in a moment, 10) do you mean one hour? 11) grumbler, 12) here I am, 13) let's go, 14) forget, 15) don't run/rush, 16) to slow down, 17) stop, 18) place yourself over there, 19) little corner, 20) move further to the left, 21) background of the lake, 22) try to hurry up, 23) it will be late, 24) don't worry, 25) delay, 26) right away, 27) a white win*e (this is it),* 28) do me a favor, 29) agreed, 30) lazy woman.

II   *Domande per la comprensione del dialogo*

1) Quando pensano di sposarsi Franco e Grazia?
2) Dove decidono di fare una gita?
3) Chi è brontolone Franco o Grazia?
4) Chi fa molte foto, Grazia a Franco o Franco a Grazia?
5) Cosa dicono i genitori di Grazia se torna tardi?
6) Chi compra il vino?
7) Come si chiama il vino e che cosa vuol dire?

III   *List all the command forms with and without pronouns.*

IV   *Domande personali:*

1) Sei fidanzato (a)? Da quanto tempo?
2) Pensi di sposarti presto?
3) E' un buon fotografo il tuo fidanzato (a)?
4) Ti fa molte fotografie il tuo fidanzato (a)?
5) Che cosa dicono i tuoi genitori quando arrivi tardi a casa la sera?
6) Vai spesso a fare le passeggiate con il tuo fidanzato (a)?
7) Ti piace andare a passeggiare lungo i laghi o lungo la spiaggia?
8) C'è un lago vicino al paese dove abiti?

V   *Note di cultura*

Bolsena Lake is located about 75 miles north of Rome. It is surrounded by rolling hills covered with vineyards. One of the most famous wines of the region is *Est, Est, Est*. Its name and fame is rather interesting. In 1110, bishop Johann Fugger was planning a trip from Germany to Rome for the coronation of the emperor Henry V. A week in advance, he sent his servant Martin to Rome ordering him to write the Latin word EST, which means: THIS IS IT, with chalk on the door of a tavern, where they were serving a good wine. We do not know how many taverns Martin visited and wrote that word. The only thing we know is that when Martin arrived at Montefiascone he found the wine so invigorating and delectable that in his overwelming enthusiasm he wrote the word *est, est, est* three times on the door of a tavern. A week later, when bishop Fugger arrived at the same tavern, his enthusiasm and enrapture reached the sky. History recorded that Fugger never reached Rome, but remained in Montefiascone honoring and saluting the good wine so much until he died. On his tomb Martin wrote the following epitaph in Latin, which tourists can still read today:

> *Est,   Est,   Est.*
> Propter nimium Est
> Dominus meus mortuus est.
> *(My Lord died because of too much Est, Est, Est).*

Lago di Bolsena, regione del vino Est Est Est.

Vocabolario attivo

Some famous, well known Italian wines sold in America

Red wines	Origin	White wines	Origin
Barbera d'Asti	(Piemonte)	Asti Spumante	(Piemonte)
Bardolino	(Veneto)	Est Est Est	(Lazio)
Barolo	(Piemonte)	Frascati	(Lazio)
Chianti	(Toscana)	Lacrima Christi	(Campania)
Cirò	(Calabria)	Marsala	(Sicilia)
Grignolino	(Piemonte)	Orvieto	(Umbria)
Lambrusco	(Emilia-Romagna)	Soave	(Veneto)
Nebbiolo	(Piemonte)	Trebbiano	(Abbruzzo)
Valpolicella	(Veneto)	Verdicchio	(Marche)

Espressioni utili

1) Vino? Sì, grazie.	*Wine? Yes, thank you.*	10) Grazie.	*Thank you.*
2) Vino rosso o vino bianco?	*Red or white wine?*	11) Molte grazie.	*Many thanks.*
3) Vino bianco, per piacere.	*White wine, please*	12) Mille grazie.	*Many thanks.*
4) Cin, cin.	*Cheers.*	13) Prego.	*You're welcome.*
5) Salute, alla salute.	*To your health.*	14) Non c'è di che.	*Don't mention it.*
6) Di più?	*Some more?*		
7) No, basta.	*That's enough.*		
8) No, grazie. Non bevo.	*No, thanks. I do not drink.*		
9) Un'acqua minerale, per favore.	*A mineral water, please.*		

Note di cultura

1) All regions of Italy produce good wines; some better than others like Piemonte, Veneto, Toscana and Sicilia. As a grape-grower, Italy produces more wines than many other countries, including France, Spain and Portugal. Italy produces about two billion gallons of wine every year, of which three hundred million gallons are exported, while the rest, of course, is consumed in Italy.
There are almost two hundred varieties of wine in Italy. The variety is obtained by mixing different kinds of grapes.
The United States imports more wines from Italy than from any other country. Italian wines are among the favorites with millions of Americans both at home and in restaurants.
2) There is a long standing tradition, which has become a universal custom, to drink white wines (11 or 12 proof of alcohol) with fish and white meats, red wines, with a higher alcohol content, are preferred with red meats.
White wines are served chilled, red wines at room temperature.
3) There are also naturally sparkling wines, like Asti Spumante or Marsala and Vin Santo, which are mellow and on the sweet side. Usually, they are served with dessert.

Vigneto del Chianti.

Pratica

I   Form sentences with the following nouns and the imperative tense of the verb <u>bere</u>.
Example: (Lei)/bere/un bicchiere di Lambrusco - Beva un bicchiere di Lambrusco.

1) Tu/Chianti.	2) Voi/Frascati	3) Loro/Soave
4) Lei/Barolo	5) Tu/Est Est Est	6) Noi/Verdicchio

II   Change the previous exercise into the negative.

III   Ask another student the following questions:

                1) Ti piace il vino?
                2) Ti piace il vino rosso o il vino bianco?
                3) Quando bevi vino, durante i pasti, come gli Italiani, o quando hai sete?
                4) Quale bibita preferisci: il vino, la birra o la coca-cola?
                5) Hai sentito mai parlare di qualche vino italiano elencato nel <u>Vocabolario attivo</u>?
                6) Hai mai bevuto qualcuno di quei vini famosi? Quale?

IV   Read <u>Note di cultura</u> and then do this short quiz:

                1) Quale vino si beve con il pesce?
                2) Quale vino si beve con la carne? Perchè?
                3) A che temperatura si bevono i due vini?
                4) Qual è la nazione che produce più vino nel mondo?
                5) Qual è la nazione che esporta più vini negli Stati Uniti?
                6) Quali vini sono serviti con il dolce?

V   Take a map of Italy and work in groups. One student may ask: "Dove si produce l'Asti Spumante"? Others may answer: "Ad Asti, in Piemonte". Then, everybody in the group should look at the map to locate Piemonte and Asti.

                1) Valpolicella 2) Lacrima Christi 3) Chianti 4) Lambrusco 5) Est Est Est 6) Bardolino 7) Verdicchio 8) Frascati 9) Barbera 10) Orvieto.

Giving orders *(In this lesson, you are going to study the command forms of the verbs. Your instructor will give you some of the following orders. Familiarize yourself with them).*

Ascoltami	*listen to me (you)*	Alzatevi	*stand up (all of you)*
Sedetevi	*sit down (all of you)*	Aprite il libro	*open the book (all of you)*
Chiudi il libro	*close the book (you)*	Cammina	*walk (you)*
Fammi un piacere	*do me a favor (you)*	State ziti	*be quiet (all of you)*
Non fumate in classe	*don't smoke in the classroon (all of you)*		
Non parlare con il compagno (a)	*don't talk with your classmate (you)*		
Non dormite in classe	*don't sleep in the classroom, (all of you)*		
Non bevete Coca-cola in classe	*don't drink coke in class (all of you)*		

B   Grammatica e pratica

I   Imperative

Vocabolario:	*Minidialogo:*	*Pierino fa i capricci*	
compralo tu stesso	*buy it yourself*	comprami	*buy for me*
rosso e blu	*red and blue*	eccoti i soldi	*here is the money*
fa' il bravo	*be good*	fammi un prestito	*give me a loan*
mi piace	*I like it*	non disturbare	*don't bother*
non fare i capricci	*don't be naughty*	non piangere	*don't cry*
non ti preoccupare	*don't worry*	pallone	*ball*
persona	*person*	smettila	*stop it!*
senti	*listen*	sta' attento!	*be careful!*
ti prego	*I beg you*		

Sig.ra Belli: Pierino, <u>smettila, non piangere</u> e <u>non disturbare</u> le persone.
Pierino: Mamma, ti prego, <u>comprami</u> quel pallone rosso e blu, mi piace molto.
Sig.ra Belli: Pierino, <u>non fare</u> i capricci, <u>fa'</u> il bravo.
Pierino: Non faccio i capricci; mamma,<u> senti,</u> fammi un prestito. . .
Sig.ra Belli: Ho capito, eccoti i soldi e<u> compralo</u> tu stesso. Ma, <u>sta' attento!</u>
Pierino: <u>Non ti preoccupare.</u>

Domande:
1) Che cosa fa Pierino? 2) Che cosa piace molto a Pierino? 3) Chi dà i soldi a Pierino? 4) Chi compra il pallone?

---

1)   The Imperative mood is the command form of a verb. It is used to give orders, requests, indications or exhortations. It is used only in the present tense.

Aspetta il tuo amico.	*Wait for your friend.*
Scrivi la lettera.	*Write the letter.*
Partiamo adesso	*Let's leave now.*
Dormite otto ore.	*Sleep eight hours.*
Andiamo subito.	*Let's go right away.*

2)   The subject pronouns are omitted in the imperative:

Ascolta.   *Listen.*   State zitti   *Be quiet.*

However, sometimes they are expressed for emphasis and are placed after the verb.

Parla tu, io sto zitto.   *Speak! I'll be quiet.*   Andate voi, noi non possiamo.   *Go, we can't.*

3)   The Italian form *noi* is used to express an exortation or invitation to some action rather than a command. It corresponds to the English **"let's+verb"**. *Let's* is not translated into Italian. It has the same forms as the first person plural of the present indicative. The context and, usually an exclamation mark, distinguishes the imperative from the indicative.

Andiamo!   *Let's go!*   Mangiamo prima di partire!   *Let's eat before leaving!*

4)   The third persons singular and plural express an indirect command.

Che parli lui.   *Let him speak.*   Che rispondano gli alunni.   *Let the students respond.*

5)   Practically speaking, the genuine imperative are the familiar forms referring to the singular and plural *tu/voi* and the polite forms referring to *Lei/Loro.*

Here is the complete chart of the imperative:

	Parl-**are**	Prend-**ere**	part-**ire**	pul-**ire**
(tu)	parl-**a**	prend-**i**	part-**i**	pul-isc-**i**
(Lei)	parl-*i*	prend-*a*	part-*a*	pul-isc-*a*
(noi)	parl-*iamo*	prend-*iamo*	part-*iamo*	pul———*iamo*
(voi)	parl-**ate**	prend-**ete**	part-**ite**	pul———**ite**
(Loro)	parl-*ino*	prend-*ano*	part-*ano*	pul-isc-*ano*

Notes
a) Verbs with *-isc-* keep these letters in the imperative: pul-isc-i/ pul-isc-a/pul-isc-ano.
b) To obtain the *voi* form of the regular and irregular verbs, change *are, ere, ire*, of the infinitive to *ate, ete, ite* (in other words, change the **r** to the **t**): parl-are/ parl-ate; pens-are/ pens-ate; tem-ere/tem ete;scriv-ere/ scriv-ete; apr-ire/apr-ite; sugger-ire/sugger-ite; f-are/ f-ate; dare/d-ate.(Except: b-ere/ bev-ete)
c) To obtain the *Loro* form (*seldom used)* just add *-no* to the *Lei* form of the imperative.
aspett-i/ aspetti-no; legg-a/ legg-ano; apr-a/ apr-ano; sped-isc-a/ sped-iscano; di-a/ di-ano; si-a/ si-ano.

Pratica

I

Tell your young sister that she has to do the following things during your absence. Example:
Chiudere le finestre - Chiudi le finestre.

1) Guardare la televisione.   2) Comprare il pane.
3) Chiamare gli zii.   4) Nuotare nella piscina.
5) Rispondere al telefono.   6) Scrivere le cartoline.
7) Aprire la porta.   8) Partire subito.
9) Pulire il bagno.   10) Finire i compiti.

Esempi	
Affirmative	*Negative*
Guarda la televisione.	Non guardare la televisione.
Prendi la medicina.	Non prendere la medicina sbagliata.
Parti con el treno delle 5.00.	Non partire con il treno delle 5.00.
Pulisci la tua stanza.	Non pulire la tua stanza.

II

An Italian student comes to your university and asks for information on how to get to the Registrar's Office. Give him/her directions in Italian, in the polite form:

1) Camminare per cento metri.
2) Poi, girare a sinistra.
3) Poi seguire dritto per altri cinquanta metri.
4) Passare sotto un portico.
5) Prendere l'autobus.
6) Scendere dall'autobus.
7) Attraversare la piazza.
8) Entrare nell'ufficio.

III   Invite your classmate to do the following things together.
                Example: Leggere la rivista.- Leggiamo la rivista insieme.

                1) Andare al cinema.
                2) Scrivere due cartoline postali.
                3) Lavorare in biblioteca.
                4) Correre per il parco.
                5) Prendere un cappuccino.

II   Negative imperative

1)   The negative imperative for **tu** (*second person sing.*) is
                formed by placing *non* before the infinitive:
                Non fumare. *Don't smoke.* Non correre. *Don't run.*
                Non partire. *Don't leave.*

2)   The negative of: *Lei, noi, voi, Loro,* is formed by placing *non*
                before the affirmative forms: (Lei) non parli, non prenda,
                non dorma, non finisca.
                (voi) non parlate, non prendete, non dormite, non finite.

tu	non+infinitive:	non piangere	*don't cry;*
		non ridere	*don't laugh.*
Lei,	non+affirmative:	non parta adesso	*don't leave now.*
noi	non+affirmative:	non ridiamo	*let's not laugh.*
voi	non+affirmative:	non parlate	*don't talk.*
Loro	non+affirmative:	non prendano	*don't take*

Pratica

I   Tell your partner not to do what he/she is doing now.
                Example: <u>Maria</u> legge ad alta voce. Maria, non leggere ad alta voce

                1) Mangia in classe.
                2) Discute con il professore.
                3) Parla con le amiche.
                4) Dorme in classe.
                5) Scrive sulla lavagna.
                6) Gioca con un pupazzo.
                7) Parte con il treno delle cinque.

II   You are a leader of a group of boyscouts. Tell them
                to be careful and refrain from doing the following
                things: Fare rumore durante la notte - Non fate rumore. . .

                1) Andare soli per i boschi.
                2) Dormire all'aperto.
                3) Cantare a voce alta.
                4) Accendere il fuoco sotto le piante.
                5) Cogliere dalle piante i frutti non ancora maturi.
                6) Correre nelle zone abitate.

Tinozze per il mosto.

III   **Imperatives of some irreg. verbs** (*Imper. di alcuni verbi irregolari*)

forms of:	tu	Lei	noi	voi	Loro
andare	va'	vada	andiamo	andate	vadano
avere	abbi	abbia	abbiamo	abbiate	abbiano
bere	bevi	beva	beviamo	bevete	bevano
dare	da'	dia	diamo	date	diano
dire	di'	dica	diciamo	dite	dicano
essere	sii	sia	siamo	siate	siano
fare	fa'	faccia	facciamo	fate	facciano
stare	sta'	stia	stiamo	state	stiano
venire	vieni	venga	veniamo	venite	vengano
uscire	esci	esca	usciamo	uscite	escano

Note: Instead of the monosyllable with accent of the form *tu*, the present indicative of the following verbs may be used: *va'* or vai; *da'* or dai; *fa'* or fai; *sta'* or stai. However, "*dici*" instead of "*di*" cannot be used.

> Ragazzo mio, sii buono, fammi un piacere. vai alla farmacia e comprami la medicina. Se il farmacista ti chiede qualche informazione, digli tutta la verità, dagli il denaro che ti chiede, e ritorna a casa subito. Se corri, stai attento a non cadere.

Pratica

I   Before you leave for school, give the following instructions to your little brother:

1) Andare a scuola in tempo.
2) Dire sempre la verità.
3) Avere pazienza con i nonni.
4) Dare da mangiare al gatto.
5) Essere buono con gli ospiti.
6) Stare zitto quando uno parla.

II   Imagine that the professor has to go away for a while and selects you to take care of the class. Imagine also that some students ask for your permission to do the following things and you grant them that permission. Example: Posso andare in biblioteca?- Sì, va' (vai) in biblioteca.

1) Dare questo libro al mio amico Giorgio?
2) Fare i compiti in classe?
3) Stare in piedi per due minuti?
4) Dormire in classe finchè ritorna il professore?
5) Bere un'aranciata?
6) Dire una barzelletta?

III   Write the negative form of the following orders:

1) Cucina gli spaghetti adesso.
2) Bevi un bicchiere di vino.
3) Fa' (fai) un caffè espresso.
4) Di' che cosa deve fare il tuo amico.
5) Sii generoso.
6) Sta' attento in classe.

Botti per il vino

7) Chiudi la finestra.
8) Da' il tuo libro a Gianni.

IV   **Imperatives with pronouns**

A   ***Affirmative imperative:***

1) Direct and indirect object pronouns, **ci** or **ni** are placed *after tu, noi, voi* forms of the verb, and are attached to it:

Posso comprare un libro?   *May I buy a book?*   Sì, compra<u>lo</u>.   *Yes, buy it.*
Possiamo chiudere le finestre? *May we close the windows*   Sì, chiudete<u>le</u>.   *Yes, close them.*

Note: When used with monosyllable imperatives of the following verbs, the initial consonant of the pronouns is doubled, except for "gli":

a) Da<u>mmi</u> il libro.   *Give me the book.*
b) Di<u>mmi</u> la verità.   *Tell me the truth.*
c) Fa<u>mmi</u> un piacere.   *Do me a favor.*
d) <u>Fatti</u> gli affari tuoi.   *Mind your own business.*
e) <u>Dacci</u> un gelato.   *Give us an ice cream.*
   but da<u>gli</u> la penna.   *Give him the pen.*
   di<u>gli</u> la verità.   *Tell him the truth.*
   fa<u>gli</u> un piacere.   *Do him a favor.*

2) With the *Lei* form, the pronouns are placed *before* the verb:

Posso chiudere la porta?   *May I close the door?*   *La* chiuda (Lei).
Posso leggere le lettere?   *May I read the letters?*   Sì, *le* legga (Lei).

B   ***With negative imperative*** the pronouns are placed *before* the imperative form of **Lei** and **Loro**, and <u>after</u> or <u>before</u> the form of *tu, noi, voi*:

Posso comprare una macchina nuova?   *May I buy a new car?*

No, non <u>la</u> compri (Lei);   *No, do not buy it.*
No, non <u>la</u> comprino (Loro).

No, non <u>la</u> comprare (tu);   No, non comprarla.
No, non <u>la</u> comprate (voi);   No, no compratela.
No, non <u>la</u> compriamo (noi)   No, non compriamola.

Pratica

I   Imagine that you are at the supermarket with your mother. Ask her if she needs the following items.
Example: Compro il pane? - Sì, compralo.

1) la carne   2) il latte   3) le patate   4) i fagiolini
5) il burro   6) la pizza   7) gli spaghetti   8) le banane

II   Now, your mother tells you not to buy all of the above items.
Example: Compro la carne? - No, non la comprare or non comprarla.
(Keep going with the items from the exercise I).

III   In a group of three students, one asks whether he/she may do the following things; another answers that he can, while a third student says not to perform such an action. Model: Scrivo una lettera? - Sì, scrivi-la. —No, non la scrivere.

1) Canto una canzone?   2) Suono il violino?
3) Guardo la televisione?   4) Leggo un libro?
5) Apro le finestre?   6) Finisco i compiti?

IV   Now, the same or other group answers the previous exercise in the polite form.
Example: Scrivo la lettera?- Sì, la scriva (Lei). —
No, non la scriva (Lei).

V   Indirect Object Pronoun

Minidialogo   *Telefono. . .dolce.*

Vocabolario

Anche	*also*	indiscrezione	*impertinence*	scusami	*excuse me*
spesso	*often*	tanto	*so much*	tutti i giorni	*every day*
volere bene	*to love*				

Sandra: Giulia, telefoni spesso a Stefano?
Giulia: Oh sì! <u>Gli</u> telefono tutti i giorni.
Sandra: Scusami l'indiscrezione, ma cosa <u>gli</u> dici?
Giulia: <u>Gli</u> dico che <u>gli</u> voglio tanto bene.
Sandra: E lui che cosa <u>ti</u> risponde?
Giulia: <u>Mi</u> risponde che anche lui <u>mi</u> vuole molto bene.

Domande: 1) A chi telefona Giulia? 2) Quando <u>gli</u> telefona? 3) Che cosa <u>gli</u> dice?

1)   The indirect object noun receives the action of the verb indirectly, preceded by the prepositions **a** or **per**. It answer the question *: To whom? or for whom?* asked after the verb: I wrote a letter to the president. I wrote *to whom?* The answer is: To the president. This is the indirect object. In English *to* is often omitted: I wrote the president a letter.

2)   <u>Indirect object pronouns</u> take the place of nouns that function as indirect object: Anna ha mandato i fiori alla nonna. *Ann sent flowers to her granmother.* Anna <u>le</u> ha mandato i fiori.
Grazia ha comprato un regalo per Franco. *Grace bought a gift for Frank.*
Grazia <u>gli</u> ha comprato un regalo.

Chart of indirect object pronouns:

io	mi	*to me*	Gina mi ha scritto una lettera.
tu	ti	*to you, fam.*	Gina ti ha scritto una lettera.
lui	gli	*to him*	Gina gli ha scritto una lettera.
lei	le	*to her*	Gina le ha scritto una lettera.
Lei	Le	*to you pol.*	Gina Le ha scritto una lettera?
noi	ci	*to us*	Gina ci ha scritto una lettera.
voi	vi	*to you, fam.pl.*	Gina vi ha scritto una lettera.
loro	loro	*to them*	Gina ha scritto loro una lettera.
Loro	Loro	*to you.pol.pl.*	Gina ha scritto Loro una lettera.

3)   Notice that the indirect object pronouns have the same forms as the direct object pronouns
                (see ch. 7, pag. 148), except for the *3rd person* singular and plural.

4)   The **position** of the indirect object pronouns in a sentence is the same as the direct object pronouns, that
                is:
                a) They are placed before a conjugated verb:

                Do un libro a Gino. <u>Gli</u> do un libro.   *I give a book to Gino.*
                Il professore <u>ci</u> spiega la lezione.   *The professor explains the lesson to us.*

                b) They are attached to the <u>end</u> of an infinitive which drops the final *"e"*.

                     E' necessario scriver*le* una lettera.   Vado a comprar*gli* un regalo.

                c) With modal verbs (*dovere, potere, volere*) the pronoun can be placed before the modal verbs or
                attached to the infinitive.

                Gli voglio mandare un regalo   *or*   voglio mandar<u>gli</u> un regalo.

                Remember that *Loro* always goes after the verb (conjugate or infinitive).
                In spoken Italian "Loro" is replaced by "gli" which follows the general rules.

5)   The more common verbs that require the indirect object are:

chiedere	dare	dire
domandare	insegnare	mandare
mostrare	offrire	prestare
regalare	rispondere	scrivere
spiegare	telefonare	

Pratica

Drills

I   Replace the indirect object nouns with the pronoun in the
                following sentences:

                1) Scrivo una lettera al presidente (agli amici, a te, a voi, a mio padre).
                2) Offri un gelato alla tua amica (Carlo e Gina, Gina e me, Gina, me).
                3) Il professore spiega la lezione agli studenti (a me, a te, Grazia e me,
                Gina e te).

II   Complete the following sentences with the appropriate ind. obj. pronoun.
                Example: Anna scrive alla zia Teresa - Anna <u>le</u> scrive.

                1) Giuseppe telefona alla fidanzata. Giuseppe————telefona.
                2) Rocco scrive ai suoi nipoti. Rocco scrive ————-.
                3) Rispondo a mia madre. ———— rispondo.
                4) Offriamo un pranzo all'amico. ————offriamo un pranzo.
                5) Scrivi spesso ai tuoi nonni? Scrivi ———- spesso? or ————scrivi spesso?
                6) Il professore ha spiegato di nuovo la lezione a Grazia e a te. Il professore ————

III From the personal pronoun provide the indirect object pronoun.
Follow the model: (Lui) Diamo una buona notizia - <u>Gli</u> diamo una buona notizia.

1) (Io)—Compri un gelato?
2) (Lei)—Voglio fare una domanda.
3) (Loro)—Scriviamo una lettera.
4) (Voi)—Preparo un tipico pranzo italiano?
5) (Noi)—Chi spiega la lezione oggi?
6) (Io)—Chi presta cento dollari?

Communication

IV Ask your classmate the following questions. The answers may be affirmative or negative:

1) Hai scritto al tuo fidanzato (a)?
2) Hai risposto ai nonni?
3) Hai offerto una festa per gli amici?
4) Hai telefonato al deputato della tua regione?
5) Il professore ha ripetuto la lezione per te?
6) Gli alunni fanno attenzione alla maestra?

V In a group, each student, in turn, asks the following questions.

1) Che cosa compri a tua madre per il suo compleanno?
2) Che cosa compri a tuo padre?
3) Ai tuoi nonni?
4) Al tuo fidanzato (a)
5) Al tuo migliore amico?
6) Alla tua migliore amica.

VI The verb piacere *(To be pleasing to)*

	Minidialogo:	*Ti piace il vino bianco o il vino rosso?*			

<u>Vocabolario</u>

bottiglia	*bottle*	come sempre	*as usual*	di più	*most*
farti piacere	*to please you*	gentile	*kind*	regalo	*gift*
tutte e due	*both*				

Susanna	Alberto, che vino <u>ti piace</u>? Bianco o rosso?
Alberto:	<u>Mi piacciono</u> tutte e due. E <u>a te quale piace</u>?
Susanna:	<u>A me piace</u> di più il bianco; per farti piacere, ti regalo una bottiglia di bianco e una di rosso.
Alberto:	Sei gentile, come sempre. Ti ringrazio molto.

Domande: 1) Che vino piace ad Alberto? 2) Che vino piace a Susanna? 3) Che cosa regala Susanna ad Alberto?

In Italian, the verb **PIACERE** and the Englih **to like** have the reverse construction.
Compare the following sentence:

English	*I*	*like*	*milk*
	(subject)	*(verb)*	*(direct object)*
Italian	**Mi**	**piace**	**il latte**
	(Indir. Object.)	*(verb)*	*(subject)*

Notice that all the elements of the sentence are the same; only the word order is different: the English subject correspond to the Italian indirect object, and the direct object to the Italian subject.
The sentence: "Mi piace il latte" can be translated "milk is pleasing to me".

I	*like*	*milk*	**mi**	piace	il latte
you	*like*	*milk*	**ti**	piace	il latte
he/she/it	*likes*	*milk*	**gli,le,Le**	piace	il latte
we	*like*	*milk*	**ci**	piace	il latte
you	*like*	*milk*	**vi**	piace	il latte
they	*like*	*milk*	**loro, Loro**	piace	**loro** il latte

1)   Piacere is used in the **3rd person <u>singular</u>** when followed by:

a)   *<u>A singular noun</u>:*

Mi piace la pasta.   *I like pasta or pasta is pleasing to me.*
Gli piace il vino.   *He likes wine or wine is pleasing to him.*

b)   *<u>One or more infinitives</u>:*

Mi piace viaggiare.   *I like to travel.*
Le piace lavorare e dormire.   *She likes to work and to sleep.*

2)   Piacere is used in the **3rd person <u>plural</u>** when followed by a *plural subject:*

Ci piacciono i fiori.   *We like flowers.*
Vi piacciono gli spaghetti?   *Do you like spaghetti?*
Ti piacciono le arance?   *Do you like oranges?*

The reason is that in Italian, *what one likes* becomes the subject of the sentence, and it is the subject and not the indirect object that determines the form - singular or plural - of the verb.

3)   When the indirect object is a proper noun or a disjunctive pronoun, the simple preposition **a** is used.

A Franco piace la birra.   *Frank likes beer.*
A me piacciono le mele.   *I like apples.*
A Lei, signor presidente, piace nuotare?   *Mr. President, do you like to swim?*

Note.   Do not forget to use the contracted preposition *(al, alla, all', ai, agli, alle)* when it is necessary.
<u>Al</u> presidente non piacciono i broccoli.   <u>Agli</u> studenti non piace la matematica.
<u>Ai</u> bambini piace il latte.   <u>Alle</u> donne piacciono i fiori.

4)   The *passato prossimo* and other compound tenses of the verb *piacere* are conjugated with the auxiliary <u>essere</u>. Consequently, the past participle agrees in gender and number with the subject, that is, what one likes.

Ai miei fratelli sono piaciuti i regali.   *My brothers liked the gifts.*
Agli alunni è piaciuta la conferenza.   *Students liked the lecture.*
Ti sono piaciute le riviste italiane?   *Did you like the Italian magazines?*

Notes: 1) The English verb *"dislike"* is translated by using the adverb "non" and the verb"piacere":

Agli studenti non piacciono gli esami difficili.   *Students dislike difficult exams.*
A me non piace il vino rosso.   *I dislike red wine.*

2) *Dispiacere* in Italian means "to be sorry" "to mind".

Il professore è ammalato? Ci dispiace.   *Is the professor sick? We are sorry.*
Non mi dispiace ritornare a piedi.   *I do not mind to return on foot.*

3) A few verbs have the same construction as *piacere:* importare *(to care, to mind)*; interessare *(to be interested in)*; mancare *(to miss)*; servire *(to be necessary)*; fare male *(to hurt)*

Ti interessa la politica?   *Are you interested in politics?*
No, non mi importa niente.   *No, I don't care at all.*
Gli fa male la testa.   *He has a headache.*

Pratica

Drills
I
Tell what the following persons like by translating the English pronouns:
Example: *to me* ——————— il cappuccino -Mi piace il cappuccino.
1) *To you (fam.sig.)* ——————la primavera.
2) *To you (pol.sig.)* —————— l'estate.
3) *To you (fam.pl.)* —————— l'autunno.
4) *To you (pol. pl.)* —————— l'inverno?
5) *To him* ————————— passeggiare.
6) *To Frank* ———————— fare fotografie.
7) *To Grace* ———————— essere fotografata.
8) *To prof. Lorenzi* ————— gli spinaci.
9) *To prof.(f) Alberti* —————insegnare.

II
Transform the following sentences to the plural.
Example: Mi piace il gelato - Mi piacciono i gelati.

1) Ti piace la pizzetta?
2) Gli piace il panino al prosciutto.
3) Ci piace la bibita fredda.
4) Vi piace la birra ghiacciata?
5) Piace loro il panorama?
6) Mi piace il tramezzino.

III   Form sentences by stating that you dislike the following.
             Example: Lavorare dieci ore al giorno - Non mi piace lavorare dieci ore al giorno.

             1) lavorare molto   2) gli esami difficili   3) fare la guerra
             4) le persone noiose   5) la minestra fredda   6) dormire per terra

IV   Translate the following sentences in Italian:

             1) I like white wine.
             2) She likes spaghetti.
             3) We like to read.
             4) They like cappuccino.
             5) Miss Rossi likes flowers.
             6) Italians like to drink wine.
             7) Do you *(fam.sing.)* like Italian cars?
             8) Do you *(fam.pl.)* like to travel to Italy?

Communication

V   Ask your partner if he/she likes the following food. Example: broccoli. Ti piacciono i broccoli? - Sì, mi
             piacciono (i broccoli) — No, non mi piacciono (i broccoli).

             1) l'antipasto   2) i ravioli   3) le linguine
             4) il vino rosso   5) il risotto   6) la mortadella bolognese
             7) le patate fritte   8) la pizza   9) gli spaghetti

VI   Ask your best friend the following personal questions:

             1) Ti piace un tipico pranzo italiano?
             2) Ti piace il vino Est Est Est?
             3) Ti piacciono le lasagne?
             4) Ti piacciono i fiori?
             5) Ti piace giocare a tennis?
             6) Che cosa ti piace fare il sabato?

VII   Complete the following sentences by using your imagination.
             Example: Al professore piacciono. . . - Al professore piacciono le novelle moderne.

             1) Ai miei nonni piace. . .
             2) A me piacciono. . .
             3) Alle mie sorelle piacciono. . .
             4) Al mio fidanzato (a) piace. . .
             5) Al presidente non piace. . .
             6) Ai ragazzi non piacciono. . .

C   Pratica riassuntiva

I   You are the oldest in the family. Your youngest sister asks your permission to do the following things.
             You grant her wish. Example: Posso cantare? Sì, canta.

             1) correre?   2) dormire?   3) ballare?
             4) leggere?   5) aprire la porta?   6) ascoltare la radio?

II   Your friend is going to Europe. Give him/her some advice before leaving:

1) Cercare un agente di viaggi.
2) Dire dove vuole andare.
3) Mostrare la carta di credito.
4) Aspettare l'arrivo dei biglietti.
5) Fare la valigia.
6) Prendere poca biancheria e molti soldi.
7) Andare all'areoporto.
8) Prendere l'aereo.
9) Scegliere un posto vicino al finestrino.

III   During the excursion to Bolsena Frank asks the following questions of Grazia. She answers affirmatively. *He*: Mi siedo vicino al lago? *She*: Sì, siediti vicino al lago.

1) Ti aspetto sotto gli alberi?
2) Parto subito?
3) Rallento?
4) Mi fermo alla stazione di servizio?
5) Compriamo due bottiglie di Est Est Est?
6) Ti faccio molte fotografie?
7) Ritorniamo subito?

IV   Change the following sentences from negative to affirmative:

1) Non andare per quella strada.
2) Non dare quella pistola al ragazzo.
3) Non dire che è impossibile volare.
4) Non essere egoista.
5) Non fare rumore.
6) Non stare sempre a letto.

V   You are the manager of a store. Some employees ask you if they have to do certain things. Tell them no, in a polite form. Example: Apro le finestre? - No, non le apra.

1) Chiamo i clienti per telefono?
2) Spedisco le lettere?
3) Ordino il pranzo?
4) Pago le fatture *(bills)?*
5) Telefono a mia moglie?
6) Lavo l'automobile?
7) Le compro un nuovo cappotto?

VI   Ask your classmate the following questions (Use only the indirect object).
            Example: Hai scritto una lettera al professore? - Sì, gli ho scritto una lettera.

1) Hai scritto una lettera al tuo (a) fidanzato (a)?
2) Hai telefonato ai nonni?
3) Hai risposto alla tua amica Elena?
4) Hai offerto una tazza di caffè al professore?
5) Hai offerto un'aranciata alla professoressa?
6) Hai spiegato la situazione ai genitori?
7) Hai offerto il libro d'italiano a Luca?
8) Hai telefonato: a) al professore? b) alla regina d'Inghilterra? c) al presidente?
   d) ai miei amici? e) alla professoressa?

VII   Ask your partner the following questions.
       Example: Perché non mangi il pesce? Perché il pesce non mi piace.

       1) Perché non mangi le banane?
       2) Perché non viaggi attraverso l'Asia?
       3) Perché non bevi birra?
       4) Perché non leggi le novelle romantiche?
       5) Perché non vai al cinema?

VIII   Ask the following question to different students in the class, then refer the findings to the class.
       Example: *You:* Jill, ti piace il latte? *Jill:* Sì, mi piace. *You:* a Jill piace il latte.

       1) Il vino Barbera ?
       2) Comprare vestiti di lusso?
       3) Il cibo italiano?
       4) I ravioli?
       5) Gli spaghetti con le vongole?
       6) Il vino Est Est Est?

D Lettura di vita e costumi   *Chianti o Barbera?*

Beppe entra nell'osteria[1] "La Rotonda" di Ambrogio Fumagalli e saluta due vecchi amici, che giocano a carte,[2] e poi l'oste.[3]

Beppe:	**Ciao, Ambrogio, come vanno oggi gli affari?[4]**
Ambrogio:	**Ciao, Beppe. Gli affari vanno così così.**
Beppe:	**Facciamoli andar meglio. Servi del vino agli amici.**
Ambrogio:	**Vino della casa[5] o vino di marca?[6]**
Beppe:	**Vino di marca, naturalmente. Cosa hai di buono?**
Ambrogio:	**Ho *Chianti, Lambrusco, Barbera, Orvieto* ed *Est, Est, Est.***
Beppe:	**Servi un fiasco[7] di *Chianti*, marca "Gallo nero".[8]**
Tommaso:	***(Uno degli amici)*: A dire la verità, a me piace di più il *Lambrusco*.**
Beppe:	**Benissimo! Che venga[9] il *Lambrusco*! E tu, Enrico, cosa preferisci? Stasera offro io. Ho riscosso lo stipendio poco fa e mi sento di buon umore.**

Enrico:	Io non ho ancora[10] mangiato e preferisco un vino leggero.[11]
Ambrogio:	Portami un bicchiere di *Est,Est,Est.*
Beppe:	Se non hai ancora mangiato possiamo mangiare adesso.
Ambrogio:	Portami un piatto di risotto[12] alla milanese, una cotoletta e un'insalata mista.
Enrico:	Per me, minestrone, bistecca e insalata verde.

I   *Key words*

1) Tavern, 2) playing cards, 3) host, 4) how is business going, 5) home made, 6) wine with label, 7) flask, 8) black rooster, 9) bring in, 10) not yet, 11) light, 12) rice Milanese style.

II   *Domande per la comprensione della lettura*

1) Che cosa fanno gli amici di Beppe nell'osteria?
2) Come vanno gli affari di Ambrogio?
3) Perché si sente di buon umore Beppe?
4) Quali sono i vini di marca che ha Ambrogio?
5) Quale vino chiede Beppe?
6) Quale vino preferisce Tommaso?
7) Che tipo di vino chiede Enrico? Perché?

III   *Vero o falso?*

1) Beppe entra nell'osteria e saluta la padrona.
2) Gli affari di Ambrogio vanno così così.
3) Beppe si sente di buon umore perché ha vinto alla lotteria.
4) Beppe chiede una bottiglia di *Barbera* e Tommaso un fiasco di *Chianti.*
5) Enrico preferisce un vino leggero.
6) Ambrogio mangia spaghetti e polpette.
7) Enrico mangia minestrone, bistecca e insalata verde.

IV   *Underline all the imperative tenses in the reading.*

V   *Complete the following sentences with the words of the reading:*

1) Ciao, Ambrogio, come————-
2) Gli affari vanno ————-
3) Ho *Chianti, Nebbiolo*————
4) Servi un fiasco di ————————-
5) Ambrogio, portami un bicchiere————————-
6) Ambrogio, portami un piatto————————

VI   *Domande personali:*

1) Ti piace di più mangiare in casa o al ristorante?
2) Hai mai bevuto il vino *Chianti?*
3) Che cosa bevi durante i pasti?
4) Ti piace bere uno o due bicchieri di vino coi pasti?
5) Giochi spesso a carte? Con chi?

E   Lettura di cultura   *I vini italiani*

L'Italia, fin dai tempi antichi, è famosa per la produzione del vino. Già gli Etruschi, i Sanniti, i Latini[1] producevano ottimi vini. Attualmente l'Italia è una grande produttrice ed esportatrice di vino. Parecchi vini sono di eccellente qualità e sono giustamente famosi e apprezzati[2] in tutto il mondo.

Per fare un buon vino[3] ci vogliono quattro condizioni: la tradizione, l'uva,[4] il terreno, il clima. L'Italia le possiede tutte.

1) La tradizione. Dai tempi antichi e fino a pochi decenni addietro,[5] il vino era fatto direttamente dai contadini proprietari dei vigneti.[6] Oggi la produzione è passata nelle mani delle grandi imprese[7] che usano macchinari[8] e metodi scientifici moderni che assicurano qualità e sapore tipico.[9]

2) L'uva. In Italia ci sono molte varietà di uva e quindi molte varietà di vino. Le uve dell'Italia meridionale, più soleggiata e calda,[10] contengono più zucchero[11] e danno vini di così alta gradazione che non possono essere bevuti a tavola. Questi vengono mescolati a vini più deboli per alzarne la gradazione.[12]

3) Il terreno. Certe determinate uve devono essere coltivate[13] in terreni adatti altrimenti il vino cambia sapore e qualità.

4) Il clima. Questo influisce enormemente sulla maturazione dell'uva e quindi sulla qualità, sulla gradazione e sul sapore del vino. In genere, il clima italiano è mite, ma quello dell'Italia meridionale è molto più dolce e caldo.

Quasi trecento milioni di ettolitri[14] di vino vengono esportati, ma gli Italiani sono anche grandi bevitori[15] e preferiscono il vino ad ogni altra bevanda.[16] Ciononostante, secondo le statistiche, l'Italia occupa l'ultimo posto della graduatoria per numero di alcolizzati.[17] La ragione è semplice: gli Italiani si abituano a bere vino in famiglia fin da piccoli ed inoltre lo bevono quasi esclusivamente durante i pasti e in quantità moderata. Insomma, bevono, ma sanno[18] bere.

I   *Key words:*

1) Etruscans, Samnites, Latins were ancient people who used to live in Central Italy (Tuscany, Abruzzi e Molise, Latium) before and at the beginning of the rise of the Roman power, 2) rightly famous and esteemed, 3) to make a good wine, 4) four conditions: tradition, grapes, soil, climate, 5) few decades ago, 6) owner of the vineyards, 7) big corporations, 8) machinery, 9) to keep the typical taste, 10) South of Italy is sunny and warm, 11) contain more glucose, 12) strong wines from Apulia are mixed with weak wines of the North, 13) grown in proper soil, 14) one hectoliter=100 liters or=26 gallons, 15) Italians are great drinkers of wine, 16) they prefer wine to any other beverage, 17) Italy is in the last position as far as alcoholism is concerned, 18) Italians drink wine, but they know how to drink it without getting drunk.

II   *Rispondi in italiano alle seguenti domande:*

1) L'Italia è famosa per: a) La produzione di grano; b) la produzione di vino, c) la produzione di automobili?

2) I vini italiani sono apprezzati: a) In Giappone; b) in Asia; c) in tutto il mondo?

3) Per fare un buon vino ci vogliono: a) Molti soldi; b) molti operai; c) la tradizione, l'uva, il terreno e il clima?

4) Gli Italiani bevono: a) Molta Coca-cola b) molto vino; c) molto whisky?

5) Come sono i vini italiani moderni?

6) Qual è la bevanda preferita degli Italiani?

III   *Vero o falso?*

1) L'Italia è famosa per la produzione del vino.
2) Parecchi vini italiani sono apprezzati in tutto il mondo.
3) Per fare un buon vino ci vuole soltanto l'uva.
4) Nell'Italia meridionale fa molto freddo e l'uva contiene poco zucchero.
5) L'Italia esporta trecento milioni di ettolitri di vino per anno.
6) La bibita preferita degli Italiani è la coca-cola.
7) Gli Italiani si ubbriacano tutti i giorni.
8) Gli Italiani si abituano a bere da piccoli, bevono solamente durante i pasti e in quantità moderata.

IV   *Conversazione   (Optional)*

In a group, students may ask one another some or similar of the following questions:

1) Hai mai bevuto qualche famoso vino italiano?
2) Ricordi il nome del vino?
3) Quando bevi vino, tutti i giorni, una volta la settimana, i giorni di festa?
4) Qual è la tua bibita preferita?
5) Si produce il vino anche negli Stati Uniti? Dove?
6) Come sono i vini prodotti negli Stati Uniti?
7) Ti piacciono di più i vini italiani o i vini americani? Perché?

Vino e cucina.

Vocabolario utile

Nomi		**Verbi**	
l'affare	*business*	alzare	*to raise*
l'attimo	*moment*	andare	*to go*
il bicchiere	*glass (of water, wine)*	comprare	*to buy*
la bottiglia	*bottle*	correre	*to run*
il fiasco	*flask*	dimenticare	*to forget*
il fidanzato	*fiancé*	fermare	*to stop*
la gita	*excursion*	parlare	*to talk*
l' insalata verde	*green salad*	portare	*to bring, wear, take*
il lago	*lake*	pensare	*to think*
la minestra	*soup*	rincrescere	*to regret*
l'oste	*host*	ringraziare	*to thank*
l'osteria	*tavern*	riscuotere	*to collect*
la paga	*payment*	salutare	*to greet*
il panorama	*landscape*	sposarsi	*to get married*
la polpetta	*meat-ball*		
il ritardo	*delay*		
lo stipendio	*pay check*		
l'uva	*grapes*		

Altre parole		**Espressioni**	
adesso	*now*	a me rincresce	*I regret*
altrimenti	*otherwise*	a sinistra	*to the left*
ancora	*still*	a tavola	*at the dinner table*
andiamo	*let's go*	così così	*so-so*
anzi	*on the contrary*	ecco fatto	*all done*
già	*already*	fammi una foto	*take a picture*
leggero	*light*	fare una gita	*to take a trip*

Parole analoghe

escursione	*excursion*	ettolitro	*hectolitre*
fiasco	*flask*	lago	*lake*
macchinari	*machineries*	marca	*mark*
minuto	*minute*	oste	*host*

(Names of Italian **wines** can be found on p. 217)   (Giving orders on p. 219)

Capitolo XI

Il miraggio: Torino

This chapter deals with means of <u>transportation</u> in Italy. After World War II, FIAT began the so called "economic miracle" in Italy by building its auto factory in Turin and attracting workers from all parts of Italy, especially from the South. The economy improved greatly and today almost every Italian family owns a car.

In the grammar section, you will learn the forms of the <u>future tense</u> of regular and irregular verbs enabling you to express actions and events in the future.

Prospetto

A	Dialogo	*Finalmente lavoro alla FIAT*
		1) Vocabolario del dialogo
		2) Domande sul dialogo
		3) Note di cultura
		4) Vocabolario attivo: *Parti dell'automobile*
		5) Attività sul vocabolario attivo
B	Grammatica e pratica	
	I	**Future** of **regular verbs**
	II	**Future** of **irregular verbs**
	III	**Future** of **probability**
	IV	**Direct** and **indirect object** pronouns
C	Pratica riassuntiva	
D	Lettura di vita e costumi	**In auto dal Sud al Nord**
E	Lettura di cultura	**I mezzi di trasporto in Italia**
F	Vocabolario utile	

I   **Dialogo**   *Finalmente lavoro alla Fiat!*

I signori Licata sono due coniugi[1] meridionali. Il signor Antonio ha ricevuto la lettera di assunzione[2] alla Fiat di Torino.

Antonio: Finalmente! Finalmente anch'io potrò avere un lavoro per tutto l'anno!

Rosa: Nel paese[3] saremo considerati dei fortunati[4] e ci sarà gente[5] che ci invidierà.[6]

Antonio:	**Toccheremo ferro![7] Ma ora dovremo pensare alla partenza.[8] Io penserò a mettere in ordine[9] la macchina e tu penserai ai vestiti[10] e a cosa dovremo portare.[11]**
Rosa:	**Già ho pensato a quello che dovremo portare. Però, sai una cosa, Antonio? Mi dispiacerà lasciare la casa,[12] il paese, gli amici.**
Antonio:	**Anche a me, ma vuoi paragonare[13] Torino con il nostro paese? Non saremo più disoccupati[14] a vita, avremo lo stipendio[15] tutti i mesi e daremo un calcio alla miseria.[16] Ma ci pensi? Avremo lo stipendio tutti i mesi!**
Rosa:	**Hai proprio ragione, finalmente avremo una bella casa con tutte le comodità[17] ed io, poi, mi potrò permettere[18] anche dei bei vestiti.**
Antonio:	**Tu potrai fare la signora.[19]**
Rosa:	**Grazie Antonio! Grazie anche ad Agnelli e alla Fiat.**

I   *Key words*

1)Husband and wife, Mr. & Mrs. 2)hiring 3) in town 4)lucky 5)people 6)to envy 7)to knock on wood 8)departure 9)to put in order 10)clothes 11)to take with us 12)I am sorry to leave 13)to compare 14)unemployed 15)salary 16)kick poverty 17)comforts 18)permit/afford 19)to play the lady.

II   *Domande per la comprensione*

1) Chi sono i signori Licata?
2) In quale fabbrica lavorerà il signor Antonio?
3) Per allontanare l'invidia, cosa toccheranno?
4) Prima della partenza di che cosa si interesserà il signor Antonio?
5) Che cosa dispiace lasciare ai signori Licati?
6) Che cosa vorrà avere la signora quando sarà a Torino?

III   *Note di cultura*

1) During the 60's there was an economic boom in Italy. The cities of the economic triangle - Milan, Turin, Genoa - increased their productivity enormously but local manpower was insufficient for their need. The demand for workers was very high. It was during this period that many unemployed workers from the South migrated to the North, especially to the cities of Milan and Turin.
2) Compared with Ford in America, Fiat is the largest auto maker in Italy. It is owned by the Agnelli family. Its headquarters and plant are located in Mirafiori, a suburb of Turin. At the highest peak of its production, it employs more than three hundred thousand persons. It has branches in different countries of the world, including Russia.
3) Turin is the fourth largest city in Italy; it is located in the North-West, near France. After Italy gained independence in 1861, Turin became the first capital of the kingdom of Italy, until 1870, when Rome became the capital of Italy.
Because of Fiat and other manufactures, Turin is today the second largest industrial city in Italy.

La Ferrari 456 gt esposta per la prima volta a Parigi l'autunno scorso

Ferrari

Alfa Romeo

Vocabolario attivo

Parti dell'automobile (auto)

l'acceleratore	*accelerator*
la batteria	*battery*
il baule	*trunk*
la carrozzeria	*body*
il clacson	*horn*
il cofano	*hood*
il cruscotto	*dashboard*
i fanali	*lights*
il finestrino	*window*
i freni	*brakes*
la gomma	*tire*
il motore	*motor*
i paraurti	*bumpers*
il portabagaglio	*trunk*
il serbatoio	*gasoline tank*
la targa	*plate*
il tergicristallo	*windshield wiper*
il volante	*steering wheel*

Altre parole connesse

l'automobilista	*driver*
la benzina	*gasoline*
frenare	*to brake*
la patente	*driver's license*
parcheggio	*parking*
semaforo	*traffic light*
strada	*road*

Altri mezzi di trasporto

l'aeroplano [aereo]	*airplane*
l'autobus [bus]	*bus*
la bicicletta [bici]	*bicycle*
la metropolitana [metro]	*subway*
la motocicletta [moto]	*motor-cycle*
la nave	*ship/boat*
il tassì	*taxi*
il treno	*train*

Espressioni utili

1) Stazione di servizio	*gas station*	11) Girare	*to turn*
2) Distributore di benzina	*gas pump*	12) Davanti	*in front*
3) Fare il pieno	*to fill up*	13) In fondo	*in the rear*
4) Controllare l'olio	*to check the oil*	14) Alla fine	*finally*
5) Mettere in moto	*to start*	15) A destra	*to the right*
6) Salire in auto	*to get into the car*	16) A sinistra	*to the left*
7) Scendere dall'auto	*get out of the car*	17) A due passi	*at a short distance*
8) Mettersi in viaggio	*to set out*	17) All'angolo	*at the corner*
9) Parcheggiare	*to park*	19) Rallentare	*to slow down*
10) fare marcia indietro	*to back up*		

Parole utili ai passeggeri (travellers)

l'aeroporto	*airport*	gli arrivi	*arrivals*
il bagaglio	*baggage*	la sala d'aspetto	*waiting room*
la biglietteria	*ticket-office*	il biglietto di andata	*one-way ticket*
il binario	*railroad/track*	il biglietto di andata e ritorno	*round-trip ticket*
il carretto	*hand-cart*	la dogana	*customs*
la fermata dell'autobus	*bus-stop*	l'orario	*schedule*
la partenza	*departure*	il porto	*harbour*

Lancia.

Segnali del traffico

Pratica

I
Form sentences by using the following nouns and the <u>future</u> tense of the verb <u>prendere</u>
Example: Autobus/scuola - Prenderò l'autobus per andare a scuola.
(Study the part of grammar first, then review the uses of andare+ preposition, on p.127).

1) Aereo/Italia	2) Treno/Venezia	3) Tassì/supermercato
4) Bicicletta/centro	5) Auto/dottore	6) Vaporetto/Sicilia

II
Answer the following questions:

1) Di che marca è la tua auto?
2) E' grande la tua auto?
3) Di che colore è la tua auto?
4) La tua auto ha un portabagaglio grande ?
5) La tua macchina quante miglia fa con un gallone di benzina?
6) Di solito, in quale distributore di benzina fai il pieno? *(Exon, Mobil. . .)*

III
Ask a classmate the following questions:

1) Quando accendi i fanali della tua macchina?
2) Quando usi i tergicristalli?
3) Quando lavi la macchina?
4) Usi molto la macchina? Quando?
5) Generalmente, ogni quante settimane fai il pieno?
6) Di quale stato è la targa della tua auto?
7) Qual è il numero di targa della tua auto?

IV
In a group, each student may ask the following questions:

1) Ti piacciono la macchine italiane? Perchè sì, perchè no?
2) Ti piace guidare una Fiat?
3) Sai quanto costa una Ferrari?
4) Perchè molti Americani comprano macchine giapponesi?
5) Quando scade la tua patente?
6) Sei un buon automobilista?
7) Hai mai avuto un incidente?
8) Hai mai ricevuto una multa?
9) Perchè hai ricevuto una multa, per divieto di sosta o per eccesso di velocità?

V   Ask the student next to you what mean of transportation he/she uses when he/she comes to school.
           Follow the model: Christine/auto. *You:* Christine, come vieni a scuola? *Christine:* Vengo in auto.

           1) Mark/bicicletta   2) Teresa/autobus
           3) Robert/motocicletta   4) Ann Marie/train
           5) Jill/auto   6) Jessica/metropolitana

Traffico del ferragosto

B   Grammatica e pratica

I   Future of regular verbs

Minidialogo		*Vacanze in Italia*			
Vocabolario					
alla fine	*at the end*	beata te!	*how lucky you are*	partire	*to leave*
ritornare	*to return*	tra due settimana	*within two weeks*	vacanze	*vacations*

. . . .

Nino: Quando <u>partirai</u> per le vacanze in Italia?
Marisa;   <u>Partirò</u> tra due settimane.
Nino: Beata te! E quando <u>ritornerai</u>?
Marisa: <u>Ritornerò</u> alla fine di agosto.
Nino: Con quale linea aerea <u>viaggerai</u>?
Marisa: <u>Viaggerò</u> con l'Alitalia.

. . . .

Domande: 1) Quando <u>partirà</u> Marisa per l'Italia? 2) Quando <u>ritornerà</u>? 3) Con quale linea aerea <u>viaggerà</u>?

1) The future tense expresses actions or events that will take place in the future. In English, the future is formed with
two verbs: the auxiliary *will* or *shall* and the main verb. In Italian, the future consists of one word: the basic verb with
proper endings.

2) To form the future of Italian verbs, drop the final **e** of the infinitive and add the following personal endings: *ò, ai, à,
emo, ete, anno,* which are the same for all three conjugations.

3)   Remember that in the *-are* verbs, you must change the **a** of the infinitive to **e,** and then apply the rule # 2.

Here is the chart of the three conjugations:

	compr-ar-e *(to buy)*	prend-er-e *(to take)*	dorm-ir-e *(to sleep)*
io	compr-er-**ò**	prend-er-**ò**	dorm-ir-**ò**
tu	compr-er-**ai**	prend-er-**ai**	dorm-ir-**ai**
lui/lei/Lei	compr-er-**à**	prend-er-**à**	dorm-ir-**à**
noi	compr-er-**emo**	prend-er-**emo**	dorm-ir-**emo**
voi	compr-er-**ete**	prend-er-**ete**	dorm-ir-**ete**
loro/Loro	compr-er-**anno**	prend-er-**anno**	dorm-ir-**anno**

N. B.

1)   The stem of the following *-are* verbs undergo certain orthographic arrangements because of the changed "*e*" of the stem:

a) Verbs in "*c-are*" and "*g-are*" insert an "*h*" before the endings.

Gioc-are: gioc-*h*-erò, giocherai, giocherà, giocheremo, giocherete, giocheranno.
Le ragazze giocheranno a tennis.   *The girls will play tennis.*

Pag-are: pag-*h*-erò, pagherai, pagherà, pagheremo, pagherete, pagheranno.
Chi pagherà il conto?   *Who will pay the bill?*

b) Verbs in "*ci-are*" and "*gi-are*" drop the "*i*" of the stem:

Cominci-are: cominc-erò, cominc-erai, cominc-erà, cominc-eremo, cominc-erete, cominc-eranno.
La lezione comincerà alle otto.   *The lesson will begin at eight o'clock.*

Mangi-are: mang-erò, mang-erai, mang-erà, mang-eremo, mang-erete, mang-eranno
Domani mangerete con noi? *Tomorrow will you eat with us?*

2)   The reflexive verbs follow the regular procedure, that is, after dropping the final "e" the endings are added to the infinitive. Reflexive pronouns retain their regular position.

Alzar-*si:* Domani *mi* alzerò alle sette.   *Tomorrow I will get up at seven o'clock.*
Sentir-*si:* Domani *ti* sentirai meglio.   *Tomorrow you will feel better.*

3)   Remember *(from lesson 3, p. 59, # 3)* that, in the spoken language, the present tense is often used to express an action which will take place in the near future:

Stasera vado al cinema.   *Tonight I will go [I'm going] to the movie.*
Antonio parte domani per Torino.   *Anthony will leave tomorrow for Turin.*
Ci vediamo domani.   *We will see each other tomorrow.*

In subordinate clauses introduced by <u>appena</u> (*as soon as*), <u>quando</u> (*when*), <u>se</u> *(if)*, Italian uses the future, while English uses the present. The main clause is expressed in the future in both languages.

Ti telefonerò, <u>appena</u> arriverò a casa. *I will phone you as soon as I arrive home.*

<u>Quando</u> i miei amici arriveranno, pranzeranno con noi. *When my friends arrive, they will have dinner with us.*

Comprerò una Ferrari, <u>se</u> andrò in Italia. *I will buy a Ferrari, if I go to Italy.*

Comprerai una mercedes?	No. Comprerò un' Alfa Romeo.
Andrete in Italia durante l'estate?	No. Andremo in Germania.
Mangerete la pizza in Germania?	Sì. Mangeremo la pizza e berremo la birra.
Chi pagherà per la pizza e la birra?	Io pagherò.

Stazione Termini a Roma

Pratica

Drills

I   Rewrite the following sentences with the subjects in parentheses:

1) Partirò per l'Italia a settembre (tu, mio padre, Tina ed io, Tina e tu, loro).
2) Tina e Laura prenderanno un aperitivo (io, Carlo, le ragazze, tu, noi, voi).
3) Scriverai una lettera al presidente (io, mio padre, noi, i cittadini, voi).
4) Tina ascolterà la radio (tu, i miei genitori, tu ed io, voi, io).

II   Complete the following sentences by forming the future tense of the following infinitives:

1) Abitare	La famiglia Licata	————	a Torino.
2) Cantare	I figli del signor Licata	———	nel coro.
3) Visitare	Tina ed io	—————	la famiglia Licata.
4) Entrare	Giuseppe Licata	———-	nello stadio della Juventus.
5) Partire	I coniugi Licata	———-	dal loro paese alle 6. 00 di mattina.
6) Arrivare	Antonio	———	a Torino alle 8. 00 di sera.

III   Complete the following sentences with the future of the verbs listed under NB.

1) Viaggiare	I miei nonni	————	in Europa.
2) Pagare	Tu	————	il conto.
3) Mangiare	Laura ed io	————	in un ristorante domani sera.
4) Cercare	I miei genitori	————	un buon albergo.
5) Dimenticarsi	Io non mi	———	di te.

6) Giocare   I ragazzi ———————   nello stadio.

IV   Change the verb from the present to the future in the following sentences:

1) Ascoltiamo la radio tutte le mattine.
2) I nostri amici arrivano stasera.
3) Il professore saluta gli alunni.
4) Tina capisce bene il futuro dei verbi.
5) Prendono un tassì e arrivano presto.
6) Leggo parecchi libri ogni anno.

Communication

V   Ask another student what he/she is going to do
this coming weekend.

1) A che ora ti alzerai?
2) Dove farai colazione?
3) Quale vestito indosserai prima di uscire?
4) Con chi uscirai?
5) Comprerai molte cose?
6) Mangerai la pizza?

Interno della stazione Termini

VI   If you know your classmates well, then make an intelligent guess as to what they are planning to do in
the future. Example: Christine/trovare un buon impiego - Cristina troverà un buon impiego.

1) Kathy e Joe/ sposarsi/ fra due anni.
2) Jill/frequentare/l'università di Harvard.
3) Tina ed io/ partire/ per la Cina.
4) Tu/ vincere/ alla lotteria.
5) Bob/diventare dottore.
6) Rosalyn/scoprire/ un rimedio contro l'Aids.

VII   In a group, discuss how to get some extra money easily
and quickly. The following could be some of the possibilities,
but students should think of others.
Example: Vendere la mia motocicletta -
                Venderò la mia motocicletta.

1) Affittare una stanza della mia casa.
2) Chiedere un prestito alla banca.
3) Impiegarmi a tempo parziale in una stazione di servizio.
4) Giocare alla lotteria.
5) Sposarmi subito con una vedova ricca/vedovo ricco.
6) Impiegarmi presso *McDonald's*.
7) *(Think about other possibilities)*

Stazione ferroviaria di paese

II   **Future of irregular verbs**

	Minidialogo	*Buon compleanno*		
<u>Vocabolario</u>				
altro	*other*	andare	*to go*	auguri	*best wishes*
ci puoi contare	*count on me*	compleanno	*birthday*	dimenticare	*to forget*
domani	*tomorrow*	giorno	*day*	nonna	*grandmother*

peccato!	*too bad!*	potere	*to be able to*	preoccuparsi	*to worry*
stare	*to stay*	trovare	*to find*	venire	*to come*

Tina: Domani <u>sarà</u> il mio compleanno e <u>starò</u> in casa. <u>Verranno</u> a trovarmi gli amici. Tu <u>verrai</u>?

Laura: Peccato, io non <u>potrò venire</u>. <u>Andrò</u> coi miei a trovare la nonna. Gli auguri te li <u>farò</u> per telefono. Non mi <u>dimenticherò</u>.

Tina: Non proccuparti, a casa mia <u>verrai</u> un altro giorno.

Laura: Ci puoi contare. <u>Verrò</u>.

Domande: 1) Chi <u>festeggerà</u> il compleanno? 2) Chi <u>andrà</u> a trovare Tina? 3) Dove <u>andrà</u> Laura e con chi? 4) Laura come <u>farà</u> gli auguri a Tina?

The irregularity of the future tense in some verbs always appears in the stem, never in the endings, which are the same for all verbs.

1) There are three verbs of the 1st conjugation (*-are verbs*) which <u>do not change</u> the **a** to **e**. They are:

D-are: d-arò, d-arai, d-arà, d-aremo, d-arete, d-aranno.
F-are: f-arò, f-arai, f-arà, f-aremo, f-arete, f-aranno.
St-are: st-arò, st-arai, st-arà, st-aremo, st-arete, st-aranno.

2) There are a few verbs of the 2nd conjugation (*-ere verbs*) which drop the first "e" of "ere" before the regular endings are added. They are:

Av-ere	*to have*	avr-ò, avr-ai, avr-à, avr-emo, avr-ete, avr-anno.
Cad-ere	*to fall*	cadr-ò, cadr-ai, cadr-à, cadr-emo, cadr-ete, cadr-anno.
Dov-ere	*to have to*	dovr-ò, dovr-ai, dovr-à, dovr-emo, dovr-ete, dovr-anno.
Pot-ere	*to be able to*	potr-ò, potr-ai, potr-à, potr-emo, potr-ete, potr-anno.
Sap-ere	*to know*	sapr-ò, sapr-ai, sapr-à, sapr-emo, sapr-ete, sapr-anno.
Ved-ere	*to see*	vedr-ò, vedr-ai, vedr-à, vedr-emo, vedr-ete, vedr-anno.
Viv-ere	*to live*	vivr-ò, vivr-ai, vivr-à, vivr-emo, vivr-ete, vivr-anno.

3) There are several verbs with different irregularities in the stem:

And-are	(to go)	andr-ò, andr-ai, andrà, andr-emo, andr-ete, andr-anno.
B-ere	(to drink)	berr-ò, berr-ai, berr-à, berr-emo, berr-ete, berr-anno.
Ess-ere	(to be)	sar-ò, sar-ai, sar-à, sar-emo, sar-ete, sar-anno.
Ven-ire	(to come)	verr-ò, verr-ai, verr-à, verr-emo, verr-ete, verr-anno.
Vol-ere	(to want)	vorr-ò, vorr-ai, vorr-à, vorr-emo, vorr-ete, vorr-anno

Domani mio padre non andrà a lavorare. Starà in casa tutto il giorno.

I miel zii verranno a visitarci, così potremo parlare italiano. Andremo a vedere la Statua della Libertà, sono sicuro che faranno molte fotografie. Li porterò con la mia macchina. Ci sarà molto traffico. Starò attento per evitare un incidente.

Domande: 1) Dove andrà domani mio padre?
                2) Dove starà tutto il giorno?
                3) Chi verrà a visitarci?
                4) Che lingua parleremo?
                5) Dove andremo?
                6) Che cosa faranno i miei zii?

Tassì

Pratica

Drills

I   Complete the following sentences with the future of the given verbs:

1) Dare   Il professore ———— buoni voti agli alunni bravi.
2) Fare   Che cosa ————-(tu) questo fine settimana?
3) Stare   Il prossimo lunedì (io) ———- a casa tutto il giorno.
4) Stare   Mia zia è arrivata dall'Italia e ————-con noi un mese.
5) Dare   (Io) Ti ———-il suo numero di telefono, ma non chiamarlo di mattina.
6) Fare   Durante l'estate noi————-un viaggio in Italia.

II   Supply the future tense in the following sentences:

1) Venire   L'anno venturo (tu)————-in Italia per Natale?
2) Essere   Noi ————-contenti di fare la conoscenza dei cugini italiani.
3) Essere   Avvisa gli amici che io ————-in ritardo per la riunione.
4) Avere   La prossima settimana tu————-la mia risposta.
5) Avere   ————-ragione lui, ma io mantengo la mia opinione.
6) Andare   Con chi (tu)————-al cinema domani sera?
7) Potere   Il professore ha telefonato che domani non—-venire.
8) Dovere   Il prossimo mese (io)———-andare in tribunale.

Communication

III   Ask you partner what he/she is going to do this weekend:

1) Che cosa farai questo fine settimana?
2) Dove andrai a cenare sabato sera?
3) Berrai un bicchiere di Barbera?
4) Vedrai un bel film?
5) Chi verrà a visitarti domenica prossima?
6) Che cosa dirai ai tuoi amici?

IV   In a group of six, each student has to write a sentence about his/her projects for next year. Example:
            Farò molti esercizi fisici per dimagrire.

            1) Studierò sei ore al giorno 2)   3)   4)   5)   6)

Autobus urbani

III   ## Future of probability

            In Italian, the future is also used to express probable facts or conjectures in the present. In English, the
            idea of probability is expressed with words such as: *it must be, probably, I wonder.*

            Che ora è? Non lo so. Saranno le due del pomeriggio.
            What time is it? I do not know. It must be two o'clock P.M.
            Il professore non viene oggi. Sarà ammalato.
            The professor will not come today. Maybe he is sick.
            Qualcuno bussa alla porta. Chi sarà? *Somebody is knocking at the door. I wonder who it is.*

Pratica

I   Ask your best friend about his/her sister's trip. Use the future of probability. Follow the Model: Quanti
anni ha Lucia? (20 anni).- <u>Non lo so.</u> Avrà vent'anni.

1) Quando si sposa tua sorella? (Fra due mesi).
2) Dove deve andare per la luna di miele? (Venezia).
3) Che cosa devono prendere per andare a piazza San Marco? (Una gondola).
4) Dove devono alloggiare? (In un albergo).
5) Dove devono mangiare? (In un ristorante).
6) Quanto tempo devono stare a Venezia? (Una settimana).
7) Quando pensano di ritornare? (Alla fine del mese).

II   You and your friend are watching people who are going to the theater. Ask your friend to guess who
they might be. Example: Chi è quel ragazzo alto e snello? /John Travolta. - Sarà John Travolta.

1) Chi è quella signorina bionda? (Madonna).
2) Chi è quella signora ben vestita?(La professoressa d'italiano).
3) Chi è quella signora con la borsa di pelle?(La segretaria di Agnelli).
4) Chi sono quelle ragazze coi pantaloncini corti? (Americane).
5) Chi è quel signore con gli occhiali scuri? (Il direttore d'orchestra).
6) Chi sono quei ragazzi che masticano la gomma?(Studenti del liceo).
7) Chi è quel signore con un fazzoletto bianco? (Luciano Pavarotti).

N. B.

IV   Future perfect *(Futuro anteriore)*

1)   The future perfect expresses an action which will take place before another action expressed also in the
future.
It is formed by using the future tense of <u>avere</u> or <u>essere</u> and the past participle of the main verb:
Andrò a letto dopo che <u>avrò letto</u> la rivista. *I will go to bed after I have read the magazine.*

Note. There are two clauses involved here, one in the simple future and the other in the future perfect preceded by
the adverbs: *appena* (as soon as), *dopo che* (after) *quando* (when).

2)   a) If the verb is transitive, the future perfect uses the auxiliary *avere*, if the verb is intransitive or reflexive the auxiliary *essere* is used.

Mio padre mangerà appena avrà fatto la doccia	*My father will eat as soon as he has taken a shower.*
Andrai alla festa quando avrai comprato un vestito nuovo.	*You will go to the party after having bought a new suit.*
Dopo che avremo visitato l'Europa andremo in Italia.	*After we have visited Europe, we will go to Italy.*
Mi toglierò le scarpe appena sarò ritornato a casa.	*I will take off my shoes as soon as I have returned home.*
Mangeremo dopo che ci saremo lavate le mani.	*We will eat after having washed our hands.*

b) The future perfect can also be used to express probability about facts that have occurred in the past.

Il professore non è venuto a classe.   *The Professor didn't come to class.*
Sarà partito per l'Italia.   *He must have left for Italy.*

V   Double object pronouns   *(Pronomi dei complementi diretti e indiretti).*

1)   In many instances, direct and indirect object nouns appear together in a sentence with the same verb. Observe the following sentence:

Compro   un regalo   per te
(verb)   *(direct object)*   *(indirect object)*

When we replace the <u>direct object</u> with a pronoun, it is placed <u>before the verb</u>.

lo   compro   per **te**
(direct object)   *(verb)*   *(indirect object)*

When we replace the <u>indirect object</u> with a pronoun, it is placed <u>before dir. obj.</u>

te   **lo**   compro

2)   Notice the word order:
Indirect objects   + Direct objects   + Verb
mi, ti, gli, le, Le, ci, vi, loro   **lo, la, li, le**

3)   The indirect object pronouns *mi, ti, ci, vi,* change the **i** to **e** when followed by the direct object pronouns: *lo, la, li, le.* In the same instance, the indirect object of the 3rd person singular masculine *"gli"* and feminine *"le"* (including the polite form "Le") become *"glie"*, and is attached to the direct object pronouns, forming one word:
glielo, gliela, glieli, gliele.

Here is a complete chart of the double object pronouns:

			Observe the following posible combinations:
mi	becomes	*me*	*me lo, la, li, le, (ne)*
ti	"	*te*	*te lo, la, li, le, (ne)*
ci	"	*ce*	*ce lo, la, li, le, (ne)*
vi	"	*ve*	*ve lo, la, li, le, (ne)*
gli/le/Le	"	*glie*	***glielo, gliela, glieli, gliele, glie(ne)***

Esempi modelli:

Mi mandi una cartolina?	*Will you send me a post card?*
<u>Me la</u> mandi? Sì, <u>te la</u> mando.	*Yes, I will send it to you.*
Scriviamo una lettera al presidente?	*Are we going to write a letter to the president?*
<u>Gliela</u> scriviamo?	*Are we writing it to him?*

Laura manda dei fiori a Claudia per il compleanno. Claudia <u>glieli</u> manda.
Gli studenti offrono le sedie ai professori. Gli studenti <u>gliele</u> offrono.
Teresa porta un caffè alle amiche.   *Teresa brings a coffee to her friends.*
Teresa lo porta <u>loro</u> or Teresa <u>glielo</u> porta.

(This last structure is more frequently used today).

Notice that *loro/Loro* is never combined with the direct object pronouns and they always follows the verb:
Scrivo una lettera ai nonni. La scrivo loro.
However, in the colloquial modern Italian, people generally use *glie* instead of *loro*.
The previous example would be: <u>Gliela</u> scrivo.
Spiego la lezione alle ragazze. <u>Gliela</u> spiego.

4)   Reflexive pronouns change the **i** to **e** when followed by : *lo, la, li, le.*

The word order is the same as that of indirect object pronouns.

Observe the following combinations:

mi> me	**me**-lo, la, li, le	Mi lavo la faccia. <u>Me la</u> lavo.
ti> te	**te**-lo, la, li, le	Ti lavi le mani. <u>Te le</u> lavi.
si> se	**se**-lo, la, li, le	Si lava i capelli. <u>Se li</u> lava.
ci> ce	**ce**-lo, la, li, le	Ci laviamo il viso. <u>Ce lo</u> laviamo.
vi> ve	**ve**-lo, la, li, le	Vi lavate i denti. <u>Ve li</u> lavate.
si> se	**se**-lo, la, li, le	Si lavano i piedi. <u>Se li</u> lavano.

Autobus di lunga distanza

5)   **Position** of double object pronouns.

The position of double object pronouns is the same as that of single pronouns, that is, they are placed:

a)   *Before* a conjugated verb:

Scrivo una lettera alla nonna.   <u>Gliela</u> scrivo.

b)   *After* an infinitive and are attached to it after dropping the final "e", forming one word.

E' necessario mostrare la patente al poliziotto.   E' necessario mostrar<u>gliela</u>.

c)   With modal verbs: *dovere, potere, volere*, they can follow rule *a)* or rule *b)*.

Voglio prestare la macchina a mio cugino.   <u>Gliela</u> voglio prestare   or   voglio prestar<u>gliela</u>.

Note. In compound tenses, the double object pronouns precede the auxiliary verb <u>essere </u>and <u>avere.</u> Remember from ch. 7, that the past participle used with *essere* always agrees in gender and number with the subjet of the sentence, whereas the past participle used with *avere* agrees only when it is preceded by direct object pronouns of the third person: *lo, la, li, le.*

Ti lavi le mani?   Me <u>le</u> sono già lava<u>te</u>.
I ragazzi si mettono l'uniforme?   Se <u>la</u> sono già mess<u>a</u>.
Hai scritto le cartoline al professore?   Sì, glie<u>le</u> ho già scrit<u>te</u>.
Avete mandato i regali ai nonni?   Sì, glie<u>li</u> abbiamo manda<u>ti</u>.

Quando fa freddo ti metti la giacca?   Sì, me la metto.
Ti metti anche gli stivali?   Sì, me li metto.
Ti metti anche il cappotto?   Sì, me lo metto.

Hai scritto una lettera al presidente?   No, non gliel'ho scritta.
Hai mandato i regali al tuo amico(a)?   Sì, glieli ho mandati.
Chi ti ha comprato i libri?   Me li ha comprati un amico.
Chi serve la cena ai tuoi nonni?   Mia madre gliela serve.

Il professore deve spiegare di nuovo la lezione agli alunni?   Sì, il professore deve spiegargliela di nuovo
                                                                 or Il professore gliela deve spiegare di nuovo.

Pratica

Drills

I Rewrite the following sentences by replacing the direct and indirect object with the corresponding pronouns. Example: Tina spiega la lezione a Gina - Tina gliela spiega.

   1) Tina mostra i regali a Laura.
   2) Il signor Licata compra un bel vestito alla moglie.
   3) Ambrogio offre un fiasco di Chianti agli amici.
   4) Pietro Calvo serve una bottiglia di Barbera a Tommaso Fumagalli.
   5) I fratelli Licata comprano una macchina nuova ai genitori.
   6) Giuseppe Licata racconta una barzelletta alla fidanzata torinese.

II Restate the following sentences by replacing the direct object.
  Example: Mi lavo i denti tutti i giorni - Me li lavo tutti igiorni.

   1) Mi metto la giacca.
   2) Ti metti un vestito nuovo stasera per la festa?
   3) I ragazzi si fanno il bagno.
   4) Vincenzo ed io ci tagliamo i capelli.
   5) Mi faccio la barba con un rasoio nuovo.
   6) Le ragazze si pettinano i capelli.

III Rewrite the following sentences by replacing the direct object with pronouns, placing them after the infinitive:

   1) Mia madre preferisce servire la cena ai nonni.
   2) Il professore deve spiegare una nuova lezione agli alunni.
   3) Il signor Licata desidera comprare una Fiat nuova a suo figlio.
   4) Giuseppe vuole fare molti regali alla fidanzata.
   5) Non devi dire le bugie alla mamma.
   6) E' necessario scrivere molte cartoline agli amici per Natale.
   7) Teresa va a comprare dei fiori per la maestra.

Communication:

IV   Ask your best friend if he/she would like to lend you the following things.
                Example: <u>mi presti</u> la tua macchina? - Sì, te la presto.

                1) l'ombrello   2) le tue video-cassette
                3) 50.000 lire   4) le cartoline illustrate
                5) la tua motocicletta   6) il tuo computer

V   Ask your partner to answer the following questions affirmatively.
                Example: Mi spieghi il problema? - Sì, te lo spiego

                1) Mi scrivi una lettera?
                2) Mi presti il tuo libro d'italiano?
                3) Ti dà buoni voti il professore?
                4) Ti scrive molte cartoline la tua fidanzata (o)?
                5) Il cameriere vi serve una bottiglia di *Barbera*?
                6) La professoressa vi spiega la lezione?

VI   Ask another student the following questions. The answer may be affirmative or negative:

                1) Hai comprato il regalo per il tuo fidanzato (a)?
                2) Hai scritto una lettera ai nonni?
                3) Presti spesso l'automobile a tuo fratello?
                4) Regali molti fiori a tua madre?
                5) Telefoni qualche volta alle tue zie?
                6) Hai prestato il libro d'italiano al professore?

VII   In a group of six students, each student receives a gift. Ask each other who sent him/her the gift.
                Example: Joe riceve una penna di lusso. - Chi gliel'ha mandata?

                1) Carlo un impermeabile.
                2) Lucia un paio di scarpe italiane.
                3) Angela due libri dall'Italia.
                4) Rocco un computer.
                5) Tu due CD di canzoni italiane.
                6) Alberto e Roberto due camicie di marca Armani.

C   Pratica Riassuntiva

Drills

I   Replace the subject with those in parenthesis:

1) Domani starò in casa tutto il giorno (tu, mia madre, Carlo e tu, le ragazze).
2) Per il tuo compleanno berrai Barbera (io, Tina e Laura, Tina ed io, voi).
3) Gli amici verranno alla festa (tu, Laura ed io, Laura e Tina, io, Tina e tu).
4) Presto andremo in Italia (tu, io, Marisa ed io, Tina e tu, Tina e Laura).

II   Complete the following sentences with the form of the future:

1) Partire	I signori Licata ————-	per Torino.
2) Guidare	Giuseppe Licata ————-	la macchina.
3) Lavorare	Antonio ————-	presso la Fiat.
4) Frequentare	Teresa ————	l'istituto magistrale.
5) Leggere	Rosa ————	la *Stampa* tutti i giorni.
6) Finire	Tu ————	quel lavoro per domani.

III   Say that the following people have to do the following things in the future:

1) Cercare lavoro. (Mio padre).
2) Comprare una Fiat nuova.(I signori Licata).
3) Lavorare in Europa dopo la laurea. (Mio fratello ed io).
4) Scoprire una medicina per curare il cancro.(Mio zio).
5) Correre nella maratona di Nuova York.(Mia sorella e tu).
6) Bere *Lambrusco o Est, Est, Est.* (Io).

Communication:

IV   Ask your partner the following questions:

1) Domani mangerai al ristorante?
2) Berrai *Lambrusco, Barbera o Chianti*?
3) Chi pagherà il conto?
4) Verrà con te anche il tuo fidanzato (a)?
5) Farai pagare il conto al tuo fidanzato?
6) Darai una buona mancia alla cameriera?

V   Ask another student the following questions:

1) Domani a che ora ti alzerai?
2) A che ora farai colazione?
3) Scriverai alcune lettere?
4) Leggerai il giornale?
5) Per quante ore guarderai la televisione?
6) Che cosa mangerai a mezzogiorno?

VI   Ask your classmate the following questions with the future of probability.
Example: Il professore/ arrivare/ tardi - Arriverà tardi il professore?
1) Il professore/ spiegare/ il capitolo numero dieci.
2) Con chi venire/ il professore?
3) Quanti anni/ avere/ il professore?
4) Che ora/essere adesso?
5) Essere già a casa/ tuo padre?
6) Dove andare a cenare stasera/ i tuoi genitori?

VII   Imagine that you are in a tavern where Ambrogio *(another student)* is serving his clients. Replace the
                direct and indirect objects with the corresponding pronouns.
                Example: <u>Ambrogio porta</u> un fiasco di *Chianti* a Beppe - Ambrogio glielo porta.

                1) Una bottiglia di *Lambrusco* a Giovanni.
                2) Un panino al prosciutto a Beppe e Giovanni.
                3) Due bottiglie di *Est, Est, Est* agli amici di Beppe.
                4) Una pizza a tutti i clienti.
                5) Una bottiglia di *Barbera* a Tommaso e ai suoi amici.
                6) Il conto a Beppe.

VIII   Ask your best friend if his/her little sister did the following things. The answer could be affirmative or
                negative and should replace the direct and indirect objects nouns with their correspondent pronouns.
                Example: S'è messa la veste nuova Lilliana? - Sì, se l' è messa.

                1) S'è lavata la faccia Lilly?
                2) S'è pettinata i capelli?
                3) S'è lavata le mani?
                4) S'è comprato il cappotto?
                5) Vuole comprarsi anche gli stivali?
                6) Si ricorda il nome della sua professoressa di musica?

D   **Lettura di vita e costumi**   *In auto dal Sud al Nord*

I signori Licata, dopo aver ricevuto la lettera di convocazione a Torino, cominciano a fare i preparativi per la partenza.[1] Porteranno con loro anche i tre figli: Giuseppe di vent'anni, Salvatore di diciotto e Teresa di quindici. Finalmente un lunedì si mettono in viaggio con la loro vecchia Fiat utilitaria.[2] Dopo sei ore di guida[3] si fermano ad una stazione di servizio per fare il pieno di benzina e per controllare il livello dell'olio. Si rimettono[4] in macchina, ma questa non vuole saperne di ripartire.[5] Chiamano un meccanico il quale sentenzia:[6] "Il motorino di avviamento gira troppo lentamente,[7] forse sarà scarica la batteria,[8] forse saranno sporche le candele.[9] Ora vedremo, troveremo il guasto.[10] " Apre il cofano anteriore e controlla il livello dell'acqua della batteria,[11] le candele, il carburatore, i fusibili.[12] Proprio uno di questi è il responsabile del guasto e viene sostituito.[13] Il meccanico li saluta e dice: "Signori, questa macchina è troppo vecchia e non dà più affidamento.[14] Andate adagio e buona fortuna!" Al volante si mette Giuseppe e guida piano e con molta attenzione anche perchè il padre lo tormenta[15] con le sue raccomandazioni.

**   Finalmente giungono a Torino. Che differenza! Quanto sono larghe[16] le strade! E quante macchine! Non c'è un buco per parcheggiare![17] Ma le difficoltà vere incominceranno presto: il signor Licata inizierà[18] un lavoro completamente nuovo, la signora dovrà sistemare[19] la casa, Giuseppe e Salvatore cercheranno un lavoro[20] e Teresa dovrà riprendere[21] la scuola. Come è lontano il tranquillo paesello[22] della Sicilia!**

Key words
1) Preparation for leaving, 2) utility passanger car, 3) driving, 4) get in, 5) refuses to start, 6) pronounces/says, 7) the starter runs slowly, 8) the battery is dead, 9) the spark plugs are dirty, 10) failure, 11) checks level of the water, 12) fuses 13) replaced, 14) it can not be trustworthy, 15) to torture, 16)wide, 17) place to park, 18) to begin, 19) to arrange, 20) will search for a job, 21) to resume, 22) native village.

I   *Domande per la comprensione della lettura*

1) Come si chiamano e quanti anni hanno i figli del signor Licata?
2) Come vanno a Torino?
3) Perchè si fermano alla stazione di servizio?
4) Che cosa sentenzia il meccanico?
5) Che cosa controlla il meccanico?
6) Qual è il guasto della macchina?
7) Chi si mette al volante?
8) Com'è Torino?

II   *Vero o falso?*

1) I signori Licata si mettono in viaggio con la loro vecchia Fiat.
2) Dopo sei ore di guida si fermano a un ristorante.
3) La macchina riparte subito.
4) Il meccanico controlla la batteria, le candele e il carburatore.
5) Al volante si mette Salvatore.
6) A Torino non c'è un buco per parcheggiare.
7) Il signor Licata inizierà un lavoro completamente nuovo.
8) Giuseppe e Salvatore incominciano subito a lavorare.

III   *Complete the following sentences with the words of the reading.*

1) I signori Licata porteranno con loro————-
2) Dopo sei ore di guida si fermano a——————per fare————-e per————-
3) Chiamano un meccanico il quale——————
4) Apre il cofano e controlla ——————
5) Il meccanico li saluta e dice: ——————-

IV   *Make two lists: one of all the future and another of all the direct and indirect objects in the reading.*

V   *Conversazione.*

In a group, each student should ask and answer questions about a long trip by car.

1) Hai mai fatto un lungo viaggio in macchina?
2) Con chi? Quando?
3) Ogni quante miglia facevi il pieno?
4) Hai avuto problemi con la macchina?
5) Per i lunghi viaggi preferisci viaggiare in macchina o in aereo?
6) Preferisci viaggiare con una macchina FIAT o con una macchina americana?

E   ## Lettura di cultura   *I mezzi di trasporto in Italia*

Il mezzo di trasporto più diffuso in Italia è l'automobile e, in ogni famiglia, ne esiste più di una. Soprattutto negli anni passati essa era diventata simbolo di prestigio;[1] ora lo è un pò di meno per l'alto costo di esercizio,[2] per le continue limitazioni dovute all'inquinamento[3] e per la mancanza di parcheggi.[4]

L'alto costo di esercizio è determinato dalle numerose tasse che gravano sull'automobile[5] e dal costo proibitivo della benzina;[6] per quattro litri (un gallone) ci vogliono circa ottomila lire, che corrisponde a più di quattro dollari![7] Comunque, la gente non si lascia scoraggiare e continua ad usare molto[8] l'automobile sia per i lunghi viaggi[9] che per i brevi spostamenti in città.[10] Solo le più grandi città, Milano, Roma e Napoli hanno una efficiente rete di metropolitane.

Altro mezzo di trasporto molto diffuso è il treno. Tutto il sistema ferroviario è gestito direttamente dallo stato,[11] ma presto sarà privatizzato. La rete ferroviaria italiana è molto estesa e collega le località più distanti superando le notevoli difficoltà dovute alla conformazione del suolo[12] prevalentemente montuoso.[13] Adesso si stanno realizzando tratti ferroviari di "alta velocità"[14] che permetteranno collegamenti molto veloci[15] tra Roma e le altre città più importanti come Milano e Napoli. I treni ora sono diventati veloci, confortevoli e abbastanza sicuri. Oltre ai treni locali, lenti e affollati, ci sono anche quelli molto veloci a lunga percorrenza come gli Intercity e soprattutto gli Eurostars che effettuano pochissime fermate: solo nelle stazioni più importanti.

I paesi che non sono serviti[16] dalla rete ferroviaria fanno uso di autobus che, oltre a trasportare passeggeri, trasportano anche la posta.[17]

Sono pochi gli Italiani che usano l'aereo sulle rotte interne,[18] lo fanno solo in caso di necessità. Lo usano più frequentemente quando devono andare all'estero[19] dando la precedenza alla compagnia nazionale, cioè all'Alitalia.

Key words:
1) A car was a symbol of prestige, 2) now the cost of maintenance is very high, 3) there are limitations due to pollution, 4) and lack of parking lots, 5) in addition, cars are burdened with high taxes, 6) the gasoline is very expensive, 7) more than four dollars a gallon, 8) in spite of that, people use cars a lot, 9) for long trips, 10) for moving around in the city, 11) operated by the state, 12) due to the nature of the land, 13) mountainous, 14) high speed, 15) very fast, 16) not reached by rail road , 17) pulmans carrying passengers and mail, 18) domestic flights, 19) abroad.

I   *Scegli* (choose) *la risposta giusta:*

1. Il mezzo più diffuso in Italia è: a) l'aereo; b) la nave; c) l'automobile?

2. L'alto costo di esercizio è determinato: a) dalle numerose tasse; b) dalla scarsezza di parcheggio; c) dal costo delle macchine?

3. Altro mezzo di trasporto molto diffuso in Italia è: a) la bicicletta; b) l'automobile; c) il treno?

4. I tratti di "alta velocità" permetteranno i collegamenti tra: a) Roma - Fiumicino; b)Roma-Pisa; c) Roma-Milano e Napoli?

II   *Conversazione*   *(Optional)*

In a group, ask each other the following or other questions related to means of transportation:

1) Qual mezzo di trasporto usi di più?
2) Vai all'università in auto, in autobus, in motocicletta, in bicicletta o a piedi?
3) Quando usi l'automobile?
4) Qual è il mezzo di trasporto più usato negli Stati Uniti?
5) Hai mai viaggiato in treno?
6) Hai mai viaggiato in aereo?
7) Sei mai andato all'estero? Dove?
8) Come si chiamava la linea aerea con cui hai viaggiato?

F   Vocabolario utile

Nomi

l'acqua	water
gli amici	friends
l'anno	year
la benzina	gasoline
il cofano	hood
i figli	sons/children
il lavoro	work
la macchina	car
il meridionale	Southern
l'olio	oil
il paese	town
i preparativi	preparations
il volante	steering wheel

Verbi

andare	to go
aprire	to open
cercare	to search
chiamare	to call
cominciare	to begin
controllare	to check
dovere	to have to
fermarsi	to stop
giungere	to arrive
guidare	to drive
portare	to bring
pensare	to think
salutare	to greet
tormentare	to torture

Altre parole

a vita	for life
adagio	slowly
anche	also
anch'io	me too
comunque	however
diffuso	copious
forse	maybe
già	already
nuovo	new
ora	now
però	but
più	more
presto	soon
proprio	really
soprattutto	above all
troppo	too much

Parole analoghe

esercizio	exercise
finalmente	finally
fortunato	fortunate
lettera	letter
miseria	misery
ordine	order
permettere	to permit
ricevere	to receive
tranquillo	tranquil

(Words regarding **car** and **means of transportation** are listed on p. 240)

Capitolo XII

L'arte italiana

Renaissance, a cultural and artistic movement, had its beginnings and flowering in Italy, especially in Florence and Rome, where it reached its zenith of development. Today, these cities attract a multitude of tourists who admire the masterpieces of Michelangelo, Leonardo da Vinci, Raffaello, Brunelleschi and other masters.

In the previous chapter, you have learned the future forms of the verbs in order to express future actions and events. The grammar section will introduce conditional forms of verbs in order to express probability or what would happen if certain conditions were to be fulfilled.

Prospetto

A	Dialogo	*Sognando Firenze*
		1) Vocabolario del dialogo
		2) Note di cultura
		3) Domande sul dialogo
		4) Vocabolario attivo: *monumenti in Firenze*
		5) Attività sul *vocabolario attivo*
B	Grammatica e pratica	
	I	**Conditional** of **regular verbs**
	II	**Conditional** of **irregular verbs**
	III	Conditional of **dovere, potere, volere**
	IV	**Disjunctive pronouns**
	V	**Adverbs:** *tempo, luogo, modo*
C	Pratica riassuntiva	
D	Lettura di vita e costumi	**Arte classica o arte moderna?**
E	Lettura di cultura	**Il Rinascimento italiano**
F	Vocabolario utile	

Firenze, culla del Rinascimento italiano

A   **Dialogo**   *Sognando Firenze*

Elena: **Senti Luisa, se avessi i soldi[1] per fare un viaggio, dove andresti?**
Luisa: **Non avrei alcun dubbio.[2] Andrei a Firenze.**
Elena: **Potresti anche andare a Roma, anche Roma è una città ricca di arte.**
Luisa: **Hai ragione, però, andrei prima a Firenze e poi a Roma.**
Elena: **E cosa ti piacerebbe vedere di più?**
Luisa: **In mente ho già l'itinerario:[3] visiterei la chiesa di Santa Maria Novella, che è a poca distanza dalla stazione ferroviaria, e poi a piedi[4] mi dirigerei[5] al Duomo di Santa Maria del Fiore, salirei[6] i 463 gradini[7] per giungere sulla cupola.[8]**
Elena: **E ce la faresti?[9] Avresti tanta forza?[10]**
Luisa: **Certo che ce l'avrei. Per l'arte si fa questo ed altro.[11] Ma riprendiamo l'itinerario. Visiterei il Battistero di San Giovanni e poi salirei sul Campanile[12] di Giotto. Andrei a vedere la Piazza della Signoria, la Galleria degli Uffizi, il Palazzo Pitti e la Galleria dell'Accademia con il famoso Davide di Michelangelo. Ma perchè mi hai richiamato alla realtà? Con la fantasia stavo facendo una gita turistica meravigliosa.**
Elena: **Continua pure.[13] I sogni[14] sono belli e non costano niente.**

I   *Key words*
            1) Money, 2) without doubt, 3) itinerary, 4) on foot, 5) to go, 6) to climb, 7) stairs, 8) dome, 9) to be able,
            10) that much strength, 11) this and more, 12) bell tower, 13) please keep dreaming, 14) dreams.

II   *Note di cultura.*

            1) Florence, Rome and Venice are the most visited Italian cities because of their art, treasures, history and beauty. In addition to art, Florence is famous for gold crafted objects, especially in the small shops over Ponte Vecchio, and the fine leather articles.
            2) The church of Santa Croce in Florence is considered the Italian Pantheon, where Michelangelo and many other Italian artists are buried.

III   *Domande per la comprensione:*

            1) Se avesse i soldi dove andrebbe Luisa?
            2) Elena suggerisce di visitare quale altra città?
            3) Come raggiungerebbe Piazza del Duomo?
            4) Quanti gradini dovrebbe salire per arrivare sulla cupola?
            5) Luisa che altro visiterebbe in Piazza del Duomo?
            6) In quale galleria si trova il Davide di Michelangelo?

Galleria degli Uffizi .

Vocabolario attivo

(Some of the most famous artistic monuments in Florence:)

Santa Maria del Fiore	Battistero di San Giovanni	Campanile di Giotto
Santa Maria Novella	Piazza della Signoria	Galleria degli Uffizi
Santa Croce	Palazzo Pitti	Palazzo Strozzi
San Marco	Galleria dell'Accademia	*Davide* di Michelangelo
San Lorenzo	Cappelle Medicee	Ponte Vecchio

Gioielli

anello	*ring*	braccialetto	*bracelet*	collana	*necklace*
orologio	*watch*	orecchini	*earrings*		

Oggetti di pelle

borsa	*purse*	cintura	*belt*	guanti	*gloves*
portafoglio	*wallet*				

Parole analoghe

accademia	*academy*	arte	*art*	città	*city*
classico	*classic*	continuare	*to continue*	costare	*to cost*
distanza	*distance*	famoso	*famous*	fantasia	*fantasy*
galleria	*gallery*	itinerario	*itinerary*	mente	*mind*
moderno	*modern*	Rinascimento	*Renaissance*	realtà	*reality*
turistico	*tourist*	visitare	*to visit*		

Espressioni utili

1) Borsa di pelle   *leather purse.*
2) Ancora un po'   *a little while longer.*
3) Non ancora   *not yet.*
4) Non più   *no more.*
5) Niente affatto   *not at all.*
6) Da poco   *a little while ago.*
7) Qua e là   *here and there.*
8) Orologio d'oro   *gold watch.*
9) Non è tutt'oro
      quel che luce. Prov.   *All that glitters is not gold.*

La chiesa di Santa Croce.

Pratica

I   Form sentences with the following nouns and the <u>conditional tense</u> of the verb <u>comprare</u>.
Example: Orecchini/mia madre -A Firenze <u>comprerei</u> gli orecchini per mia madre.

1) Orologio/padre   2) Braccialetto/zia   3) Collana/nonna
4) Anello/ragazzo (a)   5) Borsa/sorella   6) Guanti/cugini

II   Ask another student the following questions:

1) Ti piacerebbe andare in Italia?
2) Una volta in Italia quali città visiteresti?
3) Ti piacerebbe andare a Firenze, a Roma e a Venezia?
4) Hai mai visto in televisione o in fotografia qualcuno dei monumenti di Firenze?
5) Se andassi a Firenze quali monumenti visiteresti? *(Choose three from the* Vocabolario attivo*).*
6) Se avessi tempo per visitare solamente una delle tre famose città nominate quale scieglieresti per prima?

III   Ask your classmate the following questions:

1) Hai visto in televisione o in fotografia il Davide di Michelangelo?
2) Che cosa ammiri di più nella statua del Davide?
3) Nelle botteghe del Ponte Vecchio si fanno a mano oggetti di oro molto fini. Se andassi a Firenze che oggetto di oro ti piacerebbe comprare? *(Choose three items from the list).*
4) A Firenze si fanno a mano anche oggetti di pelle molto fini. Se andassi a Firenze quali oggetti compreresti? *(Choose two items from the list).*

IV   As a homework assignment, each student should choose a specific monument, listed in <u>Vocabolario attivo,</u> for a thorough research project, resorting to books on art and Encyclopedias, and present a report to the students for a spirited discussion.

Santa Maria del Fiore.

B   Grammatica e pratica

I   Present **Conditional** of regular verbs

Minidialogo   ***Sogni.***

Vocabolario

comprare	*to buy*	cose	*things*	esattamente	*exactly*
giorno	*day*	lungo	*long*	mare	*sea*
nuotare	*to swim*	prendere	*to take*	sole	*sun*
solo	*only*	sogno	*dream*	stesse cose	*same things*
viaggio	*trip*	visita	*visit*		

Giorgio: Giulia, che cosa <u>faresti</u> se fossi ricca?

Giulia: <u>Farei</u> molte cose. Prima di tutto <u>organizzerei</u> un lungo viaggio e <u>visiterei</u> tutti i continenti, poi <u>comprerei</u> una bella villa sul mare, <u>nuoterei</u> tutti i giorni e <u>prenderei</u> molto sole. E tu che <u>faresti</u>?

Giorgio: <u>Farei</u> esattamente le stesse cose. Purtroppo sono solo. . . sogni!

Domande:

1) Che cosa <u>farebbe</u> Giulia se fosse ricca? 2) Che cosa comprerebbe? 3) Quando <u>nuoterebbe</u>?
4) Che cosa <u>farebbe</u> Giorgio se fosse ricco?

---

1   The Conditional mood expresses:

   A) A wish, an intention: Adesso mangerei una pizzetta. *I would eat a pizza now.*
                                        Faresti meglio a tacere.   *You had better be quiet.*

   B) An hypothetical statement which is contrary to the fact:
    Comprerei una Ferrari, se fossi ricco.   *I would buy a Ferrari if I were rich, [but I am not rich]* .

   C) A request in a polite form. Instead of:
   Prestami la tua macchina. *Lend me your car.* Mi presteresti la tua macchina? *Would you lend me your car?*

2   In Italian, the formation of the conditional is very similar to that of the future: its stem is that of the infinitive without the final **e** (in *-are* verbs the **a** changes to **e**); the endings, to be added to the stem, are: *ei, esti, ebbe, emmo, este, ebbero;* they are the same for the three conjugations and for regular and irregular verbs.

3   The conditional corresponds to the English *would+ the verb*. I would drink a coca cola now.

Chart

	compr-are *(to buy)*	cred-ere *(to believe)*	dorm-ire *(to sleep)*
io	comprer-**ei**	creder-**ei**	dormir-**ei**
tu	comprer-**esti**	creder-**esti**	dormir-**esti**
lui/lei/Lei	comprer-**ebbe**	creder-**ebbe**	dormir-**ebbe**
noi	comprer-**emmo**	creder-**emmo**	dormir-**emmo**
voi	comprer-**este**	creder-**este**	dormir-**este**
loro/Loro	comprer-**ebbero**	creder-**ebbero**	dormir-**ebber**o

N. B.

The spelling changes that occur in the stem of the future tense with *-care, -gare, -giare, -ciare* verbs also accur in the conditional:

gioc-are	*to play*	gioc-**h**-er-ei	gioc-**h**-er-esti	gioc-**h**-er-ebbe. . .
pag-are	*to pay*	pag-**h**-er-ei	pag-**h** er-esti	pag-**h**-er-ebbe. . .
mangi-are	*to eat*	mang-er-ei	mang-er-esti	mang-er-ebbe. .
cominci-are	*to begin*	cominc-er-ei	cominc-er-esti	cominc-er-ebbe. . .

II   Conditional of **irregular** verbs

Since the stems of the future and conditional tenses are identical for regular verbs, they are also similar for irregular verbs.

			Future				*Conditional*		
a)	*and-*	*are*	andr- ò	ai	à (**I will** go)	andr-ei	esti	ebbe (**I would** go)
	f-	*are*	far- ò	ai	à	far-ei	esti	ebbe
	d-	*are*	dar- ò	ai	à	dar-ei	esti	ebbe
	st-	*are*	star- ò	ai	à	star-ei	esti	ebbe
b)	*av-*	*ere*	avr- ò	ai	à	avr-ei	esti	ebbe
	cad-	*ere*	cadr- ò	ai	à	cadr-ei	esti	ebbe
	dov-	*ere*	dovr- ò	ai	à	dovr-ei	esti	ebbe
	pot-	*ere*	potr- ò	ai	à	potr-ei	esti	ebbe
	sap-	*ere*	sapr- ò	ai	à	sapr-ei	esti	ebbe
	ved-	*ere*	vedr- ò	ai	à	vedr-ei	esti	ebbe
	viv-	*ere*	vivr- ò	ai	à	vivr-ei	esti	ebbe
c)	*b-*	*ere*	berr- ò	ai	à	berr-ei	esti	ebbe
	ess-	*ere*	sar- ò	ai	à	sar-ei	esti	ebbe
	ven-	*ire*	verr- ò	ai	à	verr-ei	esti	ebbe
	vol-	*ere*	vorr- ò	ai	à	vorr-ei	esti	ebbe

Ti piacerebbe passare le vacanze in Italia?	Sì, mi piacerebbe molto.
Mangeresti una pizza adesso?	No, berrei piuttosto una pepsi cola.
Canteresti una conzone italiana in classe?	Sì, la canterei, ma non come Pavarotti.
Se fossi ricco che cosa faresti?	Se fossi ricco comprerei una Ferrari.
Se vincessi alla lotteria dove andresti?	Se vincessi alla lotteria, andrei sulla luna.
Se andassi a Roma che cosa vedresti?	Se andassi a Roma vedrei il Colosseo, il Papa, ecc.

Pratica

Drills

I   Rewrite the following sentences by replacing the subjects in parenthesis:

1) Andrei subito a Firenze (tu, Elena, i nonni, Giorgio ed io, Giorgio e tu)
2) Luisa berrebbe una birra (io, tu, i miei amici, Elena ed io, Elena e tu).

3) Dovresti studiare l'italiano (noi, gli alunni, Giorgio, Giorgio ed io, voi).
4) Giulia verrebbe alla festa (io, tu, le ragazze, Elena e tu, Luisa ed io).
5) Pagherei il conto (mio padre, tu, gli amici, Giorgio ed io, Luisa e tu).
6) Vedrei il *Davide* di Michelangelo (tu, i miei genitori, Luisa e tu, noi).

Express some wish, forming a complete sentence.

II   Example: Vorrei visitare la Russia.

1)Adesso berrei un'aranciata.   2)   3)   4)   5)   6)   7)   8)

III   Complete the following sentences with the conditional forms:

1) cantare   io ————   ma non ho voce.
2) parlare   Carlo————   francese, ma non ricorda i verbi.
3) correre   i ragazzi————   ma devono studiare.
4) frequentare tu————   il corso d'italiano, ma non hai tempo.
5) dormire   Giorgio e tu ———— tutto il giorno, ma dovete lavorare.
6) partire   Luisa ed io ————   subito, ma non abbiamo il biglietto.

IV   Change the following sentences from future to conditional:

1) Domani partiremo per Firenze.
2) Elena e Luisa compreranno gioielli sul *Ponte Vecchio*.
3) Vedrò il *Palazzo Strozzi e Piazza della Signoria*.
4) Salirete sulla cupola di *Santa Maria del Fiore*?
5) Andrai sul *Campanile di Giotto?*
6) Luisa ed Elena visiteranno il *Palazzo Pitti e Galleria degli Uffizi*.
7) Elena e Luisa mangeranno la bistecca alla fiorentina.

Communication

V   Ask another student the following questions:

1) Ti piacerebbe andare a Firenze?
2) Che cosa visiteresti a Firenze?
3) Ti piacerebbe guidare la macchina a Firenze?
4) A Firenze mangeresti il pesce o la bistecca alla fiorentina?
5) Compreresti oggetti di oro sul Ponte Vecchio?
6) Compreresti articoli di pelle in Piazza Santa Croce?

VI   Ask your partner if he/she would like to do the following things.
        Example: Bere una birra fresca - Ti piacerebbe bere una birra fresca?

1) Andare in Italia.   2) Comprare una villa al mare.
3) Vendere la tua macchina   4) Mangiare in un ristorante di lusso.
5) Dare consigli agli amici.   6) Vivere per un anno a Firenze.

Il Campanile di
Giotto

N. B.

III   **A)** Special meaning of **dovere, potere, volere,** in conditional tense.

Very often, Italian uses the conditional tense, instead of the present indicative of the modal verbs, to express a more polite requests. Compare the following examples:

Devi essere più paziente.   *You must be more patient.*
Dovresti essere più paziente.   *You should be more patient.*

| Puoi farmi un favore? | *Can you do me a favor?* |
| Potresti farmi un favore? | *Could you do me a favor?* |

| Vuole una tazza di caffè? | *Do you want a cup of coffee?* |
| Vorrebbe una tazza di caffè? | *Would you like a cup of coffee?* |

Pratica

Use the conditional in the following sentences:

1) Devi dormire otto ore al giorno per sentirti meglio.
2) Dovete prepararvi per gli esami fin da adesso.
3) Professore, può spiegarci di nuovo il modo condizionale?
4) Puoi prestarmi la tua macchina per un paio d'ore?
5) Volete andare a Firenze a vedere il Davide di Michelangelo?
6) Signore, vuole prendere un espresso ?

Il Palazzo della Signoria

B)   The conditional perfect   *(Condizionale passato)*

1)   The conditional perfect is a compound tense formed with
the conditional of <u>avere</u> or <u>essere</u> and the <u>past participle</u> of
the main verb:

Avrei comprato un orologio d'oro, ma non avevo abbastanza denaro.
I would have bought a gold watch, but I did not have enough money.
Saremmo andati a vedere il palazzo Pitti, ma non avevamo tempo.
We would have gone to visit Palazzo Pitti, but we had no time.

2)   The conditional perfect correspond to the English: "*would have + past participle* of the verb.
Some times, the conditional perfect is used after verbs such as *dire, telefonare, scrivere, rispondere.*
Il professore disse che avrebbe telefonato al direttore.
The professor said that he would have phoned the director.

Chart

Conditional	avere +	past part.	Conditional	essere +	past part.
	avrei	comprato		sarei	andato (a)
	avresti			saresti	
	avrebbe	ricevuto		sarebbe	
	avremmo			saremmo	andati (e)
	avreste	finito		sareste	
	avrebbero			sarebbero	

Notes: 1) The conditional perfect of **dovere**+infinitive corresponds to the English construction: *should have*
or *ought to have* +<u>past</u> participle:
Avresti dovuto comprare una Ferrari. *You should have [you ought to have] bought a Ferrari.*
2) In the same tense, the verb **potere** corresponds to the English construction: <u>*could have* +past
participle:</u>
Non saremmo potuti rimanere più a lungo in Italia. *We could not have remained any longer in Italy.*

Il Palazzo Pitti.

IV   Disjunctive pronouns   *(Pronomi tonici)*

Minidialogo   Andiamo a ballare?

Vocabolario

ballare	*to dance*	cavaliere	*lady's escort*	dama	*lady*
già	*already*	invitare	*to invite*	invito	*invitation*
pensare	*to think*	procurare	*to get*	sciocchezza	*silliness*

Paolo: Beatrice,tu e la tua amica Valeria volete venire a ballare <u>con me</u> e con Roberto?
Beatrice: <u>A me</u> piace molto ballare, ma come facciamo a venire? L'invito è solo <u>per te</u> e <u>per lui</u>!
Paolo: Non dire sciocchezze! I cavalieri possono invitare le loro dame. Io invito <u>te</u> e Robeto invita <u>lei</u>.
Beatrice: E gli inviti chi ce li procura?
Paolo: Nessun problema. Ci abbiamo già pensato noi!

Domande: 1) Paolo chi invita a ballare? 2) Secondo Beatrice per chi è l'invito?
3) Che cosa possono fare i cavalieri? 4) Di che cosa si preoccupa Valeria?
5) A che cosa hanno già pensato i ragazzi?

Disjunctive *(stressed)* pronouns are the pronouns that follow a preposition (usually: *a, di, da, con, per...*)
or a verb.
They are identical with the subject pronouns, except for the first and second person singular, *io, tu,*
which become "*me*" and "*te*".

Grazia va <u>con lui</u>.	*Grace goes with him.*
Linetta viene <u>con me</u>.	*Lynette comes with me.*
I fiori sono <u>per Lei</u> non <u>per me</u>.	*Flowers are for You, not for me.*

Pers Pron.	Prepositions	Disjunctive Pron.	English	
io	**a**	me	*(me)*	<u>A me</u> non piace il pesce
tu	**di**	te	*(you)*	I ragazzi parlano <u>di te</u>
lui/lei/Lei	**da**	lui, lei, Lei	*(him,her,you)*	Andiamo a cenare <u>da lui</u>
noi	**con**	noi	*(us)*	Gino viene <u>con noi</u>
voi	**per**	voi	*(you)*	Faccio il lavoro <u>per voi</u>
loro/Loro		loro/Loro	*(them,you)*	I fiori sono <u>per loro</u>

N. B.

a)   Disjunctive pronouns may also be used after a verb as a stressed and emphatical direct object: Il professore chiama <u>*me*</u>, non <u>*te*</u>. *The professor is calling me, not you.*

     Note that this construction is often accompanied by: <u>anche</u> (*also*), <u>proprio</u> (*really*), <u>solamente</u> (*only*).

     Il professore ha chiamato solamente me.   *The Professor called only me.*
     Il poliziotto ha visto anche te.   *The police also sow you.*

b)   The preposition *di* is used after: *dopo* (after), *prima* (before), *senza* (without):

     <u>Dopo di</u> me, il diluvio.   *After me the deluge.*
     Franco è arrivato <u>prima di</u> te.   *Frank arrived before you.*
     E' partito <u>senza di</u> lei.   *He left without her.*

c)   The pronoun **sé** (with an accent) is used instead of *lui, lei, loro,* when it refers to the same subject of the sentence and it corresponds to the English: *himself, herself itself, themselves.*

     Mio nonno porta sempre un ombrello <u>con sé</u>. *My grandfather always carries an umbrella with himself.*

     Silvia e Franco si preoccupano solo <u>di sé</u> stessi. *Sylvia and Frank worry only about themselves.*

     Note. In a few cases, disjunctive pronouns are used after an exclamative adjective:

     Beato lui!   *Lucky him!*   Povero me!   *Poor me!*
     Hanno vinto alla lotteria. Fortunati loro!   *They won the lottery. Lucky them!*

Pratica

Drills

I   Rewrite the following sentences replacing the objects of the preposition with the disjunctive pronoun.
    Example: Parlo con il professore - Parlo con lui.

    1) Lavoriamo per i genitori.
    2) Grazia è andata a Bolsena con il fidanzato.
    3) Grazia è andata a Roma con sua sorella.
    4) L'invito era per i genitori di Grazia.
    5) Paolo ha scritto a Lisa e a me.
    6) Mio padre ha scritto a Giulia e a te.

II   Translate the following sentences into Italian:

    1) I am going with him (with her, with you [*fam.sg*], with them).
    2) This gift is for me (for her, for you [*pol.sg*], for you [*fam.pl*]).
    3) Joseph arrived before her (before him, before you (*fam.sg*).
    4) Sylvia left after me (after him, after you [*pol.sg*], after them).
    5) Between you (*fam.sg*) and me, there is no problem.
    6) There is a great difference between her and him.
    7) She left without them.
    8) These flowers are for you (*pol. sg.*).

Il Davide.

Communication

III   Ask your classmate the following questions. He/she may answer affirmatively or negatively, by using
           the disjunctive pronouns. Example: Hai fatto colazione con il tuo fidanzato? - Sì, ho fatto colazione con
           lui. — No, non ho fatto colazione con lui.

           1) Sei andato (a) al mercato con tua madre?
           2) Hai ricevuto una telefonata dal tuo fidanzato (a).
           3) Di chi parlavi questa mattina? (del professore?)
           4) Per chi hai comprato i fiori? (per i tuoi genitori)?
           5) E'vero che Franco è partito senza di Grazia?
           6) Hai parlato con Grazia?

IV   Ask your best friend the following questions:

           1) Stasera vado alla festa di carnevale, vuoi venire con me?
           2) Sei ritornato (a) dall'Italia, hai portato qualche cosa per me?
           3) E' vero che tra te e lui non c'è più niente da fare?
           4) Eppure, prima diceva: "voglio bene solo a te"; non è vero?
           5) Andavi spesso al cinema con lui (lei)?
           6) Il sabato andavi a giocare a tennis con lui o senza di lui?

Piazza San Pietro.

V   Adverbs

1)   Adverb (*near the verb*) is a word which modifies mainly <u>*a verb*</u>:
           Luisa parla <u>bene</u>, studia <u>sempre</u> e dorme <u>poco</u>. *Louise speaks well, always studies and sleeps little.*

           Sometimes adverbs modify *adjectives:* Luisa è molto bella. *Louise is very pretty,*
           or they modify other *adverbs:* Luisa parla così bene che è un piacere sentirla. *Louise speaks so well
           that it is a pleasure to listen to her.*

2)   There are several kinds of adverbs, depending on their relation with the verb.
           The more frequent ones are:

A)   ***Adverbs of manner,*** are those indicating how the action expressed by the verb is presented. They answer the question: *How?* Luisa mangia <u>adagio</u> e dorme <u>male</u>. *Louise eats slowly and sleeps badly.*

Most adverbs of manner are formed by adding the suffix **-mente**, which correspond to the English ending *-ly*, to the feminine singular form of adjectives ending in **o**:

severo	fem. sing./severa	add	*-mente*	severa-mente
generoso				generosa-mente
tipico				tipica-mente
caro				cara-mente

Many adjectives ending in **e** add *-mente* directly:

corrente	corrente-mente	enorme	enorme-mente
innocente	innocente-mente	prudente	prudente-mente
urgente	urgente-mente	veloce	veloce-mente

Many others ending in **-le** and **-re** drop the final **e** before adding *-mente*:

difficile	(drop **e**) difficil	(add *-mente*)	difficil-mente
facile			facil-mente
particolare			particolar-mente
regolare			regolar-mente

B)   ***Adverbs of place*** are those indicating a place or nearness to the speaker. They answer the question : *Where?*

qui - qua	*(here)*	lì - là	*(over there)*	ci - vi	*(there)*
fuori	*(outside)*	dentro	*(inside)*	vicino	*(near)*
lontano	*(distant, far)*	sopra	*(on, above)*	sotto	*(under)*

Notes: 1)"lì", "là" bear an accent and "qui" and "qua" have no accent.

2) "Ci" may replace a sentence referring to a place:

Vai spesso a Roma? *Do you often go to Rome?*   Sì, ci vado spesso. *Yes, I often go there.*
Roberto vuole andare in America.   *Robert wants to go to America.*
Roberto ci vuole andare   or   Roberto vuole andarci.

For the position "ci" follows the rules of the direct object. (See ch. 7, p.148).

3) Also, notice that "dove" is an adverb only when it is interrogative:

Dov'è Luisa? E' sopra. *Where is Louise? She is upstairs.*

C)   ***Adverbs of time*** indicate circumstances of time. They answer the question: *When*

ora- adesso	*now*	prima	*before*	poi	*then/later*
oggi	*today*	ieri	*yesterday*	domani	*tomorrow*
presto	*soon*	tardi	*late*	sempre	*always*
mai	*never*	subito	*at once*	spesso	*often*

D)   ***Adverbs of quantity*** indicate quantity or degree. The answer the question: *How much?*

assai	*very/much*	molto	*much/a lot of*	poco	*little*
più	*more*	meno	*less*	troppo	*too much*

Remember that <u>molto</u> (*much*) <u>poco</u> (*little*) <u>troppo</u> (*too much*) are adjectives when followed by nouns; in this case, they agree in gender and number with the noun:

Luisa ha pochi soldi e molte amiche.   *Louise has little money and many friends.*

They are adverbs when they modify a verb, an adjective or another adverb:

Luisa dorme poco.	*Louise doesn't sleep much.*
Luisa ha i capelli troppo lunghi.	*Louise's hair is too long.*
Luisa va molto spesso a Firenze.	*Louise goes to Florence very often.*

3)   Adverbs are invariable. That is, they do not have gender and number:

Luisa legge bene.	*Louise reads well.*
Le amiche di Luisa leggono bene.	*Louise's friends read well.*

4)   Usually, adverbs follow immediately after the verb:

Luisa corre velocemente	*Louise runs fast.*
Mio padre viene subito.	*My father is coming soon.*
Elena parla bene l'inglese	*Helen speaks English well.*
Mangiamo sempre in cucina.	*We always eat in the kitchen.*
Non bevo mai vino.	*I never drink wine.*

N. B.

With compound tenses, the adverbs of time: *ancora, già, sempre, mai* are placed before the past participle of the main verb:

Il professore non è *ancora* arrivato.	*The professor did not arrive yet.*
I miei genitori hanno *già* mangiato.	*My parents have already eaten.*
Ho *sempre* studiato di sera.	*I have always studied in the evening.*
I miei nonni non hanno *mai* bevuto coca-cola.	*My grandparents never drank coke.*

Remember that in Italian **buono** is an adjective meaning *good*; **bene** is an adverb meaning *well.*

I buoni studenti scrivono bene l'inglese.   *Good students write English well.*

La Pietà.

Pratica

Drill

I   Change the adjectives to adverbs in the following sentences. You can use any tense of the verbs you
           have learned so far. Example: meraviglioso/ Mia sorella cantare - Mia sorella canta (cantava, ha cantato,
           canterà, canterebbe) meravigliosamente:

      1) Corretto   Elena e Luisa parlare il fiorentino.
      2) Lento   I miei nonni camminare.
      3) Regolare   Tu andare a scuola.
      4) Accanito   I nostri soldati combattere.
      5) Normale   Il bambino respirare.
      6) Urgente   Mia madre chiamare il dottore.

Communication

II   Ask your partner the following questions. He/she has to use one of the
           given adjectives, changing them into adverbs:

      elegante   veloce   paziente   raro
      severo   chiaro   difficile   prudente

      1) Come guidi la tua automobile?
      2) Come sopporti le persone moleste?
      3) Come guidano gli autisti italiani?
      4) Vai spesso in discoteca?
      5) Come vestono le donne italiane?
      6) Il professore come spiega la lezione?
      7) Come hanno trattato il ladro di biciclette?
      8) Tua sorella si sposerà quest'anno?

III   Ask another student the following questions. He/she may use the given adverbs: *là, qui, molto, spesso,
           domani, più o meno:*

      1) Dov'è il tuo libro?
      2) Dov'è la tua macchina?
      3) Quando avrai il primo esame?
      4) Vuoi bene al tuo fidanzato (a)?
      5) Ti è piaciuto il film?
      6) Quando telefoni al tuo amico (a)?

Il Mosè.

C   Pratica riassuntiva

Drills

I   Complete the following sentences with
           the conditional of the infinitive:

      1) Parlare   (Io) ——————————col presidente.
      2) Studiare   (Tu) ——————————-il cinese?
      3) Prendere   Mio fratello ————la laurea in astronomia.

4) Vendere   Gli studenti————————-tutti i loro libri.
5) Leggere   Giorgio ed io ————un libro per settimana.
6) Dormire   (Voi)————————————-dieci ore al giorno?
7) Partire   (Io) ——————————————subito per Firenze.

II   Complete the following sentences with the conditional of verbs stem changing:

1) Mangiare   (Io)———————— un bel piatto di spaghetti adesso.
2) Pagare   (Tu) ———————— una Ferrari 200.000 dollari?
3) Giocare   I ragazzi———————— al pallone invece di studiare.
4) Cominciare   Mio padre —————— a costruire la casa, ma non ha tempo.
5) Pagare   (voi) ———————— un milione di dollari per una casa a Roma?
6) Sbarcare   (Io)———————— a Genova.

III   Complete the following sentences with the conditional of <u>irregular</u> verbs:

1) Fare   (Tu) ——————————— il giro d'Italia in bicicletta?
2) Dare   Tuo zio ——————— la vita per la patria?
3) Stare   I nonni ——————— meglio se non bevessero troppo.
4) Dovere   Mia zia ——————— fare più esercizi fisici.
5) Vivere   (Io) non ——————— in Alaska d'inverno.
6) Venire   (Tu) ——————————— alla festa del mio compleanno?
7) Andare   Pia e Marta —————— da Firenze a Milano in automobile.

IV   Rewrite the following sentences from the future to the conditional:

1) Domani Elena e Luisa partiranno per Firenze.
2) Partirai anche tu per Firenze?
3) Andrete a visitare gli zii?
4) Giorgio e Giulia faranno un viaggio in Russia.
5) Durante l'estate Giorgio vedrà molti film romantici.
6) Luisa e tu verrete alla festa di carnevale?

Communication

V   Ask your classmate the following questions:

1) Ti piacerebbe andare a Firenze?
2) Che cosa ti piacerebbe vedere a Firenze (*Use the* Vocabolario attivo).
3) Visiteresti la Galleria degli Uffizi e Palazzo Pitti?
4) Andresti a vedere la statua del Davide?
5) Che oggetto di oro compreresti sul ponte Vecchio, orecchini o braccialetti?

VI   You are in an Italian bar with a friend, ask for the following items from the waiter. Use the polite form.
          (*Your classmate should act as a waiter*).
          Example: You: Cameriere, potrebbe portarmi un aperitivo, per piacere?
                    Cameriere: Eccolo. Qualcos'altro, signore/signorina?
                    You: Sì, vorrei anche un caffè espresso.

1) Birra/tramezzino.
2) Un bicchiere di vino/panino al prosciutto.
3) Un'aranciata/una pizzetta.
4) Un cappuccino/pasta.
5) Un caffellatte/un pane tostato.
6) Un gelato/un bicchiere d'acqua minerale.

VII   Translate the following sentences into Italian:
             1) Frank went home without her.
             2) Grace went to the movie without him.
             3) Are these flowers for them?
             4) My father arrived home before me.
             5) I arrived home before her.
             6) There is no great difference between you and me.

VIII   Change the following adjectives into adverbs:

             1) Chiaro   Il professore spiega la lezione.
             2) Militare   I soldati marciano.
             3) Mirabile   I tre tenori cantano.
             4) Raro   Vado in discoteca.
             5) Lento   Come guidi in città?
             6) Veloce   Come guidi sull'autostrada?

IX   Ask the following questions of your classmate. He/she must answer with the opposite adverb.
             Example: Abiti qui? -No, abito lì.

             1) Tuo padre parte adesso?
             2) Arriverai presto a Firenze?
             3) La tua squadra favorita vince sempre?
             4) I giocatori della tua squadra favorita guadagnano poco?
             5) Hai parcheggiato la tua macchina davanti alla casa?
             6) Abita vicino la tua amica (o)?

X   Ask the following questions of another student. He/she has to answer using one of the following
             adverbs: *ancora, già, mai, sempre.*
             Example: E' arrivato il professore? -No, non è ancora arrivato or - sì, è già arrivato.

             1) Ti sei fatto il bagno?
             2) Tuo padre è ritornato?
             3) Tuo nonno ha letto il giornale?
             4) Sei già andato in Italia?
             5) Hai mai visto la statua del Davide di Michelangelo?
             6) Sei mai stato a Firenze?

Il Campidoglio.

La Cattedrale e Torre di Pisa.

Il Battistero di Pisa.

D   Lettura di vita e costumi   *Arte classica o moderna?*

Pia:	**Marta, ti piace l'arte moderna?**
Marta:	**Certo, mi piace moltissimo; ma perchè me lo chiedi? Forse a te non piace?**
Pia:	**Non molto. Sai, non la capisco molto; quelle figure strane[1] mi lasciano perplessa.[2]**
Marta:	**Insomma preferisci l'arte classica con le figure ben definite ed armoniose.**
Pia:	**Proprio così.[3] Preferisco le opere del Rinascimento.**
Marta:	**Non sai niente del Surrealismo, dell'arte informale, della *Pop Art*?**
Pia:	**Mi piacerebbe capirci qualcosa, ma preferisco le opere di Botticelli, di Raffaello, di Michelangelo. Mi piacerebbe tanto andare a Firenze o a Roma. Queste due città furono i centri principali dell'arte rinascimentale.**
Marta:	**Io invece andrei più volentieri[4] a visitare un museo di arte moderna.**
Pia:	**Ma con che coraggio paragoneresti[5] una scultura moderna, tutta da capire, con la Pietà di Michelangelo?**
Marta:	**Anche una scultura moderna o una figura della Pop Art hanno un loro fascino,[6] basta saperlo cogliere.[7]**
Pia:	**E questo è il difficile! Andrei di corsa a vedere la Roma del Cinquecento: le Stanze vaticane, la Cappella Sistina, il Mosè.**
Marta:	**E' vero, sono dei capolavori, ma bisogna pure aggiornarsi.[8] L'arte è lo specchio dei tempi,[9] quindi bisogna conoscere anche l'arte contemporanea.**
Pia:	**Forse hai ragione. Ci proverò.[10]**

I   *Key words*

1) Strange/odd 2) puzzled 3) just so 4) more willingly 5) would you compare 6) fascination 7) to grasp 8) to update 9) mirror of the times 10) I will try.

II   *Domande per la comprensione della lettura:*

1) Perchè non piace a Pia l'arte moderna?
2) Quali artisti preferisce Pia?
3) Quali autori d'arte preferisce Pia?
4) Quali città preferirebbe visitare?
5) Che cosa andrebbe a visitare Marta?
6) Pia che cosa visiterebbe a Roma?

III   *Vero o falso?*

1) A Marta piace l'arte moderna.
2) Pia non capisce l'arte moderna.
3) Pia conosce bene il Surrealismo e la Pop art.
4) A Pia piacerebbe andare a Milano e a Venezia.

5) Marta andrebbe a visitare un museo moderno.
6) Pia andrebbe a Roma a visitare le Catacombe.

IV   *List all the verbs representing the conditional used in the reading, then give the infinitive.*

V   *Note di cultura.*

1) In Italian secondary schools, the teaching of art history usually has a higher regard for Renaissance and Barroque periods.
2) Sandro Botticelli was a Florentine painter, famous for his beautiful Madonnas; he also influenced Raffaello and other painters.
3) The *Pietà* is located in the basilica of Saint Peter while the *Moses*, which is considered the pinnacle of Michelangelo's art, is located in a small church in downtown Rome, called San Pietro in Vincoli.

VI   *Conversazione.*

First do some research in the library, then, in a group, discuss the Renaissance and modern art, each student should stress the beauty and artistic values of both. You may start by asking the following questions:

1) Ti piace l'arte moderna? Perchè sì, perchè no.
2) Quale autore contemporaneo conosci meglio?
3) Potresti parlare di lui e delle sue opere principali?
4) Quali autori del Rinascimento conosci meglio?
5) Potresti parlare delle sue opere?
6) Portate in classe alcune foto o delle cartoline di opere famose del Rinascimento e del periodo moderno.

E   ## Lettura di cultura   *Il Rinascimento italiano*

Il Rinascimento è un vasto e complesso movimento culturale ed artistico che si sviluppò[1] in Italia fra la seconda metà del secolo XV e il secolo XVI. Il movimento iniziò[2] alla fine del XIV secolo come un fatto letterario. Gli studiosi, divorati[3] dal desiderio di conoscere l'antica cultura latina e greca, visitavano le biblioteche polverose[4] dei monasteri in cerca di manoscritti che poi, con amore, trascrivevano, annotavano, mettevano a disposizione degli altri studiosi. La scoperta di un manoscritto antico veniva annunziata in tutta la penisola[5] come un fatto straordinario. Le opere dei classici furono studiate e imitate nella loro forma e nel loro contenuto.[6]

Dalla imitazione si passò alla produzione originale delle opere d'arte che furono tanto belle e perfette da uguagliare e superare[7] quelle degli stessi artisti latini e greci. Nacque così una nuova cultura,[8] una nuova civiltà, una nuova concezione della vita e del mondo, distinta da quella precedente, cioè dalla Medievale.

Il centro dell'universo non è più Dio e la religione, come nel Medio Evo, ma l'uomo, dotato di razionalità e di capacità tali che gli permettono di raggiungere qualunque traguardo.[9] L'ideale dell'uomo rinascimentale è rappresentato dalla figura di Leonardo da Vinci,[10] che fu scrittore, pittore, scienziato, inventore. Le sue intuizioni continuano ancora a sbalordire.[11]

I   *Key words*:

1) Sviluppò /*which developed,* 2) iniziò /*it began,* 3) divorati dal desiderio /*devoured by the desire of knowing,* 4) biblioteche polverose /*dusty libraries,* 5) in tutta la penisola /*all over Italy,* (the enthusiasm in searching was extraordinary, it was like the "gold rush" in California), 6) studiate e imitate nella forma e nel contenuto /*the classic works were studied and imitated in their style and content,* 7) uguagliare e superare /*the new works equalled and surpassed the originals,* 8) nacque / *a new culture was born, different from that of the Middle Ages,* 9) raggiungere qualunque traguardo /*man became the center of the universe, with his intellect he could reach any goal,* 10) *symbol of the man of the Renaissance was Leonardo daVinci,* 11) sbalordire /*to amaze.*

II   *Rispondi alla domanda giusta:*

1. Il Rinascimento si sviluppò prima: a) in Cina; b) in Italia ; c) in Inghilterra?

2. Il movimento iniziò alla fine: a) del secolo XX; b) del secolo IX; c) del secolo XIV?

3. Gli studiosi visitavano: a) I castelli medievali b) le cattedrali antiche c) le biblioteche dei monasteri?

4. La scoperta di un manoscritto veniva annunziata: a) in tutto il mondo; b) in tutta l'Asia; c) in tutta la penisola italiana?

5) In che cosa furono imitate le opere dei classici?

6) Com'era la nuova cultura?

7) Chi fu il simbolo dell'uomo del Rinascimento?

III   *Conversazione*   *(Optional)*

In a group of students, discuss the topic of the Renaissance, after grasping the main idea of the reading. You may begin asking the following questions:

1)In quali secoli si sviluppò il Rinascimento?

2) Che cosa facevano gli studiosi dopo aver scoperto un manoscritto?

3) Che cosa imitavano delle opere classiche, la forma o il contenuto?

4) Come erano le nuove opere del Rinascimento?

5) Qual è la differenza tra la cultura del Medio Evo e quella del Rinascimento?

Il Canale Grande di Venezia.

Il Palazzo dei Dogi

F   Vocabolario utile

Nomi

il battistero	*baptistry*
la biblioteca	*library*
il campanile	*bell tower*
il capolavoro	*masterpiece*
il centro	*center*
la chiesa	*church*
la gita	*excursion*
la lettura	*reading*
l'opera	*work*
lamente	*mind*
la realtà	*reality*
la scultura	*sculpture*
lo specchio	*mirror*
la stazione ferroviaria	*train station*

Verbi

capire	*to understanding*
bisognare	*it is necessary*
chiedere	*to ask*
giungere	*to arrive*
lasciare	*to leave*
piacere	*to like*
potere	*can, to be able*
preferire	*to prefer*
richiamare	*to call back, rebuke*
riprendere	*to retake*
salire	*to climb, to go up*
sentire	*to listen to*
vedere	*to see*

Altre parole

a poca	*at short*	meraviglioso	*wonderful*
armonioso	*harmonious*	niente	*nothing*
basta	*enough*	poi	*after*
bisogna	*it is necessary*	prima	*before*
certo	*certain*	pure	*also*
di corsa	*running*	qualcosa	*something*
difficile	*difficult*	quindi	*therefore*
di più	*more, the most*	ricco	*rich*
è vero	*it is true*	sai	*you know*
ferrovia	*railroad*	tanto	*so much*
forse	*perhaps*		
già	*already*		
invece	*instead*		
insomma	*in short*		

Parole analoghe

armonioso	*harmonious*	informale	*informal*
arte	*art*	moderno	*modern*
classico	*classic*	museo	*museum*
centro	*center*	principale	*principal*
certo	*certain*	scultura	*sculpture*
contemporaneo	*contemporary*	surrealista	*surrealist*
contento	*content*	visitare	*to visit*
definito	*definite*		
figura	*figure*		

Capitolo XIII

Lo sport in Italia

This chapter will feature <u>sports in Italy</u>, especially one of the most popular: soccer. This sport provides impassioned event in the country.

In the grammar section, you will be introduced to <u>comparative</u> and <u>superlative</u> degrees of adjectives. In addition, quantities and qualities possessed by people or things will be discussed.

Prospetto

A	Dialogo	*La Juve o il Milan?*
		1) Vocabolario del dialogo
		2) Domande sul dialogo
		3) Note di cultura
		4) Vocabolario attivo:
		a) gli sport b) termini sportivi
		5) Attività sul *vocabolario attivo*
B	Grammatica e pratica	
	I	**Comparative** and **superlative**
	II	Comparative of **superiority** and **inferiority**
	III	Comparative of **equality**
	IV	**Relative superlative**
	V	**Absolute superlative**
	VI	**Irregular** comparative and superlative
C	Pratica riassuntiva	
D	Lettura di vita e costumi	**A Cortina d'Ampezzo**
E	Lettura di cultura	**Lo sport in Italia** *(Calcio: che passione!)*
F	Vocabolario utile	

Alessandro Del Piero

A   Dialogo   *La Juve o il Milan?*

Franco e Mario sono due appassionati[1] di calcio e sfegatati tifosi[2] della loro squadra.[3]

Franco: Secondo me, la Juventus è la squadra più forte del campionato.[4] Alessandro Del Piero e Gigi
           Buffon sono i giocatori[5] più bravi del mondo.
Mario: Ma non dire sciocchezze![6] La squadra migliore del campionato è il mio Milan. Ha vinto le coppe[7]
           più prestigiose d'Europa.
Franco: Ricordati[8] che Del Piero appartiene[9] alla Juve, e Del Piero è il più grande giocatore del mondo,
           migliore anche di Pelè e di Maradona.
Mario: A me è molto antipatico[10] questo tuo Del Piero. E poi è il più costoso,[11] sei milioni di euro all'anno.[12]
Franco: E' il più costoso perché è il più bravo. Insomma è il migliore in assoluto.
Mario: Anche il Milan ha giocatori bravissimi: Alessandro Nesta e Paolo Maldini. Quando Maldini va
           all'attacco[13] è velocissimo, anche più veloce di Del Piero.
Franco: Ce la vediamo[14] al prossimo incontro diretto,[15] fra due domeniche: Juve batte Milan con il
           punteggio[16] di 2 - 0!
Mario: Sogna pure. Sognare non costa tanto quanto il tuo costosissimo Del Piero.

I   *Key words*
           1) Ardent, 2) enthusiastic fan, 3) team, 4) championship, 5) players, 6) silliness, 7) tournament/cup, 8) remem-
           ber, 9) belongs, 10) unpleasant, 11) most expensive, 12) six million of euros (about seven million dollars every
           year), 13) charge, 14) we shall see, 15) next live match, 16) score.

II   *Note di cultura*

           1) Juventus *(from Latin: youth),* Juve for short, is from Turin, and Milan *(the same name of the big
           industrial city)* are among the best soccer teams in Italy.
           2) Del Piero belongs to the Juve, and is considered the best player at the present time, comparable to the
           legendary Pelè from Brazil and to Maradona from Argentina. 3) Del Piero has a contract of eight billion
           liras, equal to seven million dollars a year. This price is possible not only because the owner of the
           Juventus is Gianni Agnelli, the owner of Fiat, but also because Italian fans are fanatically enthusiastic
           about this player and are willing to pay any admission fee to see him in action.

III   *Domande per la comprensione*

           1) Chi sono Franco e Mario?
           2) Qual è la squadra di Franco e quale quella di Mario?
           3) Secondo Franco chi è Del Piero?
           4) Quanto guadagna all'anno Del Piero?
           5) Come si chiamano due giocatori bravi del Milan?
           6) A quale squadra appartiene Del Piero?

Vocabolario attivo

Gli sport		*Altre parole attinenti allo sport*	
l'alpinismo	*mountain climbing*	l'arbitro	*referee*
il calcio	*soccer*	l'atleta (m.&f)	*athlete*
la corsa di auto	*auto race*	la classifica	*position*
la corsa di cavalli	*horse race*	il giocatore	*player (m)*
il ciclismo	*cycling*	la giocatrice	*player (f.)*
il nuoto	*swimming*	il gioco	*play/game*

la pallacanestro	*basket-ball*	l'incontro	*match*
la pallavolo	*volleyball*	il pallone	*ball*
il pattinaggio	*skating*	la partita	*game/match*
il pugilato	*boxing*	la rete	*net/goal*
il tennis	*tennis*	segnare una rete	*to score a goal*
la pallanuoto	*water polo*	la squadra	*team*
la partita di pallone	*soccer game*	lo stadio	*stadium*
lo sci	*ski*	il/la tifoso (a)	*fan*

Espressioni utili

1) Che cosa è successo?	*What has happened?*
2) Chi ha vinto?	*Who won?*
3) Stare in piedi durante la partita.	*To stand during the game.*
4) Va male.	*It is going badly.*
5) Mi dispiace.	*I am sorry.*
6) Anch'io.	*I also.*
7) L'allenatore.	*Coach.*
8) Punteggio.	*Score.*
9) Il campo.	*Field.*
10) Giocare a calcio.	*To play soccer*
11) Meglio che mai.	*Better than ever.*
12) Fare del proprio meglio.	*To do one's best.*
13) Meglio che niente.	*Better than nothing.*
14) Meglio un uovo oggi che una gallina domani.	Pr: *A bird in the hand is worth two in the bush.*

Pratica

Drill

I   Form sentences with the following nouns and the <u>comparative</u> expression: "più pericoloso di". Example:
         Sci/calcio - Lo sci è più pericoloso del calcio.

         1) pugilato/tennis   2) ciclismo/pallacanestro   3) alpinismo/pallavolo
         4) corsa di auto/corsa di cavalli   5) pattinaggio/pallanuoto   6) pugilato/baseball

Communication

II   Ask another student the following questions:

         1) Qual è il tuo sport preferito?
         2) Quando pratichi il tuo sport preferito?
         3) Con chi pratichi lo sport ?
         4) Ti piace giocare a tennis? Con chi giochi? Dove? Quando?
         5) Vai spesso in bicicletta?
         6) Dove vai in bicicletta, per la strada o per il parco?
         7) Ti piace vedere di più la corsa di cavalli o la corsa di automobili?

III   In pairs, ask the following questions:

         1) Hai mai visto una partita di calcio?
         2) Ti piace giocare a calcio?
         3) Giocavi a calcio quando frequentavi la scuola media?
         4) Giochi a calcio adesso?
         5) Hai visto una partita di calcio durante il campionato mondiale giocato negli Stati Uniti nel 1994?

IV   In groups of three or four students talk about your favorite team:

         1) La mia squadra preferita è————— perchè—————.
         2) L'ho vista giocare nello stadio di———— nel 2002.
         3) I giocatori che ammiro di più sono . . . (*at least three).*
         4) Mi piace discutere di sport. . . (*when, where, with whom).*
         5) Quali sono gli sport più popolari in America?
         6) Quali sono gli sport più popolari in Italia?

B   Grammatica e pratica

We already know that a descriptive adjective is used to indicate a quality of a noun: un edificio *alto (a tall building)*. We may compare the quality of such an adjective with other things or persons or adjectives. We may say: quest'edificio è più *alto* di quello or quest'edificio è il più *alto* della città or quest'edificio è *altissimo*. In all these cases, we establish a degree of this quality in relation to the basic form of the adjective, which is called *"positive"*.

I   Comparatives and superlatives

There are three degree of the descriptive adjectives: positive, comparative, superlative.

Positivo	alto *(tall)*	*(The adjective as stated in the dictionary)*	
Comparativo	più alto *(taller)*	a) *superiority:*	questo edificio è più alto di quello.
	meno alto *(less tall)*	b) *inferiority:*	quell' edificio è meno alto di questo.
	così alto come *(as tall as)*	c) *equality:*	questo edificio è (così) alto come quello.
Superlativo	il più alto di *(the tallest)*	a) *relative:*	questo edificio è il più alto della città.
	altissimo *(very tall)*	b) *absolute:*	questo edificio è altissimo or molto alto.

II   Comparative **of superiority and inferiority**
(Comparativi di maggioranza e di minoranza)

Minidialogo   Bionda o bruna?

<u>Vocabolario</u>

attraente	*charming*	bionda	*blonde*	bruno	*brown/dark-haired*
carino	*cute*	gusto	*taste*	lungo	*long*
slanciato	*slim*	trovare	*to find*	tutte e due	*both*

Emilio: Alfredo, secondo te, <u>è più carina</u> la ragazza bionda o la bruna?

Alfredo: Sono <u>bellissime</u> tutte e due, ma io trovo <u>più attraente</u> la bionda: figura molto slanciata e capelli <u>lunghissimi</u>.

Emilio: Il mio gusto <u>è migliore del tuo</u>: è <u>più bella</u> la bruna!

Domande: 1) Secondo Alfredo, come sono le due ragazze? 2) Per Alfredo quale delle due ragazze è più attraente? 3) E. . . per Emilio?

1)   The comparative of *superiority* is formed by placing **più** before the <u>positive</u> degree of the adjective, and the comparative of *inferiority* by placing **meno** before the adjective.
If the second term of the comparison is a ***noun,*** a ***pronoun*** or a ***number,*** the preposition **di** is used, which translates to English the comparative particle *than*.

Comparative of *superiority*:	**più**	+	adjective+	**di**
Comparative of *inferiority*:	**meno**	+	adjective+	**di**

Esempi modelli

Lucia è <u>più</u> bella <u>di</u> Maria.	*Lucy is <u>more</u> beautiful <u>than</u> Mary.*
Lucia è <u>più</u> intelligente <u>di</u> me.	*Lucy is more intelligent then I.*
Lucia è <u>meno</u> ricca <u>di</u> Maria.	*Lucy is less rich than Mary.*
Lucia è <u>meno</u> alta <u>di</u> te.	*Lucy is less tall than you.*
La macchina di Lucia costa <u>più</u> <u>di</u> due milioni di euro.	*Lucy's car costs more than two million euros.*

Notes: a) When *di* is used with titles or common nouns, it must contract with the definite article.
Lucia è <u>più</u> bella <u>della</u> sorella Teresa. *(See ch.6, pag. 122).*
b) When the second term of comparison is a personal pronoun, the disjunctive pronoun *(studied on ch.12, pag. 269)* must be used: Lucia è più bella di <u>te</u>.

2)   If the second term of the comparison is a *noun*, a *verb* or another *adjective* referred to the same subject, the conjunction **che** instead of **di** must be used:

Franco mangia <u>più</u> spaghetti <u>che</u> verdure.	*Frank eats more spaghetti than vegetables.*
Franco preferisce <u>più</u> dormire <u>che</u> lavorare.	*Frank prefers to sleep more than to work.*
Franco è <u>più</u> diligente <u>che</u> intelligente.	*Frank is more diligent than intelligent.*

N. B.

If the second term of the comparison is a conjugate verb, the expression **di quel che,** must be used.

La filosofia è più facile di quel che sembra.	*Philosophy is easier than it seems.*
Il tuo zio americano è più ricco di quello che tu pensavi.	*Your American uncle is richer than you thought.*

Pratica

Drills

I   Complete the following sentences with a comparative of superiority:

1) Mario è————————alto————————Franco
2) L'oro è ————————brillante ————argento.
3) La Ferrari è————-cara ————-Fiat.
4) Secondo Mario, Maldini e Baresi sono ———— veloci————Del Piero.
5) Secondo Franco, Del Piero è ————veloce ————-Maldini e Baresi.
6) Marisa è ————-bionda ——professoressa.
7) Le ciliegie sono ————————saporite ————————banane.

II   Complete the following sentences with a comparative of inferiority:

1) I giorni festivi sono————-lunghi———————— giorni lavorativi.
2) La mia camicia è ————————-bianca ————————neve.
3) Il tuo vestito è ———— ————-caro ———————— mio.
4) I tuoi amici sono ————- ——interessanti ————————miei.

5) Siamo ——— ricchi ————-signor Rockefeller.
6) Il ciclismo è ————————-pericoloso————————-alpinismo.

III   Complete the following sentences with a comparative, using *che*:

1) Maria e Lucia preferiscono ———-ballare ———-cantare.
2) Quegli edifici sono ———————-belli ————-utili.
3) Gli Italiani bevono ———————-vino ————-birra.
4) L'esame è ————————————-lungo————-difficile.
5) Franco e Mario preferiscono discutere ———-di sport ———-di politica.
6) Mario fa ————-tifo per il Milan ————-per la Juve.

Communication

IV   Ask your partner the following questions:

1) La lezione d'italiano è più facile o più difficile di quella di filosofia?
2) Il tuo professore di filosofia è più o meno simpatico di quello di spagnolo?
3) Sei più o meno alto del professore d'italiano?
4) Tu hai 19 anni, il professore ne ha 38. Sei più o meno vecchio del professore?
5) La tua statura è m.1,80; quella della professoressa m.1,75. Chi è più alto?
6) Tu pesi 80 kilogrammi, il professore 90 kilogrammi; chi è più magro?

V   Compare your preference with that of your friend, following the model.
A me piace giocare a pallone, a lei piace il tennis. A me piace il tennis meno di lei; a lei piace il tennis più di me.

1) A me piace il nuoto, a lei piace il ciclismo.
2) A lei piace la pallavolo, a me piace la pallacanestro.
3) A me piace il pugilato, a lei piace il pattinaggio.
4) A lei piace la corsa di auto, a me quella di cavalli.
5) A me piace l'alpinismo, a lei piace la pallanuoto.

III   Comparative of equality *(comparativo di uguaglianza)*

Minidialogo   Lo zio. . . d'America

Vocabolario

amica	*friend (f)*	capodanno	*New Year's Day*	diventare	*to become*
è vero?	*is it true?*	forse	*maybe*	insomma	*well/in short*
magari	*and how!*	pochino	*little bit*	povero	*poor*
soldi	*money*	vincere	*to win*	zio	*uncle*

Marco: Gianni, è vero che sei <u>così ricco</u> <u>come il tuo famoso zio</u> d'America?

Gianni: Magari! Io <u>non ho tanti soldi</u> <u>quanti ne ha lui</u>, nè <u>tante case</u>, nè <u>tante automolili</u> <u>quante</u> ne ha questo
famoso zio.

Marco: Insomma, sei un pochino <u>più povero</u>?

Gianni: Un pochino? Molto <u>più povero</u>. Ma se la fortuna mi sarà amica e mi farà vincere alla lotteria di
Capodanno, forse diventerò <u>ricco quanto lui</u>.

Domande: 1) E' vero che Gianni è <u>così ricco</u> <u>come</u> lo zio d'America? 2) Ha <u>tante ricchezze</u> <u>quante</u> ne
ha lo zio? 3) Gianni è un pochino o <u>molto più povero dello zio</u>?

1)   There are two types of comparisons of equality: one with *adjectives* and *adverbs* and another with *nouns*.

2)   When the comparative of equality is used with <u>*adjectives* or *adverbs*</u>, it is usually expressed with the
pattern: **così + adjective + come** or **tanto + adjective +quanto**, corresponding to English **as. . . as**.
They are interchangeable.

Esempi modelli

Franco non è (<u>così</u>) ricco <u>come</u> suo zio.	*Frank is not as rich as his uncle.*
Franco non è (<u>tanto</u>) ricco quanto suo zio.	*Frank is not as rich as his uncle.*
Gina guida (<u>così</u>) velocemente <u>come</u> sua sorella.	*Gina drives as fast as her sister.*
Gina guida (<u>tanto</u>) velocemente <u>quanto</u> sua sorella.	*Gina drives as fast as her sister.*

Notice that *così* and *tanto* are quite often omitted in Italian.

3)   When the comparative of equality is used with *nouns*, it must be expressed only with the pattern:
tanto + noun + quanto, corresponding to the English *as many. . . as; as much. . . as*.

Franco ha <u>tanto</u> denaro <u>quanto</u> Mario.	*Frank has as much money as Mario.*
Mario ha <u>tanti</u> fratelli <u>quanto</u> Franco.	*Mario has as many brothers as Frank.*

N. B.

a) *Tanto* agrees in gender and number with the noun it modifies.

Franco ha <u>tanto denaro</u>. Mario ha <u>tanti fratelli</u>. *(as in the previous examples).*

b) *Quanto* is invariable when it is followed by a <u>subject pronoun</u> or a <u>proper</u> <u>noun</u>.

Ho tanti amici quanto te.	*I have as many friends as you have.*
Gina ha tanta sete quanto Carolina.	*Gina is as thirsty as Caroline is.*

Note When *quanto* is followed by a common noun, the adjective agrees in gender and number with that noun.

Gina mangia tante mele quante arance.	*Gina eats as many apples as oranges.*
Nella classe d'italiano ci sono tanti ragazzi quante ragazze.	*There are as many boys as girls, in the Italian class.*

In this structure <u>tanto</u> is never omitted.

La macchina da corsa Ferrari.

Pratica

Drills

I   Complete the following sentences with the pattern of comparison of equality:

1) Franco è————————intelligente————————Mario.
2) I ragazzi sono————————bravi ————————————-le ragazze.
3) Mio cugino è————————-alto————————————-mia sorella.
4) Tua sorella è ————————bella ————————————Sofia Loren.
5) Queste lezioni sono ——facili————————————-quelle.
6) Paolo Maldini corre——velocemente ———— -Alessandro Del Piero.

II   Form sentences with comparison of equality according to the model.
           Marco/ alto/Lisa - Marco è alto come Lisa.

1) Franco/ricco/suo zio.
2) Il tennis/facile/football.
3) La pallavolo/difficile/pallanuoto.
4) L'alpinismo/pericoloso/pugilato.
5) Il calcio/veloce /pallavolo.
6) La corsa di auto/ interessante/corsa di cavalli.

III   Complete the following sentences with comparison of equality.
           Example: Franco —vestiti—Mario - Franco ha tanti vestiti quanto Mario.

1) Ho———— sorelle————-te.
2) Mio nonno ha ———-proprietà————mio padre.
3) Leggi ————libri————il professore?
4) Milano non ha ——-abitanti ————-Roma.
5) Credi che Maldini guadagni ———-soldi ———Del Piero?
6) Gina ha ————-vestiti————-sua sorella.

Communication

IV   Ask another student the following questions. He/she must answer with
             comparative of equality. Example: il calcio o il tennis? <u>Ti piace di più i</u>l calcio o il tennis - <u>Mi piace</u>
             tanto il calcio quanto il tennis.

             1) Ti piace di più il latte o la birra?
             2) Il Lambrusco o il Chianti?
             3) La Fiat o la Ford?
             4) La musica classica o la musica moderna?
             5) Il Milan o la Juve?
             6) Il giocatore Del Piero o Maldini?

V   Ask your classmate the following questions. The answer may be of comparative of equality, superiority
             or inferiority. Example: E' intelligente tuo fratello? (me) - Mio fratello è intelligente come me; è più
             intelligente di me; è meno intelligente di me.

             1) E' ricco tuo padre? (mio zio).
             2) E' facile il calcio? (soccer).
             3) Sono interessanti i giochi olimpici? (quelli invernali).
             4) E' bravo il giocatore della Juve, Roberto Baggio? (Pelè).
             5) E' una buona squadra di calcio il Milan? (la Juve).
             6) Sono buone le macchine italiane? (quelle giapponesi).

IV   Relative superlative of superiority and inferiority *(Superlativo relativo)*

1)   To express the relative superlative *(the most beautiful, the tallest. . .)* in Italian, the definite article *(il, i,
             la, le)* is placed before the comparative form of the adjective, that is, before the words **più** or **meno**. The
             term with which the comparison is established is preceded by **di**, simple or contracted.

Adjective (positive)	*Comparative*	*Relative Superlative*
alto	più/meno alto	il più/meno alto
bella	più/meno bella	la più/meno bella
facili	più/meno facili	i più/meno facili
bravo	più/meno bravo	le più/meno bravo
buono	più/meno buono	il più/meno buono
buono *(irreg. form)*	migliore	il, i, la, le, migliore (i)
cattivo "	peggiore	il, i, la, le, peggiore (i)

2)   Most of the times, the relative superlative is used to establish a comparison between persons or things with groups (*family, school, class, etc.*) or institutions (*town, country, the whole world*). In these instances, Italian always uses "**di**", simple or contracted, whereas English uses "*in*".

Napoli è la più bella città d'Italia.   *Naples is the most beautiful city <u>in</u> Italy.*
Franco è lo studenti più intelligenti <u>della</u> classe.   *Frank is the most intelligent student <u>in</u> the class.*

3)   When a noun is used in the comparison, the definite article precedes the noun, not the comparative.

Anna è <u>la ragazza</u> più simpatica della famiglia.   *Ann is the nicest girl in her family.*
Il signor Agnelli è <u>l'uomo</u> più ricco d'Italia.   *Mr. Agnelli is the richest man in Italy.*

Alberto Tomba in azione

Sciatori sulle Alpi

Pratica

Drills

I   Complete the following sentences with the relative superlative.
Follow the model: Lucia/ragazza/bella/classe - Lucia è la ragazza più bella della classe.

1) Pietro/ragazzo/intelligente/scuola.
2) Il professore/persona/alta/classe.
3) Alberto/ragazzo/buono/famiglia.
4) Suo padre/dottore/famoso/Venezia.
5) Baggio/giocatore/ricco/Italia.
6) Beatrice/donna/famosa/Divina Commedia.
7) Lo zio di Franco/ricco/ famiglia.

II   Change the following sentences to the superlative. Follow the model.
Riccardo è una persona alta (scuola) - Riccardo è la persona più alta della scuola.

1) Stefano Spina è un uomo ricco (città).
2) Anna Maria è una ragazza intelligente (famiglia).
3) Gina Lollobrigida è una donna bella (Italia).
4) Sofia Loren è un'attrice brava (Italia).
5) La professoressa Biondi è interessante (scuola).
6) Alberto Tomba è uno sciatore veloce (Europa).

Communication

III   Ask another student the following questions:

1) E' Alessandro Del Piero è il giocatore più ricco d'Italia?
2) Chi è lo sciatore più bravo d'Italia?
3) Sai come si chiama la ragazza più bella d'America? (Miss America).
4) Secondo te, Claudia Schiffer è l'indossatrice più bella d'Italia?
5) Chi è la persona più ricca d'America?
6) Secondo te, è la Ferrari la macchina più cara del mondo?

V   **Absolute superlative**   *(Superlativo assoluto)*

1)   The absolute superlative indicates the quality in its highest degree without any particular comparison.

Mirella è bellissima.   *Mirella is very pretty.*

2)   The absolute superlative is formed in two ways:

a) by adding the suffix -**ssimo** (a, i, e,) to the masculine plural of the adjectives:

bello	belli	bellissimo (a,i,e)	Oggi il cielo è bellissimo.
facile	facili	facilissimo (a,i,e)	La lezione è facilissima.
ricco	ricc-h-i	ricchissimo (a,i,e)	Lo zio è ricchissimo.
vecchio	vecchi	vecchissimo (a,i,e)	I nonni sono vecchissimi.
pio	pi-i	piissimo (a,i,e)	Mia zia è piissima.

b) by placing **molto** (troppo, assai.) before the adjective.

Mirella è molto bella.   *Mirella is very pretty.*

Note.   Both forms are used equally and are interchangeable.
                      Mio nonno è vecchissimo   or   mio nonno è molto vecchio. *My grandfather is very old.*

3)   To form the absolute superlative of ***adverbs*** just drop the final vowel and add the suffix -**issimo** or use **molto.**

Bene - benissimo or molto bene; *presto-* prestissimo or molto presto; *tardi* - tardissimo or molto tardi.

Pratica

Drills

I   Form the absolute superlative with *-ssimo* and *molto.*
                      Example: Questa lezione è difficile - Questa lezione è difficilissima - Questa lezione è molto difficile.

1) Questo vino è buono.
2) Mario è intelligente.
3) Sua sorella è bella.
4) I capelli di mia sorella sono lunghi.
5) I fratelli di Mirella sono bravi.
6) L'esame è facile.
7) Questo quadro è antico.
8) Mia madre è simpatica.

Communication

II   Ask your partner the following questions. He/she may answer by using the superlative in both ways.
            Example: E' bella Manuela?- Sì, è bellissima/molto bella.

            1) E' intelligente tuo fratello?
            2) E' ricco il signor Rockfeller?
            3) E' simpatico il tuo ragazzo (a)?
            4) Sono care le tue scarpe?
            5) E' divertente Dave Latterman?
            6) E' popolare il calcio in Italia?

III   In pairs, ask questions about your Italian class. Answer with absolute superlative.
            1) E' interessante la tua lezione d'italiano?
            2) Com'è il tuo professore (professoressa)? [simpatico].
            3) Ci sono molti alunni nel corso d'italiano?
            4) Sono intelligenti gli studenti d'italiano?
            5) E' facile l'italiano?
            6) Sono saporiti gli spaghetti?

L'Etna

VI   Irregular **Comparative and Superlative** *(Comparativi e superlative irregolari)*

There are <u>four adjectives</u> which, in addition to their regular forms, have irregular forms for the comparative and superlative. They are:

Positive	Comparative		Relatv. Superl.		Absol. Superl.	
	Regul.	Irreg.	Regul.	Irreg.	Regul.	Irreg.
buono *good*	+buono *better*	**migliore** *better*	il + buono *the best*	**il migliore** *the best*	buonissimo *very good*	**ottimo**
cattivo *bad*	+**cattivo** *worse*	**peggiore** *worse*	il + cattivo *the worst*	**il peggiore** *very bad*	cattivissimo *very bad*	**pessimo**
grande *big*	più grande *bigger*	**maggiore** *bigger*	il più grande *the biggest*	**il maggiore** *the biggest*	grandissimo *very big*	**massimo**
piccolo *little*	più piccolo *smaller*	**minore** *younger*	il + piccolo *the smallest, the youngest*	**il minore**	piccolissimo *very small*	**minimo**

1) Notice that the regular forms of *buono* and *cattivo* are used for moral qualities and character; whereas the irregular forms are used figuratively (skill, competence).

2) The regular forms of *grande* and *piccolo* convey a literal meaning of physical size, while the irregular forms convey a meaning of greatness.

3) *Maggiore* and *minore* are also used to express age (in a family, for example, especially among *brothers* and *sisters*).

<u>Minore</u> *(younger)*, <u>il minore</u> *(the youngest).*   <u>Maggiore</u> *(older)*, <u>il maggiore</u> *(the oldest).*

Esempi modelli:

Pina è la ragazza <u>più buona</u> della classe.	*Pina is the best* [nice] *in the class.*
Pina è <u>la migliore</u> alunna della classe.	*Pina is the best* [smartest] *in the class.*
Il Frascati è <u>il miglior</u> vino dei Castelli.	*Frascati is the best* [quality] *wine in the[Roman] Castles.*
Pina è <u>la maggiore</u> della famiglia.	*Pina is the oldest in the family.*
Pina è <u>minore</u> di Anna.	*Pina is younger than Ann.*

N. B.

There are also <u>four adverbs</u> with irregular comparative and relative superlative. The absolute relative is regular.

Observe the following chart

Positive		Comparative		Relative superlative	Absolute superlative	
bene	*(well)*	**meglio**	*(better)*	**il meglio**	*(the best)*	benissimo
male	*(badly)*	**peggio**	*(worse)*	**il peggio**	*(the worst)*	malissimo
molto	*(much)*	**più**	*(more)*	**il più**	*(the most)*	moltissimo
poco	*(little)*	**meno**	*(less)*	**il meno**	*(the least)*	pochissimo

Pratica

Drills

I   Complete the folowing sentences according to the indicated expressions:

1) Teresa è la —————————-della famiglia (buona di animo)
2) Elena è la figlia ————-della famiglia (ha più anni).
3) La mia casa è ————————della tua (grandezza fisica).
4) Jones College è ————-di Moreno College (qualità).
5) Petrarca è uno dei ——-poeti italiani (importante).
6) La Ferrari è ————————della Ford (qualità).

II   Translate the following statements into Italian:

1) Today the weather is very bad.
2) This is the best book of the year.
3) Joe is my oldest brother.
4) Mary Ann is the youngest in her family.
5) Shakespeare is the greatest poet in England.
6) This exercise is worse than the previous one.

Communication

III   Ask your partner the following questions:

1) Come si chiama il tuo miglior amico (a)?
2) Secondo te, qual è il miglior film dell'anno?
3) Chi è il miglior attore?
4) Come si chiama la migliore attrice americana?
5) Come si chiama il tuo fratello maggiore?
6) Come si chiama la tua sorella minore?

IV   Ask another student about the health of the following people:

1) Come stanno i tuoi genitori? *(very well)*.
2) Come sta il professore? *(well)*.
3) Come sta tuo zio? *(yesterday bad, today worse)*.
4) Come sta la tua amica Linetta? *(yesterday bad, today better)*.
5) Come stanno gli amici d'America? *(very bad)*.
6) Come sta tua madre? *(better)*.

C   Pratica riassuntiva

Drills

I   Form sentences using the comparative of majority, following the model.
Mio fratello/intelligente/tuo. - Mio fratello è più intelligente del tuo.

1) La mia casa/grande/tua.
2) La tua auto/cara/mia.
3) La Ferrari/veloce/Alfa Romeo.
4) I giocatori della Juve/bravi/quelli del Milan.
5) Del Piero/popolare/Gigi Buffon.
6) La corsa di cavalli/eccitante/corsa di auto.

II   Complete the following sentences according to the model: Questa frutta appariscente/sostanziosa.-
Questa frutta è più appariscente che sostanziosa.

1) Questo libro/superficiale/interessante.
2) L'esame di storia /lungo/difficile.
3) I vestiti di Gucci/eleganti/comodi.
4) I programmi televisivi/divertenti/istruttivi.
5) La lezione di filosofia/noiosa/difficile.
6) Il mio amico Rocco/timido/ignorante.

III   Compare the following people or things, following the model.
Il mio cane/grande/tuo - Il mio cane è (così) grande come il tuo.

1) Franco/intelligente/ Mario.
2) La mia casa/bella/tua.
3) La conferenza del professore/interessante/quella del presidente.
4) Questa lezione/facile/quella.
5) La matematica/difficile/filosofia.
6) Una partita di calcio/interessante/quella di pallavolo.

IV   Form sentences con *tanto quanto*, according to the model.
Franco/fratelli/Mario - Franco ha tanti fratelli quanto Mario.

1) Mio zio/soldi/noi.
2) Tu leggi/libri/ il professore?
3) Nello stadio della Juve entrano /giocatori/nello stadio del Milan.
4) Il mese di aprile ha/giorni/mese di novembre.
5) Buffon non guadagna/soldi/Del Piero.
6) Oggi devo fare/esami/la mia amica Giulia.

V   Form complete sentences, using the relative superlative. Follow the model:
Giuseppe/forte/squadra - Giuseppe è il più forte della squadra.

1) Sandra/bassa/famiglia.
2) Franco/intelligente/classe
3) Marcello Mastroianni/bravo attore/Italia.
4) Gianni /ricco/città.
5) Del Piero/giocatore bravo/Italia.
6) Mario/tifoso/amici.

VI   Change the following statements by using the superlative of the given adjective.
Example: Molte fabbriche sono importanti in Italia (Fiat). La Fiat è la fabbrica più impotante d'Italia.

1) Ci sono molte università antiche in Italia (Bologna).
2) Ci sono molte montagne alte in Italia (il Monte Bianco).
3) Gli stati europei sono piccoli (Il Vaticano).
4) Molte città italiane sono moderne (Milano).
5) Le donne in Italia sone eleganti (Carla Bruni).

VII   Franco and Mario compare different persons and things. Play their role. Example: Del Piero/Buffon -
Franco: Del Piero è migliore di Buffon.- *Mario:* No, Buffon è migliore di Del Piero.

1) Le automobili giapponesi/quelle italiane.
2) La musica moderna/la musica classica.
3) Il Lambrusco/ il Chianti.
4) Le novelle moderne/ le novelle antiche.
5) L'arte del Rinascimento/l'arte moderna.
6) Gli spaghetti alla napoletana/le tagliatelle alla bolognese.

Ollomont

D   Lettura di vita e costumi   *A Cortina d'Ampezzo*

Durante le vacanze natalizie,[1] Carlo e Giovanna decidono di fare la settimana bianca[2] sulla neve[3] di Cortina d'Ampezzo. Rinnovano il guardaroba alla figlia Beatrice per farle fare bella figura[4] con le amiche e le comprano un bellissimo completo,[5] giacca a vento,[6] tuta,[7] berretto,[8] guanti,[9] scarponi.[10] Hanno preso in affitto[11] un appartamento di due stanze perchè l'albergo[12] è costosissimo.[13]

Dopo un paio d'ore di viaggio[14] giungono[15] all'appartamento. Che dolce tepore![16] Come si sta bene e come sono lontani i rumori[17] di Milano. Che incanto[18] le Dolomiti! L'indomani[19] sono fortunati: la giornata è molto fredda[20] ma splende[21] un bellissimo sole. Con la seggiovia[22] raggiungono le piste più alte,[23] ma lo ski-pass, caspita,[24] quanto costa! Ma è Natale. . .le economie[25] si faranno al ritorno a casa.

Carlo e Giovanna si sfidano in una gara di velocità.[26] Uno. . due. . . tre. . . Via! Carlo si mostra[27] il più sicuro e, all'inizio,[28] precede di pochi metri la moglie; ma a Giovanna non piace perdere[29] e ce la mette tutta.[30] Non solo annulla il vantaggio[31] del marito, ma, con uno spettacolare[32] sprint finale, taglia[33] per prima il traguardo.[34] Carlo, che fino a qualche minuto prima, credeva di essere bravo quanto Alberto Tomba, non si dispiace[35] della vittoria della moglie, anzi dice: [36] "Brava Giovanna, sei in gamba,[37] sei bravissima, i miei complimenti!"[38]

I   *Key words*

1) Christmas holidays, 2) white week, 3) snow, 4) to cut a fine figure, 5) outfit, 6) ski jacket, 7) overalls, 8) cap, 9) gloves, 10) ski boots, 11) rent, 12) hotel, 13) very costly, 14) after a couple of hours traveling, 15) arrive, 16) sweet warmth, 17) noise, 18) delight, 19) next day, 20) cold, 21) shines, 22) chair-lift, 23) reach the highest ski-tracks, 24) good heavens, 25) saving, 26) challenge each other to a race, 27) appears, 28) at the beginning, 29) she doesn't accept to lose, 30) make an effort, 31) advantage, 32) spectacular, 33) cut, 34) finish line,   35) be displeased 36) on the contrary, 37) you are on the ball, 38) congratulations.

II   *Note di cultura:*

1) During the last two decades, and especially after the spectacular victories of Alberto Tomba, skiing has become popular in Italy.
2) Cortina d'Ampezzo is the best known Italian ski resort in the Alps. Campo Imperatore, near l'Aquila, and l'Abetone, near Florence, are other ski resorts in the Appennine mountains.
3) Alberto Tomba was the skiing champion of Italy. He had won many awards, including a gold medal during the international winter games in 1992.
4) La *Rinascente* is the best and most elegant department store in Milan.

III   *Domande per la comprensione della lettura.*

1) Che cosa decidono di fare Carlo e Giovanna?
2) Che cosa comprano alla figlia?
3) Dove alloggiano a Cortina d'Ampezzo?
4) Chi si sfida in una gara di velocità?
5) Chi vince la gara?
6) E' invidioso Carlo della vittoria della moglie?

IV   *Vero o falso?*

1) Durante le vacanze natalizie Carlo e Giovanna decidono concedersi una settimana bianca.
2) Carlo e Giavanna vanno all'albergo.
3) Beatrice è un'amica di Carlo e Giovanna.
4) Non possono sciare perchè il tempo è molto brutto a Cortina.
5) Raggiungono le piste più alte in seggiovia.
6) Carlo taglia per primo il traguardo.

V   *Conversazione*

In groups of four students ask the following or similar questions:

1) Ti piace lo sci? 2) Sai sciare bene o male? 3) Dove vai a sciare abitualmente?
4) Costano molto gli indumenti per sciare? 5) E' popolare lo sci nella città dove abiti? 6) Hai mai visto in televisione Alberto Tomba? 7) Sai chi è il campione di sci negli Stati Uniti?

E   ## Lettura di cultura   *Lo sport in Italia*

   In Italia vengono praticati molti sport (pallanuoto, pallavolo, sci, tennis, ciclismo, automobilismo), ma, senza dubbio, il più popolare e il più seguito è il calcio. Ci sono varie categorie di campionato: serie C, serie B, e serie A che è la più importante e quella che suscita più tifo[1] e passione. Al campionato di serie A partecipano diciotto squadre che giocano tutte le domeniche da settembre a giugno. I calciatori sono dei professionisti e i più bravi sono legati alle loro società da contratti miliardari.[2] Le squadre di serie A, in genere, portano il nome della loro città: Torino, Genoa, Milan, Roma, Napoli. Le città più ricche possono addirittura permettersi due squadtre: Torino e Juventus a Torino, Milan e Inter a Milano, Roma e Lazio a Roma.

   I più accesi tifosi[3] pagando un salato biglietto,[4] vanno allo stadio per incoraggiare e applaudire la squadra del cuore,[5] gli altri, che non possono permetterselo, la domenica pomeriggio, restano incollati[6] con l'orecchio alla radio o davanti al televisore. Ogni risultato è accolto o con grande gioia o con esclamazioni di amaro disappunto.[7] I risultati, durante la settimana, saranno oggetto di conversazioni o di liti[8] in tutti i bar, in tutti gli uffici e in tutti i luoghi di lavoro.

   Anche il ciclismo è abbastanza popolare in Italia, ma non è seguito come una volta, come ai tempi di Fausto Coppi e di Gino Bartali. Solo in occasione del giro d'Italia (una corsa a tappe) riesce a mobilitare e a far accorrere lungo le strade[9] un buon numero di appassionati. Attualmente anche lo sci è uno sport popolare grazie alle strepitose vittorie[10] di Alberto Tomba. Come dimenticare l'automobilismo? Gli Italiani sono molto legati alle macchine rosse[11] con il cavallino rampante[12] della scuderia Ferrari.

I   *Key words:*

1) Tifo e passione/*enthusiasm and passion,* 2) contratti miliardari / *billion dollars contracts,* 3) i più accesi tifosi *the most enthusiastic fans,* 4) biglietto salato / *high price ticket,* 5) la squadra del cuore /*the favorite team,* 6) restano incollati /*remain glued with their ears to the radio,* 7) amaro disappunto / *bitter disappointment,* 8) oggetti di liti/*cause heated arguments,* 9) accorrere lungo le strade/*a large crowd rush along the roads,* 10) grazie alle strepitose vittorie /*thanks to the brilliant victories,* 11) legati alle macchine rosse / *fascinated by red cars,* 12) cavallino rampante della scuderia /*the rampant pony of the firm Ferrari.*

II   *Note di cultura*

1) Most Italians are extremely fanatic about their favorite soccer team, but not as much as Brazilians or Argentinians, for example.
2) Fausto Coppi and Gino Bartali were the greatest cyclists in the '50.[s]

III   *Scegli la risposta giusta:*

1) Lo sport più popolare in Italia è: a) il tennis; b) il calcio; c) il pugilato?
2) La categoria di campionato più importante in Italia è: a) Serie B; c) Serie A; c) Serie C?
3) Il campionato di serie A si gioca: a) da Natale a Pasqua; b) da giugno a settembre; c) da settembre a giugno?
4) I più accesi tifosi vanno: a) al bar; b) alla casa dei giocatori; c) allo stadio?

F   Vocabolario utile

Nomi

l'appartamento	apartment
il cacio	soccer
la figlia	daughter
il giocatore	player
il guardaroba	guardrobe
il marito	husband
il metro	meter, subway
la moglie	wife
il mondo	world
l'ora	hour
il paio	pair
il punteggio	score
il sole	sun
la squadra	team
la stanza	room
la vacanza	vacation
la vittoria	victory

Verbi

annullare	to annul
battere	to beat, win
comprare	to buy
credere	to believe
pareggiare	to tie
perdere	to lose
precedere	to go before
raggiungere	to rejoin/reach
rinnovare	to renew
sognare	to dream
vincere	to win

Altre parole

bravo	good
durante	during
forte	strong
insomma	in short
migliore	better
più veloce	faster
pure	also
quando	when
veloce	fast
via!	let's go

Parole analoghe

appartamento	apartment
costare	to cost
decidere	to decide
finale	final
fortunato	fortunate
precedere	to precede
prestigioso	prestigious
vittoria	victory

Words about sports can be found on p.282-283.

Capitolo XIV

Un amico ammalato

In this chapter you will become acquainted with the Italian <u>health system</u>, namely: medicine, doctors' career in general, hospitals, health insurance and family doctors.

Another tense, <u>the preterit</u> (*passato remoto*), describing actions and events which took place in the remote or historic past, will occupy your attention in the grammar section of this chapter.

Prospetto

A   Dialogo   *Visita a un amico ammalato*

                        1) Vocabolario del dialogo
                        2) Note di cultura
                        3) Domande sul dialogo
                        4) Vocabolario attivo: a)*il corpo umano* b)*le malattie*
                        5) Attività sul *vocabolario attivo*

B   Grammatica e pratica

                I   **Preterit** (*passato remoto)* of **regular verbs**
                II   **Preterit** of **irregular verbs**
                III   **Ordinal numbers**
                IV   **Indefinite** adjectives and pronouns

C   Pratica riassuntiva
D   Lettura di vita e costumi   **I nonni: Che tenerezza!**
E   Lettura di cultura   **La medicina in Italia**
F   Vocabolario utile

TESSERA
SANITARIA

A   **Dialogo**   *Visita a un amico ammalato*

Roberto: Enzo, ma che mi combini?[1] Ma come, ti fai trovare in quest'ospedale?

Vincenzo: Che sorpresa! Che piacere vederti!

Roberto: Come stai, vecchio amico?

Vincenzo: Insomma[2] . . . Ma il piacere di vederti qui mi fa stare meglio. Che cosa hai fatto in tutti questi anni?

Roberto: Molte cose. Appena[3] mi laureai, feci una domanda[4] in un'azienda[5] a Milano. Poco dopo mi convocarono[6] e . . . mi assunsero.[7]

Vincenzo: Fosti fortunato, invece qui al Sud molti laureati sono a spasso.[8] Questo è il dramma.

Roberto: E' vero, fui fortunato. A Milano incontrai[9] una brava e bella ragazza di origine meridionale. Ci sposammo[10] e abbiamo avuto due figli. Questa è la mia storia. Tutto qui.[11] E ora dimmi di te.[12]

Vincenzo: A me le cose andarono diversamente.[13] Morì[14] mio padre e dovetti interrompere gli studi, ma poi fui assunto nella pubblica amministrazione. E' un lavoro modesto, ma mi considero sempre fortunato.

Roberto: Parlami un pò degli amici. Li ho persi tutti di vista.[15]

Vincenzo: L'anno scorso Stefano andò a lavorare in Germania, Matteo andò a specializzarsi negli Stati Uniti e Lorenzo preferì tornare in Svizzera.

Roberto: La vita come ci ha diviso!

Vincenzo: Io invece sono costretto[16] a rimanere in questo maledetto letto[17] e in questo miserabile ospedale.

Roberto: Pazienza, amico mio. Sarà per poco tempo. Ti auguro di guarire presto.[18]

Vincenzo: Di pazienza ce ne vuole molta,[19] lo so per esperienza purtroppo.[20]

I   *Key words*

1)What are you doing, 2)well. . . so so, 3)as soon as, 4)filed an application, 5)factory, 6)called, 7)hired, 8)to be out of work, 9)met, 10)to get married, 11)that's all, 12)what about you, 13)in a different way, 14)died, 15)to lose sight of them, 16)forced, 17)cursed bed, 18)my best wishes for a speedy recovery, 19)one needs a lot of patience, 20)I know it through experience, unfortunately.

II   *Note di cultura*

1) Notice that Roberto is from the North; he graduated as an engineer and immediately found a job in an "azienda" or a factory. Remember that during the economic boom, the people from the South who moved to the Northern parts of Italy were able to find jobs only as blue collar workers because they lacked skills for higher positions.

2) During the internal migration, in the '60[S] and '70[S], many young people from the South and the North of Italy intermarried.

3) Students, in the South usually graduate from Liberal Arts, as lawyers and professors. One of the reasons for this phenomenon is that in the South there are no industries, no technical schools and no need for technical personnel. As a consequence, today the highest unemployment among graduates is in the South. 4) Notice that many old friends of Roberto and Vincenzo went abroad in search of employment, especially to Germany, Switzerland and France. A number of brilliant graduated students, especially in medicine, came to the United States for specialization.

III   *Domande sul dialogo:*

1) Dove si trova Vincenzo? Perchè?

2) Che cosa fece Roberto appena laureato?

3) Che cosa fanno molti laureati del Sud?

4) Con chi si sposò Roberto?

5) Quanti figli ha Roberto?

6) Dove sono gli amici Stefano, Matteo e Lorenzo?

7) Dov'è costretto a rimanere Vincenzo?

Un ospedale di paese

Vocabolario attivo

Corpo umano

la bocca	mouth
il braccio	arm (le braccia)
i capelli	hair
il collo	neck
il cuore	heart
il dito	finger
il dente	tooth
la faccia	face
la gamba	leg
il ginocchio	knee
la gola	throat
il gomito	elbow
il labbro	lip (pl. le labbra)
la mano	hand
il naso	nose
l'occhio	eye
l'orecchio	ear
il petto	chest
il piede	foot
il polmone	lung
la spalla	shoulder
lo stomaco	stomach
la testa	head
il viso	face

Malattie

il cancro	cancer
la febbre	fever
l'infarto	heart attack
l'influenza	flu
il raffreddore	cold
lo starnuto	sneeze
la tosse	cough
avere il male di gola	to have a sore throat
avere mal di testa	to have a headache
avere mal di stomaco	to have a stomach ache
avere mal di denti	to have a tooth ache
prendere il raffreddore	to catch a cold

Altre espressioni

curarsi la salute	to take care of
guarire	to recover
medicina	medicine
pillola	pill
ricetta	prescription

Irregular nouns

Sing.	Plur.
il braccio	le braccia
il dito	le dita
il ginocchio	le ginocchia
la mano (hand)	le mani
l'orecchio (ear)	le orecchie

Colore dei capelli

capelli bianchi	white hair
" biondi	blond hair
" castani	brown hair
" corti	short hair
" grigi	gray hair
" lunghi	long hair
" neri	black hair
" ricci	curly hair
" tinti	colored hair

Colore degli occhi

occhi azzurri	blue eyes
occhi castani	brown eyes
occhi neri	black eyes
occhi grigi	hazel eyes
occhi verdi	green eyes

Espressioni utili

1) Sentirsi male.	To feel sick.
2) Spazzolino da denti.	Toothbrush.
3) La lingua batte dove il dente duole.	Prov: The tongue ever turns to the aching tooth.
4) Mi fanno male i piedi.	My feet hurt.
5) Cura la tua salute.	Take care of your health.
6) Salute! [quando uno starnuta] .	Bless you! [When somebody sneezes].
7) Chi trova un amico trova un tesoro.	Pr.Litt. Whoever finds a true friend finds a treasure.

Un' ambulanza.

Pratica

I   Form sentences with the following expressions and the <u>imperfect</u> tense of <u>avere</u>.
Example: Mia madre/capelli corti - Mia madre aveva i capelli corti.

1) Mio nonno/capelli bianchi   2) mia zia/occhi castani   3) Evita/capelli biondi
4) Washington/capelli lunghi   5) Madonna/occhi azzurri

II   In pairs, practice the vocabulary using the human body according
to the model. Braccio/testa. - E' questo il braccio? — No, è la testa.

1) Gli occhi/le orecchie   2) Il naso/la faccia
3) La mano/il piede   4) Il ginocchio/il gomito
5) La faccia/la spalla   6) La testa/il petto

II   Ask your partner the following questions:

1) Sei stato mai ammalato?
2) Che malattia hai avuto (l'influenza, il mal di gola, il mal di denti, etc.)
3) Quando ti senti male dove vai?
4) Quando hai mal di denti dove vai?
5) Quando hai il raffreddore che cosa prendi?
6) Quando hai l'influenza vai a scuola o resti a casa?

III   Ask your best friend about his/her health:

1) Come curi la tua salute (faccio la dieta, gli esercizi . . .).
2) Sei mai stato in ospedale?
3) Sei mai stato operato? Di che?
4) Sei mai andato dal dentista?
5) Quando hai il mal di testa che cosa prendi?
6) Vai qualche volta all'ospedale a visitare parenti o amici ammalati?

IV   In groups of four students, ask the following or similar questions:

1) Di che colore sono i capelli del professore?
2) Di che colore sono i suoi occhi?
3) Di che colore sono i capelli dei tuoi genitori?

4) Di che colore sono i capelli del tuo ragazzo (a)?

5) Di che colore sono i suoi occhi?

6) Ti piace di più una ragazza (o) con i capelli lunghi o con i capelli corti?

7) Ti piace di più un ragazzo (a) con gli occhi azzurri o con gli occhi castani?

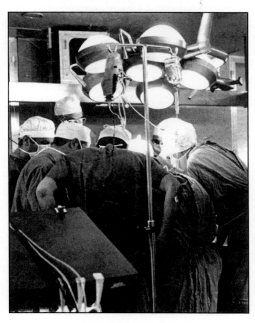

Sala di operazione.

B   Grammatica e pratica

I   Preterit *(Passato remoto)*

Minidialogo   Dopo la laurea

Vocabolario

anno	*year*	bambino	*baby/child*	cattedra	*teaching post*
concorso	*competition*	insegnare	*to teach*	iscriversi	*to register*
laurearsi	*to graduate*	misi	*I put*	nacque	*was born*
primo	*first*	scuola media	*middle school*	sposarsi	*to get married*
subito	*right away*	tempo	*time*		

Vittoria: In che anno ti <u>iscrivesti</u> all'università e in che anno ti <u>laureasti</u>?

Sandra: <u>Mi iscrissi</u> nel l965 e <u>mi laureai</u> dopo quattro anni esatti.

Vittoria: E dopo che <u>facesti</u>?

Sandra: <u>Feci</u> subito il concorso per la cattedra, lo <u>vinsi</u> e <u>insegnai</u> per tre anni nella scuola media. E tu?

Vittoria: Io <u>ci misi</u> più tempo per laurearmi perchè mi <u>sposai</u> e <u>nacque</u> subito il primo bambino.

Domande: 1) In che anno Vittoria si <u>iscrisse</u> all'università? 2) Dopo quanti anni si <u>laureò</u>? 3) Cosa <u>fece</u> Sandra appena dopo la laurea? 4) Perché Vittoria <u>ci mise</u> più tempo per laurearsi?

---

1)   The preterit expresses actions and conditions that took place in a specific time in a distant past, it is completely finished and has no reference to the present.

Napoleone Buonaparte morì nel 1821.   *Napoleon Buonaparte died in 1821.*

La seconda Guerra Mondiale finì nel 1945.   *World War II ended in 1945.*

2)   The preterit is generally used in the written language, and when historic facts of the past are related. (For this reason it is also called *Historical Past*).

L'indipendenza degli Stati Uniti fu dichiarata nel 1776.
The independence of the United States was declared in 1776.
Giorgio Washington fu il primo presidente degli Stati Uniti.
George Washington was the first president of the United States

Notes: a)In the spoken language, the preterit is commonly used in the South of Italy, even when the action occurred in a recent past and the present perfect should be used.

Ieri feci una passeggiata lungo il mare.   *Yesterday I took a walk along the beach.*
La settimana scorsa Gino andò a visitare i nonni.   *Last week Gino visited his grandparents.*

b) In practice, use this tense when there is a date in the past: Il 4 di luglio, 1935; il 20 di agosto, 1988; nel 1700; nel 1821, etc. or when a cue is expressed: due anni fa; l'anno scorso; il giorno del mio compleanno, etc.

Chart

	Parl-*are (to speak)*	ripet-*ere (to repeat)*	serv-*ire (to serve)*
io	parl-*a*-**i** *(I spoke)*	ripet-*e*-**i** *(I repeated)*	serv-*i*-**i** *(I served)*
tu	parl-*a*-**sti**	ripet-*e*-**sti**	serv-*i*-**sti**
lui/lei/Lei	parl-*ò*	ripet-*è*	serv-*ì*
noi	parl-*a*-**mmo**	ripet-*e*-**mmo**	serv-*i*-**mmo**
voi	parl-*a*-**ste**	ripet-*e*-**ste**	serv-*i*-**ste**
loro/Loro	parl-*a*-**rono**	ripet-*e*-**rono**	serv-*i*-**rono**

Notes: 1) The endings of the three conjugations are the same, except for the 3rd person singular: **i, sti, — mmo, ste, rono.**
2) The vowel of *lui /lei* form is stressed. Notice that in the *-are* verbs a stressed **ò** is used instead of *à*.

N. B.

II   Preterit of irregular verbs

There are many irregular verbs in this tense (as is the case in English). The irregularity is found in the stem, which does not follow the chart above. However, the endings are regular, as in the chart.

A)   There are many **-ere** verbs whose irregularity only occurs in the first person singular and in the third person singular and plural.
Observe: *scriv*-ere: scriss-i, *scriv*-esti, scriss-e, *scriv*-emmo, *scriv*-este, scriss-ero. Once one knows the 1st person singular, they can easily find out the other irregular forms by using **e** for the 3rd person singular and adding **ro** for the 3rd person plural.

Here are some of these verbs:

ave-ere	*to have*	**ebb-i**, av-esti, **ebb-e**, av-emmo, av-este, **ebb-ero**
conosc-ere	*to know*	**conobb-i**, conosc-esti, **conobb-e**, conosc-emmo, conosc-este, **conobbero**
legg-ere	*to read*	**less-i**, legg-esti, **less-e**, legg-emmo, legg-este, **less-ero**
nasc-ere	*to be born*	**nacqu-i**, nasc-esti, **nacqu-e**, nasc-emmo, nasc-este, **nacqu-ero**
prend-ere	*to take*	**pres-i**, prend-esti, **pres-e**, prend-emmo, prend-este, **pres-ero**
sap-ere	*to know*	**sepp-i**, sap-esti, **sepp-e**, sap-emmo, sap-este, **sepp-ero**
ved-ere	*to see*	**vid-i,** ved-esti, **vid-e**, ved-emmo, ved-este, **vid-ero**
vol-ere	*to want*	**voll-i**, vol-esti, **voll-e**, vol-emmo, vol-este, **voll-ero**

B)   There are a number of verbs that are irregular in all the forms of the absolute past. Some of them are:

b-ere	*to drink*	**bevv-i,** bev-esti, **bevv-e,** bev-emmo, bev-este, **bevv-ero**
d-are	*to give*	**died-i,** d-esti, **died-e,** d-emmo, d-este, **died-ero**
d-ire	*to say*	**diss-i,** dic-esti, **diss-e,** dic-emmo, dic-este, **diss-ero**
ess-ere	*to be*	**fu-i, fo-sti, f-u, fu-mmo, fo-ste, fu-rono**
f-are	*to do*	**fec-i,** fac-esti, **fec-e,** fac-emmo, fac-este, **fec-ero**
st-are	*to be/stay*	**stett-i,** ste-sti, **stett-e,** st-emmo, st-este, **stett-ero**

Pratica

Drills

I   Replace the subject with those in parenthesis:

1) Cinque anni fa visitai Firenze (mio fratello, tu, Carlo e tu, noi, i tuoi amici).
2) Il 4 di luglio mangiai con gli amici (tu, mia sorella, noi, voi, i miei fratelli).
3) L'anno scorso mio padre si ammalò (io, i miei fratelli, tu, Gino ed io, voi).

II   Complete the sentences below with the absolute past of the given verb:

1) Morire   Dante————————nel 1321.
2) Nascere   Napoleone Buonaparte ———1769.
3) Scoprire   Cristoforo Colombo ————l'America nel 1492.
4) Sposarsi   I miei genitori ————————nel 1955.
5) Ritornare   I miei zii ————————in America per la festa dell'indipendenza.
6) Ricevere   Mia sorella ———————- molti regali nel giorno del suo compleanno.

III   Last year you went on vacation to Italy. Describe what you did there:

1) Incontrare i parenti   2) Visitare molti musei
3) Comprare molti regali   4) Fare lunghe passeggiate
5) Mangiare due volte al ristorante 6) Scrivere molte cartoline

IV   Describe your grandfather's life, using the verb in parenthesis:

Mio nonno (*nascere*) in Calabria nel 1914, (*sposarsi*) nel 1935, (*venire*) in America nel 1936. (*Stabilirsi*) a Cleveland dove (*trovare*) lavoro in una fabbica di metalli. (*Avere*) quattro figli. (*Vivere*) felice per trentacinque anni. (*morire*) nel 1971.

Communication

V   Ask your partner the following questions. He/she has to answer using the verb in the absolute past, following the model. Parli con l'avvocato? (L'anno scorso). - L'anno scorso parlai con l'avvocato.

1) Impari a ballare? (Quando ero ragazzo).
2) Compri una nuova auto? (Cinque anni fa).
3) Quando si sposano Emilio e Giuliana? (Nel 1989).
4) Leggiamo la Divina Commedia?
(Quando fequentavo il Liceo).
5) Finisci gli studi quest'anno? (Nel 1993)

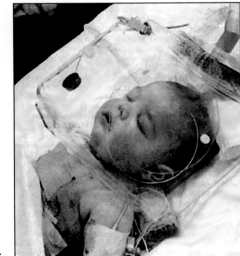

Un bambino in sala di rianimazione.

III   **Ordinal Numbers**

1)   Ordinal numbers are those that indicate a specific position in a numerical series. Ex: Mi siedo nel terzo banco della quinta fila (*I sit in the third chair of the fifth row*). They correspond in English to: **first, second, third,** etc.

1 primo	11 undicesimo	75	settantacinquesimo
2 secondo	12 dodicesimo	80	ottantesimo
3 terzo	13 tredicesimo	90	novantesimo
4 quarto	20 ventesimo	100	centesimo
5 quinto	21 ventunesimo	200	duecentesimo
6 sesto	22 ventiduesimo	1000	millesimo
7 settimo	23 ventitreesimo	10.000	diecimillesimo
8 ottavo	26 ventiseiesimo		
9 nono	28 ventottesimo		
10 decimo	30 trentesimo	1.000.000 milionesimo	

1.   a) Ordinal numbers have distinct names up to *decimo;* after that, they add the suffix ***esimo*** (a, e, i,) to the cardinal numbers after dropping the final vowel: undic-esimo, dodic-esimo, venticinqu-esimo, but: ventitre-esimo, ventisei-esimo.

As you notice, numbers ending in *-tre* and *-sei* retain their final vowel.

   b) Also remember that ordinal numbers are adjectives, consequently, they agree in gender and number with the noun they qualify:

I primi alunni della seconda fila. *The first students of the second row.*
Il terzo capitolo. La prima della classe.

   c) As you notice in the examples above, ordinal numbers precede the noun.

2.   Roman numerals are usually used to indicate chapter and volume of a book and centuries. In these instances they may follow or precede the noun.

Capitolo II *(secondo)* del volume IV *(quarto)* or secondo capitolo del quarto volume.
Il secolo XXI *(ventunesimo)* or il ventunesimo secolo.

N. B.

When ordinal numbers refer to popes or royalty, they always follow the name and do not take the article. Carlo V, Isabella II, Giovanni Paolo II.

For fractions, Italian uses the same pattern as English, that is, cardinal and ordinal numbers:

1/4 *(un quarto)*; 2/3 *(due terzi)*; 5/8 *(cinque ottavi)*; 1/10 *(un decimo)*; 1/100 *(un centesimo)*; 1/1000 *(un millesimo)*; 10/1000 *(dieci millesimi).*

Note.   In Italian, abbreviations for ordinal numbers are written with a small "^{o}" or "^{a}" superscript:

il 1° giorno si scuola.   *The 1st day of class.*
La 5^a lezione.   *The 5th lesson.*

Pratica

I   Complete the following sentences with the ordinal number:

1) First   Questo è il ———-libro che ho letto quest'anno.
2) Seventh   In italiano domenica è il ———-giorno
della settimana.
3) Fifth   Mio zio abita al ———-piano.
4) Fourteenth   Questa è la ———-lezione d'italiano.
5) Thirtieth   Il dieci giugno fu il ———-anniversario
del loro matrimonio.
6) Tenth   Questo è il mio ———-viaggio in California.

II   Give the ordinal number of: 10; 15; 23; 26; 50;
75; 90; 100; 1.000.

In una farmacia

III   Ask your partner the following questions, which should be
answered in Italian. He/she may chose either one:

1) Quale sinfonia di Beethoven ti piace di più *the sixth* or *the nineth?*
2) Dove si trova la chiesa di San Patrizio nella *Fifth or Seventh Avenue?*
3) Quando vai in vacanza, *the second or the third week of August?*
4) Quando vai al cinema, ti siedi nella *eleventh or fifteenth fila?*
5) Qual è l'ultima lezione che hai studiato *the seventeenth or the eighteenth?*
6) Quest'anno è il tuo *twentieth or twenty-first birthday?*

IV   Indefinite adjectives and pronouns

A   The adjectives: **ogni** *(each, every)*; **qualche** *(some)*; **qualunque** *(whatever, any)* are called indefinite
because they indicate quality or quantity that do not refer to any specific person or thing. They are used
only in the singular, and have one form for both masculine and feminine:

Esempi modelli:

Ogni ragazzo vuole essere il primo della classe.
Ogni ragazza vuole essere la prima della classe.   *Every boy/girl wants to be the first of the class.*
Ogni giorno il professore riceve qualche lettera.   *Every day the professor receives some letters.*
Ogni giorno la professoressa riceve qualche libro nuovo.   *Every day the professor receives some
new books.*

Quale testo preferisci? Qualunque testo è buono per me.   *Which textbook do you prefer? Any textbook
is good for me.*

Per te farei qualunque cosa.   *For you I would do anything.*

B   The following <u>pronouns</u> are used only in <u>the singular</u>.

For people: **ognuno** *(everyone)*;   **qualcuno** *(someone)*;   **chiunque** *(anyone)*.
For things: **qualcosa** *(something)*;   **niente/nulla** *(nothing)*.

Esempi modelli:

In questa sala ognuno si siede dove vuole.	*In this room everyone sits where he /she likes.*
C'è qualcuno alla porta che vuole salutarti.	*There is someone at the door who wants to greet you.*
Chiunque trasgredisce la legge sarà	*Anyone who breaks the law will be*
punito secondo la legge.	*punished according to the law.*
Perchè stai zitto? Dimmi qualcosa.	*Why are you silent? Tell me something.*
Per lui niente è impossibile.	*For him nothing is impossible.*

C   There are many other <u>indefinites</u> that can be used as *adjectives*, when accompanied by a noun-or *pronouns,* when they stand alone. The more common are:

Alcuni *(some, a few).* [*Plural only*]

Oggi arrivano alcuni amici.	*Some friends arrive today.*
Sono tutti bravi i tuoi amici? Alcuni sì, altri no.	*Are all your friends nice? Some yes, others not.*

Altro (a,i,e) *(other).*

Alcune signore parlano adagio, altre parlano velocemente.	*Some ladies talk slowly, others fast.*

Ciascuno (a) *(each)* [*sing. only*].

Ciascuno di questi libri costa venti dollari.	*Each of these books costs twenty dollars.*
Questi libri costano venti dollari ciascuno.	*These books cost twenty dollars each.*

Nessuno (a) *(none, no one)* [*sing only*].

Non ho nessun cugino in Italia.	*I have no cousins in Italy.*
Nessuno può entrare là.	*No one is able to enter there.*

Tutto (a,i,e) *(Everything, whole, all).*

Ho visto tutto.	*I saw everything.*
Tutta la casa fu distrutta dalle fiamme.	*The whole house was destroyed by fire.*
Tutti i miei libri sono cari.	*All my books are expensive.*
Tutte le ragazze di questa classe sono di Chicago.	*All the girls in this class are from Chicago.*

D   The following indefinites are used as *adjectives* when followed by a noun, and they agree with it in gender and number or as *adverbs* when they modify an adjective or a verb (in this instance they are invariable):

Molto *(very, many, much, a lot).*

Maria è molto bella.	*Mary is very pretty.*
Maria studia molto.	*Mary studies a lot.*

Poco *(little, not much, few)*

Maria ha pochi amici.	*Mary has few friends.*
Maria mangia poco.	*Mary eats little.*

Troppo (*too, too much/too many*)

Maria legge troppi libri.   *Mary reads too many books.*
Maria lavora troppo in casa.   *Mary works too much at home.*

Medicine e più medicine.

Pratica

Drills

I   Change the following sentences replacing *tutti* with *qualche* (Remember that <u>qualche</u> is used only in the singular. So, make the necessary changes).

1) Tutti i negozi erano chiusi.
2) Tutte le strade conducono a Roma.
3) Tutte le lezioni sono difficili.
4) Tutti i miei cugini vennero alla festa.
5) Tutti i giocatori entrarono nello stadio.
6) Tutti gli amici di Vincenzo andarono all'estero.

II   Translate the following sentences using *molto, poco, troppo.*

1) I am very thirsty.
2) Her sister is too nervous.
3) I ate too much last night.
4) My father is quite right.
5) Some students study little.
6) I have little money in my pocket.
7) John, do not drink too much.

Communication

III   Ask another student his/her preference. Follow the model: Quale
            rivista desideri leggere?/ Qualunque -. Desidero leggere <u>qualunque</u> rivista.

1) In quale ristorante vorresti andare? Qualunque.
2) Quale camicia vuoi comprare?
3) Quale libro vuoi leggere?
4) Quali regali vorresti ricevere?
5) Qual è la tua musica preferita?
6) Ti piacciono le automobili grandi o quelle piccole?

IV   Answer the following questions by using *qualcuno,* or *niente.*

                    1) Che cosa hai fatto ieri sera?
                    2) Hai visto molti attori in televisione?
                    3) Hai molte amiche italiane?
                    4) Che cosa hai detto al professore?
                    5) Che cosa hai mangiato a colazione?
                    6) Ti piacciono i cantanti italiani?

V   Your classmate contradicts you each time you say something.
                       Follow the Model: *Tu:* non comprare *niente.* -*Lui/lei* compra
                       qualcosa, and viceversa.

                    1) Non dire niente.
                    2) Non fare niente questa sera.
                    3) Ordina qualcosa da mangiare.
                    4) Compra qualcosa per la casa.
                    5) Non mi piace niente in questo negozio.
                    6) Non scrivere niente sulla lavagna.

C

Pratica riassuntiva

Drills

I   Rewrite the following statements in the preterit:

                    1) Alberto visita l'amico all' ospedale.
                    2) Stefano va a lavorare in Germania.
                    3) Matteo si specializza negli Stati Uniti.
                    4) Lorenzo preferisce tornare in Svizzera.
                    5) Gli amici si incontrano al bar "Venezia".
                    6) Vincenzo rimane a letto per due mesi.

II   Describe what Luciano Pavarotti did last year:

L'anno scorso Luciano Pavarotti *(cantare)* al Teatro Moderno di Roma. La funzione *(incominciare)* alle otto di sera. Gli spettatori *(applaudire)* freneticamente. Dopo il concerto Pavarotti *(firmare)* molti autografi, *(mangiare)* al ristorante "Buona vista", e a mezzanotte *(andare)* a dormire all'albergo "Excelsior".

III   In a group of four students, choose one who will act as teacher of American history and will ask others the following questions:

                    1) Chi scrisse la costituzione americana?
                    2) In che anno nacque Giorgio Washington? (1732).
                    3) In che anno fu assassinato il presidente Lincoln? (1865).
                    4) In che anno finì la guerra civile?
                    5) Quante volte fu eletto presidente il signor Roosevelt?
                    6) In che anno fu assassinato il presidente Kennedy?

IV   Rewrite the following passage from the magazine <u>Epoca</u>, in the preterit:

"Tutti i medici hanno dichiarato uno sciopero per il 16 dicembre, quelli ospedalieri annunciano agitazioni anche per il 18 e il 22 dicembre. I veterinari minacciano il blocco delle macellazioni: per Natale non mangeremo carne. I farmacisti alzano la voce, gli assessori alla Sanità mandano lettere di fuoco ai vertici dello Stato, i partiti di opposizione si trovano tutti insieme sotto la stessa bandiera: "Questa riforma non passerà".

TELEFONO ROSSO

IL MEDICO A CASA TUA

Chiamando Telefono Rosso puoi ricevere, in tutte le ore del giorno e della notte, la visita immediata di un:

MEDICO GENERICO	PEDIATRA
CARDIOLOGO	NEUROLOGO

Inoltre è possibile richiedere la consulenza, sempre a casa tua, di medici specialisti in:

CHIRURGIA GENERALE	NEFROLOGIA
CHIRURGIA VASCOLARE	NEUROPSICHIATRIA
DERMATOLOGIA	OCULISTICA
DIABETOLOGIA	ODONTOIATRIA
ENDOCRINOLOGIA	ONCOLOGIA
FISIATRIA	ORTOPEDIA
GERIATRIA	OTORINOLARINGOIATRIA (ORL)
GINECOLOGIA	PNEUMOLOGIA
MEDICINA INTERNA	UROLOGIA

V   Complete the following sentences with the correct ordinal number:

1) In italiano lunedì è (1)—giorno della settimana.
2) Febbraio è (2)——————mese dell'anno.
3) Maggio è (4)——————-mese dell'anno.
4) Venerdì è (5)——————-giorno della settimana.
5) Questo è il (3) ——————libro che ho letto durante le vacanze.
6) Oggi è il (25)——————anniversario del matrimonio dei miei genitori.

D   **Lettura di vita e costumi**   *I nonni: Che tenerezza!*

     L'altra sera Silvia e Gianni ricevettero una telefonata accorata[1] dalla nonna la quale li informava che il nonno si era sentito male.[2] I due giovani, molto legati[3] ai nonni, decisero di raggiungerli subito.[4] Ebbero un attimo[5] di indecisione se usare la macchina o prendere il treno. Optarono[6] per la macchina per fare più in fretta. Il viaggio fu piuttosto faticoso[7] perchè lungo la strada trovarono banchi di nebbia[8] e quindi dovettero rallentare la marcia.[9]

     Quando arrivarono furono accolti affettuosamente e furono subito informati[10] delle reali condizioni del nonno. Questi aveva avuto un leggero infarto,[11] ma ora aveva bisogno della visita dello specialista. I due ragazzi non si scoraggiarono,[12] presero in mano la situazione[13] e decisero di ricoverarlo[14] subito in ospedale. Chiamarono un'ambulanza che non tardò[15] ad arrivare. Lo accompagnò anche Gianni e la presenza del nipote[16] diede molto conforto al vecchietto.[17] In ospedale lo ricoverarono al reparto[18] di cardiologia dove i medici fecero subito un elettrocardiogramma. Il referto[19] fu abbastanza tranquillizzante:[20] l'infarto era stato veramente leggero.[21] Comunque[22] il nonno doveva rimanere sotto osservazione per alcuni giorni. I due giovani promisero alla nonna di condurla[23] l'indomani[24] a visitare il marito per il quale era molto preoccupata. Povera nonna, faceva tanta tenerezza![25]

I   *Key words*
1)heart-broken, 2)was ill, 3)very close, 4)to get to them right away, 5)moment, 6)to decide, 7)tiring, 8)fog-banks, 9)to slow down the speed, 10)to be informed, 11)heart attack, 12)to be discouraged, 13)to take control of, 14)to hospitalize, 15)to be late, 16)grandson, 17)good old man, 18)department, 19)medical report, 20)reassuring, 21)light, 22)anyhow 23)to take, 24)the next day, 25)to evoke so much tenderness.

II   *Domande per la comprensione della lettura.*

1) Da chi ricevettero la telefonata Silvia e Gianni?
2) Come andarono dai nonni?
3) Che cosa aveva avuto il nonno?
4) Chi accompagnò il nonno all'ospedale?
5) Silvia e Gianni che cosa promisero alla nonna?

III   *Vero o falso?*

1) Silvia e Gianni ricevettero una telefonata dal presidente della Repubblica.
2) Optarono per la macchina per andare più in fretta.
3) Il viaggio fu piacevole e arrivarono subito.
4) Il nonno aveva avuto un leggero dolor di testa.
5) Chiamarono l'ambulanza che non tardò ad arrivare.
6) Il nonno doveva rimanere sotto osservazione per alcuni giorni.

IV   *Domande personali:*

1) Vivono ancora i tuoi nonni?
2) Come si chiamano e quanti anni hanno i tuoi nonni?
3) Visiti qualche volta i tuoi nonni?
4) Telefoni spesso ai nonni?
5) E' una buona cuoca tua nonna?

V   *Conversazione*

In a group of three or four students, you may talk about the health care system in this country and compare it with that of Italy. Some questions:

1) C'è un ospedale nella città dove abiti?
2) Sei mai stato ricoverato in ospedale?
3) Perchè sei andato all'ospedale?
4) Hai visitato amici o parenti in ospedale?
5) Se fossi in vacanza in Italia e avessi necessità, ti ricovereresti in un ospedale italiano?

E   ## Lettura di cultura   *La medicina in Italia*

L'assistenza sanitaria[1] in Italia è abbastanza buona e, fino a pochi anni fa,[2] era quasi completamente gratuita;[3] ora invece, per ogni prestazione[4] (esami radiologici, analisi cliniche, visite specialistiche) bisogna pagare un contributo sulla prestazioni sanitarie.

Normalmente, lo stato, per finanziare[5] l'assistenza sanitaria, effettua forti trattenute sullo stipendio[6] di tutti i dipendenti e impone ai lavoratori autonomi[7] il versamento di una tassa specifica[8] per l'assistenza sanitaria. Ogni cittadino sceglie liberamente il proprio "medico curante" a cui si rivolge[9] per le cure più semplici o per avere le prescrizioni delle medicine.

Gli Italiani in genere non amano essere ricoverati in ospedale e lo fanno solo se è veramente necessario; preferiscono essere curati in casa dov'è abbastanza facile ricevere la visita del medico con cui lentamente si stabiliscono rapporti di confidenza e quasi di amicizia.

La professione medica in Italia è abbastanza prestigiosa e remunerativa[10] per cui molti giovani si iscrivono alla facoltà di medicina; ma ormai il mercato è saturo e molti giovani medici rimangono disoccupati.[11] Molte università non solo hanno imposto il "numero chiuso", ma, per l'ammissione, richiedono prove[12] di esami molto difficili.

Le medicine costano molto e sono quasi tutte a carico[13] del cittadino. Sono pochissime le medicine, le cosiddette "medicine di banco" che si possono comprare senza ricetta.[14] Qualsiasi medicina e di qualsiasi importanza si compra esclusivamente in farmacia dove inoltre si possono comprare prodotti dietetici e alcuni prodotti cosmetici.

I   *Key words*:

1)Assistenza sanitaria /*health care*, 2)pochi anni fa /*a few years ago*, 3)gratuita /*free of charge*, 4)prestazione /*doctor services*, 5)finanziare /*to finance*, 6)effettua forti ritenute /*carry out large deduction from wages*, 7)lavoratori autonomi /*self-employed*, 8)versamento di una tassa /*payment of a tax*, 9)a cui si rivolge /*whom to refer to*, 10) rimunerativa /*profitable*, 11)disoccupati /*unemployed*, 12)prove /*tests*, 13)a carico /*to be charged to the citizen*, 14)ricetta /*prescription*.

II   *Scegli la risposta esatta:*

1. L'assistenza sanitaria in Italia è: a) eccellente; b) buona; c) deficiente?

2. Per finanziare l'assistenza sanitaria lo Stato effettua: a) tasse sulle vendite; b) tasse sulla benzina; c) ritenute sugli stipendi di tutti i dipendenti?

3) Ogni cittadino scieglie liberamente: a) la propria carriera; b) il proprio medico curante; c) la propria medicina?

4. Gli Italiani preferiscono esseri curati : a) in ospedali; b) in chiesa; c) in casa?

5. Le medicine in Italia sono a carico: a) dello Stato; b) della Chiesa; c) dei cittadini?

III   *Personal questions:*

1) In caso di malattia preferisci andare in ospedale o rimanere in casa?
2) Hai molta fiducia nel tuo medico di famiglia?
3) Ti piacerebbe esercitare la professione di medico?
4) Ti piacerebbe essere un medico disoccupato?
5) Chi paga le tue medicine?
6) Sei mai stato ricoverato in ospedale?
7) Oltre alle medicine quali altri prodotti puoi comprare in farmacia?

Camping in montagna

F   Vocabolario utile

Nomi

l'anno scorso	last year
il conforto	comfort
il dramma	drama/catastrophe
la Germania	Germany
il giorno	day
i giovani	young people
l'indecisione	hesitation
la macchina	car
il marito	husband
il meridionale	Southern
la nonna	grandmother
i nonni	grandparents
l'origine	origin
l'osservazione	observation/remark
i ragazzi	young people
la storia	story
la strada	road
la Svizzera	Switzerland
la telefonata	phone call
la tenerezza	tenderness
il treno	train
vecchio amico!	dear old friend

Verbi

accogliere	to receive
accompagnare	to accompany
ammettere	to admit/recover
arrivare	to arrive
avere bisogno	to need
chiamare	to call
considerare	to consider
decidere	to decide
dividere	share/divide
dovere	to have to
interrompere	to discontinue
laurearsi	to graduate
lavorare	to work
parlare	to talk
piacere	to like
promettere	to promise
ricevere	to receive
ricoverare	to hospitalize
rimanere	to remain
tornare	to return
trovare	to find
usare	to use

Altre parole

affettuosamente	tenderly
alcuni	some
ammalato	sick
assunto	hired
è vero	it is true
fotunato	fortunate/lucky
in fretta	in a hurry
lungo	long
meglio	better
miserabile	miserable
piuttosto	rather
povero	poor
preoccupato	worried
qui	here
quindi	therefore
un po'	a little bit
veramente	truly

Parole analoghe

amministrazione	administration
conditione	condition
decidire	to decide
esatto	exact
esperienza	experience
fortunato	fortunate
miserabile	miserable
origine	origin
ospedale	hospital
pazienza	patience
presenza	presence
posto	post
pubblico	public
reale	real
ritornare	to return
sorpresa	surprise
treno	train

*(Words regarding the **human body** are listed on p 303.)*

Capitolo XV

La donna italiana d'oggi

Due to the traditional way of thinking, the feminist movement in Italy lags behind that of the United States. During the last two decades, however, the feminist movement, especially in large industrial cities, showed signs of activity by demanding equality with men with regards to jobs, salaries, position in society and politics.

The grammar portion of the chapter will take into account the use of <u>double negative</u> words which are widely used in Italian, but prohibited in English. In addition, you will learn when to use <u>relative pronouns</u> which are seldom used in English yet are indispensable in Italian.

Prospetto

A	Dialogo	*Il primo impiego*
		1) Vocabolario del dialogo
		2) Note di cultura
		3) Domande sul dialogo
		4) Vocabolario attivo: a)*nomi di donna* b)*lavori di donna*
		5) Attività sul *vocabolario attivo*
B	Grammatica e pratica	
		Double negative
	II	**Relative pronouns**
	III	Other uses of **"che"**
	IV	Plural of nouns in **-cia** and **-gia**
C	Pratica riassuntiva	
D	Lettura di vita e costumi	**Una segretaria in gamba**
E	Lettura di cultura	**La donna italiana moderna**
F	Vocabolario utile	

A   Dialogo   *Il primo impiego*

Gabriella: **Pronto? Senta,[1] signorina, stamattina ho letto il vostro annuncio[2] sul *Corriere della sera* e sono molto interessata. Vorrei avere qualche informazione[3] più dettagliata.**

Segretaria: **Bene, le dico subito. La nostra è una grande azienda di arredamenti[4] e abbiamo bisogno di una giovane arredatrice[5] disposta a lavorare[6] qui a Milano.**

Gabriella: **Per questo non c'è problema, io abito qui a Milano. Sono laureata in architettura ed ho anche un diploma postuniversitario[7] di specializzazione.**

Segretaria: **Mi lasci il suo numero di telefono.[8]** *(Alcuni giorni dopo.)*

Direttore: **Venga signorina Moretti, si sieda. Ho letto con interesse la sua domanda. Forse è la persona che cerchiamo.[9] Vedo che si è laureata col massimo dei voti. Complimenti.[10] Anche gli esami che ha sostenuto[11] sono interessanti e qualificanti. Ancora complimenti.**

Gabriella: **Grazie, Dottore.**

Direttore: **Domani venga qui alle otto e iniziamo un periodo di prova.[12] Credo che lei sarà un buon elemento e imparerà presto. Ai nostri dipendenti chiediamo poche cose: serietà, capacità, onestà, puntualità.**

Gabriella: **Farò del mio meglio.[13]**

Direttore: **Arrivederla, signorina. A domani.**

Gabiella: **Buongiorno, Dottore. A domani.**

I   *Key words*

1)Listen , 2)ad, 3)information, 4)furniture, 5)interior decorator, 6)willing to work here in Milan 7)postgraduate, 8)telephone number, 9)you are the person we are looking fo, 10)congratulations 11)examinations you took, 12)begin the period of training, 13)I will do my best.

II   *Note di cultura:*

1) The *Corriere della sera* is the most prestigious newspaper in Italy. It is published in Milan.
2) To attend the university, Italian citizens do not have to pay high tuition; consequently, students do not have to work to pay for it.
3) Usually young people live with their parents, not until they get a good job, like the case of Gabriella, but until they get married.

III   *Domande per la comprensione:*

1) Gabriella in quale giornale ha letto l'annuncio?
2) Di chi hanno bisogno nell'azienda?
3) Dove abita Gabriella?
4) Chi intervista Gabriella?
5) Come sono i voti di Gabriella?
6) Il Direttore che cosa chiede ai dipendenti?

IV   *Vero o falso?*

1) Gabriella ha letto l'annuncio sul *Corriere della sera*.
2) L'azienda ha bisogno di un ingegnere per i progetti spaziali.
3) Gabriella abita a Genova.
4) Gabriella è laureata in architettura.
5) Il periodo di prova incomincerà fra un mese.
6) L'azienda chiede ai dipendenti: serietà, capacità, onestà, puntualità.

Un gruppo di donne degli anni cinquanta

Vocabolario attivo

La donna

Nella vita privata   Nel lavoro

l'amica	*friend (f.)*	l'arredatrice	*interior decorator*
la cognata	*sister-in-law*	l'avvocato	*lawyer*
la compagna	*companion/mate*	la casalinga	*housewife*
la cugina	*cousin*	la domestica	*servant/maid*
la fidanzata	*fiancée*	la deputata	*representative*
la figlia	*daughter*	la dottoressa	*doctor (f.)*
la madre	*mother*	l'impiegata	*employee/clerk*
la moglie	*wife*	l'infermiera	*nurse*
la nonna	*grandmother*	la maestra	*teacher (elem.sch.)*
la nuora	*daughter-in-law*	la presidentessa	*president (f.)*
la sorella	*sister*	la professoressa	*professor (f.)*
la sposa	*bride/wife*	la segretaria	*secretary*
la zia	*aunt*	la senatrice	*senator (f.)*
		la studentessa	*student (f.)*

Parole analoghe in -tà

l'attività	*activity*	la città	*city*		
la difficoltà	*difficulty*	la facilità	*facility*	la facoltà	*faculty*
la libertà	*liberty*	l'onestà	*honesty*	la possibilità	*possibility*
la puntualità	*punctuality*	la realtà	*reality*	la società	*society*
l'umanità	*humanity*	l'unità	*unity*	l'università	*university*

Note   As you can observe, the cognates in -tà are feminine and correspond to English words in -ty.

Manifestazione di donne

Pratica

I   Form complete sentences with the given words. Example: Dottoressa/andare/sempre/ parco -La dottoressa va sempre al parco.

1) Domestica/cucinare/sempre/cibi cinesi
2) Senatrice/preparare/sempre/discorsi
3) Tutte le studentesse/andare alla festa
4) Maestra/preparare/anche/torta
5) Avvocato/mangiare/pesce il venerdì
6) Segretaria/comprare/tutti i vestiti/alla Rinascente

II   Change the previous exercise into the negative. *(Study the grammar first).*

III   Ask your partner questions according to the model.
Che cosa fa? tua sorella/studentessa. - Mia sorella fa la studentessa.

1) Tua zia/maestra   2) Tua cognata/dottoressa
3) Tua nonna/casalinga   4) La tua fidanzata /farmacista
5) Tua cugina/deputata   6) Tua madre/segretaria

IV   Give the English equivalent of many other names in -tà like the following:

1) Austerità   2) Sincerità   3) Attività
4) Libertà   5) Curiosità   6) Responsabilità

V   In a group of four or more, studentes should discuss the following topic: una dottoressa deve avere abilità e serietà. *(Choose two qualities from the list).*

1) Una studentessa deve avere. . .
2) Un'impiegata. . .
3) Una senatrice. . .
4) Una farmacista. . .
5) Una casalinga. . .
6) Una segretaria. . .

B   Grammatica e pratica

I   Negative expressions

<table>
<tr><td colspan="6" align="center">Minidialogo</td></tr>
<tr><td colspan="6"><u>Vocabolario</u></td></tr>
<tr><td>aiutare</td><td>to help</td><td>colpa</td><td>fault</td><td>festa</td><td>party</td></tr>
<tr><td>nessuno</td><td>nobody</td><td>niente</td><td>nothing</td><td>non ho voglia</td><td>I do not feel like</td></tr>
<tr><td>tutto pronto</td><td>all ready</td><td>venire</td><td>to come</td><td></td><td></td></tr>
</table>

Laura:	E' tutto pronto per la festa?
Cristina:	No, <u>non</u> è pronto <u>niente</u>. Perchè non vieni ad aiutarmi?
Laura:	<u>Non</u> ho <u>nessuna</u> voglia di preparare una festa dove <u>non</u> verrà <u>nessuno</u>.
Cristina:	Se <u>non</u> verrà <u>nessuno</u> non diranno che la colpa è nostra.

Domande: 1) E' pronta la festa? 2) Perchè Laura non vuole aiutare? 3) Se nessuno verrà alla festa di chi sarà la colpa?

You already know that a sentence is made negative by placing **non** before the verb: Laura non vuole aiutare. *Laura does not want to help.* [*In the minidialogo*].
There are some other words that have a negative meaning and are used to negate sentences. Frequently they are paired with indefinite pronouns or adjectives.

The most frequently used are:

Negative		**Indefinite**	
mai	*(never)*	**sempre** *(always)*	
neanche	*(not even)*	**anche** *(also/too)*	
nessuno	*(no one)*	**qualcuno** *(someone)* -**tutti***(everyone/all)*	
neppure	*(not even)*	**anche** *(also)*	
né. . . né	*(neither. . . nor)*	**o. . . o** *(either. . . or)*	
niente	*(nothing)*	**qualcosa** *(something)* **tutto** *(everything)*	
non. . . ancora	*(not. . . yet)*	**già** *(already)*	

These negative words may be used in two ways in a sentence:

a)   Usually they are placed immediately after the verb. In this case "**non**" <u>must</u> precede the verb. The result is that in Italian *(contrary to English)* we have a double negative construction:

Esempi modelli

<u>Non</u> verrà <u>nessuno</u> alla festa.	*No one will come to the party.*
Il professore <u>non</u> arriva <u>mai</u> tardi.	*The professor is never late.*
Luigi <u>non</u> capisce <u>niente</u>.	*Louis does not understand anything.*
<u>Non</u> abbiamo comprato <u>nessun</u> libro.	*We didn't buy any book.*

b)   In some instances (usually for emphasis), these negative words may precede the verb. In this case "*non*" is not used:

<u>Nessuno</u> è venuto alla festa.	*No one came to the party.*
<u>Neanche</u> il presidente del club è venuto alla festa.	*Not even the president of the club came to the party.*
<u>Mai</u> vado al cinema il lunedì.	*I never go to the movie on Mondays.*
<u>Né</u> Maria <u>né</u> Franco sono italiani.	*Neither Mary nor Frank is Italian.*

Notes: 1) **Niente** *(nothing)* refers only to things: In questo negozio non mi piace niente.

2) **Nessuno** refers to things and persons and can function as a pronoun or as an adjective. <u>As a pronoun</u>, it means: *no one, nobody,* referring to a person: Nessuno ha comprato il libro; as an <u>adjective</u> it refers to people or things: Nessun ragazzo corre come Luigino; nessun film mi è piaciuto. It is used only in the <u>singular</u> and it takes the same ending as the article <u>uno</u>:

nessun libro,   *nessun* interesse,   *nessuno* studente,   *nessuna* ragazza.

Pratica

Drills

I   Restate the following sentences in the negative.
            Example: in questo negozio mi piace tutto - In questo negozio non mi piace niente.

            1) Tutto è bello in questa città.
            2) Anche il presidente parla italiano.
            3) Qualche ragazzo ha fatto i compiti.
            4) Mia sorella studia cinese e giapponese.
            5) Vado sempre a mangiare alla mensa universitaria.
            6) Comprano tutto alla Rinascente.

II   Ask questions of another student following the model.
            Pratichi molti sport? - No, non pratico nessuno sport.

            1) Vai sempre a sciare per Natale?
            2) Conosci molti giocatori italiani?
            3) Hai comprato molte cose alla Rinascente?
            4) Hai molti libri di filosofia?
            5) I tuoi genitori hanno qualche cugino in Italia?
            6) Hai comprato qualche regalo in Italia?

III   Ask questions of your classmate. He/she has to answer negatively using two negatives, then he/she will ask you the same question and you have to answer with one negative. Follow the model. *You:* Monica, vai sempre al cinema il giovedì?
            Monica: No, non vado mai al cinema il giovedì. E tu, vai al cinema il giovedì?
            You: No, mai vado al cinema il giovedì.

            1) Guardi la televisione la domenica?
            2) Vai sempre al mare nel mese di agosto?
            3) Quanti regali hai ricevuto per il tuo compleanno?
            4) Hai comprato qualche cosa in Italia?
            5) Quando vai in Australia?
            6) Hai invitato molta gente per il tuo compleanno?

Una donna casalinga

II   **Relative Pronouns**

<table>
<tr><td colspan="8" align="center">Minidialogo</td></tr>
<tr><td colspan="8"><u>Vocabolario</u></td></tr>
<tr><td>all'antica</td><td>old fashion</td><td>avvicinarsi</td><td>to approach</td><td></td><td>bella</td><td>beautiful</td></tr>
<tr><td>capelli ricci</td><td>curly hair</td><td>laggiù</td><td>down there</td><td></td><td>severo</td><td>strict</td></tr>
<tr><td>poco</td><td>few</td><td>riuscire</td><td>to succeed</td><td></td><td>uomo</td><td>man</td></tr>
<tr><td>sospirare</td><td>to sigh</td><td>tanto</td><td>so much</td><td></td><td></td><td></td></tr>
</table>

Pino: <u>Chi è</u> quella bella ragazza laggiù coi capelli ricci?

Piero: E' Franca, la ragazza <u>per cui</u> il tuo amico Roberto sospira tanto. L'uomo <u>che</u> l'accompagna è il padre.

Pino: Che tipo è?

Piero: E' un tipo molto severo <u>per cui</u> sono pochi i ragazzi <u>che</u> riescono ad avvicinare Franca. Quell'uomo è un tipo all'antica.

Domande: 1) Chi è la bella ragazza? 2) Come sono i suoi capelli? 3) Chi è l'uomo che l'accompagna?
4) Che tipo è suo padre? 5) Molti ragazzi si avvicinano a Franca?

1)   Relative pronouns refer back to a noun or another pronoun previously mentioned (called its *antecedent*). They join two sentences among them connecting a dependent clause to a main clause. Observe: Quella ragazza è mia sorella. *That girl is my sister.* Ha vinto il concorso. *She won the contest.* One can connect the two sentences: Quella ragazza che ha vinto il concorso è mia sorella. <u>Che</u> is a relative pronoun that refers to the antecedent "ragazza" and introduces a dependent relative clause, "che ha vinto il concorso".

2)   The most common relative pronouns are: **che, .cui, il quale, chi.**

3)   **Che** *(who, whom, which, that)* is the most used relative pronoun in Italian. It can refer to people and things, and can be used as a subject or direct object. It is invariable and is always expressed in Italian, whereas it is very often omitted in English.

Esempi modelli:

La ragazza <u>che</u> suona il piano si chiama Flavia.	*The girl who plays the piano is Flavia.*
Il ragazzo <u>che</u> vedi laggiù è mio fratello.	*The boy you see down there is my brother.*
I ragazzi <u>che</u> giocano nel cortile sono miei alunni.	*The boys who play in the courtyard are my students.*
Il libro <u>che</u> hai letto è interessante?	*Is the book you read interesting?*
Hai mangiato le mele <u>che</u> ti ho portato ieri sera?	*Did you eat the apples I brought you last night?*

4)   **Cui** is a relative pronoun used only with prepositions, and also it can be used with nouns of persons or things, masculine and feminine, singular and plural:

Il signore <u>di cui</u> ti parlavo è mio zio.	*The gentleman I was talking about is my uncle.*
Gli studenti <u>con cui</u> hai viaggiato sono miei amici.	*The students you traveled with are my friends.*
Questa è la casa <u>in cui</u> abitiamo.	*This is the house which we live in.*

Note: When *in cui* refers to place it may be replaced with *dove*. Ex: Questa è la casa dove abitiamo.

5) **Il quale, il quali, la quale, le quali** are sometimes used to replace <u>che</u> and <u>cui</u> for emphasis or clarity. They can be used with any preposition and agree in gender and number with the noun which they refer to. These forms are not common in colloquial speech.

La signora <u>di cui</u> ti ho parlato è mia zia.
La signora <u>della quale</u> ti ho parlato è mia zia.
Conosco quelle signorine <u>che</u> studiano in biblioteca.
Conosco quelle signorine <u>le quali</u> studiano in biblioteca.

6) **Chi** means *he who, the one who* and always refers to persons. It requires a singular verb and is fequently used with prepositions.

Chi finisce prima l'esame se ne può andare.   *He who finishes the exam first may leave.*
A chi hai dato il libro d'italiano?   *Whom have you given the Italian book to?*

Note: a) **Chi** is often used in proverbs and general expressions.
Chi dorme non piglia pesci.   *The early bird catches the worm*
                                                     Litt. *He who sleeps does not catch any fish.*

b) We have already studied *chi* as an interrogative pronoun (*ch. 2, p. 45).*
Chi è quel signore?   *Who is that gentleman?*
Di chi parli?   *Whom are you talking about?*

7) **Quel(lo) che, ciò che** are translated with "*what, that which*". They are invariable and refer to an abstract concept, not to a specific antecedent.

Ciò che ho detto è la pura verità.   *What I said is the mere truth.*
Giorgio fa sempre quello che vuole.   *George always does what he wants.*

Pratica

Drills

I   Complete the following sentences with the relative pronoun:

1) Quelle due ragazze —————giocano nel cortile sono sorelle.
2) Il compito—————————ci ha dato ieri il professore era molto difficile.
3) Le novelle ————————— ho letto sono interessanti.
4) Gli stivali —————————porti sono di moda.
5) Quel signore ————————-viene è mio padre.
6) Il padre di Franca, —————hai visto nel bar, è un uomo all'antica.

II   Complete the following sentences using <u>cui</u> and the appropriate preposition:

1) Il professore ————ti ho parlato è simpatico.
2) Gli studenti ————-parla il professore sono del Sudamerica.
3) L'università ————-studiamo è statale.
4) I turisti ————————— ho viaggiato sono americani.
5) Hai visto il film ——tutti parlano?
6) Il signore ————————-ho lavorato per tre anni è andato in pensione.

III   Substitute *il quale, la quale, i quali, le quali* in the exercises I and II.

Communication

IV   Ask your partner the following questions: (with the answer in parenthesis).

1) Chi è quel ragazzo che è entrato poco fa? (Il mio fidanzato, a).
2) Com'è l'appartamento in cui abiti? (piccolo).
3) Dov'è la signorina con cui parlavi questa mattina? (In biblioteca).

4) Come si chiama la ragazza che ha letto l'annuncio sul *Corriere dell Sera?*
5) Sai come si chiama quel ragazzo con cui parla Gabriella? (Paolo).
6) Come si chiama l'autore di cui parlava ieri il professore?
(Alberto Moravia).

V   Ask another student the following questions:

1) Capisci tutto quello che spiega il professore? (Quasi tutto).
2) Hai risposto a tutto ciò che ti ha domandato il Direttore? (Sì, a tutto).
3) Quando vai al negozio trovi tutto quello che cerchi? (Non tutto).
4) Con tutto quello che hai mangiato non hai il mal di stomaco? (No).
5) Fai sempre tutto ciò che ti dice il tuo amico/a? (No, mai).
6) Secondo te, è caro tutto ciò che vendono alla Rinascente? (No, non tutto).

III   Other uses of *"che"*

You have already learned "**che**" as an *interrogative word (ch.2, p.45)* :
(Che libro leggi? Che ha detto il presidente?), and as a *conjunction* with the comparatives *(ch. 13, p. 286).* (Elena è più intelligente che studiosa).

Additional uses are:

1)   *Conjunction.* As a conjunction **che** is also used to link a subordinate clause to the main clause.

Il professore ha detto che domani non c'è scuola.	*The professor said that tomorrow there will be no class.*
Gli alunni si accorgono che non ci riescono.	*Students realize that they can not make it.*

(We will study another use of <u>che</u> with the subjunctive in the next lesson).

2)   *In exclamatory sentences .* **Che** is used in exclamations before nouns or adjectives and it is equivalent to the English *what, what a.*

Che gioia!	*What a delight!*
Che peccato!	*What a pity!*
Che bella giornata!	*What a beautiful day!*
Che strana idea!	*What a strange idea!*
Che vergogna!	*What a shame!*

Note: **Come**! and **Quanto**! *(How!)* are frequently used in exclamatory sentences. In such constructions *quanto* is invariable

Com'era verde la mia valle!	*How green my valley was!*
Com'è cara quest'automobile!	*How expensive this car is!*
Quant'è simpatica quella ragazza!	*How nice that girl is!*
Quanto sono intelligenti i miei studenti!	*How intelligent my students are!*

Donna in fabbrica

Pratica

Drills

I   Change the following statements to an exclamatory sentence.
Example: Oggi è una bella giornata - Che bella giornata è oggi!

1) Questi fiori sono belli.
2) Mio fratello è intelligente.
3) La professoressa è interessante.
4) La presidentessa della Camera in Italia è giovane.
5) Le infermiere dell'ospedale pediatrico sono pazienti.
6) Mio cugino ha idee strane.

II   Imagine that you are in Rome and your friend Lucy is showing you many places of interest in Rome. Change each statement into an exclamation, using <u>come</u> or <u>quanto</u>. Example: Il Colosseo è interessante - Com'è or quant'è interessante il Colosseo!

1) La piazza San Pietro è molto grande.
2) Il panorama di Roma visto dal Pincio è molto bello.
3) La fontana di Trevi è frequentata.
4) I Fori Romani sono antichi.
5) I negozi di Via Veneto sono eleganti.
6) I Romani sono simpatici.

IV   Nouns ending in *-cia* and *-gia*

1)   Nouns and adjectives ending in **-cia** and **-gia** form the plural regularly, changing the final *a* to *e,* <u>when the **i** is stressed:</u>

farmacia	*pharmacy*	farmacie
bugia	*lie*	bugie
allergia	*allergy*	allergie

2)   Nouns and adjectives ending in *-cia* and *-gia* form also the plural regularly when <u>a vowel precedes</u> the ending *-cia* and *-gia:*

ciliegia	*cherry*	ciliegie
camicia	*shirt*	camicie
valigia	*suitcase*	valigie

Notice that, if nouns and adjectives ending in *-cia* and *-gia* are preceded by a <u>consonant</u>, the plural is formed by dropping the i:

arancia	*orange*	arance
faccia	*face*	facce
lancia	*lance*	lance
pioggia	*rain*	piogge
roccia	*rock*	rocce
spiaggia	*beach*	spiagge

Pratica

Form the plural of the following sentences:

1) La farmacia Scotti è molto famosa.
2) La bugia ha le gambe corte.
3) La spiaggia è sporca.
4) La camicia del professore è grigia.
5) La ciliegia è rossa.
6) L'arancia è dolce.
7) La pioggia è continua quest'anno.
8) La mia valigia è nera.

Donna Ministro dello Stato

Donna in politica.

C   Pratica riassuntiva

Drills

I   Change the following negative sentences to double negative. Follow the model: Niente mi piace in questo ristorante - Non mi piace niente in questo ristorante.

1) Mai ho detto bugie.
2) Nessuno studente ha risolto il problema.
3) Né la Juve, né il Milan sono le mie squadre preferite.
4) Nessun alunno c'è nell'aula.
5) Niente di interessante ha detto il presidente.
6) Nessuno lo può capire.

II   Change the following sentences into negative:

1) Conosco tutti i giocatori della Juve.
2) Il mio amico Vincenzo è stato sempre ammalato.
3) Gli Italiani bevono sempre birra.
4) Il professore sa parlare anche spagnolo.
5) Tutte le settimane Caterina mangia carne o pesce.
6) Mio padre ha già visitato l'Argentina.

III   Replace *il quale* (la, le, i) for *che* in the following sentences:

1) L'uomo che vedi in quell'auto è mio zio.
2) Gli studenti che studiano nella sala B sono francesi.

Donna soldatessa.

3) La signorina che entra in classe si chiama Antonietta.
4) Quelle ragazze che giocano a tennis sono alunne di questa scuola.
5) Gianni è un ragazzo che prende sempre bei voti.
6) La ragazza che si siede accanto a Gianni si chiama Luisa.

IV   Answer the following questions with the word in parentheses:

1) Come si chiama l'impresa per cui lavori? (IBM).
2) Com'è il ragazzo (a) con il quale esci? (molto bravo).
3) Sono queste le ragazze con cui hai viaggiato? (No).
4) E' quella la professoressa di cui mi parli sempre? (Sì)
5) E' Claudia Schiffer la ragazza per cui molti Italiani impazziscono? (Sì).
6) Come si chiama quel ragazzo con cui discutevi di politica? (Gino).

V   Ask another student the following questions. He/she may answer with:
fidanzato, padre, sorella, zia, etc.

1) Di chi è quella macchina rossa?
2) Con chi sei andato al cinema ieri sera?
3) A chi hai scritto le cartoline postali?
4) Per chi hai preparato la cena?
5) Chi è venuto a cenare?
6) Da chi hai ricevuto quel bel regalo?

VI   Ask your partner the following questions. The answer must be negative:

1) Studi cinese o giapponese?
2) Hai scritto molte lettere o molte cartoline?
3) Nella tua classe ci sono molti alunni indiani o coreani?
4) Ieri sera hai bevuto vino rosso o vino bianco?
5) Ti piace visitare il deserto del Sahara o il deserto dei Gobi?
6) Hai vinto alla lotteria di Natale o a quella di Capodanno?

VII   Translate into Italian the following sentences:

1) What a wonderful day!
2) What a pleasure to see you!
3) What a beautiful flower!
4) How foolish *(stupidi)* those guys are!
5) How beautiful Christine is!

Una segretaria in gamba

D   Lettura di vita e costumi   *Una segretaria in gamba*

Giovanna Forlini, una donna giovane ed elegante, lavora a Milano in un'azienda di esportazione. Parla e scrive correttamente la lingua inglese e la lingua francese. Il suo ufficio è in un bel palazzo antico, nel centro di Milano, non molto lontano dalla piazza del Duomo.

Tre volte alla settimana la signora Giovanna s'incontra con il suo direttore generale a cui fa un dettagliato resoconto[1] sul lavoro delle agenzie[2] in Italia e all'estero. E' molto sicura di sè, mostra[3] di conoscere bene il suo mestiere[4] e per questo è molto stimata dai suoi datori di lavoro[5] e dai colleghi.

La sera torna a casa abbastanza stanca,[6] ma la sua giornata non è finita perchè deve preparare la cena per il marito e per il figlio, controllare i compiti del bambino[7] e organizzarsi per il giorno dopo. Con lei vive la madre anziana che bada[8] solo al bambino. Nelle faccende di casa è aiutata, per tre volte alla settimana, da una collaboratrice domestica a ore.[9] Insomma per le soddisfazioni della carriera paga un certo prezzo.

I   *Key words*
             1)Report, 2)agency, 3) shows, 4)job, 5)employer, 6)tired , 7) to check her child's homework, 8)takes care only of
             the child, 9)cleaning-woman by the hour.

II   *Domande per la comprensione della lettura.*

             1) Com'è Giovanna Forlini?
             2) Quali lingue parla?
             3) Dov'è il suo ufficio?
             4) Con chi s'incontra e perchè?
             5) Che cosa fa quando torna a casa la sera?
             6) Chi vive con Giovanna?

III   *Vero o falso?*

             1) Giovanna lavora a Firenze in una fabbrica di tessuti.
             2) Giovanna parla e scrive correttamente la lingua inglese e la lingua francese.
             3) Tre volte alla settimana s'incontra con il presidente della Repubblica.
             4) A sera torna all'albergo a poi va al cinema.
             5) Con lei vive anche la madre anziana.
             6) Giovanna per la soddisfazione della carriera paga un certo prezzo.

IV   *Domande personali:*

             1) Lavori adesso? Dove?
             2) Preferisci lavorare per una compagnia o per tuo conto?
             3) Lavora il tuo fidanzato (a)?
             4) E' difficile trovare lavoro oggigiorno?
             5) Se non trovi lavoro nella tua città, sei disposto a trasferirti in un altro stato?

V   *Conversazione.*

             In a group, discuss the topic, the job market in your career. Ask questions like:

             1) Com'è? la situazione del lavoro nella zona in cui vivi?
             2) E' facile trovare lavoro nel tuo ramo?
             3) Hai avuto delle interviste finora?
             4) Preferisci lavorare con un gruppo o in un ufficio da solo?
             5) Se non trovassi lavoro nella tua città andresti a lavorare all'estero?

Donne alla spiaggia

E   Lettura di cultura   *La donna italiana moderna*

La donna italiana fino agli inizi del dopo guerra[1] si occupava esclusivamente della casa, del marito e dei figli.[2] Al massimo aiutava il marito nei lavori dei campi o nell'attività artigiana[3]; il lavoro fuori casa era piuttosto raro. Nel dopo guerra lentamente l'economia italiana si è trasformata da agricola in industriale ed è arrivato il consumismo ed anche le prime idee propagandate dal movimento femminista. Le donne hanno incominciato a parlare[4] di parità con l'uomo ed hanno lottato[5] per ottenerla. Le donne desiderano la parità con l'uomo perchè non vogliono più limitarsi a sbrigare[6] le faccende domestiche e allevare i figli. Inoltre desiderano lavorare alla parità con gli uomini anche per motivi di necessità economiche: lo stipendio del marito ormai non basta più a soddisfare tutte le esigenze[7] moderne.

Le donne ora competono con gli uomini nel conseguire i titoli di studio e per ottenere ottimi posti di lavoro. Possiamo dire che la donna ha raggiunto una buona emancipazione e non esiste nessuna professione a cui non abbia accesso.[8] Le donne oggigiorno sono presenti ovunque: nell'industria, nella pubblica amministrazione, nelle scuole, in ogni posto di lavoro; fin'anche nell'arma dei carabinieri e nelle forze armate. Alcune hanno raggiunto posti di grande prestigio e di grande responsabilità, come Letizia Muratti , ministro della Pubblica Istruzione e Lucia Annunziata, direttrice della RAI.

Molte donne guidano, come sindaco[9], le amministrazioni di grandi città o guidano, come dirigenti[10], grandi aziende.

Key words:

1) After World War II, 2) Used to take care of the house, the husband and the children, 3) helped in the fields and in the artisan work, 4) with the economic boom, women's liberation movement began, 5) the struggle was hard to get equality with men, 6) women were considered fit only to do the house work and to look after the children, 7) a husband's salary was not enough for the needs of the family, 8) now there is no work she cannot do, 9) mayor, 10) managers.

II   *Scegli la risposta esatta:*

1. La donna italiana si occupava esclusivamente: a) della scuola; b) della politica; c) della casa, del marito e dei figli?

2. Le donne hanno incominciato a parlare di: a) sport; b) di religione; c) di parità con l'uomo?

3. Le donne ora competono alla parità con gli uomini: a) per ottenere ottimi posti di lavoro; b) per diventare impresarie di aziende; c) per diventare maestre?

III   *Vero o falso?*

1) Prima della seconda guerra mondiale il lavoro della donna era in casa o nei campi.
2) Dopo la guerra, l'economia italiana s'è trasformata da agricola in industriale.
3) Le donne hanno ottenuto la parità con l'uomo con molta facilità.
4) Le donne italiane non hanno accesso al lavoro nelle industrie e nella politica.
5) Irene Pivetti ha sessantacinque anni.

IV   *Discussione*   *(Optional)*

In a group, you may discuss the topic: il femminismo in America e in Italia, asking the following or similar questions:

1) Pensi che la causa femminista abbia trionfato in America?
2) Pensi che ci siano altre mete da conquistare da parte del femminismo?
3) Devono le donne occupare anche i posti più importanti, nel mondo del lavoro?
4) Devono le donne andare a combattere in prima linea in caso di guerra?
5) Lavori adesso? Hai come capo ufficio, un uomo o una donna?
6) Voteresti per una donna che volesse diventare presidente degli Stati Uniti?

Una donna chic

**Ai tre interessi primari (marito-figli-casa)
del passato, la donna va
ora sostiuendo tre nuove aspirazioni:
istruzione, lavoro, autonomia.**

Vocabolario utile

Nomi

l'azienda	*firm/corporation*
l'anziana	*old lady*
la giornata	*day*
la laureata	*graduate*
il mestiere	*occupation/job*
la notizia	*news*
il prezzo	*price*
la prova	*proof/test*
il recapito	*address*
il resoconto	*report*
lo stipendio	*salary*
l'uomo (gli uomini)	*man (men)*
il voto	*grade/voting*

Verbi

abitare	*to live*
aiutare	*to help*
avere bisogno	*to need*
chiedere	*to ask*
finire	*to finish*
incontrare	*to meet*
lasciare	*to leave*
lavorare	*to work*
pagare	*to pay*
sapere	*to know*
sedersi	*to sit down*
venire	*to come*
vivere	*to live*

Altre parole

abbastanza	*enough*
alto	*tall*
ancora	*still*
antico	*ancient*
complimenti!	*congratulations*
dettagliato	*detailed*
estero	*foreign*
inoltre	*besides*
insomma	*in short*
lontano	*far away*
pronto?	*hello? (telef.)*
qualche	*some*
stamattina	*this morning*
vivamente	*lively/warmly*

Parole analoghe

la carriera	*career*
il centro	*center*
il/la collega	*colleague*
elegante	*elegant*
generale	*general*
il palazzo	*palace*
preparare	*to prepare*
la soddisfazione	*satisfaction*
stimare	*to estimate*
l'ufficio	*office*

(Some words ending in -tà are listed an p.320)

Capitolo XVI

Musica, maestro!

Italy is famous for many things, such as the arts, cuisine and music, especially <u>Opera</u>. This chapter will acquaint you with famous Italian composers and their masterpieces: Verdi *(Aida, Rigoletto,* la *Traviata);* Rossini *(Barbiere di Siviglia);* Puccini *(La Tosca, Madame Butterfly),* etc.

The grammar component will introduce the <u>subjunctive mood</u>, the most "dreaded" segment of the Italian verbal system because it has virtually disappeared from English grammar. To alleviate this frustration, the notion of the subjunctive, its verbal forms, and the condition when to use it, will be fully explained and illustrated.

Prospetto

A	Dialogo	*Vivaldi e la pizza*
		1) Vocabolario del dialogo
		2) Note di cultura
		3) Domande sul dialogo
		4) Vocabolario attivo: *a) Opere italiane b) Musicisti italiani*
		5) Attività sul vocabolario attivo
B	Grammatica e pratica	
	I	Theory of the Subjunctive
	II	**Subjunctive of regular verbs**
	III	**Uses** of the **Subjunctive** with verbs of: **wishes, doubt, emotion**
	IV	**Subjunctive of irregular verbs**
	V	Uses of the Subjunctive with **impersonal expressions**
C	Pratica riassuntiva	
D	Lettura di vita e costumi	**Quale musica?**
E	Lettura di cultura	**La Musica Italiana**
F	Vocabolario utile	

L'Italia? È una canzone

A	**Dialogo**	*Vivaldi e la pizza*

Antonio: Isabella, cosa dici,[1] vogliamo invitare a casa nostra i signori Belli?

Isabella: Penso che sia una buona idea. Anch'io desidero che trascorrano[2] una serata con noi e che ci facciano un po' di compagnia.

Antonio: Facciamo in modo che si sentano a loro agio[3] e che bevano ed ascoltino quello che desiderano. Ricordati che lui è il mio superiore in ufficio.
(Il pomeriggio seguente).

Sig.ra Belli: Permesso?

Isabella: Prego, avanti, avanti. Signora, mi dia la borsa[4] e il cappotto. Si accomodino6 in salotto. Vogliono ascoltare della buona musica?

Sig.ra Belli: Certamente. Signora, mi faccia un piacere. Mi faccia ascoltare *Le quattro stagioni* di Vivaldi.

Sig. Belli:	Vada pure per Vivaldi, ma dopo accontenti[8] anche me e mi faccia ascoltare un po' di musica moderna. Spero che non vi dispiaccia.[9]
Antonio:	No, certamente. Ritengo[10] che sia giusto accontentare tutti.
Sig. Belli:	Mi scusino, ma io, quando sento l'espressione "quattro stagioni"penso immediatamente alla pizza "quattro stagioni".
Isabella:	Non credo che sia difficile conciliare le due cose. Ordiniamo quattro pizze alle "quattro stagioni" e così alimentiamo[11] sia lo spirito con Vivaldi che il corpo con le pizze.
Sig. Belli:	Viva Vivaldi! Ma, siano benvenute anche le quattro stagioni. Chiariamo:[12] le pizze.

I   *Key words*
1)What do you think, 2)to spend, 3)to feel at ease, 4)purse, 5)coat, 6)sit down 7)to please, 8) to displease, 9)to think, 10)to nourish, 11)to make clear.

II   *Note di cultura:*

1) Antonio Vivaldi (1678 -1741) was the organist of Saint Mark basilica in Venice for many years. He wrote more than five hundred *concerti*. Many of his concerts, especially *Le quattro stagioni*, are among the top favorite pieces of music in the modern age.
2) *Le quattro stagioni* is the title of the most famous *concerto* by Vivaldi, and it is also the name of a popular pizza made today in Italy. It is divided into four sections: one is made with "pepperoni", another with anchovies, the third with mushrooms and the fourth with plain cheese.

III   *Domande per la comprensione:*

1) Chi vuole invitare Antonio?
2) Che cosa desidera Isabella?
3) Dove si accomodano i signori Belli?
4) Quale musica vuole ascoltare la signora Paola?
5) Quale musica vuole ascoltare suo marito?
6) A che cosa pensa il sig. Belli quando sente l'espressione "quattro stagioni"?
7) Che cosa ordina Isabella?

VIVALDI LE 4 STAGIONI

Vocabolario attivo

Italian Opera	*Author*	*Italian words* used by musicians
Il barbiere di Siviglia *Guglielmo Tell*	**Gioacchino Rossini** (1792-1868)	adagio *(slow)* adagissimo *(very slow)*
Norma *La sonnambula*	**Vincenzo Bellini** (1801-1835)	allegro *(fast)* allegro ma non troppo *(fast, but not too much)* forte *(loud)*
Lucia di Lammermoor *L'elisir d'amore*	**Gaetano Donizzetti** (1797-1848)	fortissimo *(very loud)* moderato *(moderate)* piano*(softly)* pianissimo *(very soft)*

		Strumenti musicali

Rigoletto   **Giuseppe Verdi** (1813-1901)
Il trovatore
La traviata   clarinetto
Aida   fisarmonica
Otello   flauto
                                                                sassofono
                                                                pianoforte   violino
                                                                tromba   violoncello
                                                                trombone

La Boheme   **Giacomo Puccini** (1858-1924)
Tosca
Madama Butterfly

I pagliacci   **Ruggiero Leoncavallo** (1858-1919)

Cavalleria rusticana   **Piero Mascagni** (1863-1945)

Espressioni *(from the dialogue)*

altre volte	*other times*	a te piace	*you like*
benvenuti	*welcome*	cantanti lirici	*opera singers*
dare prova	*to prove*	fare in modo	*to try*
le quattro stagioni	*the four seasons*	mi scusino	*excuse me*
mi faccia il piacere	*do me a favor*	permesso?	*may I come in?*
prego, avanti!	*please, come in*	qualche volta	*sometimes*
simile domanda	*such a question*	ti va?	*do you feel like?*
vada pure Vivaldi	*it is O. K. with Vivaldi*	bravo!	*very good*

Parole analoghe *(regarding music)*				**Cantanti**
l'aria	*aria*	classico	*classic*	soprano
l'intermezzo	*intermezzo*	la melodia	*melody*	mezzosoprano
la musica	*music*	la musica	*classica*	tenore
la musica	*lirica*	la musica	*popolare*	baritono
l'opera	*opera*	la sinfonia	*symphony*	basso

Pratica

I   Form complete sentences with the following nouns and the <u>present subjunctive</u> of the given verb.
Example: Dubitare/mio zio/suonare/il violino - Dubito che mio zio suoni il violino. *(To do this exercise, first you have to study the points of the grammar).*

1) Sperare/il professore/vedere/Rigoletto   2) Desiderare/Giorgio/vedere/*Aida*
3) Volere/alunni/suonare/violino.   4) E' possibile/io/comprare/violoncello.
5) Rallegrarsi/Marisa/studiare/musica.   6) E' conveniente/tu/sentire/concerto.

II   Ask your partner the following questions:

1) Ti piace la musica?
2) Quale musica ti piace di più, la classica o la moderna?
3) Qual è il tuo gruppo preferito?
4) Chi ti piace di più, Madonna o Michael Jackson?
5) Sai suonare qualche strumento? Quale?
6) In un pezzo di musica, quale movimento ti piace di pi?: allegro, adagio, piano?

III   In a group, ask the following questions about Opera:

1) Hai visto qualche opera?
2) Era italiana, francese, tedesca?
3) Ricordi il nome dell'opera e dell'autore?
4) Sai come si chiama il tenore italiano più famoso di oggi?
5) Sai quali sono le opere più famose e quelle preferite dal pubblico?
6) Ti piacerebbe vedere un'opera? Quale? (*Puoi sceglierne una dal* Vocabolario attivo.)

IV   Listen to a beautiful aria on cassette. My suggestion:

1) "La donna è mobile"   Da *Rigoletto* di Verdi
2) "Una furtiva lacrima."   Da *L'elisir d'amore* di Donizzetti.
3) "Vesti la giubba"   Da *I pagliacci* di Leoncavallo.
4) "Celeste Aida."   Da *Aida* di Verdi.
5) "Di quella pira."   Da *Il trovatore* di Verdi.

Trio

B   Grammatica e pratica

I   Theory of the **subjunctive mood**

Mood is the form of the verb that indicates the attitude *(mode)* of the speaker toward what is being said. So far you have studied three moods: the *imperative* which expresses a command or request, the *conditional* which expresses probability or what would happen if certain conditions were to be fulfilled and the *indicative* which expresses a fact or a reality of what has happened, is happening or will happen. If I say:

Nino andò in Italia l'anno scorso.	*Nino went to Italy last year.*
Nino va in Italia adesso.	*Nino is going to Italy now.*
Nino andrà in Italia in agosto.	*Nino will go to Italy in August.*

I am stating a fact, a reality that Nino went to Italy, is going to Italy or will go to Italy. Now examine the following sentences:

Voglio che Nino vada in Italia.	*I want Nino to go to Italy.*
Spero che Nino vada in Italia.	*I hope that Nino will go to Italy.*
Mi rallegro che Nino vada in Italia.	*I am delighted that Nino will go to Italy.*
E' probabile che Nino vada in Italia.	*It is probable that Nino will go to Italy.*

According to the content of these sentences, I am not sure if Nino will go to Italy or not. Maybe Nino will never go to Italy. This is just a <u>wish</u>, a <u>desire</u>, a <u>hope</u> of mine or of the speaker. In these kinds of sentences, Italian uses the subjunctive mood which expresses not an actual fact, but the speaker's subjective feelings (uncertainty, doubt, wish, possibility) about that fact.

A typical sentence with subjunctive includes: a principal clause with the verb in the indicative and a dependent clause with the verb in subjunctive. The dependent clause is connected to the principal clause with the conjunction **che** which is never omitted in Italian.

Dubito *(independent clause)* che *(never omitted)* il professor parli *(subjunctive)* cinese.
"Che il professore parli cinese" is the *dependent clause*.

Note: A <u>clause</u> is a sentence formed of a subject and a conjugated verb: "Sono contento" and "Nino va in Italia" are two clauses. If I say: Sono contento che Nino vada in Italia, we have an independent clause (sono contento) and a subordinate clause (che Nino vada in Italia).

In order to understand and use the subjunctive correctly, it is necessary to observe the following four rules:

1)   The subjunctive is used only in the *dependent clause* which is joined to the principal with *che* that is never omitted. Voglio <u>che</u> tu dorma otto ore. *I want you to sleep eight hours.*

2)   The <u>subject</u> of the dependent clause must be <u>different</u> from that of the independent clause.
          Il professore vuole che *io* compri un libro nuovo. *The professor wants me to buy a new book.*

Note: If the subject of the main clause is the same as that of the dependent clause, no subjunctive is used, but the infinitive, as it is in English: (Io) voglio comprare una macchina nuova. *I want to buy a new car.* It is incorrect to say: (io) voglio che (io) compri una macchina nuova.

3)   The verb in the main clause determines whether the subjunctive or the indicative should be used in the dependent clause.
          The most common verbs requiring the use of the subjunctive in the dependent clause are verbs of:

a) *Wish:*   (volere, desiderare, sperare, pensare preferire).
                                                     Preferisco che lui non venga alla festa;

b) *Doubt, disbelief or denial:*   (dubitare, negare, non credere).
                                                     Dubito che lei arrivi a tempo.

c) *Emotion:*   (temere, rallegrarsi, dispiacersi, essere contento).
                                                     Temo che la nostra squadra perda la partita di calcio.

d) *Impersonal expressions:*   (È necessario, è possibile, è impossibile, è probabile, etc.).
                                                     È probabile che il presidente venga alla nostra festa.

4)   If the <u>present</u> indicative is used in the *main clause*, then the <u>present</u> subjunctive *must* be used in the dependent clause.
       Il professore vuole *(present)* che io studi *(present)*.

       If the <u>past tense</u> (preterite, imperfect, present perfect) or <u>conditional</u> is used in the main clause, then the **imperfect** subjunctive must be used in the dependent clause.
       Il professore voleva *(past tense)* che io studiassi.

       Here is a summary chart of the four rules:

---

1.   Independent clause (*indicative*)   + <u>che</u>   + dependent clause (*subjunctive*).

2.   Subject of the main clause must be *different* from that of dependent clause.

3.   Verbs in the main clause requiring the use of subjunctive in depend. clause are:
         a) *wish*   b) *doubt*   c) *emotion*   d) *impersonal expressions*. . .

4.   If there is a *present indicat.* in the main clause, there must be a *present subj.* in depend.clause.

II   Subjunctive of **regular verbs**

Minidialogo   Compleanno

<u>Vocabolario</u>

auguri	*best wishes*	compleanno	*birthday*	deludere	*to disappoint*
evidentemente	*obviously*	far˜ in modo	*I'll try*	giungere	*to arrive*
impegno	*engagement*	poesia	*poem*	rimandare	*to postpone*

Monica: Adriana, <u>desidero che tu mi scriva</u> una bella poesia per il mio compleanno, <u>che partecipi</u> alla festa e <u>che la legga</u> ai miei amici.

Adriana: Temo <u>che ti debba deludere</u>. Non è possibile <u>che io partecipi</u> alla tua festa. Per quel giorno ho un impegno che non posso rimandare. Però farò in modo <u>che ti giungano</u> i miei auguri, in versi natural mente.

Domande: 1) Monica che cosa desidera da Adriana? 2) Per quale occasione Monica chiede che Adriana le scriva una poesia? 3) Perché Adriana non potrà andare alla festa?

---

1)   To form the present subjunctive of regular verbs add the following endings to the stem of the infinitive: **-are** verbs: **i, i, i, iamo, iate, ino.** **-ere + -ire** verbs: **a, a, a, iamo, iate, ano.**

Chart

	parl-are	prend-ere	part-ire	fin-ire
che io	parl-i	prend-a	part-a	fin-*isc*-a
che tu	parl-i	prend-a	part-a	fin-*isc*-a
che lui/lei/Lei	parl-i	prend-a	part-a	fin-*isc*-a
che noi	parl-iamo	prend-iamo	part-iamo	fin——iamo
che voi	parl-iate	prend-iate	part-iate	fin——iate
che loro/Loro	parl-ino	prend-ano	part-ano	fin-*isc*-ano

Note:　　a) The *-ere* and *-ire* verbs have the same endings.

b) The *noi* and *voi* forms (*-iamo, -iate*) are the same in the three conjugations.

c) The third person plural is formed by adding *-no* to the third person singular.

2)　　　　The first three persons in the singular have the same vowels. For this reason the personal pronouns are usually used to avoid ambiguity.

3)　　　　Verbs inserting *-isc* in the present indicative do the same in the subjunctive.

Una classe di musica nella scuola media

III　　Uses of subjunctive with verbs of: 1) wish 2) doubt 3) emotion

Pratica

Drills

A　　　　*Verbs indicating wish*

I　　　　Complete the following sentences with the appropriate subjunctive of the given verbs.

1) *Ascoltare*　Voglio che tu ——————————la radio tutti i giorni.
2) *Cantare*　Voglio che gli alunni —————————una canzone italiana.
3) *Portare*　Il professore vuole che noi ————il vocabolario d'italiano in classe.
4) *Scrivere*　I miei nonni vogliono che io ————una lettera agli zii.
5) *Temere*　Vogliamo che voi non —————————gli esami difficili.
6) *Vivere*　I miei zii desiderano che noi ————in California.

II   Complete the following sentences with the subjunctive of the given verbs:

    1) *Partire*   Mio padre desidera che io ————————subito per la Spagna.
    2) *Dormire*   Mia madre desidera che i figli————————per lo meno otto ore.
    3) *Pulire*   Mia zia desidera che suo figlio————————-l'autorimessa.
    4) *Servire*   Desiderate che io vi ———————— ————————-la cena stasera?
    5) *Offrire*   Il professore desidera che gli alunni — un concerto.
    6) *Ubbidire*   I miei genitori desiderano che i figli —alla maestra.
    7) *Finire*   La professoressa desidera che noi ———- l'esame a tempo.

III   Complete the following sentences with the subjunctive form:

    1) *Cenare*   I miei nonni preferiscono che io ————————con loro stasera.
    2) *Comprare*   Mio nonno preferisce che noi ————————-una casa nuova.
    3) *Scrivere*   Il professore preferisce che voi————————-in italiano.
    4) *Prendere*   Preferiamo che i turisti ————————————-un cappuccino.
    5) *Restare*   Preferisco che tu ————————————————con noi questa sera.
    6*) Partire*   I miei amici preferiscono che io————————per l'Australia.

B   ***Verbs of doubt:***

I   Form sentences according to the model: Mia madre/dubitare io/passare l'esame.
    Mia madre dubita che io passi l'esame.

    1) Mia madre/dubitare/mia sorella vincere alla lotteria.
    2) Io dubitare/tu continuare a vivere coi genitori.
    3) Noi dubitare/i turisti arrivare a tempo.
    4) Il professore /dubitare/tutti gli studenti superare l'esame.
    5) Il sindaco dubitare/ tutti i cittadini /pagare le tasse.
    6) Mio nonno dubitare/io trovare un buon lavoro quest'anno.

II   Replace the subject of the dependent clause with those in parentheses:

    1) Non credo che mio padre formi un nuovo partito (tu, voi, noi, i signori Belli).
    2) Loro non credono che io corra la maratona (mia nonna, tu, noi, Nino e Lisa).
    3) Nino non crede che Marisa parli tedesco (io, Marisa e tu, Anna ed io, loro, tu).

III   Ask a classmate questions according to the model: Credi che il tuo fidanzato (a) si diplomi quest'anno?
    No, non credo che il mio fidanzato si diplomi quest'anno.

    1) Credi che tuo padre venda la casa quest' estate?
    2) Credi che tuo fratello compri un nuova macchina?
    3) Credi che gli amici arrivino a tempo alla festa?
    4) Tuo nonno crede che esistano gli UFO?
    5) Credi che io cucini bene?
    6) Credi che Giorgio e Tina si sposino quest'anno?

C   ***Verbs of emotion***

I   Complete the following sentences with the subjunctive of the given verbs:

    1) Il professore teme che io ————————————————non superare l'esame.
    2) Gli amici temono che Tommaso non————————————guidare bene una Ferrari.
    3) Mio padre si rallegra che tu ————————————leggere molti libri.
    4) Agli alunni dispiace che il viaggio in Italia ————costare molto denaro.
    5) Mio padre ha paura che i miei fratelli ————————-spendere molto denaro.
    6) Ci dispiace che tu ————————————————————-partire così presto.

II Ask another student the following questions. The answer may be affirmative or negative:

1) Ti rallegri che tua sorella impari bene a suonare il violino?
2) Sei contento che i tuoi genitori stiano bene?
3) Ti dispiace che mi sieda accanto a te?
4) Temi che il professore ti chieda la lezione sul congiuntivo?
5) Temi che oggi piova?
6) Ti dispiace che il tuo fidanzato (a) parta presto?

Una serenata molto romantica.

IV   Subjunctive of **irregular verbs**

1) Many verbs are irregular in the Subjunctive. Generally, the irregularity is found in the stem; very few verbs are also irregular in their endings.

2) Since the three persons in the singular have the same forms, only the first person is given for the following irregular verbs:

	che io	che noi	che voi	che loro
av-ere	abb-ia	abb-iamo	abb-iate	abb-iano
ess-ere	s-ia	s-iamo	s-iate	s-iano
and-are	vad-a	and-iamo	and-iate	vad-ano
b-ere	bev-a	bev-iamo	bev-iate	bev-ano
d-are	di-a	d-iamo	d-iate	di-ano
d-ire	dic-a	dic-iamo	dic-iate	dic-ano
f-are	facci-a	facc-iamo	facc-iate	facci-ano
pot-ere	poss-a	poss-iamo	poss-iate	poss-ano
sap-ere	sappi-a	sapp-iamo	sapp-iate	sappi-ano
st-are	sti-a	st-iamo	st-iate	sti-ano
ven-ire	veng-a	ven-iamo	ven-iate	veng-ano
vol-ere	vogli-a	vogl-iamo	vogl-iate	vogl-iano

N. B.

The following verbs are not irregular, but undergo the same orthographic changes you have studied *(ch. 3, p. 60).*

a)   Verbs ending in -*care* and -*gare* : <u>cerc-are</u> *(to search)*, <u>tocc-are</u> *(to touch)*, <u>pag-are</u> *(to pay)* etc., insert an **h** between the stem and the endings:

Cerc-are: che io cerc-h-i   che noi cerc-h-iamo, voi cerc-h-iate, loro cerc-h-ino.
Pag-are: che io pag-h-i   che noi pag-h-iamo, voi pag-h-iate, loro pag-h-ino.

b)   Verbs ending in -*iare* : cominc-*iare;* mang-*iare;* stud-*iare* etc, drop the **i** of the stem before taking the endings:

Cominci-are   che io cominc-i. . . .che noi cominc-iamo, voi cominc-iate, loro cominc-ino.
Mangi-are   che io mang-i. . . . che noi mang-iamo, voi mang-iate, loro mang-ino.

Una canzone napoletana

Luciano Pavarotti: O Sole mio!

Pratica

Drills

I   Replace the subject of the dependent clause with the subjects in parentheses:

1) Il professore vuole che diciamo la verità (tu, Gino e tu, gli alunni, io).
2) Desideriamo che tu vada in Italia (il professore, mio nonno, Gino e Pina,voi)
3) Sono contento che tu sia felice (i miei nonni, Laura, tu e Laura, tu, gli amici).
4) Mi allegro che tu stia bene (tua madre, i tuoi fratelli, tu e Pino).
5) Temo che Tony non paghi il conto (tu, mio padre, i miei fratelli, Giorgio e tu).

II   Complete the following sentences with the subjunctive of the given verb:

1) Bere   Desidero che voi non ——————— molto vino.
2) Andare   Mia nonna desidera che io ————— a visitarla oggi.
3) Stare   Spero che tua nonna ——————bene.
4) Cominciare   Speriamo che la partita —————-a tempo.
5) Dire   Il giudice dubita che il ladro ———-la verità
6) Fare   Tutti desiderano che tu ——————un buon viaggio.

Communication

III   Work in pairs: one student expresses a statement, the other student responds with the expression: *Sono contento*. Model: Gino lavora - Sono contento che Gino lavori.

1) Giulia va in Italia.
2) Gli amici fanno una gita al mare.
3) Cristina ha passato l'esame.
4) Finalmente i ragazzi stanno zitti.
5) Anche il presidente viene alla festa.
6) Rocco paga il conto per tutti.

IV   In pairs, one student tells some bad news, the other student reacts with the expression: *Mi dispiace*. Model: Florinda sta male. - Mi dispiace che Florinda stia male.

1) Mio nonno deve subire un'operazione.
2) Mio zio non può andare a visitare suo padre in ospedale.
3) La lira molto debole sul mercato internazionale.
4) Oggi c'è sciopero dei treni.
5) I ragazzi non sanno la lezione.
6) Pierino dice spesso le bugie.

La Scala a Milano

V   Subjunctive **with impersonal expressions**

The Subjunctive is often used after certain impersonal expressions indicating: necessity, possibility, probability, etc.

Here are some of them:

E' necessario	*it is necessary*	E' importante	*it is important*
E' possibile	*it is possible*	E' impossibile	*it is impossible*
E' probabile	*it is probable*	E' improbabile	*it is improbable*
E' difficile	*it is difficult*	E' conveniente	*it is convenient*

N. B.

Notes.

1) The English **it** is not translated in Italian.

2) The subjunctive is used after the above expressions, only if the subject of the dependent clause is expressed.

E' conveniente che gli alunni studino il congiuntivo.
It is profitable the students study the subjunctive.

3) If no subject is expressed, the infinitive is used.

E' conveniente studiare il congiuntivo.
It is convenient to study the subjunctive.

Pratica

Drills

I   Replace the subject of the dependent clause with those in parentheses:

1) E' necessario che tu abbia pazienza (tua madre, i tuoi nonni, io, voi, noi).
2) E' probabile che Nino venga a casa (tu, gli alunni, tu e Monica, noi, io).
3) E' impossibile che tu faccia due lavori (io, mia sorella, i miei genitori, noi, voi).
4) E' importante che io non beva molto vino (noi, tu, mio nonno, voi, i ragazzi).
5) E' conveniente che noi non mangiamo troppo la sera (tu, io, mia zia, voi, loro).
6) E' difficile che il professore vada a Mosca (io, tu, i miei nonni, Tina ed io, voi).

II   Complete the following sentences with the subjunctive of the given verbs:

1) Vivere   E' probabile che io ——————————in California.
2) Lavorare   E' necessario che noi ——————————molto.
3) Abitare   E' difficile che il governatore——————————a Nuova York.
4) Invitare   E' conveniente che i tuoi genitori ————i nonni a cena.
5) Guadagnare   E' possibile che mio fratello ——————————molti soldi.
6) Studiare   E' importante che voi ——————————l'italiano.
7) Scrivere   E' improbabile che il presidente ci ————una lettera.

Communication

III   Ask another student the following questions. He/she may answer with an expression of probability. *È probabile.*
           Example: Verrà nella nostra città Madonna? È probabile che venga.

           1) Pioverà questo pomeriggio?
           2) Ti sposerai quest'anno?
           3) Supererà l'esame la tua amica Anna Maria?
           4) Vincerà la tua squadra favorita questo fine settimana?
           5) Verrà tuo zio dall'Italia per le feste di Natale?
           6) Troverai subito un impiego dopo che avrai terminato l'università?

IV   Interview another student following the model: È necessario votare alle elezioni generali?
           (Noi). È necessario che noi votiamo alle elezioni generali.

           1) È necesario mantenere l'ordine pubblico? (la polizia).
           2) È necessario fare spesso la dieta? (tu).
           3) È necessario non scrivere sui muri? (la gente).
           4) È necessario prendere buoni voti durante il semestre? (noi).
           5) È necessario dormire otto ore? (i bambini).
           6) È necessario pagare le tasse? (i cittadini).

L' orchestra di Torino

C   **Pratica riassuntiva**

Drills

I   Complete the following sentences with the subjunctive of the verb in parentheses:

           1) La maestra desidera che gli alunni——————— una lettera (scrivere).
           2) I miei genitori desiderano che io ——————- a cucinare (imparare).
           3) La professoressa desidera che gli studenti ————-un'opera (vedere).
           4) La segretaria preferisce che noi non ——————— il suo telefono (usare).
           5) Il professore desidera che gli alunni ——————-un vocabolario in classe (portare).
           6) Mio padre vuole che io ——————— ———————a casa a tempo (arrivare).

II   The President of your Club asks each student to do something for the party:
            Example: Maria/portare /la coca cola. - Desidero che Maria porti la coca cola.

            1) Carlo/comprare i panini.
            2) Anna/preparare/la tavola.
            3) Giulia e Teresa/portare il pane.
            4) Giuseppe/distribuire gli inviti ai professori.
            5) Cristina/invitare/gli studenti del corso di francese.
            6) Gina/suonare/il violino.

III   After the party, the president assigns a task to different students. You contradict the president and assign
            the same task to somebody else. Example Luciano/lavare/i piatti. No, Carlo.- Il presidente vuole che
            Luciano lavi i piatti. No, io voglio che Carlo lavi i piatti.

            1) Salvatore/portare/i piatti in cucina/ No, Vincenzo.
            2) Giovanni/pulire/la tavola/ No, Gina.
            3) Giuseppe/lavare per terra/ No, Bill.
            4) Anna/asciugare/le stoviglie/ No, Roberto.
            5) Tony/aiutare/Angela/ No. Kathy.
            6) Alberto/ scrivere una lettera di ringraziamento ai partecipanti/ No, Tommaso.

IV   Ask permission from your friend if you can do something. He/she will answer negatively. Example:
            Chiudere la finestra /Vuoi che io chiuda la finestra? No, non voglio che tu chiuda la finestra. *(Notice
            that the subject pronouns: io, tu, must be used in this case.)*

            1) Comprare il libro di fisica?
            2) Leggere una novella di Agata Christie?
            3) Guardare la televisione?
            4) Chiedere spiegazioni al professore?
            5) Studiare in biblioteca?
            6) Partire per la Florida?

V   Tell the student sitting next to you that you want him/her to do the following.
            Example: Avere pazienza/ Voglio che abbia pazienza. *(See irreg. verbs, p. 339).*

            1) Non bere molto vino.
            2) Andare in discoteca questa sera.
            3) Scattare molte fotografie agli sposi.
            4) Non dire bugie.
            5) Venire alla mia festa di compleanno.
            6) Avere compassione degli animali.

VI   Ask another student two questions about each of the following statements.
            Example: Mio padre vuole che mi alzi alle sette e faccia colazione alle otto.
            a) Che cosa vuole mio padre? - Che mi alzi alle sette.
            b) A che ora vuole che io faccia colazione?- Vuole che faccia colazione alle otto.

            1) Il professore desidera che gli alunni capiscano la lezione e che stiano bene.
            2) Mio padre desidera che io prenda la laurea in medicina, mia madre vuole che io diventi avvocato.
            3) Mia nonna dubita che io mi diplomi quest'anno e che trovi subito lavoro.
            4) Il sindaco si rallegra che i cittadini paghino subito le tasse e che mantengano pulite le strade.

VII   Ask your partner the following questions. He/she has to answer negatively.
            Example: È necessario/i bambini dormire/ otto ore. - È necessario che i bambini dormano otto ore? -
            No, non è necessario che i bambini dormano otto ore.

            1) È necessario/noi mangiare/tre volte al giorno.
            2) È difficile/ il presidente/venire alla nostra università.
            3) È utile/il mio fidanzato (a) mi telefonare/più spesso.
            4) È impossibile/(tu) finire/ l'università quest'anno.
            5) È necessario/io trovare/ subito un lavoro.
            6) È probabile/Pavarotti/ venire a cantare /alla nostra università.

Giuseppe Verdi

Arturo Toscanini

D   Lettura di vita e cultura   *Quale musica?*

Patrizia: **Marisa, ti piace venire in macchina con me o hai paura?[1]**

Marisa: **Penso che te ne abbia dato prova altre volte; non ho paura. La tua guida è dolce e rilassante. Anzi per rendere[2] il viaggio più piacevole fammi ascoltare[3] un po' di musica.**

Patrizia: **Quale preferisci, la musica classica o la musica moderna?**

Marisa: **Mi meraviglio[4] che mi faccia una simile domanda. Musica moderna, naturalmente. La mia preferita è la musica rock.**

Patrizia: **Purtroppo[5] pure a te piace tale musica?**

Marisa: **Perché purtroppo?**

Patrizia: **Perché io preferisco la musica classica. La musica di voi giovani mi sembra fatta più di rumore[6] che di melodia.**

Marisa: **E' una questione di gusto[7]. Però mi piacciono anche le canzoni melodiche del festival di San Remo e le canzoni napoletane. Ma, chiaramente preferisco ascoltare la musica americana, anche se non so una parola d'inglese.**

Patrizia: **E la musica classica, sinfonica ed operistica, ti è completamente sconosciuta?[8]**

Marisa: **Oh, no! I miei genitori ascoltano sempre le arie delle opere più famose: *Rigoletto, Aida,* la *Traviata, Madama Butterfly, Cavalleria rusticana.* Anzi non mi dispiace[9] andare qualche volta alla Scala, specie quando dirige il maestro Riccardo Muti.**

Patrizia: **Ogni tanto[10] scopro[11] che anche mia figlia ascolta qualche aria famosa. Tra i cantanti lirici preferisce Luciano Pavarotti. E tu?**

Marisa: **Anche a me piace molto Pavarotti.**

Patrizia: **Io invece preferisco le grandi voci del passato: Beniamino Gigli, Mario del Monaco, Giuseppe Di Stefano, Maria Callas.**

Marisa: **Allora, siccome sono tua ospite, lascio a te la scelta.[12]**

Patrizia: **Ti va l'intermezzo della *Cavalleria rusticana*?**

Marisa: **Sì, è un pezzo bellissimo.**

I   *Key words*

1)To be afraid, 2)to make, 3)let me listen, 4)I wonder, 5)unfortunately, 6)noise, 7)taste 8)unknown, 9)to dislike, 10)from time to time, 11) find out, 12)choice.

II   *Note di cultura:*

1)The annual music Festival at San Remo, on the Ligurian Riviera, is the most important in Italy because songs written in Italian are selected there. The best wins a prize.

2) Each region in Italy has its popular songs; the most famous are: the "stornelli", the mountain song of the Alpine regions and the Neapolitan songs.

3)Young people in Italy are great fans of American and British rock and roll music and buy rock music records by the million, even though the majority of them do not understand one word of English.

4) Riccardo Muti is the most famous Italian conductor today.

5) *La Scala*, located in Milan, is the most famous Opera House in Italy.

III   *Domande per la comprensione della lettura:*

1) Com'è la guida di Patrizia?
2) Quale musica preferisce Marisa?
3) Quale musica preferisce Patrizia?
4) Quali opere ascoltano i genitori di Marisa?
5) Chi sono i cantanti lirici che preferisce la figlia di Marisa?
6) Come si chiamano i cantanti del passato preferiti da Patrizia?
7) Com'è l'intermezzo dalla *Cavalleria Rusticana*?

IV   *Vero o falso?*
1) Marisa ha paura di viaggiare con Patrizia.
2) Marisa preferisce la musica moderna.
3) Anche Patrizia preferisce la musica moderna, specialmente la musica rock.
4) Marisa preferisce ascoltare musica americana, anche se non sa l'inglese.
5) I genitori di Marisa ascoltano sempre musica di opere francesi.
6) La figlia di Patrizia preferisce il tenore Pavarotti.
7) Alla fine, Patrizia e Marisa ascoltano l'intermezzo di *Madama Butterfly*.

V   *Conversazione*

In a group of four students, each one should ask the following questions:
1) Quale musica preferisci: rock, jazz, classica, country?
2) Sai suonare qualche strumento? Quale?
3) Sai cantare? Canti a volte? Dove?
4) Ti piace di più Placido Domingo, Luciano Pavarotti o José Carreras?
5) Hai ascoltato alla radio l'aria di qualche opera italiana?
6) Quale? Ti è piaciuta? Perché sì, perché no?

Riccardo Muti

Maria Callas

E Lettura di cultura *La musica italiana*

Gli Italiani amano molto la musica e ogni regione ha le sue canzoni tradizionali che vengono cantate anche da quelli che si trasferiscono all'estero. Quelle canzoni fanno venire la nostalgia della loro terra e sono considerate come un legame[1] ancora molto forte con i luoghi di origine. Molte di queste canzoni sono famose non solo in Italia, ma in tutto il mondo, come ad esempio le canzoni napoletane nella cui interpretazione si sono cimentati[2] anche cantanti molto famosi, da Caruso a Pavarotti.

Ai giovani invece piace la musica moderna, da discoteca in lingua inglese. Molti non capiscono una parola d'inglese, ma non ha importanza: la musica con il suo linguaggio universale, li fa sentire uniti[3] e cittadini di un mondo che, ormai, è diventato veramente molto piccolo.[4] I giovani italiani comprano riviste musicali e moltissime cassette e compact disk di musica rock di vari gruppi inglesi o americani.

Alle persone di una certa età e di una certa cultura, invece, piace la musica sinfonica e la musica operistica. In Italia è nato il melodramma fin dal secolo XVI con la famosa Camera dei Bardi. Il 1800 è il secolo d'oro per il melodramma italiano per merito di[5] Vincenzo Bellini, Gioacchino Rossini, Gaetano Donizetti, Giacomo Puccini e soprattutto Giuseppe Verdi. Le arie delle sue numerose opere sono popolarissime e non è raro sentire per la strada qualcuno che canticchia[6] "La donna è mobile" (*Rigoletto*), "Torna vincitore" (*Aida*"), "Libiam, libiamo" (*La Traviata*).

Non c'è città in Italia che non abbia il suo teatro lirico e i più famosi sono: la Scala di Milano, il teatro la Fenice di Venezia, il teatro dell'Opera di Roma, il San Carlo di Napoli, il teatro Massimo di Palermo. In questi teatri hanno trionfato i più grandi tenori: Enrico Caruso, Beniamino Gigli, Mario del Monaco, Giuseppe Di Stefano. Attualmente il più acclamato è Luciano Pavarotti. Tra le voci femminili è rimasta mitica la voce di Maria Callas.

La terminologia in italiano è usata in tutto il mondo per scrivere e interpretare la musica. E' necessario che tutti i musicisti sappiano il significato di: *adagio, forte, fortissimo, vivace, andante, allegro, allegro ma non troppo.* . . . Con giusta ragione,[7] l'Italia si definisce "il paese del bel canto".

I Key words:
1) Bond, 2) to engage, 3) let them feel united, 4) very small, 5) thanks to, 6) to hum, 7) right reason.

II *Scegli la risposta giusta:*

1) Gli Italiani amano molto: a) la letteratura inglese; b) la musica; c) la poesia?

2) Nell'interpretazione delle canzoni napoletane si sono cimentati anche cantanti famosi:
a) da Frank Sinatra a Dean Martin b) da Caruso a Pavarotti c) da Michael Jackson a Madonna?

3) Molti giovani italiani comprano moltissime cassette e CD di musica Rock and Roll di gruppi:
a) tedeschi b) inglesi e americani c) latinoamericani?

4) Alle persone di una certa età e di certa cultura piace: a) la musica popolareb) la musica sinfonica;
c) la musica rock?

III *Vero o falso*

1) Alcune canzoni napoletane sono famose in tutto il mondo.
2) Ai giovani italiani piace la musica rock americana.
3) Alle persone di una certa età in Italia piace la musica jazz.
4) Il melodramma è nato in Germania.
5) Giuseppe Verdi è un compositore austriaco.

6) La Scala di Milano è il teatro più famoso del mondo.

7) Enrico Caruso è considerato il più grande tenore e Maria Callas il più grande soprano del mondo.

IV   *Conversazione*   *(Optional)*

In a group, discuss these topics of music:

1) Ti piace l'opera?

2) Hai mai visto un'opera?

3) Ti piace la musica jazz?

4) Qual è il tuo gruppo preferito della musica rock?

5) Ti piace il balletto classico?

6) Hai mai tentato di canticchiare un'aria
   di opera? Quale? *La donna è mobile?*
   Vesti la giubba?

TEATRO DELL'OPERA
P.za Beniamino Gigli, 8. Tel. 4817003.
Ore 20,30:
L'elisir d'amore melodramma
giocoso in due atti di Gaetano Donizetti.
Interpreti: Valeria Esposito, José Bros,
Roberto Frontali, Bruno Praticò, Marian-
gela Spotorno. Direttore Maurizio Beni-
ni. Regia di Stefano Vizioli. Scene e costumi di Ugo Nespolo. Biglietti c/o il
botteghino del teatro dalle 10,30 alle 17
escluso il lunedì. Prezzi da 20.000 a
260.000.
La Scuola di Danza del Teatro dell'Opera
comunica la
Scadenza al 27/5 dei termini del
bando di concorso per l'ammissione di
nuovi allievi per l'anno '95-'96. Gli esami si terranno il 9 e il 10 giugno.

**ACCADEMIA NAZIONALE
SANTA CECILIA**
via Vittoria, 6.
Tel. 6780742-3-4-5/6790546.
Ore 19,30 c/o Auditorio in via della Con-
ciliazione (turno C):
Concerto dell'Orchestra e Coro del
Teatro Kirov di San Pietroburgo diretto
da Valerij Gergiev. In programma Ciajko-
vskij, «La Dama di picche», opera in tre
atti op. 68. Biglietti in vendita al botteghino dell'Auditorio tutti i giorni, dalle 10
alle 13 e dalle 15 alle 18.

TEATRO GIUSEPPE VERDI, fino
al 10 agosto, Trieste.

● **Turandot,** di Giacomo Puccini
con Giovanna Casolla.
TEATRO DI TORRE DEL LAGO il
6 e 11 agosto Torre del Lago.

● **Nabucco,** di Giuseppe Verdi.
ARENA DI VERONA, nei giorni
4 e 9 agosto, Verona.

Vocabolario utile

Nomi

il cantante	*singer*
la canzone	*song*
la casa	*house*
la compagnia	*company*
il corpo	*body*
i giovani	*young people*
intermezzo	*interval*
l'ospite	*guest*
la paura	*fear*
il pezzo	*composition/piece*
il pomeriggio	*afternoon*
il salotto	*living room*
la serata	*evening*
I signori	*Mr. and Mrs.*
lo spirito	*spirit*

Verbi

ascoltare	*to listen to*
bere	*to drink*
conciliare	*to reconcile*
credere	*to believe*
dirigere	*to conduct*
lasciare	*to leave*
ordinare	*to order*
pensare	*to think*
permesso!	*may come in!*
ricordare	*to remember*
sentire	*to feel/listen*
sperare	*to hope*
suonare	*to play/ring the bell*
trovare	*to find*
il superiore	*boss/superior*

Altre parole

allora	*then*
anzi	*on the contrary*
avanti	*come in*
ben venuti	*welcome*
certamente	*certainly*
chiaramente	*clearly*
difficile	*difficult*
dolce	*sweet*
giusto	*right*
immediatamente	*at once*
napoletano	*neapolitan*
naturalmente	*naturally*
piacevole	*pleasant*
pure	*also*
rilassante	*relaxing*
seguente	*following*
siccome	*since*
simile	*similar*
specie	*kind*

Parole analoghe

animale	*animal*
contento	*content*
gruppo	*group*
guida	*guide*
intermezzo	*intermezzo*
lezione	*lesson*
lista	*list*
movimento	*movement*
offrire	*to offer*
ordinare	*to order*
ospedale	*hospital*
passato	*past*
pazienza	*patience*
permesso	*permission*

Capitolo XVII

La politica in Italia

The <u>political system</u> in Italy, though corrupt, confused and complicated, will be discussed in this chapter. La "Politica" in Italy consists of a large number of political parties, an overwhelming number of private interests, all interwoven with a great deal of talk, passion and emotions.

In grammar you will learn how to use the <u>subjunctive</u> in several situations, namely, in a relative dependent clause modifying a negative or indefinite antecedent, and in adverbial clause.

A   Dialogo   *Per chi votare?*

Professore:	Ragazzi, avete ricevuto il certificato elettorale?[1]
Alfredo:	Io non ancora, ma spero che giunga in tempo. E Lei, professore?
Prof:	Io sì, ma questa volta ho le idee molto confuse. Ormai nella politica italiana non si capisce niente.
Valeria:	Io penso che i giovani abbiano le idee più chiare: votano o per la destra o per la sinistra.
Pina:	Essi lottano[2] affinchè siano garantiti e rispettati i loro diritti.
Alfredo:	Nonostante[3] mio padre sia simpatizzante della destra, precisamente di Alleanza Nazionale, io invece voterò per il partito democratico della sinistra.
Prof.	Ma nessuno di voi pensa di votare per un partito moderato, di centro?
Enzo:	Come si fa a votare per uomini che hanno militato[4] nella ex Democrazia Cristiana o nel Partito Socialista?
Prof.	Sebbene[5] la ex Democrazia Cristiana abbia commesso molti errori, per molti anni ha assicurato benessere[6] e progresso all'Italia.
Pina:	A quale prezzo? Ha creato tanta corruzione. Ormai noi giovani non crediamo più a nessuna promessa, qualunque sia.
Alfredo:	Noi giovani vogliamo fare in modo che ci sia garantito un futuro più sereno e più giusto.

I   *Key words*
1) Voter's registration card, 2) to struggle, 3) although, 4) supported, 5) even though, 6) well-being.

II   *Nota di cultura*

For forty five years the dominant political parties in Italy were: Democrazia Cristiana, Partito Comunista Italiano and Partito Socialista. At present, after the fall of the Communist party in Eastern Europe,and due to the corruption of many political leaders, the old parties were dissolved. New groups emerged on the Italian political scene: Forza Italia, Alleanza Nazionale, Partito Democratico della Sinistra, Lega Nord. Many Italians, like the professor in the dialogue, are still not certain about the political platforms of these parties and the honesty and sincerity of their leaders.

III   *Domande per la comprensione della lettura:*

1) Hanno ricevuto il certificato elettorale tutti i ragazzi?
2) Come sono le idee politiche del professore sulla politica?
3) Per chi votano i giovani italiani?
4) Per quale partito voterà Alfredo?
5) Che cosa ha fatto per molti anni la Democrazia Cristiana?
6) A che cosa non credono più i giovani d'oggi?

IV   *Vero o falso?*

1) Il professore ha le idee molto chiare riguardo alla politica italiana.
2) I giovani hanno le idee confuse.
3) Alfredo voterà per il Partito Democratico della Sinistra.
4) Sebbene abbia commesso molti errori, la Democrazia Cristiana ha assicurato benessere e progresso all'Italia.
5) I giovani non credono più a nessuna promessa.
6) I giovani non vogliono nessun futuro.

```
GAZZETTA UFFICIALE
          DELLA
   REPUBBLICA ITALIANA
PARTE PRIMA        Roma - Sabato, 27 dicembre 1947
```

COSTITUZIONE

DELLA

REPUBBLICA ITALIANA

Vocabolario attivo

Il governo italiano   **Il parlamento**
Il presidente del consiglio *(Prime minister)*   Il Senato (315 senatori)
Il ministro degli esteri *(Secretary of State)*   La Camera dei Deputati (630)
Il ministro di grazia e giustizia *(Attorney General)*   *(Elected by the people every five years)*

Partiti politici
Alleanza Nazionale   Partito Democratico della Sinistra   Forza Italia
Lega del Nord   L'Ulivo   I Verdi

Politica italiana

Parole riguardanti la politica

la costituzione	*constitution*	il parlamento	*congress*
il candidato	*candidate*	il partito politico	*political party*
il comune	*city hall*	il politico	*politician*
il/la deputato (a)	*representative*	il potere	*power*
l'elettore	*voter*	il presidente	*president*
le elezioni	*elections*	a repubblica	*republic*
il governo	*government*	il senatore	*senator (m)*
il ministro	*minister/secretary*	la senatrice	*senator (f)*
la monarchia	*monarchy*	il sindaco	*mayor*
il re	*king*	la regina	*queen*
lo stato	*state*		

Espressioni utili

Capisci?	*Do you understand?*
No, non capisco.	*No, I don't understand.*
Che cosa vuol dire?	*What does it mean?*
Che cosa vuoi dire?	*What do you mean?*
Come si dice "Representative" in italiano?	*How do you say "Representative" in Italian?*
Va bene. Ripetete insieme il verbo "capire".	*O.K. Repeat together the verb "capire".*

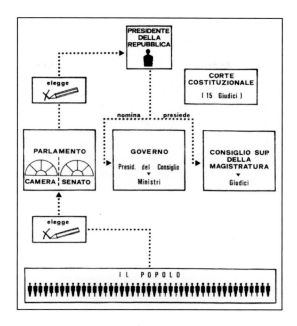

Pratica

Drills

I   Form sentences with the following words and the <u>present subjunctive</u>.
           Example: la senatrice /cercare/ impiegato/parlare inglese - La senatrice cerca un mpiegato che parli
           inglese. *(Study the points of grammar first).*

           1) Mio padre/sperare/mio fratello /diventare ministro.
           2) Mia madre/dubitare/ io diventare/ sindaco della città.
           3) E' necessario/ tutti i ministri/essere onesti.
           4) I deputati/sperare/ Irene Pivetti/restare/alla presidenza della Camera.
           5) Non è sicuro/molti Italiani/votare/per la Lega Nord.
           6) Il governo/proibire *(isc)*/cittadini/votare in bianco.

II   Answer the following questions:

           1) Come si chiama l'attuale presidente degli Stati Uniti?
           2) Come si chiamano i due senatori dello stato dove abiti?
           3) C'è una senatrice nel tuo stato? Come si chiama?
           4) Quanti sono i giudici della Corte Suprema negli Stati Uniti?
           5) In quale città risiedono il governo, il congresso e la corte suprema?
           6) Ti piacerebbe lavorare per il governo?
           7) Che cosa ti piacerebbe essere: presidente, segretario, deputato, sindaco?

III   Working in a group, talk about politics, asking and answering the following or similar questions:

           1) Quanti partiti politici ci sono in America?
           2) Qual è il partito per il quale simpatizzi? Perché?
           3) Quanti sono gli stati degli Stati Uniti?
           4) Gli Stati Uniti formano una repubblica o una Federazione?
           5) Ti piacerebbe essere sindaco della tua città?

IV   In a group of five students, elect a candidate who would like to run for public office. He/she will describe himself/herself and express his/her political agenda. What are the problems in the state and how he/she would resolve them.Then, the rest of students will ask many questions like journalists do.

Il Parlamento italiano

B   Grammatica e pratica

I   Additional uses of the subjunctive.

Minidialogo   **Cercasi una segrataria**

Vocabolario

assumere	*to hire*	brava	*clever/good*	cercare	*to search*
compenso	*retribution*	esagerato	*exaggerated*	garanzia	*warranty*
informatica	*computer science*	migliore	*better*	pensare	*to think*
piazza	*market-place*	purchè	*provided that*	sapere	*to know*

Sig.Lisi: Gentile signora Dini, cerchiamo una segretaria <u>che sia</u> brava, <u>che sia</u> onesta e che <u>sappia</u> usare il computer.

Sig.ra Dini: Mia figlia Monica è la migliore <u>che ci sia</u> sulla piazza. Penso che il suo diploma in informatica <u>sia</u> una buona garanzia.

Sig. Lisi: L'assumo <u>purché non chieda</u> un compenso esagerato.

Domande   1) Chi cerca il sig. Lisi? 2) Che qualità deve avere la sua segretaria? 3) Chi propone la sig.ra Dini? 4) Aquali condizioni l'assumerebbe?

In addition to the previous uses of the subjunctive required by certain verbs, the subjunctive is also required in the following instances:

a) When the antecedent is indefinite; b) when it is negative; c) or it is a relative superlative.

II   Subjunctive **with indefinite antecedent.**

The subjunctive is used in a dependent clause when the antecedent is an indefinite, indeterminate person or thing; practically, when the word *any* may be placed before the antecedent noun. Observe this sentence:

Ho bisogno di una segretaria che parli francese. *I need a secretary [any secretary] who speaks French.* Here: "che parli francese" expresses an hypothetical quality of an indefinite, unknown person.

Note: If the person is definite, well known, the verb of the dependent clause is expressed in the indicative. Observe: Conosco la segrataria del mio direttore che parla bene il francese.

Pratica

I   Complete the following sentences with the subjunctive of the given verb:

1) Cerco una casa *(any house)* che ———————————— tre stanze da letto (avere).
2) Cerchiamo un professore *(any professor)* che————tedesco (parlare).
3) Abbiamo bisogno di una domestica che ——————————-bene (cucinare).
4) La patria ha bisogno di cittadini che ——————————-le tasse (pagare).
5) La Juventus cerca un giocatore che ——————————meglio di Pelè (giocare).
6) Il Milan ha bisogno di un direttore tecnico che———— non (chiedere) molto denaro.

II   Your mother is looking for a part time cleaning lady. Help your mother by suggesting which qualification the lady should have.
Example pulire bene la casa - Cerchiamo una domestica che pulisca bene la casa.

1) Parlare italiano.
2) Sapere cucinare le lasagne.
3) Trattare bene I bambini.
4) Essere onesta.
5) Fare la spesa al mercato.
6) Rispondere al telefono.

Una votazione al parlamento.

III   Subjunctive **with negative expressions**

The subjunctive is used in the dependent clause when the main clause is expressed as a negative statement.

Non voglio comprare una macchina che costi una fortuna.   *I do not want to buy a car that costs a fortune.*

Non ho più nessun vestito che mi vada bene.   *I do not have any suit that fits me well.*

Pratica

I   Complete the following sentences with the subjunctive of the given verbs:

1) Non voglio abitare in un quartiere dove————(esserci) molti ladri.
2) Non conosco nessun avvocato che ——————(poter salvare) il criminale dalla morte.
3) In questo negozio non c'è niente che —————(piacermi).
4) Non c'è nessuna cosa al mondo che————la (soddisfare).
5) Il presidente non ha nessun vestito che ————(costare) meno di cinquecento dollari.

II   Give your partner the following statements. He/she must repeat the same in the negative form.
Example: Conosco uno studente che parla giapponese.- Non conosco nessuno studente che parli giapponese.

1) In questa città c'è un negozio in cui si vendono vestiti italiani.
2) Ho un amico che mi puù prestare dieci milioni di lire.
3) Quest'anno ho visto molti film che mi piacciono molto.
4) Abbiamo un amico che corre nella maratona di Nuova York.
5) Conosco un fotografo che fa belle fotografie alle stelle del cinema.

IV   Subjunctive **with Relative Superlative**

The subjunctive is also used in a dependent clause that modifies the noun of a main clause expressed by a relative superlative or the adjectives **unico** and **solo**.

La Ferrari è la macchina più veloce che io conosca.	*The Ferrari is the fastest car I know.*
Il Pincio è il parco più bello che ci sia a Roma.	*Pincio is the most beautiful park in Rome.*
In questa classe, Lucia è l'unica studentessa	*In this class, Lucy is the only student*
che parli bene l'italiano.	*who speaks Italian well.*
Mio padre dice che la matematica è la sola cosa	*My father says that mathematics is the only thing*
che io sappia bene.	*I know well.*

Pratica

I   Complete the following sentences with the subjunctive of the verbs:

1) Roma è la città più popolata che ———(esserci) in Italia.
2) Il Colosseo è il più grande edificio antico che ———(esistere) a Roma.
3) Gli orologi svizzeri sono gli articoli più cari che ——(vendere) in questo negozio.
4) Il monte Bianco è la montagna più alta che ———(esserci) in Europa.
5) Irene Pivetti è la deputata più giovane che ——(trovarsi) nel parlamento.

II   Ask your classmate the following questions. He/she has to answer with a sentence in the relative superlative. Example: Conosci un buon cantante di rock? Michael Jackson è il miglior cantante di rock che io conosca.

1) Conosci una famosa attrice italiana? (Sofia Loren).
2) C'è una persona ricca in Italia? (Gianni Agnelli).
3) Conosci un bravo tenore italiano? (Luciano Pavarotti).
4) Conosci un luogo tranquillo dove si può vivere felici? (La mia casa in Florida).
5) Conosci una città molto grande negli Stati Uniti? (Nuova York).

V   Subjunctive **with subordinating conjunctions**

Minidialogo   Il meccanico fa . . . il miracolo?

<u>Vocabolario</u>

accontentare	*to please*	accorato	*sorrowful*	affinchè	*so that*
a meno che	*unless*	frizione	*clutch*	nonostante	*in spite of*
iniziare	*to begin*	marito	*husband*	potere	*to be able*
partita	*game*	peccato!	*what a pity!*	richiesta	*request*
proprio	*really*	rifare	*to do again*		

Beatrice: Sara, prestami la tuo auto <u>affinchè possa</u> andare alla partita. Ti prego.

Sara: <u>Nonostante tu mi faccia</u> questa richiesta un po' accorata, temo che non <u>possa</u> accontentarti.

Beatrice: Peccato! E perchè?

Sara: Perchè mio marito l'ha portata dal meccanico <u>perchè aggiusti</u> la frizione.
<u>A meno che</u> il meccanico non <u>faccia</u> il miracolo.

Beatrice: Spero proprio che <u>faccia</u> il miracolo prima <u>che inizi</u> la partita.

Domande: 1) Beatrice cosa chiede in prestito a Sara? 2) Dove vuole andare Beatrice? 3) Perchè Sara non può prestare l'auto? 4) Che cosa spera Beatrice?

1)   This is the third group of subjunctives. It is called *"adverb clause"* because the dependent clause is introduced by an <u>adverbial conjunction</u> which completes the meaning of the main sentence. Observe these expressions: "Vado a scuola"*(I am going to school);* and "imparo molte cose" *(I am learning many things).* Both are independent clauses; but, if I say: "Vado a scuola affinché impari molte cose" this second sentence becomes a dependent "adverbial clause" which completes the meaning of the main sentence "Vado a scuola".

Gli studenti leggono due volte la grammatica affinchè capiscano meglio il congiuntivo.
Students read the grammar twice in order to understand the subjunctive better.

2)   The following conjunctions require the subjunctive in a dependent clause:

a) Affinchè	*in order that.*	Prende la medicina affinchè si senta meglio.
		He/she takes the medicine in order to feel better.
b) Benchè	*even though.*	Continuo a lavorare, benchè sia stanco.
		I continue working, even though I am tired.
c) A meno che non	*unless*	Non dargli la macchina, a meno che non paghi prima.
		Do not give him the car, unless he first pays.
d) Prima che	*before*	Torniamo a casa prima che incominci a piovere.
		Let's return home before it is starts raining.
e) Purchè	*provided that*	Ti presto i soldi, purchè me li restituisca tra sei mesi.
		I will lend you the money, provided that you repay me within six months.

3) The subjunctive is also used in dependent clauses when they are introduced by the following indefinite words:

Chiunque	*whoever*	Non aprire, chiunque sia.	*Do not open, whoever may be.*
Dovunque	*wherever*	Seguilo, dovunque vada.	*Follow him, wherever he goes.*
Qualunque	*whatever*	Qualunque cosa succeda, non te ne andare.	*Whatever happens, do not go away.*

Pratica

I   Replace the subject of the dependent clauses by those in parenthesis:

1) Giorgio lavora affinchè la famiglia stia bene (io, i miei fratelli, noi, tu).
2) Apro la porta affinchè tu possa entrare (i nonni, tuo padre, tu, tu e Gino).
3) Maria fa il lavoro purchè i clienti paghino in contanti (tu, i miei zii, noi, voi).
4) Il professore non incomincia la lezione, a meno che non tutti gli studenti stiano zitti (io, noi, tu, Gino, voi).
5) Ritorno a casa prima che arrivi mio padre (i miei fratelli, mia madre, tu, voi).

II   You are going for an interview; your father gives you a good advice.
Example: Indossare un bel vestito/affinché/fare buona impressione -
Indossa un bel vestito affinchè faccia una buona impressione.

1) Uscire di casa presto/affinchè/arrivare a tempo.
2) Non fare domande/a meno che non/essere necessarie.
3) Non chiedere troppo denaro/benchè/il salario sembrare un po' basso.
4) Non alzarti/prima che/il direttore darti permesso.
5) Saluta il direttore con cordialità/affinchè/notare che sei cortese.
6) Sii sempre serio/a meno che/il direttore raccontare una barzelletta.

Una manifestazione comunista

C   Pratica riassuntiva

Drills

I   Rewrite the following sentences using the subjunctive according to the model. Vogliamo un

presidente/parlare anche spagnolo - Vogliamo un presidente che parli anche spagnolo.

1). . . un governo/ fare gli interessi del popolo.
2). . . un candidato/ aiutare i poveri.
3). . . un sindaco/ essere onesto.
4). . . un ministro delle finanze/ non rubare.
5). . . due senatori/ non fare troppe promesse.
6). . . una deputata/ risolvere i problemi della famiglia.

II   Form sentences according to the model: Abbiamo bisogno di una domestica/Essere paziente -Abbiamo
bisogno di una domestica che sia paziente.

1) Lavare/ la biancheria.
2) Cucinare/ all'italiana.
3) Sapere lavare/ i piatti.
4) Volere bene/ ai bambini.
5) Non parlare/ troppo tempo al telefono.
6) Non fare scomparire/ le cose.

III   Restate the following sentences by using the superlative of the given adjectives.
Example: Rio Janeiro é una bella città /conoscere/ in Sudamerica - Rio Janeiro é la più bella città che
io conosca in Sudamerica.

1) L' Imalaia è un' alta montagna/conoscere/dell'Asia.
2) Agnelli è l'uomo ricco/esserci/in Italia.
3) La Ferrari è la macchina veloce tu poter vedere/in Italia.
4) I vestiti di marca Gucci sono cari/io poter comprare/in Italia.
5) Londra è la città grande/noi poter visitare/in Europa.
6) Einstein è l'uomo intelligente/essere esistito.

IV   Complete the following sentences by translating the English words.
Example: Vieni con me/*provided that*/comportarsi bene - Vieni con me purchè ti comporti bene.

1) Ti dico un segreto/*provided that*/ tu non dirlo ad altre persone.
2) Vado in Australia/*provide that*/mio padre pagarmi il viaggio.
3) John e Kathy vanno in banca/*before*/ chiudere.
4) Compriamo il biglietto/*before*/aumentare il prezzo.
5) Il professore ripete la lezione/ *in order that*/gli alunni capire meglio.
6) Stasera andiamo al cinema/*unless*/tu non voler vedere l'*Aida* in TV.

V   Restate the following sentences by using the conjunction "affinché". Follow the model: Portiamo in
clinica l'ammalato/ il medico visitarlo - Portiamo in clinica l'ammalato affinchè il medico lo visiti.

1) Beatrice vuole l'auto di Monica/. . ./poter andare alla partita.
2) Monica porta l'auto a riparare/. . ./il meccanico aggiustare la frizione.
3) Visitiamo i nonni/. . ./essere contenti.
4) Leggono gli avvisi/. . . /poter trovare lavoro.
5) Visito mio zio/. . ./prestarmi cento mila lire.
6) Mia sorella frequenta l'università/. . . /conseguire la laurea in informatica.

D   Lettura di vita e costumi   *Politica in famiglia*

Quando i quattro membri della famiglia Sinisgallo si ritirano[1] a casa e si riuniscono[2] per la cena, tentano[3] di conversare, ma ci riescono[4] poco, in quanto[5] tra i loro discorsi si inseriscono le notizie del telegiornale.[6] Sono tutti interessati a seguire l'evoluzione della politica italiana in questi momenti di crisi e di grandi trasformazioni.

Il signore Antonio e la signora Esperia hanno raggiunto l'età della pensione[7] e si interessano delle trattative[8] tra governo e sindacati[9] sulla riforma delle pensioni. Il figlio Leo lavora per le assicurazioni[10] ed è interessato alle notizie che riguardano il fisco[11]. La figlia Grazia è iscritta al terzo anno dell'università alla facoltà di scienze politiche.[12] E' la più idealista e tenta di fare diagnosi e pronostici[13] sull'evolversi[14] della politica.

Spesso, nella famiglia nascono discussioni vivaci[15] che, non di rado,[16] si arricchiscono di argomentazioni storiche e culturali. I motivi di divergenza[17] non mancano,[18] specie ora[19] che nella politica italiana ci sono grandi fermenti[20] e cambiamenti.[21] Nella politica italiana sono scomparse[22] le posizioni estreme dei vecchi partiti. Ormai tutti tendono a conquistare gli elettori del cosiddetto[23] "centro", costituito dal ceto medio. Ormai nella politica italiana si è stabilizzato il bipolarismo: Centro destra e Centro sinistra. Il centro destra è formato da: 1) Forza Italia, che ha come leader Silvio Berlusconi che è anche Presidente del Consiglio dei Ministri. 2) Alleanza Nazionale. 3) Unione Democratica Cristiana (ex Democrazia Cristiana). 4) Lega Nord, di cui è segretario Umberto Bossi.

Il Centro sinistra è formato da numerosi partiti, quasi tutti di tendenza socialista e comunista. In tutti questi partiti naturalmente l'accordo è difficile e precario e perciò in Italia i governi cambiano frequentemente.

> **ELEZIONI COMUNALI E CIRCOSCRIZIONALI — ANNO 1993**
>
> **COMUNE DI NAPOLI**
>
> Circoscrizione Amministrativa di   **ARENELLA**

I   *Key words*

1)Return 2)gather 3)try 4)succeed 5)in that/because 6)evening news 7)set out for retirement 8))negotiations 9)unions 10)insurance companies 11)regarding the public treasury (IRS) 12)political science 13)predictions 14)to develop 15)lively discussions arise 16)often 17)disagreements 18)to be lacking 19)especially now 20)turmoil 21)changes 21)disappear 23)so called 24)position 25)uncertainty.

II   *Note di cultura:*

1) Notice that the family in the above passage represents a typical modern Italian family: husband and wife work full time; they live in a crowded condominium in a big city; they have only two children, a boy and a girl, both living with their parents even though the boy is working full time and earning a good salary. All the members get together around the table for dinner. Most of the time, the discussions center around politics and sport.

2) Unions were and still are very powerful in Italy. They are extremely politicized; most of them are associated with different political parties. Very often, they are able to paralyze the whole nation with their strikes.

3) It is interesting to notice that the Communist Party (now called Partito Democratico della Sinistra) is still popular in Italy, even after the economic boom and the fall of Communism in Russia.

III   *Domande per la comprensione della lettura:*

1) Che cosa si inserisce tra i discorsi della famiglia Sinisgallo?
2) Di che cosa si interessano il signore Antonio e la signora Esperia?
3) Per chi lavora il figlio Leo?
4) Che cosa fa la figlia Grazia?
5) Di che cosa si arricchiscono le discussioni?
6) Che cosa è scomparsa nella politica italiana?
7) Che cosa si vede all'orizzonte della vita politica italiana?

IV   *Vero o falso?*

1) A nessuno della famiglia Sinisgallo interessa il telegiornale.
2) Il signore Antonio e la signora Esperia seguono le trattative tra governo e sindacati.
3) La figlia Grazia è iscritta al quarto anno dell'università alla facoltà di medicina.
4) Spesso nella famiglia nascono discussioni vivaci.
5) Nella politica italiana le posizioni estreme dei vecchi partiti esistono ancora.
6) All'orizzonte della politica italiana si vedono due schieramenti.

V   *Conversazione*

In groups of four, each student should ask the following
or similar questions:

1) Guardi tutte le sere il telegiornale?
2) Credi a tutto ciò che leggi sui giornali?
3) Ti interessa molto la politica?
4) Parli spesso di politica con gli amici?
5) Esiste il partito comunista in America?
6) Perchè il partito comunista è ancora forte in Italia?

Il magistrato

E   Lettura di cultura   *Vicende della politica italiana*

Dopo la seconda guerra mondiale, con il referendum del 1946, l'Italia è passata dalla monarchia alla[1] repubblica. A capo delle istituzioni c'è il presidente della repubblica, eletto ogni sette anni, non direttamente dal popolo, ma dal parlamento. Egli rappresenta l'unità della nazione, ha il potere di sciogliere[2] le Camere; sceglie[3] il capo del governo e gli affida l'incarico[4] di formare il governo.

Il parlamento invece è eletto dal popolo, dura[5] in carica cinque anni ed è formato dalla Camera dei deputati di 630 membri e dalla camera dei senatori di 315 membri. Il potere giudiziario è affidato alla magistratura che ha come organo supremo la Corte Costituzionale. Il potere esecutivo è affidato al governo formato dal presidente del Consiglio dei ministri e dai ministri da lui scelti.

La politica italiana è cambiata molto dal 1992, anno in cui furono scoperte molte irregolarità nell'ambito dei partiti e degli uomini politici. Sotto i colpi[6] della magistratura e tra l'ira e la gioia[7] popolare, si sono dissolti[8] i vecchi partiti quali la Democrazia Cristiana, il Partito Socialista Italiano, il Partito Liberale, il Partito Repubblicano ecc..., e si sono formati nuovi partiti, quali Forza Italia, Alleanza Nazionale e "Polo progressista," costituito dai partiti di sinistra. Tutti si professano democratici e moderati e tutti tendono[11] a conquistare gli elettori del "centro", cioè della classe media.

I   *Key words*:

1)to the 2)to dissolve the parliament 3)to select 4)to entrust with a task 5)last 6)attack 7)anger and delight 8)dissolve 9)forgotten 10)are based, rest on two poles 11)to aim.

II   *Scegli la risposta giusta:*

1) Il presidente della repubblica italiana è eletto: a) dal popolo; b) dal parlamento; c) dagli Americani?
2) Il parlamento è eletto: a) dal presidente della repubblica; b) dal popolo; c) dai militari?
3) Il potere esecutivo è affidato: a) all'esercito; b) a un dittatore; c) al governo, formato dal presidente del Consiglio e dai suoi ministri?

II   *Vero o falso:*

1) Dopo la guerra l'Italia è passata da un ordinamento repubblicano a una monarchia.
2) Il presidente della repubblica è eletto direttamente dal popolo.
3) Il presidente della repubblica ha il potere di sciogliere le Camere.
4) Il Parlamento è eletto dal popolo e dura cinque anni.
5) Il potere esecutivo è affidato al presidente del consiglio e ai suoi ministri.
6) La poltica italiana non è cambiata dal 1946.
7) I nuovi partiti si professano democratici e moderati.

III   *Personal questions:*

1) Ti interessa la politica?
2) Voti per le elezioni presidenziali?
3) Secondo te, qual è il miglior sistema di governo, la monarchia o la repubblica?
4) Ti piacerebbe essere presidente o ministro?
5) Se fossi *(if you were)* presidente, che cosa cambieresti nel governo?
6) Se tu fossi sindaco, che cosa faresti di speciale nella tua città?

I Carabinieri

Debito pubblico

Due milioni di miliardi.

Chi li paga? Noi...

Vocabolario utile

Nomi

la cena	*dinner*
il centro	*center*
il certificato	*certificate*
il ceto medio	*middle class*
la destra	*right wing*
il discorso	*talk/speech*
la diagnosi	*diagnosis*
l'elettore	*voter*
la facoltà	*school of*
la notizia	*news*
il partito	*political party*
il potere	*power*
il prezzo	*price*
ragazzi	*guys*
la sinistra	*left wing*

Verbi

arricchirsi	*to enrich*
assicurare	*to assure*
avviare	*to start*
capire	*to understand*
credere	*to believe*
conquistare	*to conquer*
garantire	*to guarantee*
giungere	*to reach*
inscriversi	*to enroll*
nascere	*to be born*
pensare	*to think*
seguire	*to follow*
tentare	*to try*
vedere	*to see*
volere	*to want*

Altre parole

affinchè	*so that*
chiaro	*clear*
giusto	*right/correct*
invece	*instead*
ormai	*by now*
nessuno	*nobody*
niente	*nothing*
precisamente	*precisely*
qualunque	*whatever*
questa volta	*this time*
simpatizzante	*supporter*
spesso	*often*
tanto	*so much*
vero	*true*

Parole analoghe

aria	*aria*
commettere	*to commit*
confuso	*confused*
corruzione	*corruption*
constituire	*to constitute*
culturale	*cultural*
discussione	*discussion*
errore	*error*
evoluzione	*evolution*
futuro	*future*
membro	*member*
merito	*merit*
moderato	*moderate*
movimento	*movement*
orizzontale	*horizontal*
polo	*pole*
rispettare	*to respect*
votare	*to vote*

*(Words about **politics** are listed on p.354).*

Capitolo XVIII

L'Italia d'oggi

In this chapter the focus is on <u>Italy after World War II</u> and how it has evolved from a poor nation devastated by the war into one of the most industrialized countries in the world today.

In addition, you will find out about the mentality, attitude and behavior of young people in Italy today.

In the grammar portion you will learn about the <u>past tenses of the subjunctive</u> - present perfect and imperfect - and the "if" construction, contrary to fact.

Prospetto

A	Dialogo	*Nostalgia*
		1) Vocabolario del dialogo
		2) Note di cultura
		3) Domande sul dialogo
		4) Vocabolario attivo: *il telefono*
		5) Attività sul *vocabolario attivo*.
B	Grammatica e pratica	
	I	Subjunctive **Present perfect** *(Passato prossimo)*
	II	**Imperfect** Subjunctive of **regular verbs**
	III	**Imperfect** Subjunctive of **irregular verbs**
	IV	**If construction**. *Subjunctive with* "se".
	V	**Pluperfect** Subjunctive
	VI	**Sequence** of tenses
	VII	Subjunctive **alone**
C	Pratica riassuntiva	
D	Lettura di vita e costumi	**I giovani d'oggi**
E	Lettura di cultura	**Il nuovo volto dell'Italia**
F	Vacabolario utile	

A   **Dialogo**   *Telefonata alla nonna*

Teresa: **Pronto, nonna?**

Nonna: **Pronto? Chi parla?**

Teresa: **Nonna, sono io, sono Teresa, da Torino.**

Nonna: **Ah, sei tu? Hai cambiato accento, c'è mancato poco[1] che non riconoscessi[2] la tua voce!**

Teresa: **Non esagerare, resto sempre siciliana.[3] Nonna, sapessi come vorrei rivederti!**

Nonna: **Anch'io. Se avessi telefonato ieri, avresti trovato anche[4] zia Maria. Ora è partita.**

Teresa: **Se lo avessi saputo, lo avrei fatto volentieri. Sapessi quanto passa in fretta[5] il tempo qui! Avrei proprio bisogno[6] di una vacanza!**

Nonna: **Perché non vieni un po' in Sicilia?**

Teresa: **Se fossimo liberi dal lavoro, verremmo anche subito;[7] però, se venissimo, ti daremmo fastidio[8], dovresti ospitarci.[9]**

Nonna: **Se voi mi aveste ascoltato[10] e non aveste venduto quella casetta in Corso Garibaldi!**

Teresa: **Hai ragione, nonna. Se non l'avessimo venduta, ora avremmo la casetta per le nostre vacanze sicil-
iane. Purtroppo[11] avevamo bisogno di soldi, altrimenti[12] come avremmo comprato qui?**

Nonna: **Te lo ripeto, venite quando volete. Ma dimmi, come state tutti?**

Teresa: **Nonna, qui stiamo bene, ci manca[13] solo la nonna e la. . . Sicilia.**

Nonna: **La nonna e la Sicilia vi aspettano sempre a braccia aperte. Grazie per la telefonata; a tutti un
forte abbraccio e un bacione.**

Teresa: **Anche a te, nonna, un bacione forte forte. A presto!**

I   *Key words*
           1)Almost, 2)recognize, 3)remain, 4)find also 5)in a hurry, 6)need, 7)right away, 8)to annoy
           9)to lodge/accomodate, 10)to listen to, 11)unfortunately, 12)otherwise, 13)to miss.

II   *Note di cultura*

           1) There is a new generation born in the North from parents that emigrated from the South during
           the economic boom. They speak, of course, with a northern accent which is slightly different from
           that of the South.
           2) Usually, emigrants to the North return to the South once a year, for Christmas or during the
           traditional long holiday in Italy, called "Ferragosto," which takes place during the first two weeks
           of August.
           3) General Giuseppe Garibaldi was an Italian hero who fought for Italian unity in the last century.

III   *Linguistic note.*

           Teresa greets her nonna with "un bacione forte forte" (litt. *a strong, strong kiss*). This is another way
           to make an adjective an absolute superlative, that is, repeating twice the original adjective: forte
           forte=*fortissimo or molto forte.*

IV   *Domande sul dialogo;*

           1) A chi telefona Teresa? Da dove?
           2) Perché la nonna quasi non riconosce la voce di Teresa?
           3) Se avesse telefonato ieri chi avrebbe trovato ?
           4) Teresa di che cosa avrebbe bisogno?
           5) Perché i genitori di Teresa hanno venduto la casetta in Corso Garibaldi?
           6) Che cosa manca a Teresa?

V   *Vero o falso?*

           1) Teresa telefona alla mamma da Milano.
           2) La nonna riconosce subito la voce di Teresa.
           3) Teresa saluta anche la zia Maria.
           4) Teresa ha proprio bisogno di una vacanza.
           5) Il nonno e la Calabria aspettano Teresa a braccia aperte.
           6) Teresa saluta la nonna con un bacione forte forte.

Vocabolario attivo

Telefono

Nomi   *Verbi*

la cabina telefonica	*telephone booth*	alzare il ricevitore	*to lift the receiver*
il centralino	*operator*	fare il numero	*to dial*
l'elenco telefonico	*telephone book*	parlare al telefono	*to talk on the phone*
il gettone	*token*	rispondere al telefono	*to answer the phone*
la linea	*line*	telefonare	*to phone*
il numero telefonico	*telephone number*	riattaccare	*to hung up*
il ricevitore	*receiver*		
la telefonata	*phone call*		
la telefonata interurbana	*long distance phone call*		
il telefonino	*cellular phone*		

Espressioni utili:

la linea è libera	*the line is free*	la bolletta	*phone bill*
la linea è occupata	*the line is busy*	il computer	*computer*
il telefono è guasto	*the phone is out of order*	il dischetto	*disk*
la fotocopiatrice	*copy machine*	la posta elettronica	*e-mail*
la segreteria telefonica	*answering machine*	il prefisso	*area code*

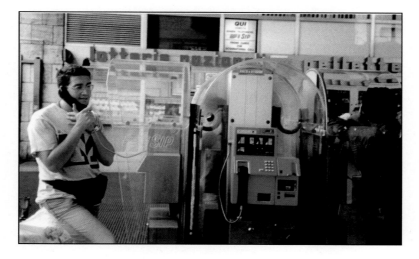

Pratica

I   Squilla il telefono. *(The phone rings; Marta picks up the receiver:)*

Marta: Pronto?
Enrico: Pronto, posso parlare con Marta?
Marta: Marta sono io. Ah, lazzarone! *(slacker)* Non conosci più la mia voce?
Enrico: Scusa tanto, Marta. Non si sente bene. La linea deve essere guasta.
       (Several students should play the role of Marta and Enrico).

II   Form six sentences using the "if" construction. Model: Avere gettone/
            telefonare/a mia nonna. - Se avessi un gettone, telefonerei a mia nonna.

            1) Sapere il numero di telefono/chiamare il presidente.
            2) Parlare dalla mia auto/avere il telefonino.
            3) La linea essere libera/telefonare in Italia.
            4) Potere lasciare un messaggio/ esserci la segreteria telefonica.
            5) Fare spesso telefonate interurbane/non essere troppo care.
            6) Telefonare tre volte al giorno al mio amico (a)/il telefono non essere guasto.

III   Answer the following questions:

            1) Hai un telefono in camera tua?
            2) Usi spesso il telefono pubblico?
            3) C'è un telefono pubblico vicino alla tua casa/al tuo appartamento?
            4) Costa molto una telefonata di tre minuti?
            5) Fai spesso telefonate interurbane?
            6) Costano molto le chiamate interurbane?

IV   Ask your best friend the following personal questions:

            1) Telefoni spesso ai tuoi nonni?
            2) Vivono vicini o lontani da te i tuoi nonni?
            3) A chi telefoni molto spesso?
            4) Vai in vacanza tutti gli anni?
            5) Quando e dove vai di solito in vacanza?
            6) Con chi vai in vacanza e per quanto tempo?

B   Grammatica e pratica

I   Present perfect *(Passato prossimo)* **of the Subjunctive**

Minidialogo   In attesa del . . . regalino

<u>Vocabolario</u>

ancora	*still*	arrivare	*to arrive*	attesa	*awaiting*
borsetta	*purse*	comprare	*to buy*	pelle	*leather*
pomeriggio	*afternoon*	portare	*to bring*	proprio	*really*
regalino	*small gift*	sperare	*to hope*	tornare	*to return*

Elena: È tornata tua madre dall'Italia?
Anna: Non lo so di preciso, immagino che <u>sia arrivata</u> questo pomeriggio.
Elena: Pensi che ti <u>abbia portato</u> un bel regalo?
Anna: Me lo auguro. Spero proprio che mi <u>abbia comprato</u> una borsetta di pelle.

Domande: 1) Quando crede Anna che <u>sia arrivata</u> sua madre? 2) Che cosa immagina Anna?
                 3) Che cosa spera Anna che le <u>abbia comprato</u> sua madre?

1)   The Present Perfect of the Subjunctive is a compound tense formed with the auxiliary *Avere* or *Essere* - conjugated in the subjunctive - and the past participle of the main verb.

       Reminder: when the auxiliary <u>essere</u> is used, the present participle agrees in gender and number with the subject. (See ch. 7, p. 155 to recall which verbs require the auxiliary *essere)*.

2)   The present perfect subjunctive is used as a dependent clause with the same types of verbs and expressions as the present subjunctive *(See the four rules in ch. 16, p. 338).*
       The only difference is the chronological relationship with the main clause, namely:

a)   When the action of the dependent clause takes place at the same time as that of the main clause, the present subjunctive is used:
       Spero che mio fratello vada a scuola. *I hope [now] that my brother is going to school [now].*

b)   When the action of the dependent clause takes place before the action of the main clause, then the present perfect subjunctive is used.
       Spero che mio fratello sia andato a scuola. *I hope [now] that my brother has left for school.*

Ciao!   Uh!   Ah! Ah!

Pratica

I   Complete the following sentences with the present perfect subjunctive.
Example: Il professore spera/ gli alunni capire il congiuntivo -
Il professore spera che gli alunni <u>abbiano capito</u> il congiuntivo.

1) Mi rallegro che mio padre ——————————-(ritornare).
2) Sono contento che tu ——————————-(studiare) la lezione.
3) Dubitiamo che il presidente——————————(partire) per il Brasile.
4) Gli dispiace che io ——————————————(aspettare) venti minuti.
5) Speriamo che voi ——————————————(vincere) alla lotteria.
6) Gli alunni dubitano che il professore ——-(andare) in Giappone.

II   Replace the subject with those in parentheses in the following sentences:

1) Speriamo che il professore sia ritornato (Lucia, tu, gli alunni, Gino e tu).
2) Mi dispiace che Lucia non abbia risposto (tu, il professore, le ragazze, voi).
3) Non credo che i ragazzi siano arrivati (mia madre, tu, Lucia e tu).
4) E'importante che tu venga alla festa (il presidente, io, le ragazze, Pia e tu, noi).
5) Ci dispiace che Elena non abbia capito la spiegazione (tu, gli alunni, Carlo e tu).
6) Spero che abbiate comprato i regali per Natale (Elena, tu, gli alunni).

III   Your friend makes some statements. You express doubt about them and restate
them with present perfect subjunctive. Example: Mio padre è arrivato stamattina.
Dubito che mio padre sia arrivato stamattina.

1) Mia madre è partita alle otto. Dubito——————-
2) Le mie sorelle hanno ricevuto un premio. Non credo——————
3) Sofia Loren ha ricevuto un Oscar. E' possibile ——————-
4) Marcello Mastroianni si è divorziato. Non credo ——————-
5) La televisione italiana ha assunto Peter Jennings. E' impossibile——————
6) Un film italiano ha vinto un premio a Cannes. E' probabile——————

IV   Yesterday there were political elections in Italy. Form sentences by using the
present perfect subjunctive following the model: Mio padre/non credere
vincere/ i Comunisti. - Mio padre non crede che abbiano vinto i Comunisti.

1) Mia sorella/dubitare vincere/la Lega Nord.
2) E' impossibile/i Comunisti/ ritirarsi/ dalle elezioni.
3) A mio nonno dispiace/ la Democrazia Cristiana/ scomparire.
4) Dubito/perdere Forza Italia.
5) I miei amici non credere/la Lega Nord/guadagnare/ il 30% dei voti.
6) E' impossibile/Irene Pivetti/ritirarsi dalla Lega Nord.

II   The imperfect subjunctive

Minidialogo   *Fine di un amore*

<u>Vocabolario</u>

affinché	*so that*	bisticci	*squabbles*	correre	*to run*
credere	*to believe*	diventare	*to become*	fermare	*to stop*
frequente	*frequent*	inevitabile	*unavoidable*	lasciare	*to leave*
noioso	*annoying*	strano	*strange*		

Matteo: Ciao, Rita. Ti ho vista ieri, ma non ti ho salutata per non farti perdere tempo, mi sembrava <u>che avessi fretta</u> e <u>che corressi</u> all'università.

Rita: Ciao, Matteo. Speravo che non <u>mi vedesse</u> nessuno e invece. . . Correvo affinché non <u>mi fermasse</u> quel noioso di Stefano.

Matteo: Strano, ho sempre creduto <u>che andaste</u> d'amore e d'accordo.

Rita: I bisticci erano diventati troppo frequenti. Era inevitabile <u>che lo lasciassi</u>.

Matteo: Peccato, è triste quando un amore finisce!

Domande: 1) Perché Matteo non ha salutato Rita? 2) Che cosa sperava Rita?
3) Che cosa ha sempre creduto Matteo? 4) Che cosa era diventato inevitabile?

1   The imperfect subjunctive of regular verbs is formed by dropping **re** from the infinitive and adding the following endings which are the same for the three conjugations:

-ssi, -ssi, -sse, -ssimo, -ste, -ssero

	cant-are	**spend-ere**	**part-ire**	**fin-ire**
che io	canta-**ssi**	spende-**ssi**	parti-**ssi**	fini-**ssi**
che tu	canta-**ssi**	spende-**ssi**	parti-**ssi**	fini-**ssi**
che lui/lei/Lui	canta-**sse**	spende-**sse**	parti-**sse**	fini-**sse**
che noi	canta-**ssimo**	spende-**ssimo**	parti-**ssimo**	fini-**ssimo**
che voi	canta-**ste**	spende-**ste**	parti-**ste**	fini-**ste**
che loro/Loro	canta-**ssero**	spende-**ssero**	parti-**ssero**	fini-**ssero**

2)   The imperfect subjunctive is required in the dependent clause when the verb in the main clause is:
a) <u>past tense</u> (present perfect, preterite, imperfect); b) <u>conditional</u>.

Main clause	**che**	**dependent clause**
(indicative)		(subjunctive)
Past tense: (present perfect)		
(preterite)		*IMPERFECT*
(imperfect)		
Conditional		

3)   The four rules studied *(ch.16, p. 338)* for the present subjunctive also apply for the imperfect subjunctive.

Esempi modelli:

Ho creduto *(poco fa)* che tu ritornassi ieri.	*I believed [a little while ago] that you returned yesterday.*
Credevo che lui andasse all'università.	*I believed that he went to the university.*
Rita dubitò che Stefano si sposasse.	*Rita doubted that Steve would get married.*
Rita vorrebbe che Stefano si sposasse.	*Rita would like for Steve to get married.*

Pratica

Drills

I   Restate the following sentences with the given verb in subjunctive form:

    1) Ho sempre desiderato che tu ——————————(vincere) alla lotteria.
    2) Il professore ha proibito che gli alunni ————(fumare) in classe.
    3) Il professore temeva che noi non ————————(capire) il congiuntivo.
    4) Mia madre vorrebbe che io ————————————(lavorare) anche il sabato.
    5) Era necessario che il nostro professore ————(scrivere) quel libro.
    6) Mio padre non credeva che ————————————(vincere) il partito Forza Italia.

II   Restate the following sentences with the subject in parentheses:

    1) Carla temeva che il suo fidanzato non arrivasse a tempo (suo padre, io, tu, noi)
    2) Mia madre pensava che io dormissi ancora (tu, mia sorella e tu, i miei nonni).
    3) La maestra proibì che gli alunni corressero (io, mio fratello ed io, voi, tu).
    4) I nonni vorrebbero che io studiassi di più (tu, le mie sorelle, mio cugino, noi).
    5) Mio padre desidererebbe che io trovassi un lavoro (tu, i miei fratelli, noi, voi).
    6) Il professore dubitò che tu scrivessi un articolo (io, gli alunni, Matteo, noi).

III   Form sentences using the imperfect tense in both clauses. Follow the model:
Lui/volere/io parlare/ spagnolo - Lui voleva che io parlassi spagnolo.

    1) Mia madre desiderare/mio fratello laurearsi in matematica.
    2) Rita/ non volere/ io /partire.
    3) I miei nonni/sperare/io guadagnare molto denaro.
    4) I suoceri volere/gli sposi/comprare un appartamento nuovo.
    5) Il presidente della Repubblica insistere/gli Italiani votare.
    6) Gli Italiani d'America temere/ vincere i Comunisti in Italia.

Communication

IV   Ask your classmate what was his/her friend's plan for the past weekend.
Follow the model: *Bob voleva*/ io andare /con lui alla discoteca -
Bob voleva che io andassi con lui alla discoteca.

    1) Noi vedere un film romantico.
    2) Tu pagare il conto del ristorante.
    3) Io comprare i biglietti del cinema.
    4) Noi visitare gli amici.
    5) Voi mangiare la pizza in casa sua.
    6) Rita ed io sentire la musica di Vivaldi.

V   Ask your best friend the following questions by using the present indicative in
the main verb. He/she has to answer using the past tense.
  Example: Desideri che venga il tuo fidanzato adesso? - Desideravo che venisse ieri.

    1) Temi che torni tuo padre?
    2) Credi che oggi piova?
    3) Preferisci che tua sorella si sposi subito? (L'anno scorso).
    4) E' necessario che il tuo fidanzato (a) studi medicina? (Cinque anni fa).
    5) Desideri che ti accompagni al cinema? (Ieri sera).
    6) Il professore desidera che tu non dorma in classe. (Il semestre scorso).

III   Imperfect Subjunctive **of irregular verbs**

A few verbs are irregular in stem of the imperfect tense:

Essere	fo-ssi	fo-ssi	fo-sse	fo-ssimo	fo-ste	fo-ssero
Dare	de-ssi	de-ssi	de-sse	de-ssimo	de-ste	de-ssero
Stare	ste-ssi	ste-ssi	ste-sse	ste-ssimo	ste-ste	ste-ssero
Bere	beve-ssi	beve-ssi	beve-sse	beve-ssimo	beve-ste	beve-ssero
Dire	dice-ssi	dice-ssi	dice-sse	dice-ssimo	dice-ste	dice-ssero
Fare	face-ssi	face-ssi	face-sse	face-ssimo	face-ste	face-ssero

Pratica

I   Complete the following sentenses with the given verb:

1) Vorrei che Gianni ——————————————— (dire) sempre la verità.
2) Vorrei che mio fratello ——————————————— (essere) più gentile.
3) Desidererei che Gianni ——————————————— (fare) i compiti questa sera.
4) Mio nonno desidererebbe che gli invitati ————————— (bere) il vino della casa.
5) La professoressa voleva che gli alunni ————————— (stare) attenti.
6) Mio padre preferiva che io ——————————————— (dare) un concerto di pianoforte.

II   Ask your partner the following questions using the present indicative. He/she has to answer in past tense or conditional. Example: Vuoi che andiamo al cinema? - Volevo che andassimo al cinema.

1) Vuoi che facciamo i compiti insieme?
2) Desideri che beviamo vino francese o vino italiano?
3) Preferisci che diciamo alla polizia tutto ciò che è successo ?
4) La tua maestra vuole che i ragazzi siano più educati?
5) Temi che tuo nonno non stia bene?
6) Vuoi che diamo i vestiti usati ai poveri?

IV   "If" Construction *(Costruzione col "se")*.

Minidialogo   *Sogni, ad occhi aperti*

Vocabolario

auguri!	*my best wishes*	benda	*bandage*	chiedere	*to ask*
cioè	*that is*	comprare	*to buy*	domandare	*to ask a question*
esattamente	*exactly*	mare	*sea*	montagna	*mountain*
pure	*also*	sciocca	*foolish*	togliere	*to remove*
trovare	*to find*	viaggiare	*to travel*	vincere	*to win*
Capodanno	*New Year's day*	tante cose	*many things*		

Franca: Vorrei farti una domanda sciocca. Cosa faresti se vincessi i cinque miliardi della lotteria di Capodanno?

Grazia: Cosa farei? E me lo chiedi pure? Se vincessi una somma del genere, prima di tutto comprerei due ville: una al mare e una in montagna. Comprerei tante e tante cose e poi viaggerei, viaggerei, viaggerei. . .

Franca: Se vincessi io una somma simile, farei esattamente . . . le stesse cose!

Grazia: Auguri! Che la fortuna possa trovare la via giusta, cioè quella. . . di casa mia!

Franca: Sarei felice se una volta la fortuna si togliesse la benda!

Domande: 1) Cosa farebbe Grazia se vincesse i miliardi della lotteria? 2) Se vincesse Franca, cosa farebbe?
3) Secondo Grazia, cosa dovrebbe fare la fortuna?

The "**if**" construction may express two types of conditions:

1)   A certain, a real fact or something that is likely to occur in the future. In this case the main
            verb uses the indicative mood and the verb of the dependent clause with "if" is also expressed in the
            indicative mood:

Se lavori, guadagni.   *If you work, you will earn.*
Se vieni a casa mia, ti faccio vedere le fotografie.   *I will show you the pictures, if you come to*
                                                         my house.
Se piove, non esco.   *If it is raining, I will not go out.*

2)   It may express a condition *contrary to fact.* In this instance the verb of the main clause is in the condi-
            tional mood, and the verb of the dependent clause with "if" is expressed in the imperfect subjunctive:

Se fossi ricco, comprerei una casa in California.   *If I were rich [but I am not rich, contrary to*
                                                         the fact], I would buy a house in California.
Non lavoreresti più, se vincessi alla lotteria.   *You would not work any more, if you won*
                                                         the lottery
Se tu studiassi di più, potresti laurearti fra due anni. *If you studied a little more, you would*
                                                         be able to graduate within two years.

Notes   1) In this construction the "if" clause may precede or follow the main clause, as it is indicated in
            the previous examples.
            2) If the situation contrary to the fact occurred in the past, the dependent clause is expressed
            with the pluperfect subjunctive:
            Se Susanna avesse vinto alla lotteria, avrebbe comprato una villa nella Florida.
            If Susan had had won the lottery, she would have bought a villa in Florida.

Pratica

Drills

I   Change the verbs in both clauses according to the new subjects in parentheses:

1) Se posso lo faccio (tu, Grazia, Gina e tu, Grazia ed io, i ragazzi).
2) Se non capisci, chiedi spiegazioni (io, mio fratello, gli studenti, noi, voi).
3) Se leggi le inserzioni sui giornali, puoi trovare lavoro (io, mio zio, noi, voi).
4) Se vado a Roma vedrò il papa (tu, mio zio, gli alunni, mio padre ed io, Luisa e tu).

II   Replace the subject of the following sentences with those in parentheses:

1) Se avessi tempo, andrei al cinema (tu, i miei amici, tu e Franco, Carlo ed io).
2) Se Marta non andasse all'università studierebbe otto ore al giorno (io, tu, voi).
3) Uscirei subito, se avessi finito gli esami (tu, Gina, Nino e tu, noi, gli studenti).
4) Angela dormirebbe otto ore, se non dovesse studiare (io, i ragazzi,tu,mia sorella)
5) Non fumeresti, se non fossi preocupato (io, mio padre, i miei fratelli, voi, noi).
6) Mio nonno chiamerebbe un medico, se fosse ammalato (io, noi, tu, voi, loro).

III   Complete the following sentences with the subjunctive of the given verb:

1) Franca uscirebbe con me se —————— non (dovere)studiare.
2) Tu guadagneresti di più se —————— (lavorare) di più.
3) Potrei essere ministro se mio padre ——(essere) presidente della Repubblica.
4) Volerei —————————————— (avere) le ali.
5) Compreresti una villa al mare se ——(essere) ricco?
6) Giorgio parlerebbe bene l'italiano —— (andare) in Italia.

Communication

IV   Ask another student the following questions. He/she may answer affirmatively or
             negatively:

1) Se ti diplomassi quest'anno, troveresti subito un buon lavoro?
2) Se trovassi un buon lavoro, ti sposeresti subito?
3) Se ti sposassi, abiteresti coi genitori o per conto tuo?
4) Se non trovassi lavoro, che cosa faresti?
5) Se avessi due figli, continueresti a lavorare?
6) Se non trovassi lavoro in America, andresti a lavorare in Italia?

V   Working in a group, ask the following questions about imaginary possibilities:

1) Che cosa faresti, se fossi ricco?
2) Che cosa compreresti, se vincessi alla lotteria?
3) Che cosa faresti, se diventassi attore (attrice) del cinema?
4) Che cosa faresti, se fossi il Rettore della tua università?
5) Che cosa faresti, se fossi molto povero?
6) Che cosa faresti se fossi il presidente della Repubblica?

N. B.

V   The Pluperfect subjunctive   *(Trapassato del congiuntivo)*

The pluperfect subjunctive is a compound tense formed with the *imperfect subjunctive* of the auxiliary verbs *avere* or *essere* and the past participle of the main verb.

Chart:

che io	avessi	comprato	fossi	andato (a)
che tu	avessi	comprato	fossi	andato (a)
che lui/lei/Lei	avesse	comprato	fosse	andato (a)
che noi	avessimo	comprato	fossimo	andati (e)
che voi	aveste	comprato	foste	andati (e)
che loro/Loro	avessero	comprato	fossero	andati (e)

1)   The pluperfect subjunctive is used in a dependent clause when the verb of the main clause is in a past tense or in a conditional.

2)   The pluperfect has to express an action that occurred *before* the action of the main verb.
Observe:

Pensavo che tu fossi andato a scuola.   *I thought [about 10:00] that you had gone [about 8:00] to school.*

Credevamo che avessi comprato una casa al mare.   *We all believed [for long time] that you had bought [last year] a house at the beach.*

Note.   The pluperfect is often used to express a condition contrary to fact with a past conditional in the main clause and the "if" construction in the dependent clause:

Avrei comprato un palazzo, se avessi ereditato dieci miliardi di lire.
I would have bought a palace if I had inherited ten billion liras.

Se fossi andato a Roma avrei visto il Colosseo.
If I had gone to Rome, I would have seen the Colosseum.

Pratica

I   Change the subject of the dependent clause using those in parentheses:

1) Credevo che tu avessi vinto alla lotteria (mio padre, gli amici, il presidente).
2) Nessuno credeva che io mi fossi laureato (tu, Gianni, Maria e Teresa, gli amici).
3) Mio padre era contento che io avessi scritto una commedia (tu, mia sorella, voi).
4) Sembrava che Gino avesse capito la lezione (i ragazzi, tu, Nina e tu, noi).
5) Mia madre non sapeva che io avessi già visto quel film (tu, le ragazze, voi, noi).
6) Ai nonni dispiaceva che io non fossi andato in Brasile (noi, Carlo e tu, loro).

II   Complete the following sentences with the past participle of the given verb:
Example: Credevo/tuo padre partire /per l'Italia - Credevo che tuo padre fosse partito per l'Italia.

1) Credevano/io laurearmi/ il mese scorso.
2) Pensavamo /i partiti di destra vincere/ le elezioni.
3) Mia madre voleva /io lavorare /in Italia.
4) Credevo / i miei nonni andare a letto/presto.
5) Nessuno credeva /io incontrare/ Sofia Loren.
6) I miei genitori si rallegrarono/io evitare/ un'operazione.

III   Form sentences of impossible condition with the following material.
Example: Comprare un albergo a Cortina d'Ampezzo /se/vincere alla lotteria - Avrei comprato un hotel a Cortina d'Ampezzo se avessi vinto la lotteria.

1) Guadagnare dieci miliardi/se/giocare con la Juve.
2) Vedere il Pincio/se/andare a Roma.
3) Laurearmi quest'anno/se/studiato di più.
4) Sposarmi /se/laurearmi l'anno scorso.
5) Andare a sciare/se/nevicare abbastanza.
6) Andare a Niagara Falls/se/sposarmi l'anno scorso.

VI   Sequence of tenses

Sequence of tenses is the relationship between the tense of the verb in the main clause and the tense of the verb in the dependent clause.
The basic rules about the sequence of tenses appear in ch, 16, p. 338.

Here is a summary:

Main clause *(indicative)*	che	Dependent clause *(subjunctive)*
Present (future, imperative)	***Present Subjunctive*** ***Present perfect subjunctive***	*(simultaneous action)* *(prior action)*
Past tense (present perf., imperfect, preterite, past perfect) ***Conditional***	***Imperfect*** ***Pluperfect subjunctive***	*(simultaneous action)* *(prior action)*

Notice that the most frequent subjunctive in daily speech is that of *simultaneous action:*

Present	***che***	***Present***
Past tense *or* ***conditional***	***che***	***Imperfect***

VII   The subjunctive **used alone**

The subjunctive is used most of the time in a dependent clause in connection with a main clause.In a few instances, however, it may stand alone. In such case, the verb appears in the third person, singular or plural. The sentence is preceded by *che* and conveys the notion of *wish, desire, indirect command* or even a *curse.*

Che Dio ci aiuti!	*God help us!*
Che Dio ti benedica!	*God bless you!*
Che riposi in pace!	*May he/she rest in peace!*
Che faccia buon viaggio!	*Have a good trip!*
Così sia!	*So be it!*

C   Pratica riassuntiva

Drills

I   Underline all the verbs in the imperfect subjunctive in the following dialogue:

Rosanna: Giorgio, desidererei che trascorressi un intero pomeriggio in casa.
Giorgio: Volentieri, ma a precise condizioni: che lo trascorressi sul terrazzo, che mi preparassi un
                 gigantesco gelato e che guardassimo insieme la partita del Lazio e la Fiorentina.
Rosanna: Va bene. Tutte le tue condizioni sono accettate.

II   Answer the following questions affirmatively using the present perfect
          subjunctive. Follow the model: È arrivato tuo padre?- Sì, credo che sia arrivato.

          1) È tornata tua madre?
          2) Sono partite le tue sorelle?
          3) Giorgio ha comprato il libro?
          4) I ragazzi hanno studiato la lezione?
          5) Il professore ha già spiegato il congiuntivo?
          6) I tuoi fratelli hanno letto il giornale?

III   Rewrite the following sentences by placing the verb of the main clause in the
          past subjunctive tense.
          Example: Desidero che tu venga alla festa - Desideravo che tu venissi alla festa.

          1) Desidero che tu studi molto.
          2) Teme che gli sposi non arrivino a tempo.
          3) E' probabile che i Comunisti vincano in Italia.
          4) La maestra teme che gli alunni non si comportino bene.
          5) E' impossibile che Pierino perda la strada.
          6) E' possibile che il Milan vinca il campionato d'Italia.

IV   Change the verb of the main clause to the imperfect subjunctive and use the imperfect of irregular verbs in the dependent clause. Example: Mio padre volere/io studiare medicina - Mio padre voleva che io studiassi medicina.

1) Mia madre volere/ mio padre non bere molto vino.
2) Mio padre volere/mia madre essere paziente.
3) Io dubitare/tu dire la verità al poliziotto.
4) Il professore essere contento/gli alunni fare un buon esame.
5) Tutti desiderare/ il presidente stare bene.
6) Tu volere/ tutti gli amici essere contenti.
7) La nonna volere/ Teresa andare a visitarla in Sicilia.

V   Form sentences by using the "if" construction. Follow the model: Io andare a Parigi/se/avere soldi da spendere - Andrei a Parigi se avessi soldi da spendere.

1) Mio padre comprare una casa nuova/ se/avere molto denaro.
2) Il professore scrivere un libro/ se/ avere tempo.
3) Le ragazze andare al cinema adesso/se/non piovere forte.
4) Anna lavorare otto ore al giorno /se/stare bene.
5) Tu andare in Italia quest'anno /se/non dovere lavorare.
6) Teresa andare in Sicilia/ se/avere finito la scuola.

VI   Ask your classmate the following hypothetical questions:

1) Che cosa faresti se tu fossi ricco (a) come Bill Gates?
2) Faresti una gran festa per il tuo compleanno se non avessi denaro?
5) Se tu fossi straniero (a) troveresti subito lavoro?
6) Se tu avessi settant'anni lavoreresti ancora?
3) Se tu fossi rettore della tua università, viaggeresti per il mondo?

D   **Lettura di vita e costumi.**   *I giovani italiani d'oggi*

I giovani italiani non differiscono molto dai giovani americani e da quelli di tutto il mondo. Comunque, si crede che la maggior parte di essi abbia conservato quasi inalterati gli antichi valori della famiglia, del matrimonio, dell'amicizia, della solidarietà. Difficilmente si allontanano[3] dalla propria famiglia prima del matrimonio per andare a vivere per conto proprio. Quasi tutti frequentano la scuola, ma non tutti conseguono[4] il diploma o la laurea. Non sono molti i giovani che studi-

ano con grande impegno[5] e con grande amore. Se il diploma o la laurea aiutassero a trovare un lavoro, forse studierebbero meglio. Sono moltissimi i giovani diplomati o laureati in cerca[6] di lavoro. La disoccupazione intellettuale è spaventosa[7] oggi in Italia.

Per il resto, i giovani italiani somigliano[8] ai ragazzi di tutto il mondo: esuberanti, allegri, chiassosi,[9] sognatori,[10] contestatori, amanti della musica, dei divertimenti,[11] della velocità,[12] delle moto. La sera del sabato, amano riunirsi e, tutti insieme, vanno a mangiare la pizza o il panino[13] in un bar o vanno ad ascoltare musica o a ballare in discoteca. La domenica invece[14] o vanno allo stadio a fare il tifo[15] per la loro squadra di calcio[16] o si radunano davanti alla TV per seguire[17] i risultati delle partite.[18] Quasi tutti i ragazzi hanno i loro idoli: un atleta, un attore, un cantante che cercano di imitare.

I   *Key words*

1) Keep, 2) unaltered, 3) depart, 4) attain, 5) diligence, 6) in search of, 7) frightful/terrible, 8) to be like, 9) noisy, 10) dreamers, 11) entertainment, 12) speed, 13) sandwich, 14) instead, 15) to support, to cheer, 16) soccer team, 17) to watch, 18) games.

II   *Note di cultura*

1) It is interesting to notice that Mc Donald's is present in big Italian cities and is crowded not only with foreigners, but also with Italian young people who get together to chat and to eat a Big Mac.
2) Unfortunately, even in Italy today the problem of drugs is serious among youth.
3) Young people do not participate in politics as in the past. They are frustrated and disillusioned with Italian politicians because of their corruption, bribery and selfishness.

III   *Domande per la comprensione della lettura:*

1) Qual è la particolarità dei giovani italiani?
2) Quando si allontanano dalla casa paterna i giovani italiani?
3) È facile trovare lavoro in Italia dopo il diploma o la laurea?
4) In conclusione, come sono i giovani italiani?
5) Dove vanno il sabato sera?
6) Che cosa fanno la domenica?

IV   *Personal questions:*

1) Prendevi buoni voti quando frequentavi l'istituto superiore?
2) Hai possibilità di trovare lavoro, subito dopo la laurea?
3) Hai molti amici? Descrivine uno.
4) Dove vai il sabato sera al bar o alla discoteca con gli amici?
5) Vai spesso a vedere la partita della tua squadra preferita?
6) In che giorno guardi la partita alla TV?

E Lettura di cultura *Il nuovo volto dell'Italia*

La situazione dell'Italia alla fine della seconda guerra mondiale era disastrosa. Con l'aiuto del piano Marshall e con il lavoro dei cittadini, l'Italia riuscì a risollevarsi rapidamente dalle rovine.[1] Passò da un'economia prevalentemente agricola ad una economia industriale poderosa e moderna ed ora è entrata a far parte del gruppo dei sette paesi più industrializzati del mondo.

Nel decennio 1958-68 lo sviluppo economico fu veramente clamoroso;[2] si parlò addirittura di "miracolo economico". Le esportazioni e la produzione raggiunsero cifre da primato.[3] Nonostante questi importanti risultati, non si risolsero molti problemi; la disoccupazione rimase molto elevata[4] e, di conseguenza, si accentuò[5] l'emigrazione verso i paesi del Nord Europa e quella interna dalle regioni del Sud a quelle del Nord Italia. Negli anni successivi,[6] l'Italia fu scossa[7] da profonde crisi: contestazione studentesca, scioperi generali che paralizzarono tutto il paese, terrorismo politico sia di sinistra (Brigate rosse) sia di destra di ispirazione neofascista. Però riuscì a superare[8] tutte le difficoltà. L'industria riprese[9] a produrre a prezzi competitivi, l'inflazione scese[10] e si avvicinò[11] alle medie europee, nelle aziende si introdussero nuove tecnologie.

Nel febbraio del 1992, i partiti politici, che erano diventati i veri padroni[12] dello Stato, e la classe politica che era diventata estremamente corrotta, hanno imcominciato il loro inesorabile declino, sotto i colpi della magistratura[13] e le critiche dei "mass media". Per tale motivo, attualmente l'Italia attraversa[14] un altro periodo di crisi sociale e politica e si sta avviando[15] verso il bipolarismo (Polo della libertà e Polo progressista) con l'eliminazione dei numerosi partiti e partitini. Nonostante[16] tali problemi, l'Italia continua nel suo progresso che l'ha resa uno stato moderno. Ormai,[17] non c'è casa dove non ci sia almeno un'automobile e tutti gli elettrodomestici,[18] dal televisore al frigorifero, dalla lavabiancheria alla lavapiatti,[19] dal forno a microonde al telefonino.[20] La maggior parte della popolazione si permette un tenore di vita abbastanza confortevole: spende molto denaro per i viaggi, per le vacanze, per i divertimenti, per l'istruzione, per gli sport e, perfino,[21] per curare la propria forma fisica. Oggigiorno[22] la maggioranza degli Italiani ha raggiunto la stabilità economica e gode di un meritato benessere.

La popolazione però sta invecchiando perché ci sono poche nascite, e questo comporta la necessità di importare manodopera straniera con tutti i problemi che ne derivano.

I *Key words*:

1) Rise from the ruins, 2) the economic growth was sensational, 3) to break the record, 4) the unemployment rate remained very high, 5) the emigration increased, 6) following years, 7) shocked, 8) succeed to overcome, 9) retook, 10) came down, 11) approach, 12) real owners, 13) blows from the magistrates, 14) is passing through, 15) it is starting, 16) in spite of, 17) by now, 18) appliances, 19) washing machine and dish-washer, 20) Microwave and cellular phone, 21) even, 22) nowadays.

I *Rispondi alla domanda giusta:*

1) La situazione dell'Italia alla fine della seconda Guerra Mondiale: a) era come prima della guerra; b) era molto fiorente; c) era disastrosa?

2) L'Italia è riuscita a risollevarsi rapidamente dalle rovine con l'aiuto: a) dei Russi; b) dei Giapponesi; c) del piano Marshall?

3) Nel decennio 1958-68, si parlò in Italia: a) della bomba atomica; b) del divorzio; c) del miracolo economico?

4) Il declino della classe politica è cominciato sotto i colpi: a) degli Stati Uniti; b) della KGB; c) della magistratura e dei "mass media"?

III *Vero o falso?*

1) La situazione dell'Italia alla fine della guerra era disastrosa.
2) Dopo la guerra l'Italia passò da un'economia industriale a un'economia agricola.
3) Nel decennio 1958-68 lo sviluppo economico in Italia fu clamoroso.
4) Dopo la guerra gli Italiani emigrarono dal Nord al Sud d'Italia.

5) L'industria riprese a produrre a prezzi competitivi.
6) I vecchi partiti e i politici corrotti caddero sotto i colpi della magistratura.
7) In nessuna casa italiana c'è un'automobile.
8) In nessuna casa italiana c'è una lavabiancheria o un telefonino.
9) Oggigiorno pochi Italiani stanno bene economicamente.

IV   *Conversazione*

In a group of four, each student should ask one of the following or similar questions:

1) Qual è l'immagine che tu hai dell'Italia?
2) Cosa dicono dell'Italia gli Americani che la visitano oggigiorno?
3) Sei mai stato in Italia?
4) Se ci sei stato, hai notato come ci si veste, come si mangia e come si vive in Italia?
5) Hai visitato qualche casa italiana? Descrivila.
6) Ci sono molte auto in Italia? Sono giapponesi o Fiat le auto che si vedono in Italia?

F   ## Vocabolario utile

Nomi		Verbi	
l'abbraccio	*hug*	aiutare	*to help*
l'aiuto	*help*	andare	*to go*
il cantante	*singer*	ascoltare	*to listen*
l'atleta	*athlete*	aspettare	*to wait*
l'attore	*actor*	avere bisogno	*to need*
l'amicizia	*friendship*	ballare	*to dance*
il bacione	*big kiss*	cambiare	*to change*
le braccia	*arms*	cantare	*to sing*
il cantante	*singer*	cercare	*to search*
la casa	*house*	comprare	*to buy*
la casetta	*small house*	credere	*to believe*
il contestatore	*dissenter*	dimmi	*tell me*
corso	*course*	esagerare	*exaggerate*
il declino	*decline*	frequentare	*to attend*
la disoccupazione	*unemployment*	godere	*to enjoy*
la famiglia	*family*	incominciare	*to begin*

i giovani	young people		partire	to leave
la laurea	degree		passare	to pass
il lavoro	work		radunare	to gather
il matrimonio	marriage		raggiungere	to reach/achieve
il mondo	world		restare	to remain
la nonna	grandmother		ricevere	to receive
l'occhio	ear		ripetere	to repeat
il paese	town		riunirsi	to get together
lo sciopero	strike		riuscire	to succeed
la sera	evening		rivederti	to see you again
i soldi	money		sapere	to know
lo sviluppo	growth		studiare	to study
il tempo	time		telefonare	to telephone
il tenore di vita	standard of living		trovare	to find
la vacanza	vacation		vendere	to sell
i valori	values		venire	to come
la zia	aunt		volere	to want

Altre parole

a presto	I'll see you soon
addirittura	absolutely
allegro	cheerful
anch'io	I also
antico	ancient
aperto	open
comunque	however
davanti	in front of
difficilmente	unlikely
disoccupato	unemployd
esuberanti	exuberant
forse	perhaps
grazie	thanks
ieri	yesterday
insieme	together
libero	free
meglio	better
ora	now
per conto proprio	on one's own account
per il resto	besides
però	but
poderoso	powerful
proprio	really
quasi	almost
qui	here
un po'	a little bit
volentieri	willingly

Parole analoghe

atleta	athlete
attore	actor
differire	to differ
esuberante	exuberant
famiglia	family
imitare	to imitate
intellettuale	intellectual
matrimonio	matrimony
risultato	result
studiare	to study

Capitolo XIX

Letteratura italiana

Our focus in this chapter will be directed to the three greatest poets and writers of Italian literature: <u>Dante</u>, <u>Petrarca and Boccaccio</u>. Their innovative works had a tremendous influence on all European literature of all times.

The passive voice and the impersonal <u>sentences with "si"</u> will constitute the main topic of this grammar segment. In addition, <u>augmentative</u> and derogative suffixes will be introduced as part of nouns and adjectives along with their respective meanings.

Prospetto

A   Dialogo   *Soldi e. . . cultura*

          1) Vocabolario del dialogo
          2) Note di cultura
          3) Domande sul dialogo
          4) Vocabolario attivo: *a) generi letterari*
          b) parole analoghe c) autori e loro opere
          5) Attività sul vocabolario

B   Grammatica e pratica
       I   **Passive voice**
       II   **"Si" construction** instead of passive voice
       III   The **impersonal "si"** construction
       IV   Words with **suffix**
       V   **Irregular plural** of nouns
       VI   **Compound nouns**

C   Pratica riassuntiva
D   Lettura di vita e costumi   I tre grandi: ***Dante, Petrarca, Boccaccio***
E   Lettura di cultura   **La lingua italiana**
F   Vocabolario utile

Dante Alighieri   Francesco Petrarca   Ludovico Ariosto

A   Dialogo   *Soldi e . . .cultura*

Angela: **Ciao John, ciao Kathy. Come va?**

John: **Abbastanza bene. Grazie.**

Angela: **Come mai avete chiesto di vedermi?**

Kathy: **Ci devi fare un favore. Abbiamo bisogno di qualcuno che ci accompagni in banca. Dobbiamo cambiare dei dollari perché dobbiamo fare dei regalini[1] quando torniamo in America.**

John: **Non ci è convenuto[2] cambiarli in albergo, in quanto l'offerta era. . . un po' bassa.[3]**

Angela: **Avete fatto benone. E' meglio cambiare nelle banche in quanto seguono il listino[4] ufficiale. C'è una banca qui vicino che effettua[5] tutte le operazioni. Le cassiere[6] della banca sono due mie simpatiche amiche.**

Kathy: **Vieni anche tu?**

Angela: **No, perché è impossibile trovare parcheggio.[7] Vi aspetto nell'auto.[8] L'operazione in banca è molto semplice. In una della cassette[9] esterne depositate[10] gli oggetti metallici[11] per non essere fermati[12] dal *metal detector*, entrate uno alla volta,[13] vi presentate allo sportello[14] ed . . . è fatto![15]**

Kathy: **Meno male,[16] anche perché abbiamo molta fretta.[17]**

Angela: **Sono curiosa. Perché avete tanta fretta?**

Kathy: **Dobbiamo andare a sentire una conferenza sul *Decamerone*.**

Angela: **Molto interessante! Avete letto tutte le *Cento Novelle*?**

John: **Non tutte. Alcune delle più interessanti. Come sai, il nostro italiano è un po' zoppicante[18] ed è difficile capire la vostra lingua del Trecento.**

Key words

1)Small gift, 2)to be worth while, 3)low 4)official list, 5)to carry on, 6)cashier, 7)parking, 8)I'll be waiting in the car, 9)small box, 10)to deposit, 11)metal articles, 12)to stop, 13)one by one 14)window 15) that's all, 16)just as well, 17)in a rather great hurry, 18)lame/weak

I   *Note di cultura*

1) After the riots and social unrest of the '70's, many major banks tightened security measures with metal detectors, armed guards and other means.

2) It is almost impossible to find a parking lot down town of big Italian cities, for a couple of reasons: first, there is too much traffic and, secondly, the majority of Italian cities still retain narrow streets since the Middle Ages as well as "artistic" squares which are all protected by the law.

II   *Domande sul dialogo*

1) Dove vogliono essere accompagnati John e Kathy?
2) Perché vogliono andare in banca?
3) Che cosa bisogna fare quando si entra in una banca?
4) Perché Kathy e John hanno fretta?
5) John e Kathy hanno letto tutto il *Decamerone* ?
6) Com'è l'italiano di John e Kathy?

III   *Vero o falso?*

1) Kathy e John vogliono essere accompagnati al teatro.
2) Hanno cambiato i dollari in albergo.
3) Angela aspetta gli amici nell'auto.
4) Kathy e John hanno molta fretta.
5) Devono andare a sentire una conferenza sulla *Divina Commedia*.
6) Kathy e John hanno letto tutte le novelle del *Decamerone*.

Machiavelli
di Nino Borsellino

Vocabolario attivo

Generi letterari

la commedia	*comedy*
l'epica	*epic poetry*
la lirica	*lyric poetry*
la novella	*short story*
l'opera	*literary work*
il poema	*poem*
la poesia	*poetry*
la prosa	*prose*
il racconto	*short story*
il romanzo	*novel*
il saggio	*essay*
la tragedia	*tragedy*

Autori

l'autore	*author (m)*
l'autrice	*author (f)*
il poeta	*poet (m)*
la poetessa	*poet (f)*
lo scrittore	*writer (m)*
la scrittrice	*writer (f)*

Autori famosi

	Opere
1300-1400	
Dante **Alighieri**	*(Divina Commedia)*
Giovanni **Petrarca**	*(Il Canzoniere)*
Giovanni **Boccaccio**	*(Decamerone)*
1500-1600	
Ludovico **Ariosto**	*(Orlando furioso)*
Torquato **Tasso**	*(Gerusalemme liberata)*
1800	
Alessandro **Manzoni**	*(I promessi sposi)*
Giacomo **Leopardi**	*(I Canti)*
1900	
Luigi **Pirandello**	*(Novelle per un anno)*
Eugenio **Montale**	*(Ossi di seppia)*

Espressioni utili

Dio mio!	*my goodness!*	amico mio	*my friend*
vale la pena	*it's worth while*	vale a dire	*that is to say*
a che serve	*what's the use (of it)*	proprio vero	*it's really true*
meglio varrebbe	*it would be better*	tanto vale	*it's all the same*
a dire la verità	*to tell the truth*	d'accordo	*agreed*
a viva voce	*by word of mouth*		
con piacere	*gladly*		
mi dispiace, ma non posso	*I am sorry, but I can't*		

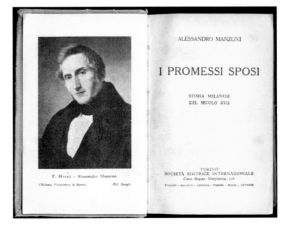

Pratica

I   Form sentences by using the <u>"si" construction</u>. Example: In classe/leggere la *Divina commedia* - In classe si legge la *Divina commedia*.

1) Quest'anno/commentare / la *Gerusalemme liberata*.
2) Leggere/*Il Canzoniere* del Petrarca.
3) Spiegare/*Ossi di seppia* di Montale.
4) Tradurre in inglese /*I promessi sposi.*
5) Imparare a memoria/i primi due canti della *Divina commedia.*
6) Nella classe d'italiano/parlare sempre italiano.

II   Personal questions:

1) Ti piace di più la prosa o la poesia?
2) Chi è il tuo poeta preferito?
3) Chi è il tuo scrittore/scrittrice preferito?
4) Hai mai tentato di scrivere una poesia?
5) Hai scritto qualche articolo o saggio sul giornale della tua università?
6) Ti piacerebbe diventare un grande scrittore/scrittrice?

III   In pairs, ask the following or similar questions;

1) Secondo te, chi è il più grande scrittore della letteratura americana?
2) Ricordi il nome delle opere che ha scritto?
3) Chi è il poeta più conosciuto in America?
4) Hai imparato qualche sua poesia a memoria?
5) Ricordi il nome di tutte le tragedie di Shakespeare?
6) Dopo Shakespeare chi è il più grande poeta in lingua inglese?

IV   Work in groups asking the following or similar questions:

1) Hai letto qualche romanzo o novella ultimamente?
2) Qual è il titolo e come si chiama l'autore?
3) Potresti riassumere brevemente il contenuto?
4) Hai letto qualche racconto nelle riviste letterarie?
5) Hai letto qualche poema famoso di Byron, Shiller, Frost?
6) Fra le opere letterarie, ti piacciono di più le commedie o le tragedie?

B   Grammatica e pratica

I   The passive voice

Minidialogo   *Piccola . . . dimenticanza*

Vocabolario

cercare	*to search*	complimenti	*congratulations*
dimenticanza	*forgetfulness*	prova	*test*
ridere	*to laugh*	scoperto	*discovered*
scritto	*written*	scusare	*to excuse*
sottomettersi	*to submit*	l'uovo (pl. le uova)	*egg*

Roberto: Pinuccio, voglio sottoporti a una prova: Chi ha scritto la *Divina Commedia*, chi
              Il Canzoniere e chi il *Decamerone*?

Pinuccio: La *Divina Commedia* è stata scritta da Dante, *Il Canzoniere* è stato scritto da Petrarca e il *Decamerone* è
              stato scritto da Boccaccio.

Roberto: Bravo! Complimenti! E che cosa ha scoperto Cristoforo Colombo?

Pinuccio: Da Colombo è stato scoperto l'uovo.

Roberto: Ma non mi far ridere. Cerca di fare la persona seria.

Pinuccio: Ah, si, da Colombo è stata scoperta anche l'America. Bisogna scusare
              una piccola . . . dimenticanza!

Domande: 1) Da chi è stata scritta la *Divina Commedia?* 2) Da chi *Il Canzoniere* 3) Da chi il *Decamerone?*
               4) E. . . che cosa è stata scoperta da Colombo?

---

1)   In an active voice construction, the subject of the sentence is the doer of the action, the verb is transitive
        and a direct object is expressed. Ex: *Il cane* (subject, doer of the action) *mangia* (transitive verb [*see
        ch.7, pag. 148*]) *la carne* (direct object and recipient of the action).

2)   In passive voice, the subject of the sentence is acted upon by the action of the verb.
        The previous sentence may be changed into the passive voice by making the direct object (recipient of the
        action) the subject of the passive sentence, and by putting the subject (doer of the action) in a prepositional
        phrase (called agent) introduced by "da". The active verb is changed into passive by using the auxiliary
        verb *essere* (expressed in the same tense as the active verb) and the past participle of the main verb.

Compare these sentences:

Active voice **Il cane**	**mangia**	**la carne**
(subject, doer)	*(transitive verb)*	*(direct object,recipient)*
Passive voice **La carne**	**è mangiata**	**dal cane**
(recipient,subject)	*(passiv. voice)*	*(agent with <u>da</u>)*
Active subject	+ verb	+direct object
Passive subject	+essere + past participle	+ da + agent

Notes :   1) In the passive voice, the past participle is used with <u>essere</u>, therefore it agrees with the new subject in
             gender and number. In the given example, la <u>carne</u> is feminine, therefore "è mangiat<u>a.</u>"

             2) Only sentences with transitive verbs can be transformed into true passive voice.

             3) In compound tenses, <u>essere</u> must be used and both participles agree with the subject.
             I ravioli sono sta<u>ti</u> cucina<u>ti</u> da Angela.   *The ravioli have been cooked by Angela.*

Pratica

I   Change the following sentences into passive voice.
Example: Fabio studia la lezione - La lezione è studiata da Fabio.

1) Il professore legge la *Gerusalemme liberata*.
2) Gli alunni ascoltano il professore.
3) Mio nonno beve un bicchiere di vino.
4) Mia nonna guarda la televisione.
5) Le mie sorelle leggono le riviste.
6) I miei fratelli mangiano i panini.

II   Change the subject with those in parentheses. Make the necessary changes in the verbs.

1) *Il Canzoniere* di Petrarca sarà letto da noi (la rivista, il giornale, le lettere).
2) L'*Orlando furioso* fu spiegato dal professore (la tragedia, le poesie, i *Canti*).
3) Il *Decamerone* era commentato da lei (la commedia, le novelle, i dialoghi).

III   Ask your classmate the following questions. He/she has to answer with the passive voice.
Example: Chi ha scritto la *Divina Commedia* - La *Divina Commedia* è stata scritta da Dante.

1) Chi ha scritto l'*Amleto?*
2) Chi ispirò la tragedia *Romeo e Giulietta* (Matteo Bandello)
3) Chi ha scoperto l'America?
4) Chi ha scritto *I promessi sposi*? (Alessandro Manzoni)
5) Chi ha composto l'opera *Aida?* (Giuseppe Verdi).
6) Chi ha scritto la Costituzione americana?

IV   Translate the following sentences into Italian:

1) The Sistine Chapel was painted by Michelangelo.
2) *Hamlet* was written by Shakespeare.
3) The house was built *(costruire)* by my father.
4) The traveler's checks were signed by me.
5) Two sandwiches were prepared by my aunt.
6) Supper was prepared by my mother.

Grazia Deledda

II   The "si" construction **instead of the passive voice**

Minidialogo   *vendesi o. . . affittasi?*

<u>Vocabolario</u>

affitto	*rent*	comprare	*to buy*			
difficilmente	*with difficulty*	facilmente	*easily*			
affittare	*to rent*	guadagnare	*to earn*	oggi	*today*	
per questo	*for this reason*	preferire	*to prefer*	vendere	*to sell*	

Sig.ra Flynn: Come <u>si sta</u> oggi in Italia?

Sig.ra Conti: Se <u>si ha</u> un lavoro e <u>si guadagna</u>, <u>si vive</u> abbastanza bene.

Sig.ra Flynn: <u>Si trovano</u> facilmente appartamenti? <u>Si comprano</u> o <u>si affittano</u> più facilmente?

Sig.ra Conti: Case da affittare <u>si trovano</u> difficilmente, perché se <u>si dà</u> una casa in affitto, poi con difficoltà <u>si riesce a</u> rientrarne in possesso. Per questo, da parte dei proprietari, <u>si preferisce</u> vendere.

Domande: 1) Se <u>si ha</u> un lavoro , come <u>si sta</u> i Italia? 2) Le case <u>si vendono</u> o si affittano più facilmente?
3) Cosa succede se <u>si dà</u> una casa in affitto? 4) Che cosa <u>si preferisce</u> da parte dei proprietari?

1)   a) When the doer of the action (a specific agent) is not indicated, the passive voice is expressed in Italian with the "si" construction, that is, with the reflexive pronoun **si** and the third person singular of the verb, if the subject is singular, with the third person plural if the subject is plural:

Si riceve la posta alle 10.00.   *The mail is received at 10:00.*
                                                   [By whom?] It is not expressed.
Si vendono fiori freschi in questo negozio.   *Fresh flowers are sold in this store.*
                                                   [By whom?] Not expressed.

b) The same occurs when the ' **si** construction is used with an infinitive:

Si può stazionare qui?   *Can one park here?*
Sì, però si deve pagare il biglietto.   *Yes, but you have to pay for a ticket.*
Si possono comprare le sigarette in una farmacia? *Can one buy cigarettes in a pharmacy?*
No, le sigarette si comprano dal tabaccaio.   *No [in Italy], cigarettes are puchased in a*
                                                   tobacconist's shop.

2)   The verb can be used in any tense, and usually is placed before the subject.

Questa sera si mangeranno i ravioli.   *Tonight ravioli will be eaten.*
Questo semestre si studierà la *Divina Commedia*. *During this semester the* <u>Divine</u> <u>Comedy</u> *will be*
                                                   studied.

Note. The **si** construction is used more in Italian than the true passive voice. You will rarely hear the sentence: I vestiti italiani sono venduti in America. *Italian clothes are sold in America.* You will hear instead: In America si vendono vestiti italiani.

Luigi Pirandello

III   The impersonal "si" construction

The *si* construction, with the verb in the third person singular, is used when the subject is indefinite or generic and the phrase has <u>an impersonal meaning</u>, usually expressed in English by: *one, people, you, they.*

Come si sta oggi in Italia?   *How do people live today in Italy?*
Se si lavora, si sta abbastanza bene.   *If one works, he/she lives very well.*
In classe, non si fuma, non si mangia   *In class, you can't smoke, you can't eat*
e non si dorme, si studia solamente.   *and can't sleep, you can only study.*

Note: The <u>**si**</u> construction with the verb in the third person singular is also used:

a) To replace the <u>**noi**</u> form: Si è studiato abbastanza oggi = (Noi) abbiamo studiato abbastanza oggi. *We have studied enough today.*

b) To translate the English "*Shall we. .?* " Si parte?   *Shall we leave?*
                                          Andiamo?   *Shall we go?*

Pratica

Drills

I   Imagine that you enter an Italian store and ask the following questions: The clerk (your classmate) will answer with "si"construction. Example: Parlano inglese in questo negozio? - Sì, si parla inglese in questo negozio.

1) Aprono alle 8.00 di mattina?
2) Vendono scarpe di Valentino?
3) Posso pagare con carta di credito?
4) Mandano la merce a domicilio?
5) Chiudono dall'una e mezzo alle quattro?
6) Usano la pubblicità in televisione?

II   You visit your friend's house and ask the following questions: He/she will answer each of your requests negatively, using the "si" construction.
Example: Posso fumare qui? - No, qui non si può fumare.

1) Posso bere una coca-cola?
2) Posso dormire sul divano?
3) Possiamo guardare la televisione?
4) Mangiamo pollo arrosto?
5) Cuciniamo gli spaghetti?
6) Ascoltiamo la musica classica?

III   Complete the following sentences with the form of the verb in parentheses.
Example: In questa università - (studiare) molto - In questa università si studia molto.

1) In Russia — (parlare) russo.
2) In Giappone — (scrivere) giapponese.
3) In Messico — (studiare) spagnolo.
4) In questo negozio — (vendere) borse di pelle.
5) In casa mia — (guardare)televisione solamente un'ora al giorno.
6) In questo ristorante— (potere mangiare) l'osso buco.

IV   Form complete sentences. Follow the model:
Vestire bene in Italia - Si veste bene in Italia.

1) Mangiare bene/ in Italia.   2) Viaggiare comodamente/ in Italia.
3) Guardare poco la TV/ in Italia.   4) Bere molto vino/ in Italia.
5) Parlare poco inglese/ in Italia.   6) Giocare a bocce/ in Italia.

Communication

V   You are in Italy and ask the following questions of a policeman. Your partner will provide the answers.
Example: Scusi, dove si prende l'autobus 64? (Laggiù, all'angolo) - L'autobus 64 si prende laggiù all'angolo.

1) Dove si compra il biglietto? (dal giornalaio).
2) Dove si scende per Piazza del Popolo? (Dopo quattro fermate).
3) Si scende davanti o di dietro? (Davanti).
4) Dove si comprano le aspirine? (In farmacia).
5) In farmacia si comprano anche le sigarette? (No, in farmacia, in Italia non...)
6) Allora dove si comprano le sigarette in Italia? (Dal tabaccaio).

VI   You are in Italy with a group of tourists. Ask the tour guide *(another student)*
            the following questions:

            1) Dove si va oggi? (al Colosseo).
            2) Che cosa si prende per andare al Colosseo? (La metropolitana).
            3) Si va anche alle Terme di Caracalla? (Sì, . . .).
            4) Si può vedere la *Traviata* alle Terme di Caracalla? (No, . . .).
            5) Stasera si va in discoteca? (No, al cinema).
            6) Dove si va a mangiare? (A Trastevere).
            7) Che cosa si mangerà (La porchetta romana).

IV   Words with suffixes

Eugenio Montale

In Italian, there are several suffixes that can be added to nouns (including proper nouns), adjectives and adverbs. They alter the basic meaning of the words, conveying a nuance of size or contempt to them. They are the so-called <u>diminutive</u>, <u>augmentative</u> or <u>pejorative</u> words.

A   *Diminutives* convey the meaning of smallness and, sometimes, a feeling of affection and endearment. The most frequently used suffixes for diminutives are: **ino** (a), **etto** (a). They are attached to the words after dropping the final vowel.

Suffix	**-ino (a)**				
bello	bell-ino	*pretty little/cute*	Angela	Angel-ina	*little Angela*
fratello	fratell-ino	*dear little brother*	Giovanni	Giovann-ino	*little John*
gatto	gatt-ino	*cute little cat*	Giuseppe	Giusepp-ino	*little Joseph*
piccolo	piccol-ino	*very little*	Luigi	Luig-ino	*little Louis*
racconto	raccont-ino	*little story*	Nicola	Nicol-ino	*little Nick*
sorella	sorell-ina	*dear little sister*	Michele	Michel-ino	*little Mike*
uccello	uccell-ino	*little bird*	Paola	Paol-ina	*little Paula*

Suffix	**etto (a)**				
bimbo	bimb-etto	*dear little child*	Carlo	Carl-etto	*little Charles*
casa	cas-etta	*little house*	Giulia	Giuli-etta	*little Julie*
vecchio	vecchi-etto	*dear little old man*	Rosa	Ros-etta	*little Rose*

B   *Augmentatives* convey the meaning of a large size, and the suffix ***-one*** (a) is used:

donna	donn-ona	*big woman*	pigro	pigr-one	*very lazy*
casa	cas-ona	*big house*	porta	port-one	*main door*
gatto	gatt-one	*fat cat*	scarpa	scarp-one	*climbing boot*
naso	nas-one	*big nose*	testa	test-one	*big head*

C   *Pejoratives* convey the meaning of bad and ugly, and the suffix **-accio** (a) is used.

giornale	giornal-accio	*bad newspaper*	ragazzo	ragazz-accio	*bad boy*
libro	libr-accio	*bad book*	strada	strad-accia	*a road in bad shape*
parola	parol-accia	*bad word*	tempo	temp-accio	*bad weather*

Pratica

I   Form the diminutive of the following words:

    1) ragazzo   2) poco   3) piccolo

    4) ragazza   5) cavallo   6) parola

II   Ask your friend the following questions. He/she has to answer, by restating the phrase with the words in parentheses:

    1) Chi sono quei ragazzini che giocano a palla? (I miei fratellini).
    2) Di chi è quel gattino bianco con la coda lunga? (Mio).
    3) Ti piacciono i cavallini che lavorano nel circo? (Sì, poverini).
    4) Quante sorelline hai? (Due).
    5) Hai anche dei nipotini? (Sì, tre).
    6) Conosci Anna Bianchi? E' signora o signorina? (Signorina).
    7) E' grande o piccola la tua stanza? (Piccolina).

Eduardo De Filippo

III   Restate the following sentences by translating the word in parentheses:

    1) Quel ragazzino dice sempre *(bad words)*.
    2) Giorgio *(is a bad boy)* e vende *(bad newspapers)*.
    3) Nella mia città ci sono molte *(roads in bad shape)*.
    4) In quella libreria ho visto *(a bad book)*.
    5) Mio zio ha *(a big nose)*, *(little Ann)* ha *(little nose)*.
    6) Mia cugina *(little Julie)* ha due *(little brothers and one little sister)*.

V   Irregular feminine and plural of nouns

A   *Irregular feminine*

1)   A group of masculine nouns ending in **-tore** change this ending to **-trice** to form the feminine:

l'attore	*actor*	l'attrice	*actress*
l'autore	*author*	l'autrice	*authoress*
il benefattore	*benefactor*	la benefattrice	*benefactress*
l'elettore	*voter*	l'elettrice	*voter*
il lavoratore	*worker*	la lavoratrice	*worker*
lo scrittore	*writer*	la scrittrice	*woman writer*
il viaggiatore	*traveler*	la viaggiatrice	*traveler*

2)   Some masculine nouns form the feminine changing the final vowel to **-essa.**

il conte	*count*	la contessa	*countess*
il dottore	*doctor*	la dottoressa	*doctor*
il duca	*duke*	la duchessa	*duchess*
l'oste	*host*	l'ostessa	*hostess*
il poeta	*poet*	la poetessa	*poetess*
il principe	*prince*	la principessa	*princess*
il professore	*professor*	la professoressa	*professor*
lo studente	*student*	la studentessa	*student*
il leone	*lion*	la leonessa	*lioness*
l'elefante	*elephant*	l'elefantessa	*female elephant*

Note: There are a few names of animals that refer to both sexes. To distinguish their sex, one must use the words
"maschio" (male) or "femmina" (female).

Il gorilla maschio.   *The male gorilla.*   Il gorilla femmina.   *The female gorilla.*
La giraffa maschio.   *The male giraffe.*   La giraffa femmina.   *The female giraffe.*

Pratica

Interview "uno studente o studentessa" of your class; you may ask the following or similar questions:

1) Ti piacerebbe diventare attore/attrice del cinema o della televisione?
2) Quale attore e attrice preferisci?
3) Chi sono i tuoi autori/autrici preferiti gli scrittori/scrittrici di poesia o di prosa?
4) Sai come si chiama la più famosa poetessa americana?
5) Hai visto molte volte in televisione la principessa Diana?
6) Vuoi esprimere il tuo parere sul principe Charles?
7) Come insegnante di matematica, preferisci un professore o una professoressa?

B   *Irregular plural of nouns*

You have already studied how to form the plural of nouns ending in -io, in *stressed vowels* and in a
consonant (ch.1, p. 15); the nouns ending in -ista *(ch. 9 p. 205)* the nouns and adjectives ending in:
-ca, -ga, -cia, -gia *(ch.9, p. 206)*.

Now, to complete this topic, study the following:

1)   *Other nouns that do not change in the plural:*

a)	Nouns ending in -i		
	il brindisi	*toast*	i brindisi
	la crisi	*crisis*	le crisi
	la parentesi	*parenthesis*	le parentesi
	la tesi	*thesis*	le tesi
b)	A few feminine nouns ending in -o		
	l'auto	*car*	le auto
	la dinamo	*dynamo*	le dinamo
	la foto	*photo*	le foto
	la radio	*radio*	le radio
Except "la mano"		*hand*	le mani

c)   Very few **monosyllabic** nouns:

la gru	*crane*		le gru
il re	*king*		i re
il tè	*tea*		i tè

2)   A few masculine nouns ending in **o** in the singular change "o" to **a** in the plural, and become feminine:

il braccio	*arm*	le braccia	il labbro	*lip*	le labbra
il centinaio	*hundred*	le centinaia	il miglio	*mile*	le miglia
il dito	*finger*	le dita	il paio	*pair*	le paia
il ginocchio	*knee*	le ginocchia	l'uovo	*egg*	le uova

3)   Some nouns are completely irregular in the plural:

l'ala	*wing*	le ali	la moglie	*wife*	le mogli
il bue	*ox*	i buoi	l'uomo	*man*	gli uomini

Notes.

> 1) There are several nouns that are only used in the plural:
>
> | gli annali | *annals* | le esequie | *funeral* | le redini | *reins* |
> |------------|------------|------------|--------------|--------------|-------------|
> | i calzoni | *trousers* | le mutande | *underpants* | le stoviglie | *kitchenware* |
> | le forbici | *scissors* | le nozze | *wedding* | le tenaglie | *tongs* |
>
> 2) There are also a few nouns that are only used in the singular:
>
> | la fame | *hunger* | il latte | *milk* | il pepe | *pepper* |
> |------------|----------|----------|---------|-----------|----------|
> | la grandine | *hail* | il miele | *honey* | il sangue | *blood* |

Pratica

Answer these personal questions:

1) Ti piacciono le uova fritte?
2) Quante dita ci sono in una mano, in due mani, in dieci mani?
3) A quante miglia all' ora guidi sull'autostrada?
4) Compri due paia di scarpe all' anno?
5) Generalmente a chi fai molte foto?
6) Quante auto ci sono nella tua famiglia?

VI   Compound nouns

There are many compound nouns in Italian:

1)   Nouns formed by a *verb* root and a *noun*.
                      Usually, these nouns are masculine and do not change for the plural:

l'apriscatole	gli apriscatole	*can opener*	il paracadute	i paracadute	*parachute*
il cantastorie	i cantastorie	*ballad singer*	il portavoce	i portavoce	*megaphone*
il cavatappi	i cavatappi	*corkscrew*	la lavastovigliele	lavastoviglie	*dishwasher*

Exceptions. There are many nouns with plural form:

l'asciugamano	gli asciugamani	*towel*	il parafango	i parafanghi	*mudguard*
il grattacapo	i grattacapi	*trouble, worry*	il passaporto	i passaporti	*passport*
il grattacielo	i grattacieli	*skyscraper*	il portafoglio	i portafogli	*wallet*
lo stuzzicadente	gli stuzzicadenti	*toothpick*	la videocassetta	le videocassette	*videocassette*
il videoregistratore	i videoregistratori	*video tape-recorders*	il marciapiede	i marciapiedi	*sidewalk*

2)   Some compoud nouns are formed with *two nouns*. In this instance the second noun determines the gender and changes to the plural:

l'arcobaleno	*rainbow*	gli arcobaleni	la ferrovia	*railroad*	le ferrovie
il bassorilievo	*bas-relief*	i bassorilievi	il francobollo	*stamp*	i francobolli
il capogiro	*dizziness*	i capogiri	il pomodoro	*tomato*	i pomodori
il capolavoro	*masterpiece*	i capolavori	il telegiornale	*TV news*	i telegiornali

Pratica

Ask your classmate the following questions:

1) Sai quali sono i capolavori della letteratura inglese?
2) Ci sono molti grattacieli nella tua città?
3) Quando ti viene il capogiro?
4) Quante asciugamani hai nel tuo bagno?
5) Ti piace l'insalata di pomodori?
6) Sono private o statali le ferrovie americane?

Note.   There are several nouns that are "**independent**", that is, they have a form for the masculine gender and a different form for the feminine:

Male		**Female**		**Male**		**Female**	
babbo	*dad*	mamma	*mom*	genero	*son-in-law*	nuora	*daughter-in-law*
Dio	*God*	dea	*goddess*	marito	*husband*	moglie	*wife*
eroe	*hero*	eroina	*heroine*	maschio	*male*	femmina	*female*
frate	*friar*	suora	*nun*	padre	*father*	madre	*mother*
fratello	*brother*	sorella	*sister*	re	*king*	regina	*queen*
gallo	*rooster*	gallina	*hen*	uomo	*man*	donna	*woman*

C   Pratica riassuntiva

Drills

I   Rewrite the following sentences into the passive voice:

1) Oggi il professore legge una poesia.
2) Anni fa il professore scrisse una poesia.
3) Domani il professore leggerà un racconto interessante.
4) Gli studenti fanno i compiti tutti i giorni.
5) Teresa scrive molte cartoline per Natale.
6) Mio nonno legge due giornali tutti i giorni.

Carlo Cassola
La ragazza
di Bube

II   Rewrite the following sentences into the active voice. Follow the model: La casa è stata distrutta dal terremoto.- Il terremoto ha distrutto la casa.

1) La poesia è stata scritta dalla professoressa.
2) Le lettere sono state scritte da mia madre.
3) I regali sono stati ricevuti dai ragazzi.
4) Il romanzo *I promessi sposi* è stato scritto da Alessandro Manzoni.
5) La *Divina Commedia* è stata scritta da Dante.
6) Il *Decamerone* è stato letto da molti studenti.

III   Complete the following sentences with the "si" construction:

1) In questo negozio ————(vendere) vestiti molto costosi.
2) La carne ——(comprare) dal macellaio, la frutta ——(comprare) dal fruttivendolo.
3) Stasera all'Arena di Verona ————(rappresentare) *Il Trovatore* di Verdi.
4) In classe ————(commentare) due poesie di Montale.
5) A volte in classe ————-(leggere) i giornali italiani.
6) Nella mia scuola ————-(studiare) due lingue moderne.

IV   Use the impersonal "si' construction in the following sentences:

1) In Spagna ————(parlare) spagnolo.
2) *People say* che il capo del governo italiano ha rinunziato.
3) *You say* che sono esistiti gli UFO.
4) In America *people talk* spesso della guerra nel Vietnam.
5) In questa scuola — ————(studiare) molto?
6) In India ————-(parlare) inglese?

V   Convey the sense of smallness to the underlined nouns. Example: Ho comprato un <u>giornale</u> per il mio bambino - Ho comprato un giornalino per il mio bambino.

1) Il <u>ragazzo</u> che mi porta il giornale si chiama <u>Nicola</u>.
2) Il <u>gatto</u> del mio vicino ha il pelo grigio.
3) Mimì, nell'opera la *Boheme*, aveva una gelida <u>mano</u>.
4) Il <u>tavolo</u> sul quale studio è <u>piccolo</u>.
5) <u>Rosa</u> indossa un <u>vestito</u> azzurro.
6) La mia amica <u>Anna</u> ha un <u>naso</u> carino.

D   Lettura di vita e costumi   I tre grandi: *Dante, Petrarca, Boccaccio*

I Padri della letteratura italiana certamente furono i tre grandi poeti del secolo XIV: Dante Alighieri, Francesco Petrarca e Giovanni Boccaccio. La lingua di Firenze si affermò[1] in tutte le regioni d'Italia grazie[2] alle loro opere; in esse si rispecchiano[3] tutte le problematiche[4] morali, civili, politiche, scientifiche e filosofiche del loro tempo. Essi contribuirono al fatto che la lingua usata da loro diventasse lingua nazionale. Nei secoli successivi,[5] Petrarca fu assunto[6] come modello per la poesia e Boccaccio per la prosa.

Dei tre, il più grande fu certamente Dante Alighieri. Nacque[7] a Firenze nel 1265 e, dopo lunghi anni di esilio per questioni politiche, morì a Ravenna nel 1321 dov'è ancora sepolto.[8] Scrisse molte opere in versi e in prosa, ma il suo nome è legato alla *Divina Commedia*. In tutti i tempi quest'opera è stata considerata come la più bella e la più perfetta che abbia creato il genio umano. Dante immagina di fare un viaggio attraverso[9] l'inferno, il purgatorio e il paradiso, sotto la guida, prima di Virgilio e poi di Beatrice. Il suo viaggio rappresenta il cammino[10] e la condizione dolorosa di tutta l'umanità in cerca[11] della via della salvezza.

Francesco Petrarca nacque ad Arezzo nel 1304. Visse molti anni ad Avignone in Francia. Morì ad Arquà presso Padova nel 1374. Il suo capolavoro[12] è *Il Canzoniere*, una raccolta[13] di liriche in onore di Laura, la donna dei suoi sogni. Il suo sentimento d'amore è velato da una dolente tristezza perché il poeta sentiva forte il richiamo per la bellezza terrena, ma sentiva anche la condanna morale per questo suo amore.

Il terzo grande esponente[14] della letteratura italiana è Giovanni Boccaccio, nato a Certaldo, vicino Firenze, nel 1313 e morto a Firenze nel 1375. Il suo capolavoro è in prosa e si intitola *Decamerone* (novelle [di dieci giorni]). A Boccaccio interessano gli uomini e le donne con i loro sentimenti umani senza[15] alcuna preoccupazione morale o religiosa. Le novelle raccontano burle, inganni, beffe, accorgimenti astuti, amori. In contrapposizione alla *Divina Commedia*, il *Decamerone* fu definito la "Commedia umana" perché in quest'opera trionfa soprattutto l'amore per la vita.

Grazie a questi tre giganti la letteratura in lingua italiana diventò adulta e idonea ad esprimere qualsiasi argomento[16].

I   *Key words*

1) Made itself known 2) thanks to 3) are reflected 4) problems 5) following 6) to take/assume 7) was born
8) burried 9) through 10) journey 11) search 12) masterpiece 13) collection 14) exponent/model 15) without 16) topic.

II   *Note di cultura*

1) In the Middle Ages there was another prestigious dialect in Italy: the Sicilian, which was spoken at the court of Federico II. Many poems and literary works were written in this dialect, but none of them reached the prestige, importance and popularity of those written by Dante, Petrarca and Boccaccio. So, little by little, the Florentine dialect used by the "Big three" became the national language of Italy.

2) In the *Divine Commedy*, Dante imagines that he is lost in a dark forest (symbol of the sinful human life) and in vain he tries to climb up the hill (symbol of salvation). The Latin poet Virgil (symbol of the human reason) comes to rescue him. He tells Dante that in order to reach salvation he has to visit first, under his guidance, l'Inferno and il Purgatorio, and then, under the guidance of Beatrice (symbol of Theology), has to visit il Paradiso, in order to see God and thus be saved.

During this imaginary journey, Dante meets a large number of important historical and contemporary figures with whom he dialogues and gives vent to his anger, his anxiety, his passions and his hope. At times he becomes a severe judge, but very often he is full of compassion and human understanding.

3) Petrarca became a symbol of perfection and harmony in his lyric poems; the two qualities are still imitated by a vast number of poets all over the world.

4) The *Decamerone* is the immortal work of Giovanni Boccaccio. This literary masterpiece is translated into all modern languages, and the people who read it laugh at it and take great delight in Boccaccio's humor, realism and profound understanding of human foibles.

III   *Domande per la comprensione della lettura*

1) Come si chiamano i tre grandi della letteratura italiana?
2) Chi é il più grande dei tre? Perché?
3) Da chi fu scritta la *Divina Commedia?*
4) Che cosa rappresenta il viaggio di Dante?
5) Da chi fu scritto *Il Canzoniere?* In onore di chi?
6) Da chi fu scritto il *Decamerone?*
7) Come fu definito il *Decamerone?* Perché?

IV   *Vero o falso?*

1) I padri della letteratura italiana sono Dante, Petrarca e Boccaccio.
2) Dante nacque a Bologna nel 1321.
3) Dante immagina di fare un viaggio attraverso l'Inferno, il Purgatorio e il Paradiso.
4) Dante è guidato prima da Petrarca e poi da Beatrice.
5) Petrarca scrisse il *Decamerone* nel 1304.
6) *Il Decamerone* fu definito la "Commedia umana".

V   *Conversazione*

In a group of four, students should ask the following or similar questions:

1) Hai mai sentito parlare di Dante e della *Divina Commedia?*
2) Ti piacerebbe leggere la *Divina Commedia* in inglese?
3) Conosci il *Paradiso Perduto* di Milton?
4) Chi è il più grande poeta della letteratura inglese?
5) Chi è il più grande scrittore della letteratura americana?
6) Conosci qualche opera e qualche autore della letteratura mondiale?

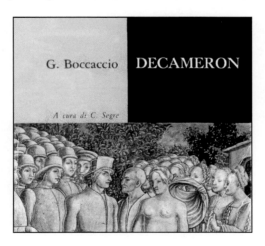

E   **Lettura di cultura**   *La lingua italiana*

La lingua italiana deriva dal latino come la francese, la provenzale, la spagnola, la portoghese, la rumena, dette lingue neolatine o romanze. L'unità linguistica dei Romani rimase fino a quando rimase l'unità politica, ma, quando questa venne meno[1] nel 476 d.C., le popolazioni conquistate cominciarono a corrompere[2] il latino volgare,[3] che avevano appreso dai soldati e dai coloni romani, e ad adattarlo alle loro antiche parlate.[4] Così nacquero le varie lingue neolatine che, durante vari secoli nel Medio Evo, si differenziarono[5] a tal punto[6] da sembrare lingue completamente diverse.

In Italia il latino continuò ad essere adoperato[7] dai dotti e dal clero,[8] mentre il popolo, nelle varie regioni, parlava il proprio dialetto fino a quando uno di questi s' impose sugli altri e diventò la lingua letteraria comune. In Italia questo linguaggio fu il dialetto di Firenze soprattutto perché quasi tutta la letteratura delle origini[9] fu fiorentina con Dante, Petrarca e Boccaccio. Dal 1400 in poi, il fiorentino divenne la lingua nazionale, parlata in tutta la penisola.

Da allora ad oggi[10] l'Italia ha prodotto una delle più importanti letterature d'Europa, ricca di opere splendide e famose. Basta citarne[11] solamente alcune. Durante il Rinascimento, Ludovico Ariosto compose l' *Orlando Furioso* e Torquato Tasso la *Gerusalemme liberata*. Durante il Romanticismo furono composti *I promessi sposi* da Alessandro Manzoni e *I Canti* da Giacomo Leopardi. Durante l'epoca contemporanea possiamo citare Alberto Moravia che ha scritto numerosi romanzi di successo, Elio Vittorini che ha contribuito moltissimo a far conoscere in Italia la letteratura americana, i poeti SalvatoreQuasimodo ed Eugenio Montale insigniti[12] del premio Nobel per la letteratura. Altri vincitori[13] del premio Nobel sono stati gli scrittori Grazia Deledda e Luigi Pirandello. Nel dopo guerra c'è stato un gran numero di scritori famosi, come Vasco Pratolini, Ignazio Silone, Italo Calvino, Pier Paolo Pasolini. Gli scrittori contemporanei di successo sono numerosi, ma non possiamo citarli tutti; ci limitiamo ai nomi di Umberto Eco, Antonio Tabucchi, Margaret Mazzantini, Enzo Biagi.

I   *Key words*
1)To fail 2)corrupt/change 3)vulgar/language commonly spoken by soldiers and ordinary people. 4)their original dialects 5)to differ 6)at such a point that they seemed different languages 7)used 8)learned and clergy 9)beginnings 10)since then up till now 11)to mention only some of them 12)awarded 13)winners

II   *Scegli la risposta giusta:*

1) La lingua italiana deriva: a) dal greco; b) dal cinese; c) dal latino?
2) L'unità linguistica dei Romani rimase: a) fino al secolo XX; b) fino al Rinascimento; c) fino alla caduta dell'impero Romano, cioè fino al 476 d. C?
3) In Italia divenne lingua nazionale: a) il dialetto napoletano; b) il dialetto fiorentino; c) il latino?
4) L'Italia ha prodotto una delle più grandi letterature: a) del mondo; b) d'America; c) d'Europa?

III   *Vero o falso*

1) La lingua italiana deriva dal francese.
2) L'unità politica e linguistica dell'impero romano rimase fino all'anno 476 d.C.
3) In Italia il latino continuò ad essere adoperato dal clero e dai dotti.
4) Nel 1400 il dialetto siciliano divenne la lingua nazionale parlata in tutta Italia.
5) La *Gerusalemme liberata* fu scritta da Ludovico Ariosto.
6) *I promessi sposi* furono scritti da Giacomo Leopardi.
7) Solamente Quasimodo e Montale furono insigniti del premio Nobel per la letteratura.

IV   *Conversazione*

In groups of four, each student should ask the
following or similar questions:

1) Sai da quale lingua deriva la lingua inglese?
2) Sai quali sono le prime opere letterarie scritte in lingua inglese?
3) Nomina tre capolavori scritti in lingua inglese.
4) Ci sono molte parole latine nella lingua inglese?
5) Sai quando più del 60% delle parole latine entrarono a
far parte della lingua inglese?

Margaret Mazzantini, autrice del recente romanzo, *Non ti muovere*.

F   Vocabolario utile

Nomi   ### Verbi

accorgimento	*expedient*		cambiare	*to change*
albergo	*hotel*		chiedere	*to ask*
bellezza	*beauty*		cominciare	*to begin*
beffa	*jeer*		condannare	*to condemn*
burla	*trick*		contribuire	*to contribute*
condanna	*condemnation*		derivare	*to originate*
conferenza	*lecture*		diventare	*to become*
esilio	*exile*		dovere	*to have to*
gigante	*giant*		entrare	*to enter*
inganno	*deceit*		esprimere	*to express*
novella	*short story*		ingannare	*to deceit*
poesia	*poetry*		intitolare	*to entitle*
poeta	*poet*		legare	*to tie/attach*
preoccupazione	*worry*		nascere	*to be born*
prosa	*prose*		presentarsi	*to appear*
regione	*region*		raccontare	*to tell*
richiamo	*recall*		reschiarire	*to become clear*
salvezza	*salvation*		seguire	*to follow*
secolo	*century*		sentire	*to feel*
sentimento	*feeling*		tornare	*to return*
sogno	*dream*		trionfare	*to triumph*
tempo	*time/weather*		velare	*to cover*
terreno	*land/soil*		vivere	*to live*
tristezza	*sadness*			
verso	*line of verse*			
via	*street/road*			
viaggio	*journey*			

Altre parole   ### Parole analoghe

abbastanza	*enough*		civile	*civil*
adulto	*adult*		condizione	*condition*
ancora	*still*		creare	*to create*
appreso	*learned*		difficoltà	*difficulty*
astuto	*cunning*		genio	*genious*
attraverso	*across*		immaginare	*to imagine*
benone	*very well*		lirico	*lyric*
certamente	*certainly*		morale	*moral*
come	*how/as/like*		onore	*honor*
definito	*definite*		politico	*political*
dolente	*afflicted*		prosa	*prose*
dopo	*after*		rappresentare	*to represent*
fino	*until*		religione	*religion*
idoneo	*qualified*			
preoccupato	*worried*			

Capitolo XX

I mezzi di diffusione

> This final chapter will deal with the <u>mass media</u> and <u>movie</u> industry in Italy. After World War II, Italy gained world wide reputation for the so called "neo-realistic" movies, and the names of famous directors of that period are still remembered: Rossellini, De Sica and Fellini.
>
> In the grammar segment, a compound present <u>progressive tense</u> *(stare+participio presente: -ando, -endo)*, denoting the "going on" action, will be presented. The final grammatical item will demonstrate the use of the <u>infinitive</u> alone and <u>with prepositions</u>.

Prospetto

A   Dialogo   Leggi Il *Corriere della sera?*

            1) Vocabolario del dialogo
            2) Note di cultura
            3) Domande sul dialogo
            4) Vocabolario attivo: a) *giornali* b)*radio* c)*TV*
            5) Attività sul vocabolario attivo

B   Grammatica e pratica
       I   **The infinitive**
       II   **The infinitive** after *prepositions*
       III   The infinitive **alone**
       IV   The infinitive after **fare** and **lasciare**
       V   **The gerund**
       VI   **The progressive tense**

C   Pratica riassuntiva
D   Lettura di vita e costumi   **Giornali e riviste**
E   Lettura di cultura   **Gli Italiani davanti alla TV e al cinema**
F   Vocabolario utile

A   **Dialogo**   **Leggi il *Corriere della sera?***

Barista:[1]   **Signor Longo, buon giorno! Anche oggi è venuto a prendere il suo cappuccino e a leggere il suo giornale? Per fare quattro chiacchiere[2] con gli amici, deve aspettare.[3] Non si vede ancora nessuno.**

Sig.Longo: **Guarda, sta arrivando Giancarlo! Ma quello zuccone[4] non sa come fare per entrare.**

Barista: **Vado ad aiutarlo.[5] Non sa che per entrare deve tirare[6] la porta, non spingerla.[7] Signor Giancarlo, per**

	entrare deve tirare, non spingere, tirare, ha capito?
Giancarlo:	**Grazie giovanotto.[8] Devo stare più attento,[9] però è proprio una brutta cosa invecchiare,[10] dimenticare le cose[11] ed avere bisogno[12] dell'aiuto degli altri.**
Sig. Longo:	**Ciao, Giancarlo. Hai proprio ragione: è brutto invecchiare.**
Giancarlo:	**Da quanto tempo stai qui?**
Sig. Longo:	**Dalle dieci. Aspettavo qualcuno e, nel frattempo,[13] stavo leggendo un articolo di cronaca.**
Giancarlo:	**Che hai comprato? Il *Messaggero*?**
Sig. Longo:	**No, ho comprato l'*Unità*. Sono sempre stato di idee comuniste e sono sempre fedele[14] al partito anche se ora il vecchio partito comunista si chiama Partito Democratico della Sinistra.**
Giancarlo:	**Si può essere fedele al partito pur leggendo anche altri giornali oltre l'*Unità*.**
Sig. Longo:	**Sì, è vero, però è difficile perdere le vecchie abitudini.[15] Gradisci un aperitivo?[16]**
Giancarlo:	**No, grazie. A prima mattina preferisco il caffè e una pasta,[17] solo a pranzo bevo un poco di vino. (*Dopo un'oretta di conversazione, Giancarlo se ne va*).**
Barista:	**Signor Giancarlo, adesso per uscire, bisogna spingere, non tirare.**
Giancarlo:	**Che brutta cosa invecchiare!**

I   *Key words:*

1)Bar attendant, 2)chat, 3)to wait, 4)blockhead, 5)help him, 6)to pull, 7)to push, 8)young man, 9)to pay attention, 10) it is an ugly thing to get old, 11)to forget things, 12)to need, 13) in the meanwhile, 14)loyal 15)custom/habit, 16) aperitif/bitter drink, 17) pastry.

II   *Note di cultura:*

1) Many senior citizens gather in their favorite bar to have a cup of coffee, an aperitif, to chat and to read a newspaper.
2) There is a great variety of aperitifs in Italy. The most popular ones are: *Ramazzotti, Cynar, Campari*. An aperitif is a beverage with a small amount of alcohol and has a rather bitter taste. Italians drink it usually in the late morning, before their meal.
3) After the big corruption scandal in 1992, many political parties disappeared from the public scene in Italy, including the famous Democrazia Cristiana. Some of them, like the Partito Comunista, changed names and have still a large number of followers.
4) The *Messaggero* is a prestigious newspaper in Rome.
5) Usually, Italians do not drink wine in the morning, but during their regular meals.

III   *Domande per la comprensione:*

1) Che cosa deve fare il sig. Longo per chiacchierare con gli amici?
2) Per entrare, che cosa suggerisce il barista a Giancarlo?
3) Che giornale sta leggendo il sig. Longo?
4) Perchè non legge il *Messaggero*?
5) Che cosa offre il sig. Longo a Giancarlo?
6) Che cosa preferisce prendere Giancarlo?

IV   *Domande personali:*

1) Dove ti riunisci spesso per chiacchierare con gli amici?
2) Bevi molto o poco caffè durante la giornata?
3) Hai assaggiato qualche volta un aperitivo italiano? Ti è piaciuto?
4) Leggi spesso il giornale?
4) Quale parte del giornale preferisci?
5) Leggi anche qualche rivista? Quale?

Vocabolario attivo

Parole riguardanti giornali, radio, televisione

l'ascoltatore *(m)*	*listener*	il produttore	*producer*
l'ascoltatrice *(f)*	*listener*	la pubblicità	*advertising*
l'attore	*actor*	il/la regista	*movie director*
l'attrice	*actress*	il registratore	*tape recorder*
il canale televisivo	*TV channel*	la rete televisiva	*TV network*
il direttore	*director*	la rivista	*review/magazine*
la direttrice	*director*	il servizio	*report*
il film	*movie*	il telegiornale	*TV news*
il giornale	*newspaper*	il telespettatore	*TV viewer (m)*
il giornale radio	*radio news*	la telespettatrice	*TV viewer (f)*
il giornalaio	*news-vendor*	la televisione	*TV (tivù)*
il/la giornalista	*journalist*	il televisore	*TV set*
la notizia	*news*	la videocassetta	*videocassette*
il presentatore	*anchorperson*	il videoregistratore	*VCR*
lo schermo	*screen*		
il sondaggio	*poll*		
accendere	*to turn on (radio, TV)*		
andare in onda	*to go on the air*		
spegnere	*to turn off (radio, TV)*		

Parole riguardanti film

un film di avventure	un film comico	un film drammatico
un film fantascienza	un film western	un film d'orrore
la programmazione	i cartoni animati *(cartoons)*	i documentari *(news-reel)*
il telegiornale	i programmi sportivi	i programmi culturali
la tiggì (telegiornale)	la telenovella *(soap opera)*	il telefilm *(film made for TV)*

I tre grandi del cinema italiano: Mastroianni, Fellini, Sofia Loren

Pratica

I   Form sentences with the given nouns and verbs. Example: Professore/incominciare spiegare/lezione
-Il professore incomincia a spiegare la lezione

1) Attrice/continuare parlare/ con le amiche.
2) Canale 5/ avere bisogno assumere/un'annunciatrice.
3) I telespettatori/cominciare annoiarsi.
5) Essere sempre necessario fare /tanta pubblicità in televisione?
6) Nicolino prima /usare/ il videoregistratore/chiedere permesso ai genitori.

II   Personal questions:

1) Guardi spesso la televisione?
2) Qual è il tuo programma preferito?
3) Guardi tutte le sere il telegiornale locale?
4) Guardi spesso il telegiornale nazionale?
5) Ti piacerebbe essere annunciatore/annunciatrice in televisione?
6) Quale canale televisivo preferisci?

III   Ask your partner the following questions:

1) Hai mai visto un film italiano?
2) Ricordi il nome dell'attrice e dell'attore principali?
3) Sai quali sono le attrici italiane più famose del mondo?
4) Quale attore americano preferisci?
5) Qual è il film più bello che hai visto quest'anno?
6) Quante volte alla settimana vai al cinema?
7) In che giorno vai al cinema? Con chi?

IV   In groups of five students, ask the following or similar questions:

1) Hai un televisore nella tua stanza da letto?
2) Prendi spesso in affitto delle videocassette?
3) Che genere di film ti piace di più?
    (giallo, di avventure, comico, *westerns*)
4) Guardi spesso i programmi sportivi?
5) Ti piacciono i cartoni animati?

Bernardo Bertolucci

B   Grammatica e pratica

I   The Infinitive   (*L'infinito*)

<table>
<tr><td colspan="4">Minidialogo   Mamma . . . infermiera</td></tr>
<tr><td colspan="4"><u>Vocabolario</u></td></tr>
<tr><td>andare a letto</td><td>to go to bed</td><td>avere voglia</td><td>to desire</td></tr>
<tr><td>ci penso io</td><td>I'll take care of it</td><td>tè caldo</td><td>hot tea</td></tr>
<tr><td>lascia fare a me</td><td>leave it to me</td><td>prima di addormentarti</td><td>before falling asleep</td></tr>
<tr><td>far scendere</td><td>to let go down</td><td>febbre</td><td>fever</td></tr>
<tr><td>sudare</td><td>to sweat</td><td>sarebbe opportuno</td><td>it would be suitable</td></tr>
<tr><td>senza salutarli</td><td>without saying good-bye</td><td>subito</td><td>right away</td></tr>
</table>

Nicolino: Mamma, non ho voglia <u>di andare</u> a letto subito. Dovrei <u>lasciare</u> gli amici senza neppure <u>salutarli</u>?
La mamma: Lascia <u>fare</u> a me. Ci penso io <u>a salutarli</u> per te; adesso, però, è necessario che tu vada subito a letto. <u>Prima di addormentarti</u> sarebbe opportuno <u>prendere</u> un'aspirina con un tè caldo <u>per sudare</u> e <u>per far scendere</u> la febbre.

Domande: 1) Perché Nicolino non ha voglia di <u>andare</u> a letto subito? 2) Chi saluterà per lui gli amici?
3) Che cosa deve <u>prendere</u> Nicolino <u>prima di addormentarsi</u>?

The infinitive is the form of the verb found in the dictionary as the main entry.
It may be used:

A)   **As a noun** and can function as subject or object of a verb:
Nuotare nei fiumi è pericoloso.   *Swimming in rivers is dangerous.*
Dormire otto ore fa bene alla salute.   *Sleeping eight hours is good for your health.*

Note.   Used as a noun, the infinitive usually corresponds to the *-ing* form in English, and it may be preceded
by a masculine definite article: <u>il</u> fumare fa male ai polmoni. *Smoking is dangerous for the lungs.*

B)   **As a verb complement**, the infinitive directly follows many verbs. Here are
some of the verbs that are directly followed by an infinitive without a preposition:

1) *The servil verbs*:

a) *Dovere.* I bambini devono dormire otto ore.   *Children have to sleep eight hours.*
b) *Potere.* Il presidente non può venire.   *The president cannot come.*
c) *Volere.* Voglio vedere il Colosseo.   *I want to see the Colosseum.*

2) *The verbs of wishing*:

a) *Desiderare.* Desiderano bere il Frascati.   *They want to drink Frascati wine.*
b) *Preferire.* Preferiamo andare a letto.   *We prefer to go to bed.*
c) *Piacere.* Mi piace molto viaggiare.   *I like to travel a lot.*

3) *Impersonal expressions*:

E' necessario dormire bene.   *It is necessary to sleep well.*
E' conveniente dire sempre la verità.   *It is always convenient to tell the truth.*
Non è difficile cucinare gli spaghetti.   *It is not difficult to cook spaghetti.*

Note.   There are a few other verbs followed by an infinitive
that do not require any preposition: Mia nonna <u>sa
cucinare</u> bene; <u>vedono avvicinarsi</u> la tempesta.

II   ### The infinitive *after prepositions.*

Franco Zeffirelli

The most frequently used are: **a, di, da.**

1)   **a**—Some verbs require the preposition **a** when followed by an infinitive:

a) *Andare*: Andiamo <u>a</u> comprare i libri.   *We are going to buy the books.*
b) *Cominciare*: Comincia <u>a</u> piovere.   *It's starting to rain.*
c) *Continuare*: Il bambino continua <u>a</u> piangere. *The baby continues crying.*

2)   **di**— Other verbs require the preposition **di** when followed by an infinitive:

a) *Avere bisogno:*   Ha bisogno <u>di</u> comprare un computer.   *He needs to buy a computer.*
b) *Cercare:*   Cercano <u>di</u> uscire dal tunnel.   *They are trying to get out of the tunnel.*
c) *Credere:*   Crede <u>di</u> laurearsi in tre anni.   *He believes he will graduate in three years.*
d) *Sperare:*   Speriamo <u>di</u> riuscirci.   *We hope to succeed.*

3)   **da**—The preposition **da** is used:

a) When an infinitive expresses purpose or necessity and depends on a noun:

Ho ancora due cartoline <u>da</u> scrivere.   *I still have two post cards to write.*
Non ho tempo <u>da</u> perdere.   *I have no time to waste.*

b) When the infinitive depends on an indefinite words, like:
qualcosa, niente, poco, tutto.

Hai <u>qualcosa da</u> dichiarare?   *Do you have anything to declare.*
Hanno <u>troppo da</u> fare.   *They have too much to do.*
Oggi non ho <u>niente da</u> mangiare.   *Today I have nothing to eat.*
Non c'è <u>niente da</u> fare.   *There is nothing to do.*
Allora c'è <u>tutto da</u> fare.

4)   Infinitive after **other** prepositions:

a) Invece di (instead of):
   <u>Invece di</u> lavorare, dorme.   *Instead of working, he is sleeping.*
b) Per (in order to):
   Mangiamo <u>per</u> vivere.   *We eat in order to live.*
c) Prima di (before):
   <u>Prima di</u> mangiare si lava le mani.   *Before eating, he washes his hands.*
d) Senza (without):
   Andò a letto <u>senza</u> mangiare.   *He went to bed without eating.*

Pratica

I   Answer the following questions according to the model.
         Vuoi cucinare?/mangiare.-Vuoi cucinare?- No, non voglio cucinare, voglio mangiare.

1) Vuoi cantare?/Ballare
2) Devi dormire?/Lavorare
3) Desideri visitare i musei?/riposare
4) Preferisci andare al cinema?/guardare la tivù
5) Ti piace sciare?/giocare a tennis
6) E' necessario riposare?/lavorare

II   Ask your classmate if he/she likes to play the following games. Follow the model: baseball/calcio. Ti
         piace giocare al baseball? - No, mi piace giocare al calcio.

1) Tennis/football   2) Pallacanestro/Pallavolo
3) Carte *(cards)* /scacchi *(chess)*   4) Pattinaggio/Pallanuoto

Roberto Benigni

III   The infinitive alone.

The infinitive is also used alone to give order or
prohibition in a general sense, that is, when it is
not addressed to a specific person. Ex:

Spingere.	*Push.*	Tirare.	*Pull.*
Non fumare.	*No smoking.*	Rallentare.	*Slow down.*
Girare a sinistra.	*Turn left.*	Non girare a destra.	*No right turn.*

N. B.

IV   a) Fare + infinitive:

Faccio pulire la casa. *I have my house cleaned.* This phrase expresses the idea of having someone
do something or having something done.
Facciamo lavare l'auto ai ragazzi. *We have the boys wash the car.*

Notes: 1) *The pronouns* (reflexives, direct and indirect objects) are placed <u>before</u> *fare*: Faccio tagliare l'erba
I am having the grass cut. <u>La</u> faccio tagliare. Faccio tagliare l'erba a Nino - <u>Gliela</u> faccio tagliare.
2) Pronouns follow "fare" when it is in the infinitive or in the second person of the imperative:
E' necessario far tagliare l'erba - E' necessario farla tagliare.
Fa' venire il meccanico - fallo venire.
3) *Fare* is also used in a *reflexive* form plus the infinitive, when the action is done on behalf of the subject

Il presidente si fa tagliare i capelli.	*The president is having his hair cut.*
Il generale si fece costruire la tomba.	*The general had his tomb built.*

b) Lasciare *(to let, to allow)* + **infinitive:**

Ti lascio guardare la televisione. *I let you watch television.*
This expression give the idea of permission to someone to do something.
Its construction is similar to that of *fare+infinitive.*

Il Dr. Natali lascia comprare una macchina nuova a suo figlio.
Dr. Natali allows his son to buy a new car. Il dr. Natali gliela fa comprare.
La signora Citterio non lascia giocare i figli in casa.
Mrs. Citterio does not permit her children to play in the house.

Note.   This construction may also be expressed with a
subjunctive form: Lasciate parlare il professore or
lassciate che parli il professore. *Let the professor talk.*
Lasciate farlo a me or lasciate che io lo faccia. *Let me do it.*

Pratica

Drills

I   Complete the following sentences by translating the English words:

1) *Loving* i genitori è una legge naturale.
2*) Sleeping* otto ore non è sempre possibile.
3) *Choosing* una carriera è un po' difficile.
4) *Working* in queste condizioni è un po' pericoloso.
5) *Drinking* vino in poca quantità fa bene alla salute.
6) *Driving* ad alta velocità può causare un incidente

II   Translate the following:

1) Pull!	2) Push!	3) Slow down!
4) No left turn.	5) No smoking.	6) No right turn on red.

III   Complete the following sentences by translating the English words:

1) Ieri sera sono andato a letto *(without eating)*.
2) Stamattina mi sono alzato *(without sleeping)*.
3) Pierino dorme in classe *(instead of paying attention to the teacher)*.
4) Il professore ha incominciato *(to explain)* la lezione alle nove.
6) A mezzogiorno gli alunni vanno *(to eat)*.
5) Mia sorella insegna *(to read)* ai suoi bambini.
7) Mia zia prende la medicina *(in order to get well)*.

IV   Replace the subject with those in parenthesis:

1) Faccio ridere il professore (tu, lui , tua sorella e tu, Nicolino ed io, i ragazzi).
2) Mia madre fa pulire la casa. (io, le mie zie, tu, noi).
3) Mio padre fa costruire un'autorimessa (io, tu, i miei nonni, noi, voi).
4) Faccio fare i compiti a mio fratello (tu, Angela e tu, Nicolino, loro).
5) Mio nonno si fa tagliare i capelli (io, tu, i miei zii, noi, voi).

Communication

V   Ask another student the following questions according to the model:
You: Fumi? *He/she:* Sì, fumo. *You:* Fumare fa male.

1) Bevi molto?	Sì,. . . . può fare male.
2) Guidi velocemente?	Sì, ...è pericoloso.
3) Mangi troppo la sera?	Sì,. . . non fa dormire.
4) Ti alzi presto la mattina?	Sì, . . . è una buona abitudine.
5) Prendi molto sole d'estate?	Sì, . . . causa il cancro alla pelle.

VI   Ask your friend if his/her father would allow him/her to do the following
things. The answer must be negative. Example: Lasciare guidare una Ferrari? - Tuo
padre ti lascia guidare una Ferrari? No, - mio padre non mi lascia guidare una Ferrari.

1) Spendere molti soldi?
2) Andare in vacanza per tre mesi?
3) Guidare la sua macchina il fine settimana?
4) Fumare un pacchetto di sigarette al giorno?
5) Ritornare a casa tutte le sere alle due di notte?

V   Gerund

1)   The gerund is a tense of the infinitive mood, which is not a conjugated forms of the verb. There are
          two forms of gerund: Present and Past.

2)   The present gerund is formed by removing the infinitive ending of the three conjugations and adding
          -ando for the first conjugation and **-endo** for the second and third conjugations.

Infinitive	cant-are *(to sing)* prend-ere *(to take)*	dorm-ire *(to sleep)*
Gerund	cant-**ando** prend-**endo**	dorm-**endo**

3)   The gerund corresponds to the English *-ing* form. Hence "cantando, prendendo, dormendo" are
          translated by *singing, taking, sleeping*:
          Entrando in casa, sono caduto. *Upon entering my home, I fell.*

4)   The past gerund is formed with the gerund of the auxiliary *avere* or *essere* and the past participle
          of the main verb:

	gerund	cant-are	ricev-ere	dorm-ire
Av-ere	*av-endo*	cant-ato	ricev-uto	dorm-ito
		and-are	arriv-are	part-ire
Ess-ere	*ess-endo*	and-ato	arriv-ato	part-ito

Note: The gerund is invariable, but in the compound tense with *essere*, the past participle must agree with the
          subject in gender and number:
          Essendo arrivate le ragazze, incominciò il ballo.   *When the girls arrived, the dance began.*
          Essendo partiti presto, gli zii non fecero colazione   *Having left early, my uncles didn't have their*
                                                                 breakfast.

5)   The gerund can be used alone in a dependent clause. It corresponds to a prepositional phrase in English
          beginning with: *while, when, because, by.*

          Lavorando in quella banca si guadagna molto.   *You can earn a lot, while working in that bank.*
          Imparo l'italiano, guardando la TV.   *I am learning Italian by watching TV.*
          Sbagliando, s'impara.   *One learns, by making mistakes.*

N. B.

1) Pronouns *(reflexive, direct and indirect objects)* follow the gerund and are attached to it.

Telefonando a sua madre apprese la brutta notizia. Telefon<u>andole</u>. . . /Studiando la grammatica, imparo il francese. Studi<u>andola</u>. . . /Mio nonno pettinandosi si accorse che gli cadevano i capelli. Pettinandoseli...

2) Some irregular gerunds:

b-ere	*to drink*	bev-endo
d-ire	*to say, to tell*	dic-endo
f-are	*to do, to make*	fac-endo

Pratica

I   Practice replacing the gerund with the verbs in parentheses:

1) I ragazzi escono dalla scuola correndo (cantare, chiacchierare, ridere).
2) Tutte le mattine mi lavo cantando (fischiare, pensare, ripassare le lezioni).
3) Guardano la televisione mangiando (conversare, giocare, ridere).

II   Complete the following sentences by translating the English words:

1) Imparo il russo *by watching films.*
2) Si può imparare il cinese *by listening to the radio*?
3) Imparerai la matematica *by attending the University.*
4) Guadagnano molti soldi *while working on television.*
5) Si trova un buon posto *by studying very hard.*
6) Mia zia passa due ore al giorno *watching TV.*

VI   Progressive tense

Minidialogo   Suona il telefono

Sig.ra Spinelli: Pronto, chi parla?
Mirella: Sono Mirella, posso parlare con Salvatore?
Sig.ra Spinelli: Mi dispiace, non può venire al telefono, si <u>sta facendo</u> il bagno.

Domande: 1) Chi telefona 2) A chi telefona Mirella? 3) Chi risponde al telefono?
            4) Che cosa si sta facendo Salvatore?

1)   The progressive tense is used in Italian to emphasize that an action is going on at the moment one is
            speaking: Sto studiando il congiuntivo. *I am studying the subjunctive [now]* or that it was going on
            when another action took place: Stavo studiando, quando è arrivato mio padre. *I was studying, when
            my father arrived.*

2)   The progressive tense is formed with the conjugated form of the verb **stare** and the gerund of the
            main verb.

	st-are	parl-are	scriv-ere	part-ire
io	sto - stavo	parl-ando	scriv-endo	part-endo
tu	stai - stavi	parl-ando	scriv-endo	partendo
lui/lei/Lei	sta - stava	parl-ando	scriv-endo	part-endo
noi	stiamo - stavamo	parl-ando	scriv-endo	partendo
voi	state - stavate	parl-ando	scriv-endo	part-endo
loro/Loro	stanno - stavano	parl-ando	scriv-endo	part-endo

            As you may observe in the chart, when using the *present* or *past* progressive tense, only the verb
            stare is conjugated, while the gerund remains invariable.

3)   Pronouns *(reflexive, direct or indirect objects)* are placed <u>before stare</u> or <u>after the gerund</u>; in the latter
            case they are attached to it.
            Il professore sta spiegando la lezione   *The professor is explaining the lesson.*
            Il professore <u>la</u> sta spiegando or il professore sta spiegando<u>la</u>.
            Nino <u>si sta vestendo</u> or Nino <u>sta vestendosi</u>.   *Nino is getting dressed.*

4)   The progressive tenses are less frequent in Italian than in English. They are used solely to emphasize
            that the action expressed by the verb is taking place at that precise moment.
            Observe the following sentences:
            Il professore spiega la lezione can be translated: *the professor explains the lesson* or
            the professor is explaining the lesson. The Italian phrase: il professore sta spiegando la lezione can
            only be translated: *the professor is explaining the lesson (which means, right now).*

Pratica

I   Change the following sentences to the progressive tense:

1) Mio nonno dorme tranquillamente.
2) Mia madre prepara la cena.
3) I miei fratelli studiano la lezione per domani.
4) I loro zii parlano con gli amici.
5) I bambini giocano nel cortile.
6) Mentre mia sorella suona il piano, mia zia canta.

II   Ask your friend the following questions. He/she may answer with the verb in parenthesis in progressive tense or make up his/her own answer:

1) Che cosa fanno i tuoi nonni? (giocare a carte).
2) Cosa fanno i tuoi nipoti? (litigare)
3) Cosa fa tua madre? (leggere la rivista *Anna*).
4) Cosa fa tuo padre? (lavora in ufficio).
5) Che cosa fai adesso? (guardare la TV).

III   While you went to visit your best friend, he/she was doing certain things.
Form sentences following the model: Lei/fare il caffè - Lei stava facendo il caffè.

1) Lui leggere/ il giornale.
2) Lei fare/ i compiti.
3) Lui parlare/con gli amici.
4) Lei fare/ colazione.
5) Lui scrivere/ un saggio.
6) Lei prendere/ un cappuccino.

C   Pratica riassuntiva

I   Complete the following sentences by stating what is not allowed in your house and by translating the English expressions. Example: Nella mia casa non è permesso *to go out after midnight.* - Nella mia casa non è permesso uscire dopo mezzanotte.

1) to sleep at the table.
2) to use my father's car.
3) to smoke cigars.
4) to drink too much wine.
5) to spend too much money.
6) to talk aloud after eleven o'clock.

II   Complete the following sentences by translating the English expressions:
Example: Adesso *we go to eat* - Adesso andiamo a mangiare.

1) They go to school.
2) I start studying.
3) Julie goes to swim.
4) My little brother starts watching TV, instead of studying.
5) My father is working.
6) My sister is playing guitar.

III   Translate the following into Italian:

1) We eat in order to live, not live in order to eat.
2) They go to College in order to learn.
3) I am working instead of resting.
4) My mother washes her hands before eating.
5) My father says: *buon appetito*, before starting to eat.
6) George went to bed without saying good night.

IV   Ask your classmate what the professor allows students to do in the classroom.
He/she may answer affirmatively or negatively:

1) Il professore fa scrivere sulla lavagna?
2) Fa leggere la lettura ad alta voce?
3) Fa studiare tutte le regole della grammatica?
4) Fa chiudere i libri durante l'esame?
5) Fa aprire le finestre durante l'inverno?

V   Ask your friend if your father allows or prohibits you to do the following things:

1) Tuo padre ti lascia fumare due pacchetti di sigarette al giorno?
2) Ti lascia spendere tutti i soldi che guadagni?
3) Ti lascia andare in Italia tutti gli anni?
4) Ti lascerebbe comprare una Ferrari?
5) Ti lascia guidare la sua macchina per andare a scuola?
6) Ti lascia guardare la televisione otto ore al giorno?

VI   Ask your partner the following questions. He/she will answer following the
Example: Hai pulito il garage? (mio fratello) - Ho fatto pulire il garage a mio fratello.

1) Hai preparato la merenda? (mia madre).
2) Hai tagliato l'erba? (mio cugino).
3) Hai lavato la biancheria? (la domestica).
4) Hai spedito le lettere? (il mio amico Giovanni).
5) Hai messo in ordine la tua stanza? (mia zia).
6) Hai portato fuori la spazzatura [*garbage*] (mio fratello).

VII   Rewrite the following sentences, replacing the direct object with a pronoun:

1) Faccio scrivere due lettere.
2) La maestra fa entrare i ragazzi in classe.
3) Facciamo costruire la casa al muratore.
4) Il professore fa leggere un racconto interessante agli studenti.
5) Mia madre fa uscire il cane.
6) Fanno comprare il biglietto al nonno.

VIII   Change the following sentences to progressive tense.
Example: Che cosa fai? - Che cosa stai facendo? *or* leggo - sto leggendo.

1) Che cosa leggi?
2) Che cosa mangiano i tuoi amici?
3) I ragazzi guardano la TV.
4) Adesso mio padre lavora.
5) Stamattina mia madre fa la spesa.
6) Studiamo.

IX   When you went to visit your best friend he/she was doing certain things.
     Write what was he/she doing. Model: fare i compiti - Stava facendo i compiti.

    1) Leggere il giornale.
    2) Parlare al telefono.
    3) Scrivere un saggio.
    4) Dormire.
    5) Fare colazione.
    6) Lavare l'auto.

D   ## Lettura di vita e costumi   *Giornali e riviste*

Come in tutti i paesi occidentali, anche in Italia si stampano[1] numerosi giornali quotidiani,[2] molti dei quali sono organi[3] ufficiali dei partiti politici come per esempio l'*Unità* per il Partito della Sinistra (ex partito comunista), il *Popolo* per il Partito Popolare (ex Democrazia Italiana), il *Secolo d'Italia* per Alleanza Nazionale, il *Giornale* per Forza Italia.

Quasi tutte le grandi città in Italia hanno il loro giornale che, in genere, dedica numerose pagine alla cronaca locale, agli spettacoli,[4] agli avvenimenti sportivi[5] e culturali, alle mostre, alle condizioni del tempo, ecc. A Milano si stampa il *Corriere della Sera,* a Torino *la Stampa,* a Firenze *la Nazione,* a Roma si stampano tre grandi giornali: il *Messaggero,* il *Tempo* e la *Repubblica,* a Napoli si stampa il *Mattino* e a Bari la *Gazzetta del Mezzogiorno.*

Inoltre,[6] in Italia sono abbastanza diffuse le riviste settimanali[7] che si interessano di politica e di costume (*Panorama, L'Espresso, L'Europeo, Oggi, Gente*) o di moda[8] (*Anna, Grazia, Donna Moderna*) o di spettacoli (*TV Sorrisi e Canzoni*) o di pettegolezzi[9] sulla vita della gente di spettacolo (*Eva, Novella 2000, Grand Hotel*).

Non mancano i giornali settoriali[10] che si interessano soltanto di un settore come per esempio, di economia (*Italia Oggi* e *Il sole 24 ore*) o di sport (la *Gazzetta dello sport,* il *Corriere dello sport, Stadio*). Sono molto numerosi i piccoli giornali locali che si interessano delle notizie e dei problemi del luogo dove sono pubblicati. Tali giornali sono sempre in difficoltà economiche sia perchè hanno una tiratura[11] molto limitata e sia perchè la pubblicità si riversa[12] quasi interamente sulla radio e sulla televisione.

I   *Key words:*

1) To print, 2) daily papers, 3) official organs, 4) performance/entertainment, 5) sports events, 6) besides,
7) weekly magazines, 8) fashion, 9) gossip, 10) of different sectors/fields, 11) circulation, 12) pour out.

II   *Note di cultura*

1) Since the advent of the television, Italians buy newspapers less and less and are content with the
news they receive from the radio and the TV.
2) The Vatican also has its own newspaper: *L' Osservatore Romano.*

III   *Domande per la comprensione della lettura:*

1) A quale partito appartiene l'*Unità?*
2) A quale partito appartiene il *Giornale?*
3) Quali giornali si stampano a Milano e quali a Roma?
4) Di che si interessano le riviste *Anna, Grazia* e *Donna Moderna?*
5) Di che si interessano le riviste *Eva, Novella 2000* e *Grand Hotel?*
6) Qual è il giornale più prestigioso d'Italia?

IV   *Domande personali:*

1) Leggi spesso il giornale?
2) Quale giornale leggi?
3) Di solito, leggi l'articolo di fondo?
4) Leggi anche la sezione dello sport?
5) Ti interessa la pubblicità sui giornali?
6) Ti piacerebbe essere giornalista?

E   **Lettura di cultura** *Gli Italiani davanti alla TV e al cinema*

Gli Italiani seguono[1] con interesse la televisione che, ormai,[2] è diventata un mezzo di comuni-
cazione molto diffuso e influente. In Italia esiste una televisione di stato (RAI=Radio Audizioni
Italiane) con tre canali[3] irradiati[4] su tutto il territorio nazionale: RAI Uno, RAI Due, RAI Tre. Per
poterne usufruire[5] bisogna pagare un canone annuale.[6] Inoltre,[7] ci sono vari canali televisivi privati
a diffusione[8] nazionale: Canale 5, Italia Uno, Rete 4, Telemontecarlo, ecc. Per queste reti non si
pagano canoni e sopravvivono con i proventi[9] della pubblicità. Sulle reti private i messaggi pubblicitari[10] interrompono continuamente i programmi, mentre durante le trasmissioni della RAI la pub-

blicità è molto limitata. Cosa offrono tutti questi canali televisivi? Notiziari,[11] spettacoli, documentari e soprattutto tanti[12] film di produzione prevalentemente americana. Per questo e per altri motivi (difficoltà di trovare parcheggio, alto costo del biglietto [10 Euro], scadente qualità delle pellicole), gli Italiani frequentano poco le sale cinematografiche.

Eppure il cinema italiano ha una prestigiosa tradizione a cominciare dai film del Neorealismo: *Roma città aperta* di Roberto Rossellini, *Ladri di biciclette* di Vittorio De Sica, *Rocco e i suoi fratelli* di Luchino Visconti, fino ai famosi film di Federico Fellini: *La strada, La dolce vita, Otto e mezzo, Amarcord...*

Poi hanno diretto bei film altri grandi registi: Pietro Germi: *Divorzio all'italiana*; Michelangelo Antonioni, *Blow up*; Franco Zeffirelli, *Gesù di Nazareth*; Bernardo Bertolucci, *L'ultimo imperatore*. Lina Wertmüller, *Le sette bellezze*. Ultimamente hanno ottenuto molto successo i film: *Cinema Paradiso* di Giuseppe Tornatore, *Mediterraneo* di Gabriele Salvatore e *Il postino* di Michael Radford, con l'attuazione di Massimo Troisi che fa la parte del protagonista.

I   *Key words:*
1)To follow, 2)by now, 3)channels, 4)broadcast, 5)benefit 6)yearly fee, 7)besides, 8)national broadcasting, 9)proceeds 10)commercials, 11)news, 12)so many.

II   *Scegli la risposta giusta:*

1) Gli Italiani seguono abbastanza: a) la politica; b) i giornali;
   c) la televisione?
2)In Italia esiste: a) una televisione statale con un canale;
   b) una televisione privata con molti canali; c) una televisione
   statale con tre canali?
3) Durante le trasmissioni della RAI: a) i messaggi pubblicitari
   interrompono continuamente i programmi; b) non esiste la
   pubblicità; c) la pubblicità è molto limitata?

II   *Vero o falso:*

1) Gli Italiani non guardano mai la televisione.
2) In Italia esiste una televisione di stato, la RAI.
3) In Italia la televisione di stato è gratis.
4) Berlusconi è il padrone di Canale 5, Italia Uno e Rete 4.
5) Sulle reti private i programmi non vengono interrotti dalla
   pubblicità.
6) Le pellicole sono quasi tutte di produzione cinese.
7) Il cinema italiano ha una prestigiosa tradizione.
8) Il regista della pellicola *Mediterraneo* è Franco Zeffirelli.

III   *Domande personali:*
1) Vai spesso al cinema?
2) Hai visto il cinema italiano *Il postino*?
3) Vedi qualche volta film stranieri?
4) Qual è il titolo dell'ultimo film che hai visto?
5) Quando vai al cinema, il week-end o durante la settimana?
6) Quale film ti piace di più, un film comico, un film drammatico
   o un film fantascienza?

RAIUNO

6,45 **Uno Mattina Estate**, contenitore
9,45 Film **Paradiso hawaiano**, comm.
11,30 **TG 1 - Che tempo fa**
11,40 **Le inchieste di Padre Dowling**, tf.
12,35 **La signora del West**, telefilm
13,30 **Telegiornale - TG 1 Economia**
14,05 **Incantesimo 4**, fiction
15,00 Film **Le diciottenni**, commedia con Marisa Allasio
16,55 **Parlamento - TG 1 - Che tempo fa**
17,15 **L'ispettore Derrick**, telefilm
18,00 **La signora in giallo**, telefilm
18,50 **L'eredità**, gioco con Amadeus
20,00 **Telegiornale**
20,35 **Supervarietà**
20,55 Film **Facciamo Paradiso**, commedia con Margherita Buy
22,35 **TG 1**
22,40 **Film**

RAIDUE

11,15 **Amiche nemiche**, telefilm
12,05 **Jake & Jason detectives**, telefilm
13,00 **TG 2 - Costume e Società**
14,05 **Due poliziotti a Palm Beach**, tel.
14,50 **L'Italia sul Due**, con M. Leofreddi
15,45 **Da un giorno all'altro**, telefilm
16,30 **Cuore e batticuore**, telefilm
17,25 **Cartoni animati**
18,00 **TG 2 - Flash - Meteo**
18,10 **Sereno variabile**, rubrica con Osvaldo Bevilacqua
18,30 **Raisport Sportsera**
18,40 **Cuori rubati**, soap opera
19,10 **Squadra speciale Cobra 11**, tel.
20,00 **Tom & Jerry - Popeye**, cartoni
20,30 **TG 2 - 20,30**
20,55 **E.R. medici in prima linea**, telefilm con A. Edwards

22,40 **Sciuscià**, attualità
23,35 **TG 2 - Notte - Eat Parade**

RAITRE

9,05 **Atletica leggera**, campionati europei da Monaco
12,00 **TG 3 - Rai Sport Notizie**
14,00 **TG Regione - TG 3 - Meteo**
14,40 **La melevisione**, favole e cartoni
16,00 **Atletica leggera**, campionati europei da Monaco
19,00 **TG 3 - TG Regione - Meteo**
20,00 **Atletica leggera**, campionati europei da Monaco
20,30 **Turisti per caso flash**, rubrica
20,50 **XVIII Festival Internazionale del Circo di Roma - Golden Circus**, con Liana Orfei
22,40 **TG 3 - TG Regione**
22,55 **Atletica leggera**, campionati europei da Monaco

RETE 4

6,00 **La donna del mistero 2**, telen.
7,15 Film, **Cinque marines per 100 ragazze**, commedia
8,25 **TG 4 - Rassegna stampa**
9,35 **La dotoressa Gio'**, miniserie
10,30 **Febbre d'amore**, soap opera
11,30 **TG 4 - Telegiornale**
11,40 **Fornelli d'Italia**, rubrica
12,30 **Forum**, con Paola Perego

F   Vocabolario utile

Nomi		Verbi	
gli amici	*friends*	arrivare	*to arrive*
l'aiuto	*help*	aspettare	*to wait*
il biglietto	*ticket*	bere	*to drink*
i canoni	*fees*	bisogna	*it is necessary*
la cronaca	*chronicle*	entrare	*to enter*
la gente	*people*	frequentare	*to attend*
il giornale	*newspaer*	gradire	*to like*
l'idea	*ideology*	guarda!	*look!*
la mostra	*exibition*	invecchiare	*to get old*
la notizia	*news*	leggere	*to read*
un'oretta	*about one hour*	mancare	*to be lacking*
il paese	*town*	perdere	*to lose*
la pagina	*page*	preferire	*to prefer*
il parcheggio	*parking*	prendere	*to take*
il partito	*political party*	spingere	*to push*
la pellicola	*film*	sta arrivando	*he is arriving*
la porta	*door*	tirare	*to pull*
il pranzo	*lunch/main meal*	uscire	*to go out*
la pubblicità	*advertising*		
gli spettacoli	*shows*		
il tempo	*time/weather*		

Altre parole		Parole analoghe	
abbastanza	*enough*	arrivare	*to arrive*
adesso	*now*	articolo	*article*
altro	*another*	città	*city*
ancora	*still*	comunisti	*Communist*
diffuso	*diffuse/copious*	condizione	*condition*
nessuno	*nobody*	conversazione	*conversation*
oggi	*today*	cronaca	*cronicle*
oltre	*besides*		
ora	*now*		
cultura	*culture*		
difficoltà	*difficulty*		
qualcuno	*somebody*		
economico	*economic*		
pure	*also*		
idea	*idea*		
scadente	*of poor quality*		
locale	*local*		
solo	*only*		
numeroso	*numerous*		
un poco	*a little bit*		
preferire	*to prefer*		

*(Words regarding **Mass Media** are listed on p 406.*

Appendix 1

A. Auxiliary Verbs: avere - essere

Simple Tenses

Infinitive	avere	essere
Present Participle	avendo	essendo
Past Participle	avuto	stato

Indicative			**Imperative**	
Present	ho	sono	-	-
	hai	sei	abbi	sii
	ha	è	abbia	sia
	abbiamo	siamo	abbiamo	siamo
	avete	siete	abbiate	siate
	hanno	sono	abbiano	siano

			Present Subjunctive	
Imperfect	avevo	ero	abbia	sia
	avevi	eri	abbia	sia
	aveva	era	abbia	sia
	avevamo	eravamo	abbiamo	siamo
	avevate	eravate	abbiate	siate
	avevano	erano	abbiano	siano

			Imperfect Subjunctive	
Preterite	ebbi	fui	avessi	fossi
	avesti	fosti	avessi	fossi
	ebbe	fu	avesse	fosse
	avemmo	fummo	avessimo	fossimo
	aveste	foste	aveste	foste
	ebbero	furono	avessero	fossero

			Present Conditional	
Future	avrò	sarò	avrei	sarei
	avrai	sarai	avresti	saresti
	avrà	sarà	avrebbe	sarebbe
	avremo	saremo	avremmo	saremmo
	avrete	sarete	avreste	sareste
	avranno	saranno	avrebbero	sarebbero

B. Auxiliary Verbs: avere - essere (continued)

Compound Tenses

Indicative

	avere		essere	
Present	ho	avuto	sono	stato(a)
Perfect	hai	"	sei	"
	ha	"	è	"
	abbiamo	"	siamo	stati(e)
	avete	"	siete	"
	hanno	"	sono	"
Past	avevo	"	ero	stato(a)
Perfect	avevi	"	eri	"
	aveva	"	era	"
	avevamo	"	eravamo	stati(e)
	avevate	"	eravate	"
	avevano	"	erano	"
Preterite	ebbi	"	fui	stato(a)
Perfect	avesti	"	fosti	"
	ebbe	"	fu	"
	avemmo	"	fummo	stati(e)
	aveste	"	foste	"
	ebbero	"	furono	"
Future	avrò	"	sarò	stato(a)
Perfect	avrai	"	sarai	"
	avrà	"	sarà	"
	avremo	"	saremo	stati(e)
	avrete	"	sarete	"
	avranno	"	saranno	"

Conditional Perfect

avrei	avuto	sarei	stato(a)
avresti	"	saresti	"
avrebbe	"	sarebbe	"
avremmo	"	saremmo	stati(e)
avreste	"	sareste	"
avrebbero	"	sarebbero	"

Present Perfect Subjunctive

abbia	avuto	sia	stato(a)
abbia	"	sia	"
abbia	"	sia	"
abbiamo	"	siamo	stati(e)
abbiate	"	siate	"
abbiano	"	siano	"

Past Perfect Subjunctive

avessi	avuto	fossi	stato(a)
avessi	"	fossi	"
avesse	"	fosse	"
avessimo	"	fossimo	stati(e)
aveste	"	foste	"
avessero	"	fossero	"

C.   Regular Verbs - Simple Tenses

Infinitive Present	cantare	credere	partire	finire
Participle **Past**	cant-ando	cred-endo	part-endo	fin-endo
Participle	cant-ato	cred-uto	part-ito	fin-ito

Indicative

Present	cant-o	cred-o	part-o	fin-isc-o
	cant-i	cred-i	part-i	fin-isc-i
	cant-a	cred-e	part-e	fin-isc-e
	cant-iamo	cred-iamo	part-iamo	fin- -iamo
	cant-ate	cred-ete	part-ite	fin- -ite
	cant-ano	cred-ono	part-ono	fin-isc-ono

Imperfect	cant-av-o	cred-ev-o	part-iv-o	fin-iv-o
	cant-av-i	cred-ev-i	part-iv-i	fin-iv-i
	cant-av-a	cred-ev-a	part-iv-a	fin-iv-a
	cant-av-amo	cred-ev-amo	part-iv-amo	fin-iv-amo
	cant-av-ate	cred-ev-ate	part-iv-ate	fin-iv-ate
	cant-av-ano	cred-ev-ano	part-iv-ano	fin-iv-ano

Preterite	cant-a-i	cred-e-i	part-i-i	fin-i-i
	cant-a-sti	cred-e-sti	part-i-isti	fin-i-sti
	cant-ò	cred-è	part-ì	fin-ì
	cant-a-mmo	cred-e-mmo	part-i-mmo	fin-i-mmo
	cant-a-ste	cred-e-ste	part-i-ste	fin-i-ste
	cant-a-rono	cred-e-rono	part-i-rono	fin-i-rono

Future	cant-er-ò	cred-er-ò	part-ir-ò	fin-ir-ò
	cant-er-ai	cred-er-ai	part-ir-ai	fin-ir-ai
	cant-er-à	cred-er-à	part-ir-à	fin-ir-à
	cant-er-emo	cred-er-emo	part-ir-emo	fin-ir-emo
	cant-er-ete	cred-er-ete	part-ir-ete	fin-ir-ete
	cant-er-anno	cred-er-anno	part-ir-anno	fin-ir-anno

Conditional

Present	cant-er-ei	cred-er-ei	part-ir-ei	fin-ir-ei
	cant-er-esti	cred-er-esti	part-ir-esti	fin-ir-esti
	cant-er-ebbe	cred-er-ebbe	part-ir-ebbe	fin-ir-ebbe
	cant-er-emmo	cred-er-emmo	part-ir-emmo	fin-ir-emmo
	cant-er-este	cred-er-este	part-ir-este	fin-ir-este
	cant-er-ebbero	cred-er-ebbero	part-ir-ebbero	fin-ir-ebbero

Imperative

Present   -   -   -   -
          cant-a   cred-i   part-i   fin-isc-i
          cant-i   cred-a   part-a   fin-isc-a
          cant-iamo   cred-iamo   part-iamo   fin-   -iamo
          cant-ate   cred-ete   part-ite   fin-   -ite
          cant-ino   cred-ano   part-ano   fin-isc-ano

Subjunctive

Present   cant-i   cred-a   part-a   fin-isc-a
          cant-i   cred-a   part-a   fin-isc-a
          cant-i   cred-a   part-a   fin-isc-a
          cant-iamo   cred-iamo   part-iamo   fin-   -iamo
          cant-iate   cred-iate   part-iate   fin-   -iate
          cant-ino   cred-ano   part-ano   fin-isc-ano

Imperfect   cant-a-ssi   cred-e-ssi   part-i-ssi   fin-i-ssi
          cant-a-ssi   cred-e-ssi   part-i-ssi   fin-i-ssi
          cant-a-sse   cred-e-sse   part-i-sse   fin-i-sse
          cant-a-ssimo   cred-e-ssimo   part-i-ssimo   fin-i-ssimo
          cant-a-ste   cred-e-ste   part-i-ste   fin-i-ste
          cant-a-ssero   cred-e-ssero   part-i-ssero   fin-i-ssero

Note: For compound tenses, just follow the procedure of the auxiliary verbs, that is, add **-ato**, **-uto**, or **-ito** forms
           to the simple tenses.

Appendix 2

Irregular Verbs

List of some common irregular verbs. This list gives only the irregular forms. The rest of the forms follow the model listed above. The conditional follows the irregularity of the future. Just remember that the endings are different.

Infinitive Past Participle	Indicative Present	Imperfect	Preterite	Future	Imperative	Subjunctive Present	Imperfect
and-are	vado			andrò	-	vada	
	vai			andra	va'	vada	
	va			andrà	vada	vada	
	andiamo			andremo	andiamo	andiamo	
	andate			andrete	andate	andiate	
	vanno			andranno	vadano	vadano	
b-ere	bev-o	bev-evo	bevv-i	berr-ò	-	bev-a	bev-essi
	bev-i	bev-evi	bev-esti	berr-ai	bev-i	bev-a	bev-essi
(bev-uto)	bev-e	bev-eva	bevv-e	berr-à	bev-a	bev-a	bev-esse
	bev-iamo	bev-evamo	bev-emmo	berr-emo	bev-iamo	bev-iamo	bev-essimo
	bev-ete	bev-evate	bev-este	berr-ete	bev-ete	bev-iate	bev-este
	bev-ono	bevevano	bevv-i	bevv-ero	berr-anno	bev-ano	bev-essero
cad-ere			cadd-i	cadr-ò			
			cad-esti	cadr-ai			
			cadd-e	cadr-à			
			cad-emmo	cadr-emo			
			cad-este	cadr-ete			
			cadd-ero	cadranno			
chied-ere			chius-i				
			chied-esti				
(chiesto)			chies-e				
			chied-emmo				
			chied-esti				
			chies-ero				
chiud-ere			chius-i				
			chiud-esti				
(chiuso)			chius-e				
			chiud-emmo				
			chiud-este				
			chius-ero				
conosc-ere			conobb-i				
			conosc-esti				
(conosciuto)			conobb-e				
			conoscemmo				
			conosc-este				
			conobb-ero				
d-are	do		died-i	dar-ò	-	di-a	d-essi
	dai		d-esti	dar-ai	da'	di-a	d-essi
	dà		died-e	dar-à	di-a	di-a	d-esse
	diamo		d-emmo	dar-emo	d-iamo	d-iamo	d-essimo
	danno		died-ero	dar-anno	di-ano	di-ano	d-essero

d-ire	dic-o	dic-evo	diss-i		-	dic-a	dic-essi
	dic-i	dic-evi	dic-esti		di'	dic-a	dic-essi
(detto)	dic-e	dic-eva	diss-e		dic-a	dic-a	dic-esse
	dic-iamo	dic-evamo	dic-emmo		dic-iamo	dic-iamo	dic-essimo
	d-ite	dic-evate	dic-este		d-ite	dic-iate	dic-este
	dic-ono	dic-evano	diss-ero		dic-ano	dic-ano	dic-essero

f-are	facci-o	fac-evo	fec-i	far-ò	-	facci-a	fac-essi
	fa-i	fac-evi	fac-esti	far-ai	fa'	facci-a	fac-essi
(fatto)	f-a	fac-eva	fec-e	far-à	facci-a	facci-a	fac-esse
	facc-iamo	fac-evamo	fac-emmo	far-emo	facc-iamo	facci-iamo	fac-essimo
	f-ate	fac-evate	fac-este	far-ete	f-ate	facci-ate	fac-este
	f-anno	fac-evano	fec-ero	far-anno	facci-ano	facci-ano	fac-essero

legg-ere			less-i
			legg-esti
(letto)			less-e
			legg-emmo
			legg-este
			less-ero

mett-ere			mis-i
			mett-esti
(messo)			mis-e
			mett-emmo
			mett-este
			mis-ero

mor-ire	muoi-o					muoi-a
	muor-i				muor-i	muoi-a
(morto)	muor-e				muoi-a	muoi-a
	mor-iamo				mor-iamo	mor-iamo
	mor-ite				mor-ite	mori-ate
	muoi-ono				muoi-ano	muoi-ano

nasc-ere			nacqu-i
			nasc-esti
(nato)			nacqu-e
			nasc-emmo
			nasc-este
			nacqu-ero

piac-ere	piacci-o		piacqu-i		-	piacci-a
	piac-i		piac-esti		piac-i	piacci-a
(piaciuto)	piac-e		piacqu-e		piacci-a	piacci-a
	piacc-iamo		piac-emmo		piacc-iamo	piacc-iamo
	piac-ete		piac-este		piac-ete	piacci-ate
	piacc-ono		piacqu-ero		piacci-ano	piacci-ano

pot-ere	poss-o			potr-ò		poss-a
	puo-i			potr-ai		poss-a
	pu-ò			potr-à		poss-a
	poss-iamo			potr-emo		poss-iamo
	pot-ete			potr-ete		possi-ate
	poss-ono			potr-anno		poss-ano

prend-ere			pres-i
			prend-esti
(preso)			pres-e
			prend-emmo
			prend-este
			pres-ero

rid-ere

(riso)

ris-i	
rid-esti	
ris-e	
rid-emmo	
rid-este	
ris-ero	

riman-ere	rimang-o	rimas-i	rimarr-ò	-	rimang-a
	riman-i	riman-esti	rimarr-ai	riman-i	rimang-a
(rimasto)	riman-e	rimas-e	rimarr-à	rimang-a	rimang-a
	riman-iamo	riman-emmo	rimarr-emo	riman-iamo	riman-iamo
	riman-ete	riman-este	rimarr-ete	riman-ete	rimani-ate
	rimang-ono	rimas-ero	rimarr-anno	rimang-ano	rimang-ano

rispond-ere

(risposto)

rispos-i
rispond-esti
rispos-e
rispondemmo
rispond-este
rispos-ero

sal-ire	salg-o
	sal-i
	sal-e
	sal-iamo
	sal-ite
	salg-ono

sap-ere	s-o	sepp-i	sapr-ò	-	sappi-a
	sa-i	sap-esti	sapr-ai	sapp-i	sappi-a
	s-a	sepp-e	sapr-à	sappi-a	sappi-a
	sapp-iamo	sap-emmo	sapr-emo	sapp-iam	sapp-iamoo
	sap-ete	sap-este	sapr-ete	sappi-ate	sappi-ate
	sa-anno	sepp-ero	sapr-anno	sappi-ano	sappi-ano

scegli-ere	scelg-o	scels-i		scelg-a
	scegl-i	scegli-esti	scegl-i	scelg-a
(scelto)	scegli-e	scels-e	scelg-a	scelg-a
	scegl-iamo	scegli-emmo	scegl-iamo	scegl-iamo
	scegli-ete	scegli-este	scegli-ete	scegli-ate
	scelg-ono	scels-ero	scelg-ano	scelg-ano

scend-ere

(sceso)

sces-i
scend-esti
sces-e
scend-emmo
scend-este
sces-ero

scriv-ere

(scritto)

scriss-i
scriv-esti
scriss-e
scriv-emmo
scriv-este
scriss-ero

sed-ere	sied-o		sied-a
	sied-i	sied-i	sied-a
	sied-e	sied-a	sied-a
	sed-iamo	sed-iamo	sed-iamo
	sed-ete	sed-ete	sedi-ate
	sied-ono	sied-ano	sied-ano

spend-ere		spes-i				
		spend-esti				
(speso)		spes-e				
		spend-emmo				
		spend-este				
		spes-ero				

st-are	st-o	stett-i	star-ò	-	sti-·a	stess-i
	sta-i	st-esti	star-ai	st-a'	sti-a	stess-i
	st-a	stett-e	star-à	sti-a	sti-a	stess-e
	st-iamo	st-emmo	star-emo	sti-amo	sti-amo	stess-imo
	st-ate	st-este	star-ete	st-ate	sti-ate	st-este
	st-anno	stett-ero	star-anno	sti-ano	sti-ano	stess-ero

ten-ere	teng-o	tenn-i	terr-ò	-	teng-a
	tien-i	ten-esti	terr-ai	tien-i	teng-a
	tien-e	tenn-e	terr-à	teng-a	teng-a
	ten-iamo	ten-emmo	terr-emo	ten-iamo	ten-iamo
	ten-ete	ten-este	terr-ete	ten-ete	ten-iate
	teng-ono	tenn-ero	terr-anno	teng-ano	teng-ano

usc-ire	esc-o			-	esc-a
	esc-i			esc-i	esc-a
	esc-e			esc-a	esc-a
	usc-iamo			usc-iamo	usc-iamo
	usc-ite			usc-ite	usci-ate
	esc-ono			esc-ano	esc-ano

ved-ere		vid-i	vedr-ò
		ved-esti	vedr-ai
(visto)		vid-e	vedr-à
(veduto)		ved-emmo	vedr-emo
		ved-este	vedr-ete
		vid-ero	vedr-anno

ven-ire	veng-o	venn-i	verr-ò	-	veng-a
	vien-i	ven-isti	verr-ai	vien-i	veng-a
(venuto)	vien-e	venn-e	verr-à	veng-a	veng-a
	ven-iamo	ven-immo	verr-emo	ven-iamo	ven-iamo
	ven-ite	ven-iste	verr-ete	ven-ite	veni-ate
	veng-ono	venn-ero	verr-anno	veng-ano	veng-ano

viv-ere		viss-i	vivr-ò
		viv-esti	vivr-ai
(vissuto)		viss-e	vivr-à
		viv-emmo	vivr-emo
		viv-este	vivr-ete
		viss-ero	vivr-anno

vol-ere	vogli-o	voll-i	vorr-ò		vogli-a
	vuo-i	vol-esti	vorr-ai		vogli-a
	vuol-e	voll-e	vorr-à		vogli-a
	vogl-iamo	vol-emmo	vorr-emo		vogl-iamo
	vol-ete	vol-este	vorr-ete		vogl-iate
	vogli-ono	voll-ero	vorr-anno		vogli-ano

Vocabulary Italian - English

A

a	*at, to*
—a domani	*see you tomorrow*
—a meno che	*unless*
—a piedi	*on foot*
—a proposito	*by the way*
abbassare	*to lower*
abbastanza	*enough*
—abbastanza bene	*quite well*
l'abbigliamento	*clothing*
l'abbonamento	*subscription*
abbondante	*abundant*
abbracciare	*to embrace, to hug*
l'abbraccio	*hug*
abile	*able*
l'abitante	*inhabitant*
abitare	*to live*
l'abito	*suit, dress*
—l'abito da sera	*evening dress*
abitualmente	*usually*
abituarsi	*to get used to*
l'abitudine	*habit, custom*
abusivo	*abusive, illegal*
l'accademia	*academy*
accadere	*to happen*
accanto	*next to*
accelerare	*to speed up*
accendere	*to light, to turn on*
l'accento	*accent, stress*
l'accesso	*admittance*
accidenti!	*darn!*
l'accoglienza	*reception, welcome*
accomodarsi	*to sit down*
l'accordo	*agreement*
—d'accordo	*agreed*
—essere d'accordo	*to agree*
l'aceto	*vinegar*
l'acqua	*water*
—acqua minerale	*mineral water*
acquistare	*to purchase*
adagio	*slowly*
adatto	*appropriate, fit*
addio	*goodbye*
addirittura	*even, absolutely*
addormentarsi	*to fall asleep*
adesso	*now*
adoperare	*to use*
l'aeroplano (aereo)	*airplane*
l'aeroporto	*airport*
l'affare	*business, deal*
affatto	*by no means*

niente affato	*not at all*
l'affetto	*affection*
affatuoso	*affectionate*
affidare	*to entrust*
affinché	*so that*
affittare	*to rent*
l'affitto	*rent*
--in affitto	*for rent*
affollato	*crowded*
l'agenzia	*agency*
l'agenzia di viaggi	*travel agency*
l'aggettivo	*adjective*
aggiornato	*updated*
aggiungere	*to add*
aggiustare	*to fix*
agitare	*to shake*
l'aglio	*garlic*
l'agnello	*lamb*
Agosto	*August*
aiutare	*to help*
l'aiuto	*help, assistant*
l'ala	*wing*
l'alba	*dawn*
l'albergo	*hotel*
l'albero	*tree*
alcuni	*some, a few*
l'alfabeto	*alphabet*
l'alimento	*food*
allacciare	*to fasten, to buckle*
l'allegria	*joy, happiness*
allegro	*cheerful*
l'allievo (a)	*student, pupil*
alloggiare	*to lodge*
allontanarsi	*to go far away*
allora	*then, so, therefore*
almeno	*at least*
alto	*tall, high*
altrettanto	*the same to you*
altrimenti	*otherwise*
altro	*other, another*
--senz'altro!	*certainly, sure*
--tutt'altro!	*not at all!*
l'alunno	*student*
alzare	*to raise, lift*
alzarsi	*to get up*
amare	*to love*
amaro	*bitter*
l'ambiente	*environment*
Americano	*American*
l'amicizia	*friendship*

l'amico	*friend*	l'argomento	*topic, subject*
l'ammalato	*sick, ill*	l'aria	*air*
l'amministrazione	*management*	—aria condizionata	*air conditioning*
l'amore	*love*	l'armadio	*wardrobe, cupboard*
anche	*also, too*	arrabbiarsi	*to get angry*
—anch'io	*me too*	arredamento	*furniture*
ancora	*still, again*	arredare	*to furnish*
— non ancora	*not yet*	arrivare	*to arrive*
andare	*to go*	—bene arrivato!	*welcome!*
—andare avanti	*to go on*	arrivederci	*good-bye, so long*
—andare bene	*to go well, OK.*	l'arrivo	*arrival*
—andare a piedi	*to go on foot, walk*	arrostire	*to roast*
—andare male	*to go badly*	—pane arrostito	*toast*
—andare via	*to go away, leave*	l'artigiano	*artisan, craftsman*
l'anello	*ring*	l'ascensore	*elevator*
l'angelo	*angel*	l'asciugamano	*towel*
l'angolo	*corner, angle*	l'asciugatrice	*clothes dryer*
l'anima	*soul*	ascoltare	*to listen to*
l'animale	*animal*	aspettare	*to wait (for)*
l'anniversario	*anniversary*	l'aspetto	*appearance, look*
l'anno	*year*	—la sala d'aspetto	*waiting room*
—l'anno scolastico	*school year*	l'aspirapolvere	*vacuum cleaner*
annoiarsi	*to get bored*	assaggiare	*to taste*
annullare	*to delete*	assai	*very, much*
annuncio	*ad, commercial*	l'assegno	*check*
l'antenato	*ancestor*	assicurarsi	*to be sure*
l'anticipo	*advance*	l'assistenza medica	*health insurance*
—in anticipo	*early*	assistere	*to attend*
antico	*ancient, old*	assomigliare	*to be like*
antipasto	*hors-d'oeuvre*	assumere (assunto)	*to hire*
antipatico	*unpleasant*	l'assurdo	*absurd, ridiculous*
anzi	*on the contrary*	astuto	*cunning*
l'anziano	*elderly*	l'attaccapanni	*clothes-hook*
anzicché	*intead of, rather*	attendere	*to wait*
anzitutto	*first of all*	attentamente	*carefully*
l'aperitivo	*aperitif*	l'attenzione	*attention, care*
aperto	*open*	—fare attenzione	*to pay attention*
—all'aperto	*outdoor*	l'atterraggio	*landing*
apparecchiare	*to set up*	l'attimo	*moment*
l'apparecchio	*apparatus, devise*	—in un attimo	*in an instant*
l'appartamento	*apartment*	attirare	*to draw*
appartenere	*to belong*	attraversare	*to cross*
appena	*as soon. . .as, just*	attraverso	*across, through*
l'appetito	*appetite*	l'attrice	*actress*
—buon appetito	*enjoy your meal*	attuale	*current*
appoggio	*support*	attualmente	*at present*
l'appuntamento	*appointment, date*	audace	*daring*
gli appunti	*notes*	l'audiocassetta	*cassette*
—prendere appunti	*to take notes*	l'augurio	*wish*
aprile	*April*	—tanti auguri!	*best wishes!*
aprire (p.p. aperto)	*to open*	l'aula	*classroom*
arabo	*Arab*	aumentare	*to increase*
l'arancia	*orange*	l'aurora	*dawn*
l'aranciata	*orange soda*	l'autista	*driver*
l'arbitro	*referee*	l'autobus	*bus*

Italian	English
l'autocarro	truck
l'automobile (auto)	car, automobile
l'autore	author
l'autostop	hitch-hiking
l'autostrada	thruway
l'autunno	autumn, fall
avanti	forward
avanti!	come in!
avaro	stingy
avere	to have
—avere. . . anni	to be. . .years old
—avere bisogno di	to need
—avere caldo	to be warm
—avere freddo	to be cold
—avere fretta	to be in a hurry
—avere paura	to be afraid
—avere pazienza	to be patient
—avere ragione	to be right
—avere sete	to be thirsty
—avere sonno	to be sleepy
—avere torto	to be wrong
—avere voglia di	to feel like
avido	greedy
l'avvenimento	event
avvenire	to occur, happen
l'avverbio	adverb
l'avversario	opponent
avvertire	to inform, notify
avviare	to start
avvicinarsi	to approach
l'avviso	announcement
l'avvocato	lawyer
l'azienda	firm, corporation
azzurro	light blue

B

il babbo	daddy
il Babbo Natale	Santa Claus
il baccano	uproar
il bacio	kiss
badare	to take care of
il baffo	moustache
il bagaglio	baggage
bagnarsi	to take a bath
il bagno	bathroom
il balcone	balcony
ballare	to dance
il bambino	child, baby
la bambola	doll
la banca	bank
la bancarella	stall
il banco	counter, desk
la bandiera	flag
il bar	coffee shop
la barba	beard

Italian	English
—farsi la barba	to shave oneself
il barbiere	barber
la barca	boat
il barista	bartender
la barzelletta	joke
basso	short
basta!	enough! stop it!
bastare	to be enough
la battaglia	battle
battere	to beat, hit
be'	well
beato	blessed, happy
beato te!	lucky you!
la Befana	epiphany (present)
la bellezza	beauty
bello	beautiful
—che bello!	how nice!
benché	although
bene	well
—abbatanza bene	pretty well
—bene arrivato	welcome
—benissimo	very well
—ben tornato	welcome back
—molto bene	very well
—stare bene	to be fine
—va bene	okay, all right
—va bene?	is that OK?
il benessere	prosperity
benvenuto!	welcome!
la benzina	gasoline
bere	to drink
il berretto	cap
bianco	white
la Bibbia	Bible
la bibita	soft drink
la biblioteca	library
il bicchiere	(drinking) glass
la bicicletta (bici)	bicycle
andare in bici	to ride a bike
la biglietteria	ticket office
il biglieto	ticket, currency
—di andata	one-way ticket
—di andata e ritorno	round-trip ticket
—biglietto da visita	business card
la bilancia	scale
il bimbo	child
biondo	blond
la birra	beer
il biscotto	cookie
bisognare	to be necessary
il bisogno	need
la bistecca	steak
blu	dark blue
la bocca	mouth
la bolletta	bill

Italian	English
il bolletino	bulletin
bollire	to boil
la bomba	bomb
bombardare	to bombard
la borghesia	middle class
la borsa	bag, purse
il bosco	wood, forest
la bottega	shop, store
la bottiglia	bottle
il bottone	button
il braccio (le braccia)	arm
il brano	excerpt, passage
bravo	good, smart
bravo!	bravo!, excellent!
il brindisi	toast
la brioche	sweet roll
il brodo	broth
bruciare	to burn
bruno	dark-haired
brutto	ugly
la buca delle lettere	mailbox
il buco	hole
buffo	funny
la bugia	lie
bugiardo	liar
il buio	darkness
—al buio	in the dark
buono	good
—buon appetito!	enjoy your meal!
—buon compleanno!	happy birthday!
—buona fortuna!	good luck!
—buona giornata!	have a nice day!
—buon giorno!	good morning!
—buon Natale!	merry Christmas!
—buona notte!	good night!
—buona Pasqua!	happy Easter!
—buona sera!	good evening!
la busta	envelope
il burro	butter
bussare	to knock
buttar	to throw

C

Italian	English
la cabina	box, hut
—cabina telefonica	telephone booth
la caccia	hunt
cadere	to fall
la caduta	fall
il caffè	coffee
la caffettiera	coffee pot
il calcio	soccer
—giocare a calcio	to play soccer
caldo	hot, warm
—avere caldo	to be warm
—fa caldo	it is warm
il calendario	calendar
calmo	calm, tranquil
le calze	stockings
i calzini	socks
cambiare	to change
cambiare casa	to move
la camera	room
—camera da letto	bedroom
la cameriera	waitress
il cameriere	waiter
la camicetta	blouse
la camicia	shirt
il camion	truck
camminare	to walk
il cammino	way, journey
la campagna	countryside
la campana	bell
il campanello	doorbell
il campanile	bell tower
il campeggio	camping
il campionato	championship
il campo	field
canadese	Canadian
il canale	channel
—canale televisivo	TV channel
cancellare	to erase, to cancel
il cancro	cancer
la candela	candle, spark plug
il cane	dog
il cantante	singer
cantare	to sing
la canzone	song
il capello	hair
capire	to understand
il capitano	captain
capitare	to happen
il capitolo	chapter
il capo	head, boss, chief
il capodanno	New Year's Day
il capolavoro	masterpiece
il capoluogo	regional capital
la cappella	chapel
il cappello	hat
il cappotto	coat
il cappuccio	hood
il capriccio	whim
il carabiniere	policeman
la caramella	candy
il carattere	character
il carbone	coal
il carcere	prison
caricare	to load
carino	cute
la carità	charity
—per carità	no way
la carne	meat
caro	dear, expensive

la carota	carrot	chiacchierare	to chat
il carrello	cart	chiamare	to call
la carrozzeria	car body	chiamarsi	to be named
la carta	paper	—come ti chiami?	what's your name?
—carta di credito	credit card	chiaramente	clearly
—carta geografica	map	chiarire	to make clear
—carta d'identità	ID card	chiaro	clear
la cartella	school bag	il chiasso	din, uproar
il cartello	sign	la chiave	key
il cartellone	poster	chiedere	to ask
la cartolina	post card	la chiesa	church
la casa	house	il chilogrammo	kilogram
la casalinga	housewife	il chilometro	kilometer
il caso	chance	la chimica	chemistry
—per caso	by chance	chissà	perhaps
caspita!	Good Heavens!	la chitarra	guitar
la cassa	box	chiudere	to close
la cassetta	audiocassette	chiunque	anyone
il cassiere	cashier	chiuso	closed
la castagna	chestnut	c'è	there is
castano	brown (hair)	ci	each other, there
il castello	castle	—ci sono	there are
la catena	chain	ciao!	Hi! bye-bye
la cattedra	teacher's desk	ciascuno	every, each one
la cattedrale	cathedral	il cibo	food
cattivo	bad	il cielo	sky, heaven
cattolico	Catholic	la cifra	figure number
la causa	cause, motive	la ciliegia	cherry
il cavallo	horse	la cima	pick
—andare a cavallo	to ride on horseback	cin, cin	cheers
CD	compact disk	il cinema	movie, theater
c'è	there is	cinese	Chinese
cedere	to give up	la cintura	belt
celibe	single	ciò	that
la cena	supper	—ciò che	that which
cenare	to have supper	—tutto ciò	all that
centesimo	hundredth	la cioccolata	chocolate
cento	hundred	cioè	that is
il centralino	switchboard	la cipolla	anion
il centro	center	circa	about
—andare al centro	to go downtown	citare	to quote, mention
cercare	to search	la città	city
certamente	certainly	il cittadino	citizen
certo	sure	la civiltà	civilization
il cervello	brain	la classe	class
cessare	to stop	il clima	climate
il cestino	wastebasket	la cognata	sister-in-law
che	what, which, that	il cognato	brother-in-law
—altro che!	of course!	la colazione	breakfast
—che bello!	how nise!	il collega	colleague
—che c'è di bello?	what's up?	la collina	hill
—che ora è?	what time is it?	il collo	neck
—che tempo fa?	how is the weather	la colonna	column
chi	who	il colore	color
—di chi è?	whose is it?		

colossale	*enormous, huge*	contro	*against*
la colpa	*fault*	il controllo	*check up, inspection*
—sentirsi in colpa	*to feel guilty*	convenire	*to agree, to suit*
colpire	*to hit, to strike*	la coperta	*blanket*
il coltello	*knife*	coperto	*covered*
comandare	*to command, order*	la copia	*copy*
combattere	*to fight, struggle*	la coppa	*cup*
come	*how, as, like*	la coppia	*couple, pair*
—come mai?	*how come?*	coprire	*to cover*
—come no!	*why not?*	il coraggio	*courage*
—come stai?	*how are you?*	il corpo	*body*
—come va?	*how is it going?*	correre	*to run*
cominciare	*to begin*	la corsa	*race*
il commercio	*trade*	corsivo	*italics*
il commesso	*clerk*	il corso	*course*
la comodità	*comfort*	la corte	*court*
comodo	*comfortable*	cortese	*kind, polite*
il compagno	*companion*	il cortile	*courtyard*
—compagno di classe	*classmate*	la cosa	*thing*
—compagno di stanza	*roommate*	così	*like that*
il compito	*homework*	così, così	*so-so*
il compleanno	*birthday*	cosicché	*so that*
il complimento	*compliment*	cosidetto	*so called*
—complimenti!	*congratulations!*	costoso	*expensive*
il comportamento	*behavior*	costruire	*to build*
comprare	*to buy*	costringere	*to force*
comune	*common*	il costume	*costume, use, habit*
comunque	*anyway*	—costume da bagno	*bathing suit*
il concorso	*contest, exam*	la cotoletta	*cutlet*
condire	*to dress (a salad)*	il cotone	*cotton*
condurre	*to conduct, guide*	la cravatta	*tie*
la conferenza	*lecture*	credere	*to believe*
il confine	*border, frontier*	il credito	*credit*
la confusione	*disorder*	crescere	*to grow up*
—che confusione!	*what a mess!*	cristiano	*Christian*
congedarsi	*to take leave*	la croce	*cross*
i coniugi	*couple, Mr. & Mrs.*	—Croce Rossa	*Red Cross*
conoscere	*to know*	la cronaca	*chronicle, local news*
consegnare	*to deliver*	crudo	*raw*
conseguire	*to obtain, to get*	la cucina	*kitchen, cooking*
conservare	*to preserve, save*	cucinare	*to cook*
conservatore	*conservative*	cucire	*to sew*
consigliare	*to advise*	il cugino	*cousin*
il consiglio	*suggestion*	cui	*whom (with prep.)*
consistere	*to consist*	il cuoco	*cook. chef*
consumare	*to consume*	il cuore	*heart*
il contabile	*accountant*	la cupola	*dome*
la contabilità	*accounting*	la cura	*care*
il contadino	*farmer*	curare	*to cure, heal*
contare	*to count*	il curriculum vitae	*résumé*
contento	*content, happy*	**D**	
continuare	*to continue*	da	*from*
il conto	*bill, check*	—da allora	*since then*
il contorno	*side dish*	—da solo	*alone*
contrario	*opposite*	dacché	*since*

d'accordo	*agreed, OK.*	il dirigente	*executive*
dai!	*come on!*	dirigere	*to lead, to manage*
dappertutto	*everywhere*	il diritto	*law*
dare	*to give*	diritto	*straight, right*
—dare fastidio	*to annoy*	il disappunto	*disappointment*
—dare un esame	*to take an exam*	il dischetto	*floppy disk*
—dare la mano	*to shake hands, to help*	il disco	*record*
—dare un'occhiata	*to glance at*	il discorso	*speech*
—dare un passaggio	*to give a ride*	la discussione	*argument, debate*
—dare retta	*to listen to*	disegnare	*to draw*
la data	*date*	il disegno	*drawing*
—data di nascita	*date of birth*	la disgrazia	*misfortune*
il datore di lavoro	*employer*	la disoccupazione	*unemployment*
davanti	*before*	la dispensa	*pantry*
davanti a	*in front of*	disperare	*to despair*
davvero	*really*	dispiacere	*to regret*
debole	*weak*	il dispiacere	*trouble, grief*
la decadenza	*decline*	disponibile	*available*
decidere	*to decide*	disporre	*to arrange*
decimo	*tenth*	disposto	*willing, arranged*
deciso	*determined*	distruggere	*to destroy, to ruin*
il decollo	*take off*	disturbare	*to disturb, to bother*
il delitto	*crime*	il dito	*finger*
delizioso	*delicious*	la ditta	*company, firm*
la delusione	*disappointment*	il divano	*couch, sofa*
il denaro	*money*	deventare	*to become*
il dente	*tooth*	diversamente	*differently*
il dentifricio	*toothpaste*	diverso	*different, various*
il dentista	*dentist*	divertente	*amusing*
dentro	*in, inside*	il divertimento	*entertainment, fun*
il deputato	*representative*	-buon divertimento	*have fun*
desiderare	*to desire, want*	divertirsi	*to have fun*
la destra	*right hand*	dividere	*to share, divide*
—a destra	*to the right*	il divieto	*prohibition*
di	*of, from*	il divorzio	*divorce*
—di consequenza	*consequently*	il dizionario	*dictionary*
—di nuovo	*again*	la doccia	*shower*
—di solito	*usually*	—fare la doccia	*to take a shower*
dicembre	*December*	dodici	*twelve*
dichiarare	*to declare*	la dogana	*customs*
dieci	*ten*	il dolce	*dessert*
dieta	*diet*	dolce	*sweet*
dietro	*behind*	il dollaro	*dollar*
difatti	*in fact*	il dolore	*pain, sorrow*
difficile	*difficult*	la domanda	*question*
diffuso	*diffused*	—fare una domanda	*to ask a question*
dimagrire	*to lose weight*	domandare	*to ask*
dimenticare	*to forget*	domani	*tomorrow*
dimettersi	*to resign*	la domenica	*Sunday*
diminuire	*to decrease*	la domestica	*maid, servant*
il dipendente	*employee*	la donna	*woman*
dipingere	*to paint*	il dono	*gift*
il diplomato	*graduate (H. S.)*	dopo	*after*
dire	*to say, to tell*	doppio	*double*
il direttore	*director, manager*	dormire	*to sleep*

dotto	*learned*
il dottore	*doctor (m)*
la dottoressa	*doctor (f)*
dove	*where*
dovere	*to have to, to owe*
il dovere	*duty*
dovunque	*everywhere*
la droga	*drug*
il dubbio	*doubt*
dubitare	*to doubt*
due	*two*
dunque	*then, therefore*
il duomo	*dome, cathedral*
durante	*during*
durare	*to last*
duro	*tough, hard*

E

e	*and*
è	*it is*
ebbene	*well then*
ebreo	*Hebrew, Jew*
eccellente	*excellent*
ecco	*here is, here are*
economico	*cheap*
l'economia	*economy, saving*
l'edicola	*newspaper stand*
l'edificio	*building*
l'editore	*publisher*
educato	*well-mannered*
effettuare	*to make, carry out*
efficiente	*efficient*
l'eleganza	*elegance, style*
eleggere	*to elect*
elementare	*elementary*
l'elenco	*list*
—elenco telefonico	*telephone book*
l'elettore	*voter (m)*
l'elettrice	*voter (f)*
gli elettrodomestici	*appliances*
elevare	*to raise, to lift up*
l'elezione	*election*
entrambi	*both*
entrare	*to enter*
l'entrata	*entrance, income*
l'episodio	*episode*
l'epoca	*era, epoch*
eppure	*and yet*
l'erba	*grass*
l'eroe	*hero*
l'eroina	*heroine*
l'errore	*mistake, error*
esagerare	*to exaggerate*
l'asame	*exam, test*
—dare un esame	*to take an exam*
l'esempio	*example*

—per esempio	*for example*
l'esercizio	*exercise*
l'esigenza	*necessity*
esporre	*to display*
l'esposizione	*exhibition*
esprimere	*to express*
l'espresso	*strong coffee*
essere (p.p. stato)	*to be*
—essere d'accordo	*to agree*
—essere in anticipo	*to be early*
—essere in gamba	*to be on the ball*
—essere in orario	*to be on time*
—essere in ritardo	*to be late*
—essere stufo	*to be fed up with*
est	*east*
l'estate	*summer*
estero	*foreign*
—all'estero	*abroad*
esteso	*wide, large*
l'età	*age*
l'euro	*European currency*
evitare	*to avoid*

F

fa	*ago*
—un anno fa	*one year ago*
la fabbrica	*factory*
la faccenda	*household chore*
la faccia	*face*
facile	*easy*
facilmente	*easily*
la facoltà	*school of (law, etc.)*
il fagiolino	*string bean*
il fagiolo	*bean*
il falegname	*carpenter*
falso	*false, wrong*
la fama	*fame*
la fame	*hunger*
—avere fame	*to be hungry*
la famiglia	*family*
famoso	*famous*
fare	*to do, make*
—fare il bagno	*to take a bath*
—fa bel tempo	*the weather is good*
—fa caldo	*it is hot*
—fare colazione	*to have breakfast*
—fare la doccia	*to take a shower*
—fare una domanda	*to ask a question*
—fa freddo	*it is cold*
—fa fresco	*it is cool*
—fare il numero	*to dial*
—fare il pieno	*to fill it up*
—fare presto	*to hurry up*
—fare le spese	*to go shopping*
—fare tardi	*to be late*
la farfalla	*butterfly*

la farina	*flour*	la folla	*crowd*
la farmacia	*pharmacy*	la fonte	*spring, source*
il fastidio	*nuisance, bother*	le forbici	*scissors*
—dare fastidio	*to bother*	la forchetta	*fork*
la fatica	*fatigue, hard work*	la foresta	*wood, forest*
faticoso	*tiring*	il formaggio	*cheese*
la fattoria	*factory*	il fornello	*stove*
il favore	*favor*	il forno	*oven*
—per favore	*please*	forse	*perhaps*
favorevole	*favorable*	forte	*strong, solid*
fax	*fax*	la fortuna	*luck*
febbraio	*February*	—avere fortuna	*to be lucky*
la febbre	*fever*	—buona fortuna	*good luck*
fedele	*faithful, loyal*	fortunato	*lucky*
il fegato	*liver*	la forza	*strength*
felice	*happy*	la fotografia (foto)	*photo*
la felicità	*happiness*	fra	*among. within*
la felicitazione	*congratulation*	—fra poco	*in a little while*
le ferie	*holidays, vacations*	francese	*French*
fermarsi	*to stop*	la fragola	*strawberry*
fermata	*stop*	il francobollo	*stamp*
—fermata autobus	*bus stop*	la frase	*sentence*
fermo	*still, motionless*	il fratello	*brother*
il ferro	*iron*	il freddo	*cold*
la ferrovia	*railroad*	—fa freddo	*it is cold*
la festa	*party, holiday*	—ho freddo	*I am cold*
festeggiare	*to celebrate*	frenare	*to brake*
festivo	*holiday*	freno	*brake*
il fiammifero	*match*	frequentare	*to attend*
fidanzarsi	*to get engaged*	fresco	*cool*
la fidanzata	*fiancée*	—fa fresco	*it is chilly*
il fidanzato	*fiancé*	la fretta	*hurry*
fidarsi	*to trust*	—avere fretta	*to be in a hurry*
la fiducia	*trust, faith*	friggere	*to fry*
fiero	*proud*	il frigorifero	*refrigerator*
la figlia	*daughter*	la frittata	*omelette*
il figlio	*son*	frizzante	*sparkling*
i figli	*children*	la frutta	*fruit*
la fila	*row*	fuggire	*to flee, to run away*
il film	*movie, film*	il fulmine	*lightning*
finalmente	*finally*	il fumo	*smoke*
finché	*until*	funzionare	*to function, work*
la fine	*end*	il fuoco	*fire*
—fine di settimana	*weekend*	fuori	*out, outside*
il fine	*goal, aim*	il furbo	*cunning*
la finestra	*window*	il futuro	*future*
finire	*to end, finish*		

G

finora	*until now*	la gallina	*hen*
il fiore	*flower*	il gallo	*rooster*
la firma	*signature*	il gallone	*gallon*
firmare	*to sign*	la gamba	*leg*
fischiare	*to whistle, to boo*	—essere in gamba	*to be strong*
finire	*to end, to finish*	la gara	*competition*
il fiume	*river*	il garage	*garage*
la foglia	*leaf*	garantire	*to guarantee*

il gatto	cat	grigio	gray
il gelato	ice cream	grosso	big, thick
il gemello	twin	—un pezzo grosso	a big shot
il generale	general	guadagnare	to earn
il generalmente	generally	la guancia	cheek
il genero	son-in-law	i guanti	gloves
i genitori	parents	guardare	to look, watch
gennaio	January	il guardaroba	wardrobe, closet
la gente	people	la guardia	guard
gentile	kind	guarire	to get well
il ghiaccio	ice	guasto	out of order
già	already	la guerra	war
la giacca	jacket	la guida	leader, driving
giallo	yellow	guidare	to drive
giapponese	Japanese	gustare	to taste, to like
il giardino	garden	il gusto	taste
il ginocchio	knee		

H

giocare	to play	l'handicappato	handicapped
il giocatore	player	l'habitat	habitat
il gioco	game	hegeliano	Hegelian
la gioia	joy	ho, hai, ha, hanno	I have, you have...
il gioiello	jewel	ho vent'anni	I am 20 years old
il giornale	newspaper	l'hobby	hobby
il giornalista	journalist	l'hotel	hotel
la giornata	day	l'humus	humus
—buona giornata	have a nice day		

I

il giorno	day	l'idea	idea
—buon giorno	good morning	ideale	perfect
giovane	young	identico	identical
il giovedì	Thursday	l'idraulico	plumber
girare	to turn, go around	ieri	yesterday
il giro	turn, tour	ierisera	last night
—fare un giro	to go for a walk	ignorare	to ignore
la gita	excursion, trip	ignoto	unknown
giudicare	to judge	illustre	illustrious
il giudice	judge	imbucare	to mail
il giudizio	opinion, trial	imitare	to imitate
giugno	June	immaginare	to imagine
giungere	to arrive	imparare	to learn
giusto	fair, correct	l'impegno	commitment
la goccia	drop	l'impermeabile	raincoat
godere	to enjoy	l'impero	empire
il gomito	elbow	l'impiegato	clerk, employee
la gonna	skirt	l'impiego	employment
il governo	government	importare	to import, to matter
gradire	to like	—non importa	it doesn't matter
grande	big, great, large	impossibile	impossible
grasso	fat	l'impresa	firm, corporation
gratuito	free of charge, gratis	impressionante	impressive
grave	heavy, serious	improvvisamente	all of a sudden
grazie	thanks	improvvisare	to improvise
—mille grazie	many thanks	in	in, at
grazioso	charming	—in affitto	for rent
greco	Greek	—in anticipo	early
gridare	to scream, to shout	—in contanti	cash

—in fila	*in a line*	intero	*entire, whole*
—in fretta	*in a hurry*	l'intervista	*interview*
—in grado di	*able to*	introdurre	*to let in*
—in piedi	*standing*	inutile	*useless*
—in ritardo	*late*	invecchiare	*to become old*
—in vendita	*for sale*	invece	*instead*
l'incarico	*task, job*	l'inverno	*winter*
l'incidente	*accident*	inviare	*to send*
incominciare	*to begin, start*	invidiare	*to envy*
incontrarsi	*to meet*	l'invito	*invitation*
l'incontro	*meeting, match*	irlandese	*Irish*
incontro (prep.)	*towards*	iscriversi	*to enroll, register*
indimenticabile	*unforgettable*	l'iscrizione	*registration*
indipendente	*independent*	l'isola	*island*
l'indirizzo	*address*	l'istituto	*institute (High S.)*
indovinare	*to guess*	istruito	*educated*
l'infanzia	*childhood*	l'istruzione	*education*
infastidire	*to annoy*	italiano	*Italian*
infatti	*in fact*	italo-americano	*Italian-American*
infelice	*unhappy*		

L

l'infermiera	*nurse*	la	*the, her*
l'inferno	*Hell*	là	*there*
infine	*finally*	il labbro (pl. labbra)	*lip*
l'influenza	*flu, influence*	la lacrima	*tear*
informare	*to inform*	il ladro	*thief*
l'informatica	*computer science*	laggiù	*down there*
l'infortunio	*accident*	il lago	*lake*
ingegnere	*engineer*	lamentarsi	*to complain*
ingenuo	*naive*	la lampada	*lamp*
inghiottire	*to swallow*	la lampadina	*light bulb*
l'ingiustizia	*injustice*	la lana	*wool*
ingiusto	*unjust, unfair*	largo	*wide*
inglese	*English*	lasciare	*to let, leave*
l'ingorgo	*traffic jam*	—lasciare fare	*to allow*
ingrassare	*to gain weight*	lassù	*up there*
lingresso	*entrance*	latino	*Latin*
iniziare	*to start, begin*	il lato	*side*
l'inizio	*beginning*	il latte	*milk*
innamorarsi	*to fall in love*	la lattina	*can*
innumerevole	*countless*	la lattuga	*lettuce*
inoltre	*besides*	laurearsi	*to graduate (univ.)*
inquieto	*restless*	la lavagna	*blackboard*
l'inquilino	*tenant*	il lavandino	*sink*
l'inquinamento	*pollution*	lavare	*to wash*
l'insalata	*salad*	lavarsi	*to wash oneself*
l'insegnamento	*teaching*	la lavastoviglie	*dishwasher*
l'insegnante	*teacher*	la lavatrice	*washing machine*
insegnare	*to teach*	lavorare	*to work*
insieme	*together*	il lavoratore	*worker*
insolito	*unusual*	il lavoro	*work, job*
insomma	*in short*	legare	*to tie, bond*
intelligente	*intelligent*	la legge	*law*
intendere	*to understand*	leggere	*to read*
interessante	*interesting*	leggero	*light*
interno	*interior*	il legno	*wood*

i legumi	vegetables	la maglietta	T shirt
lei	she, you (polite)	il maglione	sweater
lentamente	slowly	magnifico	magnificent
le lenti	glasses	magro	thin
il leone	lion	mah!	who knows!
la lettera	letter	mai	never
il letto	bed	—come mai?	how come?
la lettura	reading	—mai più	never again
la lezione	lesson	—non si sa mai	you never know
lì	there	il male	evil, ache, suffering
liberamente	freely	male (adv.)	badly, ill, wrong
libero	free	—che c'è di male?	what's wrong
la libreria	bookstore	—farsi male	to hurt oneself
il libro	book	—non c'è male	not too bad
licenziare	to fire	—sentirsi male	not to feel well
il liceo	high school	—stare male	to be ill
lieto	glad	la maledizione	curse
la limonata	lemonade	maleducato	ill-mannered, rude
il limone	lemon	la mamma	mom
la linea	line	mamma mia!	woe! oh dear!
la lingua	tongue, language	la mancanza	shortage, fault
il lino	linen	mancare	to lack, miss
il liquore	liquor	la mancia	tip
litigare	to argue, to quarrel	mandare	to send
lontano	far away	mangiare	to eat
loro	they, their	la manica	sleeve
la lotta	fight, struggle	il manifesto	poster
lottare	to fight	la maniglia	handle
la lotteria	lottery	la mano	hand
la luce	light	—dare una mano	to lend a hand
luglio	July	mantenere	to mantain, keep
lui	he	la marca	mark, brand
luminoso	brilliant	la marcia	gear, march
la luna	moon	il mare	sea
lunedì	Monday	il marito	husband
lungo	long, lengthy	marrone	brown
il luogo	place	martedì	Tuesday
il lupo	wolf	marzo	March
lussuoso	luxurious	mascalzone!	rascal!

M

		maschile	male
ma	but	massimo	the greatest
macché	no way	la materia	matter, subject
la macchia	stain, spot	la matita	pencil
la macchina	car, machine	il matrimonio	marriage
— da scrivere	typewriter	la mattina	morning
— fotografica	camera	matto	mad, insane
il macellaio	butcher	il mattone	brick
la madre	mother	il meccanico	mechanic
il maestro	teacher (elem.sch.)	la medicina	medicine
magari	maybe, if only	il medico	physician
il magazzino	warehouse, store	medioevo	Middle Ages
maggio	May	meglio	better
la maggioranza	majority	la mela	apple
maggiore	greater, older	la melanzana	eggplant
la maglia	jersey, vest	il membro	member

la memoria	*memory*	la musica	*music*
meno	*less, minus*	il musicista	*musician*
—meno male	*thank goodness*	musulmano	*Muslim*
la mensa	*school cafeteria*		**N**
mensile	*monthly*	nascere (p.p.nato)	*to be born*
la mente	*mind*	la nascita	*birth*
mentre	*while*	nascondere	*to hide*
meravigliarsi	*to be amazed*	il naso	*nose*
meraviglioso	*wonderful*	Natale	*Christmas*
il mercato	*market*	—buon Natale	*merry Christmas*
mercoledì	*Wednesday*	la nave	*ship*
meridionale	*southern*	la nazione	*nation, country*
mescolare	*to mix, blend*	ne	*of it*
il mese	*month*	né. . . né	*neither. . . nor*
il mestiere	*profession, job*	neanche	*not even*
la meta	*finish line, goal*	la nebbia	*fog*
la metà	*half*	necessario	*necessary*
mettere	*to put*	negare	*to deny*
mettersi	*to put on*	il negozio	*store, shop*
mezzanotte	*midnight*	il nemico	*enemy*
il mezzo	*mean, half, middle*	neppure	*not even*
mezzogiorno	*noon*	nero	*black*
mi	*me, to me*	nervoso	*nervous*
il miele	*honey*	nessuno	*nobody*
migliore	*better*	la neve	*snow*
migliorare	*to improve*	nevicare	*to snow*
milione	*million*	il nido	*nest*
mille	*one thousand*	niente	*nothing*
la minestra	*soup*	—niente affatto	*not at all*
il minestrone	*vegetable soup*	—nient'altro	*nothing else*
minimo	*least, smallest*	—niente da dire	*nothing to say*
minore	*smaller, younger*	—niente da fare	*nothing to do*
la miseria	*misery, poverty*	—niente di male	*nothing wrong*
la misura	*measure, size*	—niente paura	*no fear*
il mobile	*furniture*	il nipote	*grandson, nephew*
la moda	*fashion, style*	la noia	*boredom*
il modo	*manner, way*	—che noia!	*what a bore*
la moglie	*wife*	noioso	*boring*
molto	*much, a lot, very*	noleggiare	*to rent*
il mondo	*world*	il nome	*name*
la moneta	*coin, money*	non	*not*
la montagna	*mountain*	—non ancora	*not yet*
morire	*to die*	—non c'è male	*not too bad*
la morte	*death*	—non....mai	*never*
il morto	*dead*	la nonna	*grandmother*
la mostra	*exhibition, art, show*	il nonno	*grandfather*
mostrare	*to show*	nonostante	*in spite of*
motivo	*motive, reason*	nord	*north*
la moto(cicletta)	*motorcycle*	nostro	*our, ours*
il movimento	*movement*	la nota	*note*
la multa	*ticket, fine*	notare	*to notice*
il mucchio	*pile*	la notizia	*news*
il municipio	*city hall*	il notiziario	*TV news*

noto	*well-known*	—a che ora	*at what time*
la notte	*night*	—che ora è?	*what time is it?*
novanta	*ninety*	—mezz'ora	*half an hour*
nove	*nine*	—un quarto d'ora	*quarter of an hour*
la novella	*short story*	—ora di punta	*rush hour*
novembre	*November*	ora (adv.)	*now*
nudo	*bare, naked*	l'orario	*schedule*
nulla	*nothing*	—in orario	*on time*
il numero	*number*	gli orecchini	*earrings*
la nuora	*daughter-in-law*	l'orecchio	*ear*
nuotare	*to swim*	l'orgoglio	*pride*
la nuvola	*cloud*	orgoglioso	*proud*
nuvoloso	*cloudy*	l'oriente	*Orient, east*

O

		l'origine	*origin*
o	*or*	ormai	*by now*
obbedire	*to obey*	l'oro	*gold*
obbligatorio	*obligatory*	—età dell' oro	*golden age*
l'oca	*goose*	l'orologio	*clock, watch*
l'occasione	*opportunity*	orribile	*fearful, ugly*
gli occhiali	*eyeglasses*	l'orso	*bear*
—occhiali da sole	*sunglasses*	l'orto	*vegetables garden*
l'occhiata	*glance*	l'ospedale	*hospital*
l'occhio	*eye*	l'ospite	*guest*
occidentale	*western*	l'osteria	*tavern*
occupare	*to occupy*	ottanta	*eighty*
occupato	*busy, taken*	ottavo	*eighth*
odiare	*to hate*	ottimo	*excellent*
offrire (p.p.offerto)	*to offer*	ottimo!	*great!*
oggi	*today*	otto	*eight*
oggigiorno	*nowadays*	ottobre	*October*
oggi pomeriggio	*this afternoon*	l'ovest	*west*
ogni	*each, every*	ovunque	*everywhere*
—ogni giorno	*every day*	ovviamente	*obviously*

P

ognuno	*everyone*		
l'olio	*oil*	il pacco	*package*
l'oliva	*olive*	la pace	*peace*
oltre	*forward, besides*	la padella	*pan*
oltre a	*in addition*	il padre	*father*
l'omaggio	*gift*	il padrone	*owner, master*
—in omaggio	*free*	il paesaggio	*landscape, view*
i miei omaggi	*my respects*	il paese	*town, country*
l'ombra	*shade*	il pagamento	*payment*
l'onda	*wave*	pagare	*to pay*
—in onda	*on the air*	—pagare in contanti	*to pay cash*
onesto	*honest*	la pagina	*page*
l'onore	*honor*	il paio	*pair*
l'opera	*work, opera*	il palazzo	*palace, block of flats*
l'operaio	*blue-collar worker*	la palla	*ball*
l'opinione	*opinion*	la pallacanestro	*basketball*
opportuno	*appropriate*	la pallavolo	*volleyball*
l'opposto	*opposite*	il pallone	*soccerball*
oppure	*or, rather*	la pancetta	*bacon*
l'ora	*hour*	il pane	*bread*

il panino	roll, sandwich	la pelle	skin, leather
il panorama	view	il pelo	hair
i pantaloni	trousers	la pena	pain
i pantaloncini	shorts	—darsi la pena	to take the trouble
le pantofole	slippers	—fare pena	to move to pity
il papa	pope	—non vale la pena	it isn't worthwhile
papà	daddy	la penna	pen
paragonare	to compare	pensare	to think
il paragone	comparison	il pensiero	thought
parcheggiare	to park	il pensionato	retired person
il parcheggio	parking lot	la pensione	pension, hotel
il parco	park	—andare in pensione	to retire
il parente	relative	la pentola	pot
parere	to seem	il pepe	pepper
il parere	opinion	per	for, in order to
la parete	(inner) wall	—per carità	for heaven's sake
parlare	to talk, speak	—per caso	by any chance
la parola	word	—per esempio	for example
la parte	part, role	—per niente	at all
—la maggior parte	majority	—per piacere	please
la partenza	departure	la pera	pear
partire	to leave	perché?	why
la partita	game, match	—perché no?	why not?
il partito	political party	perché	because
Pasqua	Easter	perciò	thus, therefore
—buona Pasqua	happy Easter	perdere (p.p.perso)	to lose
passare	to pass	perdonare	to forgive
il passato	past	perdersi	to get lost
passeggiare	to stroll, to walk	la periferia	suburbs
la passeggiata	walk, ride	il permesso	permission
il passo	step, passage	permesso!	excuse me!
—fare sue passi	to take a walk	permettere	to allow
la pasta	pasta, pastry	però	but
il pasto	meal	persino	even
il pastore	shepherd	la persona	person
la patata	potato	pesante	heavy
le patatine	potato chip	pesare	to weigh
la patente	driver's license	la pèsca, pésca	fishing, peach
la patria	country, homeland	il pesce	fish
pattinare	to skate	il peso	weigh
la paura	fear	pessimo	worst
—avere paura	to be afraid	pettinarsi	to comb one's hair
—fare paura	to frighten	il petto	chest
—per paura di	for fear of	il pezzo	piece
—senza paura	fearless	il pezzo grosso	big shot
il pavimento	floor	piacere	to like
la pazienza	patience	il piacere	pleasure
—avere pazienza	to be patient	piacere!	pleased to meet you
il pazzo	madman, crazy	—per piacere	please
il peccato	sin, error	piacevole	pleasant
—peccato!	too bad!	il pianeta	planet
—che peccato!	what a pity	piangere	to cry
peggiorare	to worsen	il piano	floor
peggiore	worse	—pianterreno	ground floor

piano (adv.)	*slowly*	il posto	*place, job*
—pian piano	*very quietly*	—posto a sedere	*seat*
il pianoforte (piano)	*piano*	potere (p.p.potuto)	*can, to be able*
la pianura	*plain*	—può darsi	*maybe*
il piatto	*plate, dish*	il potere	*power*
— primo piatto	*first course*	povero	*poor, unfortunate*
— secondo piatto	*second course*	pranzare	*to eat lunch*
la piazza	*square*	il pranzo	*lunch (main meal)*
piccante	*spicy*	il prato	*meadow*
piccolo	*small, little*	preferire	*to prefer*
il piede	*foot*	il prefisso telefonico	*area code*
—a piedi	*on foot*	pregare	*to pray, beg*
—in piedi	*standing*	—prego	*you're welcome*
pieno	*full*	—ti prego	*I beg you*
—fare il pieno	*to fill up (the tank)*	—prego!	*please!*
la pietra	*stone*	il premio	*prize*
pigro	*lazy*	prendere (p.p.preso)	*to take*
la pioggia	*rain*	—prendere appunti	*to take notes*
piovere	*to rain*	—prendere in giro	*to tease*
la piscina	*swimming pool*	—prendere il sole	*to sunbathe*
i piselli	*peas*	—prendere la multa	*to get a ticket*
il pittore	*painter*	—prendere la laurea	*to major*
la pittura	*painting*	—non te la prendere	*don't get angry*
più	*more*	prenotare	*to reserve*
piuttosto	*rather*	la prenotazione	*reservation*
poco	*little, few*	preoccuparsi	*to worry*
—un po' di	*a little bit of*	preparato	*prepared*
—tra poco	*in a little while*	presentare	*to introduce*
il poema	*poem*	il presidente	*president*
la poesia	*poetry*	presso	*near, next to*
il poeta	*poet*	prestare	*to lend*
la poetessa	*poet*	il prestito	*loan*
poi	*then*	presto	*early, quickly*
poiché	*since*	—a presto!	*see you soon!*
la politica	*politics*	prevedere (previsto)	*to predict*
politico	*political*	la previsione	*forecast*
la polizia	*police*	il prezzo	*price*
il pollo	*chicken*	prima di tutto	*first of all*
il polmone	*lung*	primo	*first*
la polpetta	*meatball*	principale	*principal, main*
la poltrona	*armchair*	il principe	*prince*
la polvere	*dust*	la principessa	*princess*
il pomeriggio	*afternoon*	il problema	*problem*
il pomodoro	*tomato*	—non c'è problema	*no problem*
il pompelmo	*grapefruit*	il professore	*professor*
il ponte	*bridge*	la professoressa	*professor*
il popolo	*people*	profondo	*deep, profund*
la porta	*door*	proibire	*to prohibit*
portare	*to bring, wear, take*	la promessa	*promise*
il portafoglio	*wallet*	promettere	*to promise*
possibile	*possible*	pronto	*ready*
la posta	*mail*	pronto?	*Hello? (in a phone)*
—posta elettronica	*e-mail*	proprio	*really, own*
posteggiare	*to park*	il prosciutto	*cured ham*

prossimo	near, close	il ragazzo	boy
la prova	test, exam	—il mio ragazzo	my boyfriend
provare	to taste, try	raggiungere	to reach
provenire	to come from	la ragione	reason
la provincia	province	—avere ragione	to be right
la pubblicità	advertisement	rallegrarsi	to rejoice, cheer up
il pubblico	public	rallentare	to slow down
pulire	to clean up	rapidamente	rapidly
punto	point, period	rapido	fast, quick
—punto esclamativo	exclamation mark	il rapporto	relationship
punto interrogativo	question mark	raramente	rarely
puntuale	on time	raro	rare
purché	provided that	il re	king
pure	also, as well	reale	real, royal
purtroppo	unfortunately	realizzare	to carry out,
		recarsi	to go

Q

qua	here	recente	recent
il quaderno	notebook	—di recente	recently
quadrato	square	il regalo	gift
il quadro	painting	la regina	queen
quaggiù	down here	la regione	region
qualche	some	il regista	film director
qualche volta	sometimes	registrare	to record
qualcosa	something	il registratore	tape recorder
qualcuno	someone	il regno	kingdom
quale	what, which	la regola	rule
qualunque	whatever	rendere	to give back
quando	when	la rendita	income
quanti	how many	la repubblica	republic
quanto	how much	respirare	to breathe
quantunque	although	il respiro	breath
quaranta	forty	restare	to remain, stay
il quartiere	neighborhood	resto	change
quarto	quarter, fourth	rete	net
quasi	almost	—rete ferroviaria	railroad system
quatttordici	fourteen	—rete televisiva	TV network
quattro	four	il riassunto	summary
quello	that	la ricchezza	wealth
—quello che	that which	ricco	rich
questo	this	la ricerca	research
qui	here	la ricetta	prescription
quindi	therefore	ricevere	to receive
quindici	fifteen	il ricevimento	reception
quinto	fifth	la ricevuta	receipt
la quota	fee, height	la ricompensa	reward
		riconoscere	to recognize

R

raccogliere	to gather, to pick up	ricordare	to remember
raccontare	to tell, to narrate	il ricordo	memory
il racconto	short story	ricoverare	to hospitalize
radersi	to shave oneself	ridere	to laugh
il raffreddore	cold	riempire	to fill up
la ragazza	girl	i rifiuti	waste, rubbish
—la mia ragazza	my girlfriend	il rifugio	shelter

la riga	line
rimanere	to remain, stay
rimattersi	to recover
rimodernare	to renovate
Rinascimento	Renaissance
il rinfresco	refreshment
ringraziare	to thank
ripassare	to review
ripetere	to repeat
riposare	to rest
il riposo	rest
il riscaldamento	heating
il riso	rice, laughter
risparmiare	to save
rispondere	to answer
la risposta	answer
il ristorante	restaurant
il ritardo	delay
—essere in ritardo	to be late
ritenere	to hold
ritirare	to withdraw
ritornare	to come back
il ritratto	portrait
riuscire	to succeed
la rivista	magazine
rivolgersi	to turn to, apply to
la roba	stuff, thing
la roccia	rock
romano	Roman
rompere	to break
la rosa	rose
rosso	red
rovesciare	to overturn
rovinare	to ruin
rubare	to steal
il rumore	noise
rumoroso	noisy
la ruota	wheel
russo	Russian

S

sabato	Saturday
la sabbia	sand
il sacco	sack, bag
il saggio	essay, wise
la sala	room
—sala d'aspetto	waiting room
—sala da pranzo	dining room
il salario	wage, pay
il sale	salt
salire	to go out, to climb
il salotto	living room
saltare	to jump, to skip
i salumi	cold cuts

salutare	to greet
la salute	health
—salute!	bless you!
—alla salute!	cheers!
il saluto	greeting
—tanti saluti	my regards
salvare	to save
salve!	hi! hello!
il sangue	blood
sano	healthy, sound
santo	holy, blessed
—tutti i santi	All Saints
santo cielo!	good heavens!
sapere	to know
il sapone	soap
il sapore	taste
saporito	tasty, delicious
il sasso	stone
sbagliare	to make a mistake
sbagliato	wrong
lo sbaglio	mistake, error
scadente	of poor quality
scadere	to expire
lo scaffale	shelf
la scala	stairway, ladder
scalare	to climb
lo scalino	step (of stairs)
scapolo	bachelor, single
la scatola	box
scegliere	choice
scendere	to go down
lo schermo	screen
scherzare	to joke
lo scherzo	joke
la schiena	back
lo sci	skiing
sciare	to ski
la sciarpa	scarf
la scienza	science
la sciocchezza	silliness
lo sciocco	foolish, stupid
sciogliere	to untie, loose
scioperare	to go on strike
scomparire	to disappear
sconosciuto	unknown
lo sconto	discount
lo scontrino	receipt
la scoperta	discovery
lo scopo	purpose
scoprire	to discover
scorso	last
—l'anno scorso	last year

scortese	rude	la seta	silk
scritto	written	la sete	thirst
lo scrittore	writer	—avere sete	to be thirsty
la scrivania	writing-desk	settanta	seventy
scrivere	to write	sette	seven
la scuola	school	settembre	September
—elementare	elementary school	settendrionale	northern
—media	middle school	la settimana	week
—media superiore	high school	settimanale	weekly
—dell'obbligo	compulsory school	settimo	seventh
scuro	dark	la sfida	challenge
la scusa	excuse, apology	siccome	since
scusa!	excuse me!	sicuro	safe, sure
scusa?	I beg your pardon	la sigaretta	cigarette
se	if	significare	to mean
—anche se	even if	la signora (sig,ra)	woman, lady
—come se	as if	il signore (sig.)	man, gentleman
sebbene	even though	la signorina (sig.na)	young lady, girl
secco	dry	simpatico	pleasant, nice
il secolo	century	sincero	sincere, true
secondo	second	il sindacato	labor union
—secondo me	in my opinion	il sindaco	mayor
la sede	seat	la sinistra	left hand
sedersi	to sit down	—a sinistra	to the left
la sedia	chair	—della sinistra	left-wing
sedici	sixteen	smarrire	to lose
il segnale	sign	smarrirsi	to get lost
la segretaria	secretary	smettere	to stop
—telefonica	answering machine	—smettila!	stop it!
il segreto	secret	snello	slim
seguente	following	sobrio	sober
seguire	to follow	la società	society
sei	six	soffice	soft
sembrare	to seem	la soffitta	attic
—mi sembra	it seems to me	il soffitto	ceiling
semplice	simple	soffrire	to suffer
sempre	always	sognare	to dream
sensibile	sensitive	il sognatore	dreamer
il sentimento	feeling	il sogno	dream
sentire	to hear, listen	solamente	only
—senti!	hey! listen!	soldo	penny
sentirsi	to feel	—non ho un solo	I have no money
senza	without	il sole	sun
—senz'altro	certainly	solito	usual
la sera	evening	—di solito	usually
—buona sera	good evening	—come al solito	as usual
—di sera	in the evening	solo	alone
—ieri sera	last evening	—uno solo	only one
sereno	clear, calm	sonno	sleep
serio	serious, grave	—avere sonno	to be sleepy
servire	to serve	sopportare	to stand, bear
il servizio	service	sopra	upon, on
sessanta	sixty	la sorella	sister
sesto	sixth	la sorpresa	surprise

il sorriso	smile	lo stato	state
la sosta	stop, stay	gli Stati Uniti	United States
—divieto di sosta	no parking	la stazione	station
sotto	under	stazione ferroviaria	train station
spagnolo	Spanish	stazione di servizio	service station
la spalla	shoulder	la stella	star
sparire	to disappear	lo stereo	stereo
spaventoso	frightful	lo sterzo	steering wheel
lo spazio	space	lo stivale	boot
spazzare	to sweep	lo stesso	the same
la spazzatura	refuse, rubbish	lo stipendio	salary, wage
lo spazzolino	(small) brush	la stoffa	cloth
—dei denti	tooth-brush	lo stomaco	stomach
lo specchio	mirror	—mal di stomaco	stomach ache
spedire	to send	la storia	history
spegnere	to turn off	la strada	road, street
spendere	to spend	strano	strange, odd
la speranza	hope	stretto	tight
sperare	to hope	lo studente	student (m)
la spesa	expenditure	la studentessa	student (f)
—fare la spesa	to go shopping	studiare	to study
spesso	often	la borsa di studio	scholarship
lo spettacolo	show	su	on, upon
la spiaggia	beach	—su, dai!	come on!
spiegare	to explain	subito	at once, right away
la spiegazione	explanation	succedere	to happen
spingere	to push	successivo	following, next
lo spirito	spirit	il successo	success, hit
spiritoso	witty	il succo di frutta	fruit juice
splendido	splendid, shining	il sud	south
spolverare	to dust	sufficiente	sufficient
sporco	dirty	suggerire	to suggest
lo sportello	ticket window	il sugo	sauce
la sposa	bride	suonare	to play, to ring
sposarsi	to get married	—il campanello	to ring the doorbell
lo sposo	bridegroom	la suocera	mother-in-law
lo spumante	sparkling wine	il suocero	father-in-law
lo spuntino	snack	superiore	superior, higher
la squadra	team	il supermercato	supermarket
squisito	delicious	la sveglia	alarm-clock
stamattina	this morning	svegliarsi	to wake up
la stampa	press	lo sviluppo	development
stanco	tired		
stanotte	tonight	**T**	
la stanza	room		
stare	to stay, to be	la tabaccheria	tobacco shop
—come stai?	how are you?	il tacchino	turkey
—stare attento	to pay attention	il tacco	heel
—stare bene	to be fine	tacere	to be silent
—stare male	to be ill	tagliare	to cut
—stai calmo!	be calm, don't worry	tale	such
—stai zitto	keep quiet!	tanto	so much, a lot
lo starnuto	sneeze	—di tanto in tanto	from time to time
		—tanto . . . quanto	as . . . as
		—tanto meglio	all the better

Italian	English
tardare	*to be late*
tardi	*late*
—fare tardi	*to be late*
—più tardi	*later*
la targa	*plate*
la tasca	*pocket*
la tassa	*tax*
la tavola	*(dinner) table*
il tavolo	*desk*
il tassì	*taxi*
la tazza	*cup*
il tè	*tea*
—una tazza di tè	*a cup of tea*
—una tazza per tè	*a tea-cup*
il teatro	*theater*
tedesco	*German*
la tela	*linen, cloth*
telefonare	*to phone*
la telefonata	*phone call*
il telefonino	*cellular phone*
il telefono	*telephone*
il telegiornale	*TV news*
la telenovella	*soap opera*
la televisione	*television*
il televisore	*television set*
il tema	*theme*
temere	*to fear*
il tempo	*time, weather*
—tempo pieno	*full time*
—tempo ridotto	*part time*
il temporale	*storm*
tenere	*to keep, to hold*
—tenere dietro	*to follow*
—tenere per mano	*to hold by the hand*
—tenere a sinistra	*to keep to the left*
—tenere per certo	*to be sure*
terminare	*to finish, to end*
la terra	*earth, land*
la terrazza	*terrace*
il terremoto	*earthquake*
terzo	*third*
la tesi di laurea	*dissertation*
il tesoro	*treasure*
la tessera	*identification card*
la testa	*head*
—mal di testa	*headache*
il tetto	*roof, house*
—senza tetto	*homeless*
il tifoso	*(sport) fan*
timido	*timid, shy*
il tipo	*type, sort, model*
tirare	*to pull*
il titolo	*title, right*
—titolo di studi	*degree*

Italian	English
la tivú	*TV*
toccare	*to touch*
togliere	*to take off*
il tonno	*tuna*
il topo	*mouse*
tornare	*to return*
—ben tornato	*welcome back*
la torre	*tower*
la torta	*cake*
torto	*wrongness*
—avere torto	*to be wrong*
la tosse	*cough*
il tostapane	*toaster*
la tovaglia	*tablecloth*
il tovagliolo	*napkin*
tra	*among, between, in*
—tra l'altro	*besides*
—tra poco	*in a little while*
il traffico	*traffic*
il traguardo	*finish line*
il tramezzino	*flat sandwich*
il tramonto	*sunset*
tranquillo	*quiet, peaceful*
trascorrere	*to spend (time)*
trascurare	*to neglect*
trasferirsi	*to move (oneself)*
trasformare	*to transform*
trattare	*to deal with, try*
trattenere	*to hold back*
il trasporto	*transportation*
la trattoria	*informal restaurant*
il treno	*train*
trenta	*thirty*
triste	*sad*
la tristezza	*sadness*
troppo	*too much*
trovare	*to find*
trovarsi	*to meet*
il tuono	*thunder*
tuttavia	*however*
tutto	*all, everything*
—tutto il giorno	*all day long*
—tutti i giorni	*every day*
—del tutto	*totally*
—ecco tutto!	*that's all!*
—tutt'altro	*on the contrary*

U

ubbidire	*to obey*
ubbriaco	*drunk*
l'uccello	*bird*
uccidere	*to kill*
uff!	*Oh, what a bore!*
l'ufficio	*office*
—ufficio postale	*—post office*

uguale	*equal*	venerdì	*Friday*
ultimo	*last*	venire	*to come*
umano	*human, humane*	—venire alle mani	*to come to blows*
umido	*humid*	—venir meno	*to faint*
umorismo	*humor*	—venire a patti	*to come to terms*
senso umoristico	*sense of humor*	—venire giù	*to come down*
undici	*eleven*	—venire a galla	*to float*
unico	*only, unique*	—venire a noia	*to bore*
unire	*to unite, to join*	venti	*twenty*
l'università	*university*	il vento	*wind*
uno	*one*	veramente	*truly, really*
—nemmeno uno	*not a single one*	verde	*green*
—numero uno	*first rate*	la verdura	*vegetable*
—uno ad uno	*one by one*	la vergogna	*shame*
—né l'uno né l'altro	*neither*	vergognati!	*shame on you!*
l'uomo (pl. uomini)	*man*	la verità	*truth*
l'uovo (pl. uova)	*egg*	vero	*true*
usare	*to use*	il verso	*line of verse, poetry*
uscire	*to go out*	verso (pre.)	*towards*
l'uscita	*exit*	vestirsi	*to get dressed*
utile	*useful*	vestito	*dress, suit*
l'uva	*grapes*	—vestito da sera	*evening dress*
		la via	*street, road*

V

va bene!	*OK!*	—andar via	*to go away*
la vacanza	*vacation*	—buttar via	*to throw away*
valere	*to be worth*	—via d'uscita	*a way out*
—tanto vale	*it's just the same*	—e così via	*and so on*
—vale a dire	*that is to say*	viaggiare	*to travel*
—valere la pena	*it's worth it*	il viaggio	*trip, journey*
la valigia	*suitcase*	—buon viaggio	*have a nice trip*
la valle	*valley*	—fare un viaggio	*to take a trip*
il valore	*value, price*	—viaggio di nozze	*honeymoon trip*
vantarsi	*to boast*	—agenzia di viaggi	*travel agency*
vario	*various, several*	il vicino di casa	*neighbor*
la vasca	*tub*	vicino	*near*
—vasca da basgno	*bath tub*	—qui vicino	*nearby*
vasto	*vast, wide*	la videocassetta	*videocassette*
vecchio	*old*	il videoregistratore	*video tape-recorder*
vedere (visto)	*to see*	vietare	*to prohibit*
—ci vediamo	*see you*	—vietato l'ingresso	*no admittance*
—fatti vedere	*come to see me*	—vietato fumare	*no smoking*
—farsi vedere	*to show up*	—divieto di sosta	*no parking*
—vedere la luce	*to be born*	vincere (vinto)	*to win*
—vedremo!	*we shall see*	il vincolo	*tie, bond*
la vedova	*widow*	il vino	*wine*
il vedovo	*widower*	—vino bianco	*white wine*
la veduta	*view, panorama*	—vino rosso	*red wine*
il velluto	*velvet*	—vino spumante	*sparkling wine*
veloce	*fast, quick*	viola *(invariable)*	*purple*
la velocità	*speed*	il violino	*violin*
vendere	*to sell*	la virgola	*comma*
vendita	*sale*	—punto e virgola	*semicolon*
—in vendita	*on sale*	le virgolette	*quotation marks*

visitare	to visit
il viso	face
—a viso aperto	frankly, openly
—viso a viso	face to face
—fare buon viso	to look favourably
la vista	eyesight, view
la vita	life
—il costo della vita	cost of living
il vitello	calf, veal
la vittoria	victory
viva!	Hurrah! Long live!
vivere	to live
vivo	living, alive
—fatti vivo!	keep in touch!
—a viva voce	by word of mouth
viziare	to spoil
il vocabolario	dictionary
la vocale	vowel
la voce	voice
—ad alta voce	loudly
—a bassa voce	in a whisper
la voglia	desire, wish
—avere voglia di	to want
—di buona voglia	willingly
—di mala voglia	unwillingly
il volante	steering wheel
volare	to fly
volentieri	willingly
—spesso e volentieri	very often
volere	to want, desire
—volere bene	to love, to like
—volere male	to hate, dislike
—volere dire	to mean
—Dio lo voglia!	God grant it!
—Dio non voglia!	God forbid!
—senza volere	unintentionally
la volontà	will, purpose
la volta	time
—un'altra volta	next time
—a volte	at times
—qualche volta	sometimes
—per la prima volta	for the first time
—c'era una volta	once upon a time
—una volta tanto	once in a while
il volume	volume, book
votare	to vote
il voto	vote, grade
vuoto	empty

Z

lo zaino	backpack
lo zero	zero
la zia	aunt
lo zio	uncle

zitto!	be quiet!
la zona	zone, area
zoppo	lame
la zucca	pumpkin, head
—"una zucca pelata"	a bald pate
lo zucchero	sugar
lo zuccone	blockhead
la zuppa	soup
—zuppa di pesce	fish soup

Vocabulary: English - Italian

A

about	*circa, verso*
above all	*soprattutto*
abroad	*all'estero*
abundant	*abbondante*
to acquire	*acquistare*
across	*attraverso*
address	*l' indirizzo*
to admire	*ammirare*
admittance	*entrata*
advertisement	*l' annuncio*
advertising	*la pubblicità*
to advise	*avvisare*
affection	*l' affetto*
after	*dopo*
afternoon	*il pomeriggio*
again	*di nuovo*
age	*l' età*
agreed	*d'accordo*
aim	*fine*
air conditioning	*aria condizionata*
air line	*la linea aerea*
all	*tutti*
almost	*quasi*
also	*anche*
aloud	*ad alta voce*
always	*sempre*
American	*americano*
among/within	*fra*
to amuse	*divertire*
amusement	*il divertimento*
ancient	*antico*
and yet	*eppure*
to annoy	*dar fastidio*
another	*un altro*
another time	*un'altra volta*
to answer	*rispondere*
anxiety	*l' ansia*
any	*qualunque*
to appear	*apparire, mostrarsi*
appearance	*l' aspetto*
appliances	*elettrodomestici*
apple	*la mela*
apricot	*l'albicocca*
to approach	*avvicinarsi*
to appreciate	*apprezzare*
argument	*la lite*
arm	*il braccio*
around	*intorno, in torno a*
arrangement	*l'ordinamento*
to arrive	*arrivare*

article	*l' oggetto*
artisan	*l' artigiano*
to ask	*domandare*
--- a question	*fare una domanda*
asparagus	*asparago*
as soon as possible	*appena possibile*
as usual	*come al solito*
at	*in, a*
at all	*affatto*
at least	*almeno*
at once	*subito*
to attend	*frequentare*
at the most	*al massimo*
August	*agosto*
August holidays	*ferragosto*
available	*disponibile*
average	*medio*
to avoid	*evitare, sfuggire*
award	*il premio*

B

baby	*il/la bambino(a)*
back	*la spalla*
background	*lo sfondo*
backpack	*lo zaino*
bad	*cattivo*
balcony	*il balcone*
ball	*la palla, il pallone*
bank	*la banca*
basement	*lo scantinato*
bathroom	*il bagno*
to be able	*potere*
beautiful	*bello*
beauty	*la bellezza*
to become	*diventare*
bed	*il letto*
beer	*la birra*
before	*prima*
to begin	*incominciare*
beginning	*l' inizio*
behind	*dietro*
to believe	*credere*
bell	*la campana*
bell-tower	*il campanile*
belly	*la pancia, lo stomaco*
to benefit	*usufuire*
besides	*inoltre*
best wishes!	*auguri!*
to betray	*tradire*
better	*meglio*
between	*tra*

beverage	la bevanda	cashier	il cassiere
big	grande	cat	il gatto
big kiss	il bacione	cathedral	la cattedrale, il duomo
big shot	un pezzo grosso	to celebrate	festeggiare
billionaire	il miliardario	center, downtown	il centro
bill	il conto	to centralize	accentrare
birthday	il compleanno	century	il secolo
bitter	amaro	cereal	i cereali
black	nero	certain	certo, sicuro
blessed	santo, benedetto	chain	la catena
blockhead	lo zuccone	chair	la sedia
blond	biondo	chair lift	la seggiovia
blood	il sangue	chalk	il gesso
blouse	la camicetta	to challenge	sfidare
blue	azzurro	championship	il campionato
boarding house	la pensione	change	il cambiamento
boat	la barca	to change	cambiare
body	il corpo	channel	il canale
bond	il legame	chapel	la cappella
book	il libro	charming	carino
to book	prenotarsi	to chat	chiacchierare
bookstore	la libreria	to check	controllare
boot	lo stivale	cheerful	allegro
border	la frontiera	cheerfully	allegramente
boring	noioso	cheers!	alla salute, cin cin
bottle	la bottiglia	cheese	il formaggio
boy	il ragazzo	cherry	la ciliegia
brand	la marca	chicken	il pollo
breakfast	la colazione	child	il/la bambino(a)
brick	il mattone	choice	la scelta
bridge	il ponte	to choose	scegliere
briefly	brevemente	Christmas	Natale
bright	luminoso	church	la chiesa
to bring	portare	circulation	la tiratura
brother	il fratello	city	la città
brown	bruno/marrone	clams	le vongole
to build	costruire	class (students)	la classe
to burden	caricare	classmate	il/la compagno(a)
to bury	seppellire	classroom	l' aula
business	l'affare, il negozio	clean	pulito
bus	l' autobus	clearly	chiaramente
busy	occupato	clergy	il clero
but	però	climate	il clima
to buy	comprare	to climb	salire/scalare
by	presso, per, in	close/near	vicino
by now	ormai	clothes	gli abiti,i vestiti
		coat	il cappotto

C

cafeteria	la mensa universitaria	coffee pot	la caffettiera
cake	la torta	cold	il freddo
to call	chiamare	collection	la raccolta
calm	calmo, tranquillo	to collect	raccogliere
can	la lattina (di coca...)	to comb	pettinarsi
canned good	gli scatolami	comb	il pettine
car	l'automobile	to come	venire
carry out	effettuare		

to come down	*scendere*	day	*il giorno*
to come from	*provenire*	dead	*morto*
to come in	*entrare*	to deal	*trattare*
come in!	*entra!, avanti!*	dear	*caro*
comfort	*la comodità*	--oh, dear!	*Dio mio!*
comfortable	*comodo*	death	*la morte*
comforting	*confortevole*	decline	*la decadenza*
coming	*proveniente*	deduction (wages)	*la trattenuta*
commerce	*il commercio*	deep	*profondo*
common	*comune*	degree	*il titolo di studio*
comparable	*paragonabile*	delay	*il ritardo*
competition	*la gara*	to deny	*negare*
compliment	*il complimento*	department	*il dipartimento*
completely	*completamente*	departure	*la partenza*
compulsory school	*la scuola dell'obbligo*	to derive	*derivare*
computer science	*l' informatica*	descent	*la discendenza*
to confer	*insignire*	desk	*la cattedra*
to connect	*collegare*	dessert	*la frutta o il dolce*
connection	*il collegamento*	destination	*la meta*
consequently	*di conseguenza*	to develop	*sviluppare*
to cook	*cucinare*	to dial	*fare il numero*
cookies	*i biscotti*	to die	*morire*
cork, cap	*il tappo*	different	*diverso*
corner	*l' angolo*	differently	*diversamente*
costly	*costoso*	difficult	*difficile*
counter, window	*lo sportello*	diffused	*diffuso*
country	*la campagna, patria*	to dine	*cenare*
couple	*la coppia*	dinner	*la cena*
cousin	*il cugino*	diploma (High Sc.)	*il diploma*
covered	*coperto*	dirty	*sporco*
crazy	*pazzo*	disagreeable	*antipatico*
cream	*la panna*	disappointment	*il disappunto*
--- ice cream	*il gelato*	to discourage	*scoraggiare*
credit card	*la carta di credito*	to discover	*scoprire*
chronicle	*la cronaca*	dish	*il piatto*
to cross	*attraversare*	dishwasher	*la lavastoviglie*
cross	*la croce*	to dispatch	*inviare*
crowd	*la folla*	to display	*esporre*
to cry	*piangere*	dissertation	*la tesi di laurea*
cup	*la tazza*	distinct	*distinto*
cupboard	*l'armadio*	to do, to make	*fare*
cup, glass	*il bicchiere*	doctor (f)	*la dottoressa*
cured ham	*il prosciutto*	doctor (m)	*il dottore (dott.)*
curtain	*la cortina*	dog	*il cane*
custom, habit	*l' abitudine*	dome	*la cupola*
to cut	*tagliare*	domestic	*domestico, interno*
		door	*la porta*

D

daily	*quotidiano*	doubt	*il dubbio*
to damage	*danneggiare*	to doubt	*dubitare*
dark	*scuro*	down	*giù*
		down town	*in centro (città)*
		--down there	*laggiù*
		--up and down	*su a giù*
		dream	*il sogno*
		to dream	*sognare*

dreamer	*il sognatore*	to expire	*scadere*
dress, suit	*il vestito*	explanation	*la spiegazione*
to drink	*bere*	express	*il rapido*
to drive	*guidare (vehicle)*	eye	*l' occhio*
driver	*l' autista*	eyeglasses	*gli occhiali*
during	*durante*		**F**
to dust	*spolverare*	to face	*affrontare*
dusty	*polveroso*	factory/firm	*l' azienda*
duty	*il dovere, il dazio*	to fail	*fallire*
	E	fair	*giusto*
to earn	*guadagnare*	faithful	*fedele*
to eat	*mangiare*	to fall	*cadere*
ear	*l' orecchio*	--in love	*innamorarsi*
early	*presto*	famous	*celebre*
easy	*facile*	fan	*il tifoso (sport)*
economy	*l' economia*	fanatic	*fanatico*
education	*l' istruzione*	fantasy	*la fantasia*
egg	*l' uovo (pl. uova)*	far away	*lontano*
elementary	*elementare*	fascination, charm	*il fascino*
embarrassment	*l' imbarazzo*	fashion	*la moda*
emigrant	*l' emigrante*	fashion show	*la sfilata*
employee	*il dipendente*	fast	*rapido*
employer	*il datore di lavoro*	fatally	*fatalmente*
enchantment	*l' incanto*	father	*il padre*
energetic	*dinamico*	fault	*la colpa*
engagement	*l' impegno*	--at fault	*in difetto*
engineer	*l' ingegnere (ing.)*	--it is my fault	*è colpa mia*
England	*Inghilterra*	favorite	*preferito*
to enjoy	*godere*	fear	*la paura*
enjoyment	*il divertimento*	to fear	*aver paura*
enough	*abbastanza*	fee	*l'onorario/la tassa*
to enroll	*iscriversi*	to feel	*sentirsi*
to enter	*entrare*	feelings	*i sentimenti*
entrance	*l' ingresso*	feminine	*femminile*
to entrust	*affidare*	fever	*la febbre*
envelope	*la busta*	few	*pochi*
entrepreneur	*l' imprenditore*	fiancé	*il fidanzato*
to envy	*invidiare*	fiancée	*la fidanzata*
escavations	*gli scavi*	field	*il campo*
even	*perfino*	figure	*la cifra*
-- not even	*nemmeno*	to fill up	*riempire (tank)*
--even though	*quantunque*	finally	*finalmente*
evening	*la sera/serata*	to find	*trovare*
evening dress	*il vestito da sera*	finger	*il dito*
ever	*mai*	finger-nail	*l'unghia*
everybody	*tutti*	finishing point	*il traguardo*
everywhere	*ovunque*	fire	*il fuoco/l'incendio*
exam, test	*l'esame, la prova*	firefighters	*i pompieri*
example	*l' esempio*	firm	*l' impresa*
except	*eccetto*	first	*primo*
exclusively	*esclusivamente*	--first of all	*prima di tutto*
excursion	*la gita*	--first time	*la prima volta*
to exhibit	*esporre, mostrare*	to fish	*pescare*
expensive	*caro, costoso*	fish	*il pesce*
expert	*l'esperto, il perito*	fish fried	*il pesce fritto*

fit	*adatto*	girl	*la ragazza*
floor	*il pavimento, piano*	to give	*dare*
flower	*il fiore*	-- a gift	*regalare*
to follow	*seguire*	-- as a present	*regalare*
following	*seguente*	-- a ride	*dare un passaggio*
food	*il cibo*	-- back	*restituire*
fool	*lo sciocco*	-- vent	*sfogarsi*
foot	*il piede*	glass (of wine)	*il bicchiere*
for	*per*	to go	*andare*
--for ever	*per sempre*	-- away	*andarsene*
to force	*costringere*	-- back	*ritornare*
forest	*il bosco/la foresta*	-- go to bed	*andare a letto*
to forget	*dimenticare*	-- down	*discendere*
to forgive	*perdonare*	-- out	*uscire*
foreign	*lo straniero*	-- shopping	*fare le spese*
form	*la forma, la figura*	-- straight	*andare dritto*
fountain	*la fontana*	gold	*l' oro*
free	*gratuito, libero*	good	*buono*
frequented	*frequentato*	good-bye	*arrivederci (la)*
fresh	*fresco*	good old man	*il vecchietto*
friend	*l' amico (a)*	gossip	*il pettegolezzo*
friendly	*amichevole*	grade	*il voto*
friendship	*l' amicizia*	grade school	*la scuola elementare*
frightful	*spaventoso*	grandchildren	*i nipotini*
fruit	*la frutta*	grandson	*il nipote*
full time	*il tempo pieno*	grapes	*l' uva*
fun	*il divertimento*	to grasp	*afferrare*
to have fun	*divertirsi*	grass	*l' erba*
to furnish	*arredare*	gray	*grigio*
furniture	*il mobilio*	great	*grande*
G		green	*verde*
game	*il gioco*	green peas	*i piselli*
garbage	*la spazzatura*	growth	*la crescita*
garden	*il giardino*	development	*lo sviluppo*
gasoline	*la benzina*	to grumble	*brontolare*
gear	*la marcia*	to guess	*indovinare*
German	*tedesco*	guest	*l' ospite*
to get	*ottenere*	guide	*la guida*
-- along	*andare d'accordo*	guitar	*la chitarra*
-- away with	*farla franca*	**H**	
-- better	*migliorarsi*	hair	*i capelli*
-- down	*scendere*	to happen	*accadere*
-- dressed	*vestirsi*	happy	*contento*
-- engaged	*fidanzarsi*	hard	*duro*
-- in	*entrare (vehicle)*	hard work	*la fatica*
-- mad	*arrabbiarsi*	to have	*avere*
-- married	*sposarsi*	--- breakfast	*fare colazione*
-- off	*scendere*	--- good time	*divertirsi*
-- out	*uscire*	to have to	*dovere*
-- up	*alzarsi*	head	*la testa*
gift	*il regalo*	headache	*il mal di testa*
		heart	*il cuore*
		heavy	*pesante*

hectolitre/22 gal.	l' ettolitro	**J**	
height	la statura	jacket	la giacca
hello?	pronto? (phone)	jewelry	la gioielleria
here	qui	job	il posto, l'impiego
hesitation	l'indecisione	job market	il mondo del lavoro
high	elevato	joke	la barzelletta
high school	il liceo/l'istituto	to joke	scherzare
hill	la collina	journey	il cammino
hiring	l'assunzione	judge	il giudice
history	la storia	to judge	giudicare
to hit	colpire	July	luglio
hole	il buco	June	giugno
homework	il compito	junior	minore
honey	il miele	junior high school	la scuola media
-- moon	la luna di miele	junk	la roba di rifiuto
hope	la speranza	jury	la giuria
to hope	sperare	justice	la giustizia
hors d'oeuvre	l'antipasto	**K**	
hotel	l' albergo	to keep	tenere, custodire
hour	l'ora	kick	il calcio
house	la casa	to kill	uccidere
how	come	kilometer	il chilometro
--how are you?	come stai?	kitchen	la cucina
--how is it going?	come va?	to kiss	baciare
--how many?	quanti (e)?	kiss	il bacio
--how much?	quanto (a)?	knee	il ginocchio
hug	l' abbraccio	knife	il coltello
huge	enorme	to know	conoscere
hurry	la fretta	**L**	
to hurry up	fare in fretta	to lack	mancare
husband	il marito	lady	la signora (sig.ra)
I		-- young lady	signorina (sig.na)
ice cream	il gelato	lake	il lago
if	se	lamb	l' agnello
to imitate	imitare	land	la terra
implacable	inesorabile	landowner	il proprietario
to impose	imporre	landscape, view	il paesaggio
impressive	impressionante	language	la lingua
to improve	migliorare	large	grande
in	in, dentro	lash	la frusta
-- a hurry	in fretta	last	ultimo
-- in a word	insomma	last	scorso
-- in charge	in carica	--- last name	il cognome
-- in fact	difatti	--- last year	l'anno scorso
-- in front of	davanti	to last	durare
-- in less than	in meno di	late	tardi
-- in my opinion	secondo me	to laugh	ridere
-- in return	in compenso	law	la legge
-- in search of	in cerca di	lawyer	l' avvocato (avv.)
-- in spite of	nonostante	lazy	pigro
inferior quality	scadente	to lead	dirigere
instead	invece	to lean	pendere
iron	il ferro	to lean out	affacciarsi
island	l' isola		
itinerary	l' itinerario		

to learn	*imparare*	map	*la carta geografica*
leather	*la pelle*	marginal	*marginale*
to leave	*partire*	market	*il mercato*
lecture	*la conferenza*	marriage	*il matrimonio*
left	*sinistro*	married	*sposato*
--to the left	*a sinistra*	married couple	*i coniugi (Mr. & Mrs.)*
to lend	*prestare*	master, owner	*il padrone*
length	*la lunghezza*	masterpiece	*il capolavoro*
less	*minore, meno*	match	*la partita/cerino*
lesson	*la lezione*	maybe	*forse*
to let	*lasciare*	mayor	*il sindaco*
to let in	*lasciare entrare*	meal	*il pasto*
level	*pianeggiante*	mean	*il mezzo, il modo*
library	*la biblioteca*	to mean	*voler dire*
life	*la vita*	--what do you mean?	*che cosa vuoi dire?*
to lift up	*elevare*	meanwhile	*nel frattempo?*
light	*leggero*	meat	*la carne*
light	*la luce*	medical report	*il referto medico*
to like	*piacere*	medicine	*la medicina*
to limit	*limitare*	to meet	*incontrarsi*
line, shape	*la linea*	member	*il membro*
linen	*la biancheria/lino*	memory	*la memoria, ricordo*
lion	*il leone*	middle	*a metà, mezzo*
to listen to	*ascoltare*	Middle Ages	*il Medio Evo*
little	*poco*	Middle East	*il Medio Oriente*
to live	*abitare*	mild	*mite, dolce*
living room	*il salotto*	milk	*il latte*
to lodge	*alloggiare*	mind	*la mente*
lonely	*solitario*	to mind	*badare, importare*
long	*lungo*	--never mind!	*non importa!*
to look	*guardare*	mirror	*lo specchio*
to lose	*perdere*	misery/poverty	*la miseria*
love	*l' amore*	Miss	*la signorina (sig.na)*
to love	*amare*	to miss	*perdere, mancare*
low	*basso*	to mix	*mescolare*
luck	*la fortuna*	mixed	*misto*
luggage	*il bagaglio*	moment	*l' attimo*
lunch	*il pranzo*	money	*i soldi*
		month	*il mese*
M		monthly	*mensile*
machinery	*i macchinari*	morning	*la mattina*
mad	*pazzo*	--- good morning	*buon giorno*
magazine	*la rivista*	--- this morning	*stamattina*
mail	*la posta*	motive, reason	*il motivo*
main	*principale*	mountain	*la montagna*
maintenance	*la manutenzione*	mouth	*la bocca*
to make	*fare*	movement	*il movimento*
-- to make a call	*fare una telefonata*	moving	*commovente*
-- to make clear	*chiarire*	Mr. & Mrs.	*i signori. . .*
-- to make fun of	*prendere in giro*	music	*la musica*
-- to make a mistake	*sbagliarsi*	musician	*il musicista*
man	*l'uomo (pl.uomini)*	must	*dovere*
management	*la conduzione*		
managing	*dirigenziale*		
mandatory	*obbligatorio*		
many	*molti*		

N

name	*il nome*
native village	*il paesello*
near at	*presso*
necessity	*l' esigenza*
need	*il bisogno*
to neglect	*trascurare*
nest	*il nido*
network (TV)	*la rete televisiva*
new	*nuovo*
--what's new?	*che c'è di nuovo?*
New Year's Day	*Capodanno*
news	*il notiziario*
news (TV)	*il telegiornale*
newspaper	*il giornale*
next to	*vicino*
nice, pleasant	*simpatico*
night	*la notte*
noise	*il rumore*
noisy	*rumoroso*
noodles	*la pasta in brodo*
north	*nord/settentrionale*
nose	*il naso*
not	*non*
--not at all	*niente affatto*
--not too bad	*non c'è male*
--not even	*neppure*
--not too well	*poco bene*
--not yet	*non ancora*
notebook	*il quaderno*
notes	*gli appunti*
-- to take notes	*prendere appunti*
nothing	*niente*
to nourish	*nutrire*
November	*novembre*
now	*adesso, ora*
--by now	*ormai*
number	*il numero*
numerous	*numeroso*
nurse	*l'infermiera*

O

to observe	*osservare*
to occupy	*occupare*
ocean	*l'oceano*
of	*di*
off	*lontano, fuori di*
--day off	*giornata libera*
--keep off!	*stai alla larga!*
--to show off	*mettersi in mostra*
--to take off	*togliersi (clothes)*
office	*l' ufficio*
official list	*il listino ufficiale*
often	*spesso*
OK.	*va bene*
old	*vecchio*
on	*su*

-- on foot	*a piedi*
-- on the contrary	*anzi*
-- on time	*a tempo*
one by one	*uno alla volta*
only	*solo, solamente*
to open	*aprire*
open arms (with)	*a braccia aperte*
operator	*il centralino*
or	*o*
orange	*l' arancia*
orange pop	*l' aranciata*
to order	*ordinare*
others	*altri*
otherwise	*altrimenti*
out	*fuori*
outside	*esteriore*
outskirts	*la periferia*
oven	*il forno*
overcoat	*il cappotto*
overcrowded	*affollato*
overall	*il grembiulela/tuta*
to overturn	*rovesciare*

P

to paint	*dipingere*
painter	*il pittore*
pair	*il paio*
pan	*la padella*
parents	*i genitori*
paperwork	*la pratica*
parking	*il parcheggio*
to pass	*passare, superare*
passionate	*appassionato*
patience	*la pazienza*
to pay	*pagare*
payment	*il versamento*
pen	*la penna*
pencil	*la matita*
penny, money	*il soldo*
people	*la gente*
performance, show	*lo spettacolo*
to permit	*permettere*
phenomenon	*il fenomeno*
phone call	*la telefonata*
piece	*il pezzo*
pity	*la pietà*
what a pity!	*che peccato!*
to place	*collocare*
plant, factory	*lo stabilimento*
to play	*giocare, suonare*
player	*il giocatore*
playing cards	*le carte da gioco*
pleasant	*piacevole*
political party	*il partito*
pollution	*l' inquinamento*

post card	la cartolina	to register	inscriversi
pot	la pentola	relationship	il rapporto
potato	la patata	to remain	rimanere
preparations	i preparativi	to remember	ricordarsi
press	la stampa	rent	l'affitto
pretty	carino	--for rent	in affitto
--- pretty well	abbastanza bene	to rent	affittare
prevalently	prevalentemente	to repeat	ripetere
previous	precedente	report	il resoconto
price	il prezzo	representative	il deputato, esponente
to print	stampare	required	obbligatorio
private	privato	research	la ricerca
prize	il premio	reservation	la riserva
problem	la problematica	to resign	dimettersi
proceeds	il provento	to resume	riprendere
profession/job	il mestiere	to reunify	riunificare
professor (m)	il professore	reward	la ricompensa
professor (f)	la professoressa	rice	il riso
to profit	approfittare	rich	ricco
profitable	rimunerativo	right	giusto, adatto
prosperity	il benessere	--- right away	subito
proud	orgoglioso	--- to be right	avere ragione
to provoke	provocare	to ring (the bell)	suonare
to pull	tirare	ring	l' anello
purchase	l' acquisto	road	la strada
purpose	il proposito	roasted	l' arrosto
purse	la borsa	role	il ruolo
to push	spingere	roll (film)	il rullino
to put	mettere	roll, sandwich	il panino
--to put down	deporre	room	la camera, stanza
--to put off	rinviare	roommate	il compagno di stanza
--to put on	indossare	roomy	spazioso
--to put up	aumentare	to run	correre
puzzled	sconcertato	Russian	russo

Q

S

quarrel	la lite	safe	sicuro
to quarrel	litigare	sad	triste
quick	rapido, veloce	salad	l' insalata
quiet	quieto, zitto	salary	lo stipendio/paga
to quit	abbandonare	sale	la vendita
quite	completamente	--for sale	in vendita
		salt	il sale

R

railroad	la ferrovia	same	stesso
to rain	piovere	sandwich	il panino
raincoat	l' impermeabile	sanitaries	gli igienici
rather	piuttosto	saturated	saturo
to read	leggere	to save	risparmiare
reading	la lettura	to say	dire
ready	pronto	--to say hello!	salutare
to realize	accorgersi di	scarce	raro
to receive	ricevere	scholar	lo studioso
to recognize	riconoscere	school	la scuola
to recover	guarire	school year	l' anno scolastico
red	rosso	score	il punteggio
to refer	referire		

sea	*il mare*	smoker	*il fumatore*
to search	*cercare*	--no smoking	*vietato fumare*
season	*la stagione*	snack	*la merenda*
seat	*il posto (a sedere)*	snow	*la neve*
to see	*vedere*	so called	*cosiddetto*
to sell	*vendere*	so much	*tanto*
to seem	*parere, sembrare*	so that	*cosicché*
--it seems to me	*mi pare*	sober	*sobrio*
to send	*mandare*	sofa	*il divano*
sentence	*la frase/sentenza*	soil	*il terreno*
to serve	*servire*	solid, sound	*solido*
service	*il servizio*	some	*alcuno*
several	*vari*	something	*qualche cosa*
to sew	*cucire*	sometimes	*qualche volta*
shade	*l' ombra*	son	*il figlio*
to share	*dividere, spartire*	song	*la canzone*
shelf	*lo scaffale*	soon	*presto, subito*
shelter	*il rifugio*	soul	*l'anima*
shirt	*la camicia*	soup	*la minestra*
shock	*la scossa*	southern	*meridionale*
shoes	*le scarpe*	spark plug	*la candela*
shop	*il negozio/bottega*	sparkling	*frizzante*
short	*basso, corto*	to speak	*parlare*
shorts	*i pantaloncini*	speed	*la velocità*
short story	*il racconto*	spinach	*gli spinaci*
shortly	*fra poco*	spoon	*il cucchiaio*
show	*lo spettacolo*	square	*la piazza, quadrato*
to show	*mostrare*	stairway	*la scala*
sick	*ammalato*	standing	*in piedi*
side	*il lato*	stanza	*la strofa*
side, slope	*il fianco*	start	*l' avviamento*
silk	*la seta*	to start	*cominciare*
silliness	*la sciocchezza*	state	*lo stato*
silver	*l'argento*	steak	*la bistecca*
since	*poiché*	to steal	*rubare*
--since then	*da allora*	step	*il gradino*
to sing	*cantare*	still	*ancora*
single	*celibe*	to stop	*fermarsi*
sister	*la sorella*	--bus stop	*la fermata dell'autobus*
to sit down	*sedersi*	store	*il negozio*
size (clothing)	*la taglia*	strange	*strano*
skin	*la pelle*	street	*la via*
to skip	*saltare, omettere*	strength	*la forza*
skirt	*la gonna*	strict	*severo*
sky	*il cielo*	strike	*lo sciopero*
sleep	*il sonno*	striking	*strepitoso*
to sleep	*dormire*	string beans	*i fagiolini*
to be sleepy	*avere sonno*	strong,	*forte*
sleeve	*la manica*	student	*lo studente (m)*
slice	*la fetta*	student	*la studentessa (f)*
--a slice of bread	*una fetta di pane*	to study	*studiare*
slowly	*lentamente*	stupid	*sciocco*
small	*piccolo*	stylish	*elegante*
to smile	*sorridere*	stylist	*lo stilista*
to smoke	*fumare*		

subject, matter	*la materia*	tiring	*faticoso*
to subscribe	*abbonarsi*	to	*a*
suburb	*la periferia*	today	*oggi*
subway	*la metropolitana*	together	*insieme*
to succeed	*riuscire*	tomorrow	*domani*
such	*tale*	tonight	*stanotte*
sugar	*lo zucchero*	too	*anche*
suit	*l'abito, il vestito*	too much	*troppo*
suitcase	*la valigia*	towards	*verso*
sun	*il sole*	town	*il paese*
sunny	*soleggiato*	train	*il treno*
supper	*la cena*	to travel	*viaggiare*
support	*il sostegno*	tree	*l' albero*
sweater	*il maglione*	trip	*il viaggio*
sweet	*dolce*	truly	*veramente*
to swim	*nuotare*	truth	*la verità*
swimsuit	*il costume da bagno*	to turn	*girare*
swimming pool	*la piscina all'aperto*	--- to turn off (TV)	*spegnere*

T

		--- to turn on (TV)	*accendere*
table	*la tavola (dinner)*	TV	*TV, la tivvù*
table	*il tavolo (desk)*	--- TV news	*il telegiornale*
tailor	*il sarto*	--- cable TV	*la TV via cavo*
tailor shop	*la sartoria*		

U

to take	*prendere*	ugly	*brutto*
to talk	*parlare*	uncle	*lo zio*
tall/high	*alto*	to uncork	*stappare*
taste	*il gusto*	unfortunate	*sfortunato*
to taste	*assaggiare*	unfortunately	*purtroppo*
tasty, delicious	*saporito*	unemployed	*disoccupato*
tavern	*l' osteria*	unhappy	*infelice*
tax	*la tassa*	university	*l' università*
taxi	*il tassì*	unknown	*sconosciuto*
to teach	*insegnare*	unless	*a meno che*
teacher	*l' insegnante*	unpleasant	*antipatico*
teaching	*l' insegnamento*	until	*fino a*
team	*la squadra*	useful	*utile*
telephone book	*l'elenco telefonico*	useless	*inutile*
telephone booth	*la cabina telefonica*	usual	*solito*
telephone number	*il numero di telefono*	--as usual	*come al solito*
tepidity	*il tepore*		

V

to thank	*ringraziare*		
thanks to	*grazie a*	vacation	*la vacanza*
that	*quello (a)*	--- on vacation	*in vacanza*
the best	*migliore*	valley	*la valle*
then	*allora*	value	*il valore*
this	*questo*	various/several	*vario*
thunder	*il tuono*	veal	*il vitello*
ticket/card	*il biglietto*	vegetables	*i legumi*
tie	*la cravatta*	verbal/oral	*orale*
tight/close	*stretto*	very much	*moltissimo*
time	*il tempo*		
tired	*stanco*		

vineyard	*la vigna*	work/job	*il lavoro*
view	*la vista, panorama*	writer	*lo scrittore*
to visit	*visitare*	written	*scritto*
vote	*il voto*		

W

Y

wage	*il salario*	year	*l' anno*
to wait	*aspettare*	yearly	*annuale*
waiter	*il cameriere*	yellow	*giallo*
waitress	*la cameriera*	yes	*sì*
wall	*il muro*	yesterday	*ieri*
wardrobe	*l' armadio*	yet	*ancora*
warm	*caldo*	--- not yet	*non ancora*
--- to be warm	*avere caldo*	young man/woman	*il/la giovane*
washing machine	*la lavabiancheria*		
wastebasket	*il cestino*		

Z

water	*l' acqua*	zero	*lo zero*
way of speaking	*la parlata*	zone	*la zona*
weak	*debole*	zoo	*il giardino zoologico*
weather	*il tempo*		
week	*la settimana*		
weekly	*settimanale*		
welcome	*benvenuto*		
well	*bene*		
--- very well	*molto bene*		
what, which?	*quale (m. & f. sing)*		
what, which?	*quali (m. & f. pl)*		
whatever	*qualunque*		
when?	*quando*		
where?	*dove?*		
while	*mentre*		
white	*bianco*		
who?	*chi?*		
--- to whom	*a chi*		
why?	*perché?*		
wide	*largo*		
wide/roomy	*ampio*		
willing	*disposto*		
wind	*il vento*		
wind-breaker	*la giacca a vento*		
window	*la finestra*		
wine	*il vino*		
winning post/goal	*il traguardo*		
winter	*l' inverno*		
wise	*saggio*		
without	*senza*		
witty	*spiritoso*		
woman	*la donna*		
woman-servant	*la domestica*		
wonderful	*meraviglioso*		
wood	*il legno*		
work	*il lavoro*		
work force	*il mondo del lavoro*		

Index

Acknowledgement. I am very gratiful to the following persons for their help and support:
Prof. Antonio Sinisgallo; Prof. Luciano Visconti; Prof. Renata Giacobbe; Prof. Maria Cirulli-Cimato; Mr. Joseph McLaughlin; Dr. Michael Burtniak; Dr. Jack D'Amico; Dr. Paul Hale; Prof. Paul Heinsburger.

Photos Credits: All photos by the author, except as noted.

Realia credits. Realia, advertisements and images are taken from the following magazines and newspapers:
Chapter 1: Pag. 12, 14, 16, 18, 21, Tuttoscuola, aprile 1998; pag. 17, 20, Il Venerdï di Repubblica, 15 novembre, 1999. **Ch. 2:** pag. 35, 36, 39, 41, Tuttoscuola, sett. 1988; pag. 39, Epoca, dicembre1992.
Ch. 3: pag. 75, Epoca, novembre 1992. **Ch. 4:** pag. 53, 64, 68, 70, 71, 72, 73, I Trevisani nel mondo, ottobre 2001.
Ch. 5: pag. 87,89, I Trevisani nel mondo, ottobre 2001; pag. 67, 89, Gente, agosto 2001; pag. 91, 94, 95, Oggi, giugno 1998. **Ch. 6:** pag. 116, 119, 120, Gente, luglio 2002. **Ch. 7:** pag. 124, La Repubblica, 6 settembre, 1999; pag. 137, Epoca , ottobre 1998. **Ch. 8:** pag. 143, 145, 146, 160, 161, La Repubblica, 5 giugno, 1995; pag. 146, Vogue-Italia, aprile 2001; pag. 155, I Calabresi nel mondo, marzo 2003; pag. 146, 161, Anna, agosto 2002. **Ch. 9:** pag. 126, 165, La Repubblica, 5 ottobre, 2001; pag. 167, 172, Il Venerdï di Repubblica, 24 maggio, 2001; pag. 172, Epoca, 6 novembre, 1994; pag. 177, 178, 179, Il libro di geografia. Ed. Garganti. **Ch. 10:** pag. 183, Bell'Italia. Ed. Mondadori; pag. 187, 190, 191, Il Venerdï di Repubblica, ottobre 1999; pag. 199, Brochure Ruffino. **Ch. 11:** pag. 204, 205, La Repubblica, 20 maggio, 2001; pag. 207, Il Venerdï di Repubblica,16 giugno, 2002. **Ch. 12:** pag. 223, Epoca, novembre 1994; pag. 226, 228, 229, Brochure. **Ch. 13:** pag. 241, 243, 247, 248, La Repubblica, 4 dicembre, 2003; pag. 245, 246, 249, 250, 257, Epoca, febbraio 1994; pag. 261, 262, La Repubblica, 21 novembre, 1998. **Ch. 14:** pag. 263, L'Europeo, gennaio 1981; pag. 166, Il Mattino,17 marzo, 1995; pag. 267, 269, Oggi, luglio 2000. **Ch. 15:** pag. 277, I Trevisani nel mondo, novembre 2003; pag. 279, 283, La Repubblica, 29 aprile, 2002; pag. 280, 282, Panorama, marzo 1995; pag. 284, Il Venerdï di Repubblica, 26 maggio, 1998; pag. 285, Oggi, aprile 2002; pag. 288, Gioia, giugno 2001.
Ch. 16: pag. 298, L'Europeo, luglio 1971; pag. 299, Casa Ed. Bideri; pag. 301, Musica 23, 1980; pag. 302, 303, 305, La Repubblica, 8 ottobre, 1987. **Ch. 17:** pag. 311, L'Europeo, aprile 1974; pag. 312, La Repubblica, 28 giugno, 1998; pag. 313, 315, Panorama, marzo 1995; pag. 316, I trevisani nel mondo, maggio 2002; pag. 318, Il Mattino, 15 febbraio, 1990; pag. 319, Oggi, luglio, 1999. **Ch. 18:** pag. 323, Epoca, 17 dicembre, 1987; pag. 325, L'Europeo, luglio 1976; pag. 332, Oggi, settembre, 2001; pag. 334, Oggi, luglio 1987; pag. 325, L'Europeo, luglio 1976; pag. 332, Oggi, settembre 2001; pag. 334, Oggi, novembre 2000. **Ch. 19:** pag. 339, L'Europeo, gennaio, 1980; pag. 340, L'Europeo, marzo 1979; pag. 354, Panorama, maggio 2000.
Ch. 20: pag. 358, Oggi, ottobre 1997; pag. 359, Il Venerdï di Repubblica, 12 giugno, 1998; pag. 361, 362, Il Mattino, 20 marzo, 2000; pag. 363, I Trevisani nel mondo, giugno, 2001; pag. 365, Oggi, maggio 2002; pag. 371, Gente, 19 luglio, 1998.